（第四辑）

地方档案与文献研究

主编◎吴佩林

国家图书馆出版社

图书在版编目（CIP）数据

地方档案与文献研究．第四辑 / 吴佩林主编．—北京：国家图书馆出版社，2020.5

ISBN 978-7-5013-6931-7

Ⅰ．①地…　Ⅱ．①吴…　Ⅲ．①地方档案－研究－中国 ②地方文献－研究－中国　Ⅳ．① G279.27 ② G256

中国版本图书馆 CIP 数据核字 (2020) 第 017978 号

书　　名　地方档案与文献研究（第四辑）
著　　者　吴佩林　主编
责任编辑　王亚宏
封面设计　程　言

出版发行　国家图书馆出版社（北京市西城区文津街 7 号　100034）
（原书目文献出版社　北京图书馆出版社）
010-66114536　63802249　nlcpress@nlc.cn（邮购）
网　　址　http://www.nlcpress.com
排　　版　九章文化
印　　装　北京金康利印刷有限公司
版次印次　2020 年 5 月第 1 版　2020 年 5 月第 1 次印刷

开　　本　710 × 1000（毫米）1/16
印　　张　26.5
字　　数　412 千字

书　　号　ISBN 978-7-5013-6931-7
定　　价　78.00 元

编纂出版委员会

学术委员会（按音序排列）

包伟民　曹树基　陈廷湘　科大卫　刘志伟　马小红
舒大刚　杨天宏　杨一凡　曾小萍　赵世瑜　郑振满

主　编　吴佩林

编委会（按音序排列）

蔡东洲　杜正贞　付海晏　苟德仪　贺　喜　蒋　勤
金生杨　黎春林　李在全　梁　勇　林文凯　刘诗古
吕兴邦　毛立平　申　斌　孙　明　Tristan G. Brown
唐仕春　王雪梅　温春来　吴佩林　杨国安　杨小平
张小也　赵思渊　周　琳　左　平

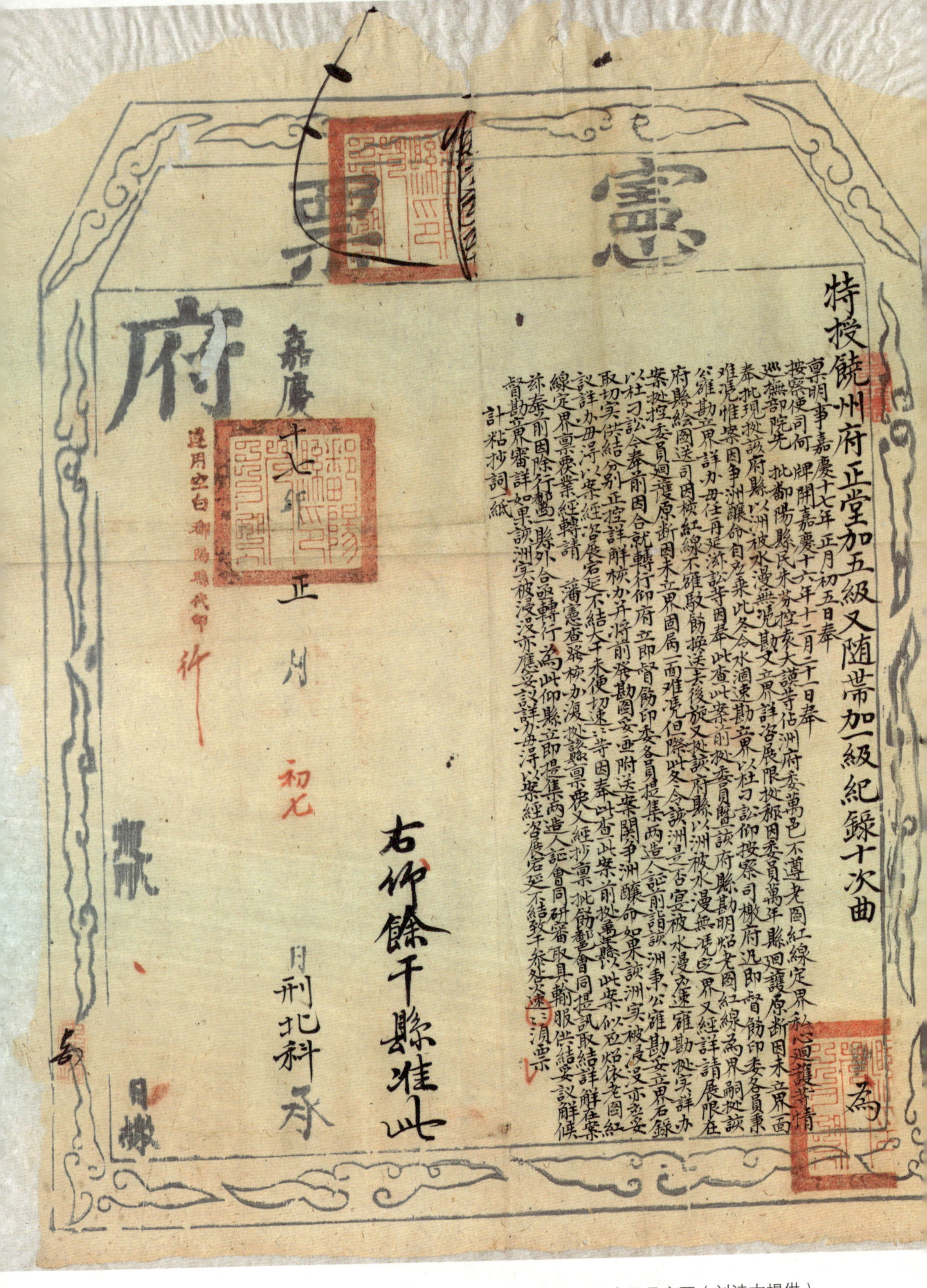
憲票

特授饒州府正堂加五級又隨帶加一級紀錄十次曲　為

稟明事嘉慶十七年正月初五日奉
按察使司何　牌開嘉慶十六年十二月二十一日奉
巡撫部院先　批鄱陽縣民朱芬控袁大謨等佔洲府委萬邑不遵老圖紅線定界私心迴護等情
奉　批現據該府縣以洲被水漫無憑勘丈立界詳咨展限擬稟因委員萬年縣迴護原斷因未立界面
難憑惟案因爭洲釀命自宜乘此冬令水涸速勘立界以杜刁訟仰按察司檄府迅即督飭印委各員秉
公確勘立界詳办毋任再延滋訟等因奉此查此案前據委員暨該府縣勘明炤老圖紅線為界嗣據該
府縣繪圖送司因核紅線不確駁飭換送去後旋又據該府縣以洲被水漫無憑定界又經詳請展限在
案據控委員迴護原斷因未立界圖局一面難憑但際此冬令該洲是否寔被水漫亟速確勘據實詳办
以杜刁訟合奉前因合就轉行仰府立即督飭印委各員提集兩造人証前詣該洲秉公確勘妥立界石錄
取切實供結分別正控詳解核办并將前發勘圖妥画附送案關爭洲釀命如果該洲實被浸沒亦應妥
議詳办毋得以案經咨展宕延不結大干未便切速切速等因奉此查此案前據萬年縣以此案似應炤依老圖紅
線定界稟覆業經轉請　藩憲查發核办復據該縣稟覆又經抄稟　批飭鄱邑會同提訊取結詳解在案
迹奉前因除行鄱邑一縣外合亟轉行為此仰縣立即提集兩造人証會同研審取具輸服供結妥議解候
督勘立界審詳如果該洲實被浸沒亦應妥議詳办毋得以案經咨展宕延不結致干參咎火速火速須票
計粘抄詞一紙

右仰餘干縣准此

嘉慶十七年正月　初七　日

刑北科承

違用空白鄱陽縣代印　行

府

限　日繳

清嘉庆十七年正月初七日饶州府正堂曲为草洲定界事致余干县宪票（刘诗古提供）

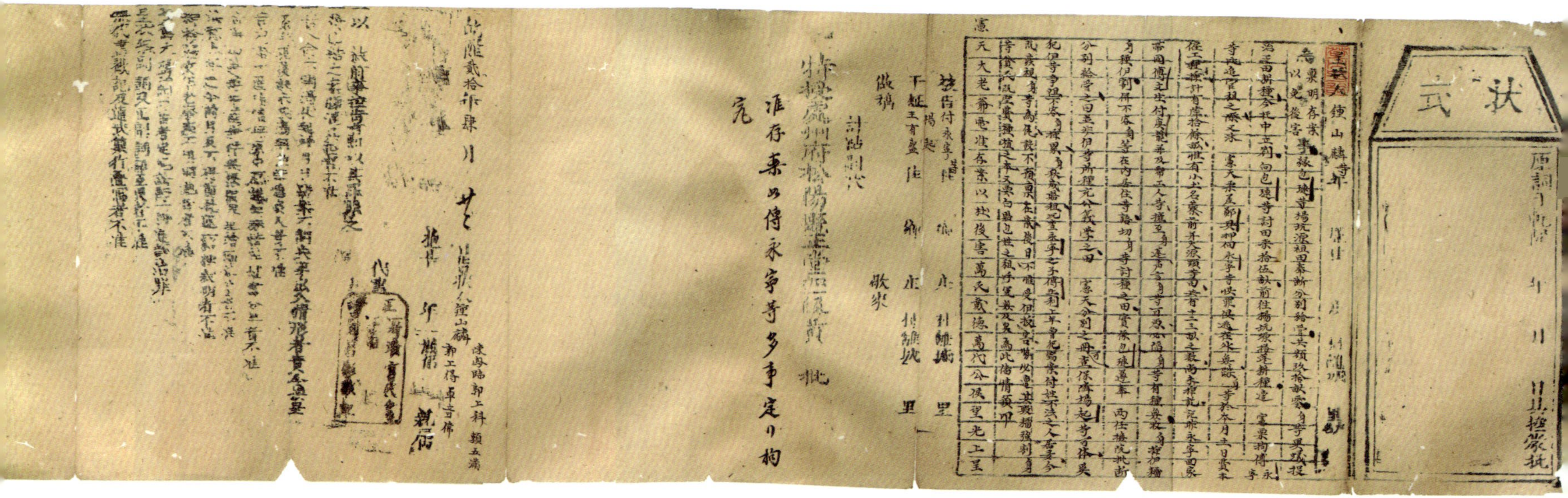

清乾隆二十年四月二十二日钟山麟等为禀明存案以免后害事呈状（浙江师范大学中国契约文书博物馆藏）

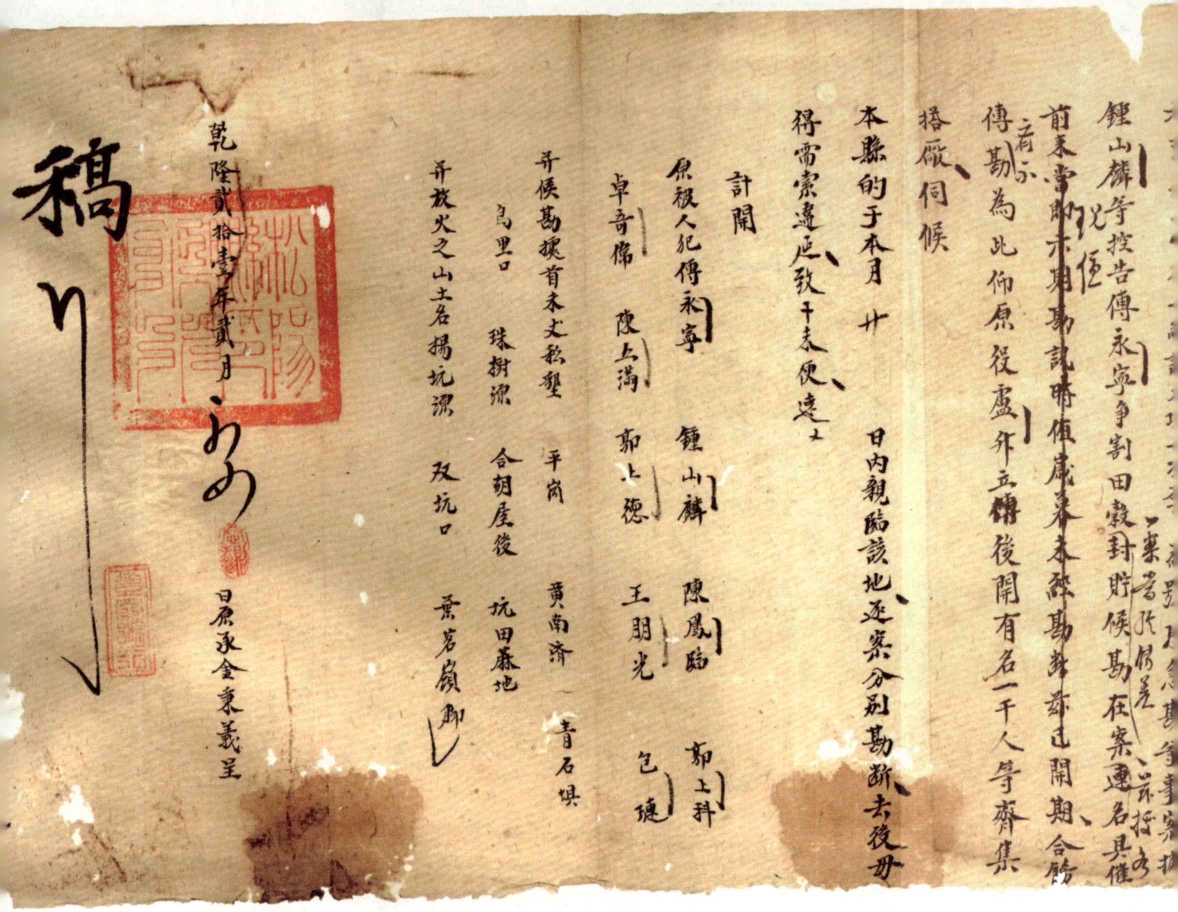

鍾山麟等控告傅永寧爭割田穀封貯候勘在案連名具催
前來當即示期勘訊時值歲暮未辭勘驗茲已開期合飭
傳勘為此仰原役盧升立傳後開有名一干人等齊集
搭廠伺候
本縣的于本月廿　日內親臨該地逐案分別勘斷去役毋
得需索遲延致干未便速速
計開
原被人犯傅永寧　鍾山麟　陳鳳臨　郭上升
卓奇儒　陳上滿　郭上德　王朋光　包璉
并候勘擄首未丈私墾　平岗　黄南濟　青石塓
烏里口　珠樹源　合朝厝後　坑田藤地
并放火之山土名揭坑源　及坑口　葉茗嶺腳
乾隆貳拾壹年貳月　日原承金秉義呈
稿

清乾隆二十一年二月初四日松阳县正堂李国才为号恩急勘等事票稿

（浙江师范大学中国契约文书博物馆藏）

目录

CONTENTS

深化中国法律史研究的三个结合

吴佩林*

中国法律，滥觞于先秦，迄今已四千余年，辗转相承，绵延不断，是世界法律的重要组成部分。东汉班固以“志”入史，“刑法”居其一，至民国《清史稿·刑法志》，近两千年间，十三篇“刑法志”记述传统法之精华，集历代刑律之得失，蔚为大观。[①]后西学东渐，分科治学，法学地位凸显。以梁启超《论中国成文法编制之沿革得失》为分水岭，其后思想史与制度史分野，行政与司法分立，按民法史、刑法史、经济法史、行政法史等部门法分类的论述体系遂成大势。建国初期，新中国外交政策向苏联“一边倒”，中国法律史遂成为“中国国家与法权”的历史，依社会形态、历史分期的撰写体例影响至今。改革开放四十年来，中国法律史研究变化明显。早期，大陆学者致力于法律史学科建设，在编写讲义和教材，建构学科体系，总结“中华法系”，挖掘法律思想，弘扬传统法律文化以及撰写法制通史、法制断代史、少数民族法制史、部门法史等方面多有开拓。近年来，随着改革开放的深入和中外交流的频繁，文献的不断发现与刊布，全国性、国际性学术活动得以广泛开展，具有不同学科背景的学者走到一起的机会更多，交流与碰撞更为频繁，法史研究既有成果遭遇挑战，新的情境与变化层出叠现，欲重新认识中国法律史，三个结合是可能的实现方式。

---

* 吴佩林，曲阜师范大学教授，博士生导师。

① 十三篇刑法志，指二十五史中的《汉书·刑法志》《晋书·刑法志》《魏书·刑法志》《隋书·刑法志》《旧唐书·刑法志》《新唐书·刑法志》《旧五代史·刑法志》《宋史·刑法志》《辽史·刑法志》《金史·刑法志》《元史·刑法志》《明史·刑法志》和《清史稿·刑法志》。另有十四篇之说，增加了柯劭忞（1850—1933）撰写的《新元史·刑法志》。

一、既要重视传统文献的整理与利用，也要挖掘出土文献与司法档案

史学即史料学，法史学即法律史料学。正史、政书、法典、文集、方志、笔记等中国传统法律文献资料浩瀚，内容广涉法律法令、狱讼指南、判牍案例及各类法律文书，范围包括行政、经济、刑事、民事、军政、文化等多方面。既有成果中，传统文献所起的作用举足轻重，但有相当一部分传统文献仍躺在全球各大图书馆，没有被利用，仅清代《则例》就超过800部，可至今没被系统利用。因此，对传统文献的深度搜集、整理与利用仍是法史学界一项艰巨而又不能回避的任务。

另一方面，随着研究的深入，传统文献对一些问题的记载多语焉不详，尚不能充分满足研究者所需，拓展新史料成为必然。“古来新学问之起，大都由于新发见之赐”，民国时期，殷墟甲骨卜辞、流沙坠简、敦煌文书、内阁大库档案，作为“四大新史料发现”早已深化于各种论述中。今后的一段时间里，出土文献与各层级的司法档案将会引起法史学界的广泛关注。

出土文献对于恢复汉魏之前的法律原貌、解决相关法律问题极为重要。云梦睡虎地秦简、张家山汉简的出土，让我们见识了秦汉律令的原初样态；马王堆帛书、郭店楚简中关于古代法律思想的论述，多有推翻成说之言；湖北荆门包山楚司法简的出土填补了战国时期无司判实况的空白；湖南长沙五一广场东汉简牍记录了大量与司法相关的内容，藉此可以窥探当时诉讼程序及各级机构的职权范围；湖南益阳兔子山简牍让我们看到了两千年前县乡政府的运作和普通吏员、百姓的生活情况。王国维先生曾于1925年感叹道：“吾辈生于今日，幸于纸上之材料外更得地下之材料。由此种材料，我辈固得据以补正纸上之材料，亦得证明古书之某部分全为实录，即百家不雅驯之言亦不无表示一面之事实。”毫无疑问，出土文献作为最古老的文献，正在催生出最前沿的学问。

明清及以后的法史研究的深入，有赖于司法档案的整理与利用。清代州县档案中，四川的南部档案、巴县档案、冕宁档案，台湾的淡新档案，直隶的宝坻档案，浙江的黄岩档案、龙泉档案已引起学界重视，但还有大量的清代档案，以及数以亿件计的民国档案、中共苏区档案、新中国之后的司法档案，仍藏在

深闺，少为人所知，其研究价值难以估量。有效利用这些档案，既是法律人的责任，也会拓宽法学研究的领域。

二、既要研究法律制度史，也要重视司法实践研究

学界通常认为法史研究的现状是“重立法研究、轻司法研究，重司法制度研究、轻司法实践研究”。事实上，对立法、司法制度史的研究工作远没有结束。譬如，学界对府、道一级的司法制度的梳理仍很薄弱。又如，传统中国法律有律、令、典、比、科、品、格、式、故事、编敕、制书、断例、条例、则例、榜例、事例和各类皇帝诏令等多种形式，对这些法律形式的起源、内容、功能、体系、演变、相互关联等诸多方面厘清者，甚少。

除了研究法律制度史外，对司法实践的研究也当重视。原因很简单，制度规范得再严密，如果不去执行，则失去了它本身的价值，也不足以反映法律的真实效用。对此，瞿同祖先生早在半个世纪前就意识到“条文的规定是一回事，法律的实施又是一回事”。但受条件所限，他对于法律实施的研究仅限于《刑案汇览》等有限的资料上，并未能展现法律实施的丰富面相。其后黄宗智先生通过对清代诉讼档案的研究，提出了区别清代法律的官方“表达”与司法“实践”的分析概念，强调两者既背离又统一。黄宗智还指出“实践”的三个交搭而又不完全相同的含义：相对理论而言的实践、相对表达而言的实践以及相对制度结构而言的实践（或实际运作）。“实践历史”则不仅包含这三种实践的历史，也包含它们经过与理论、表达和制度之间的互动而体现于实践的历史。

在中国学者难以与西方主流话语形成对话的当下，“实践”展现出理论创新的一面。关注司法实践的历史，走出书斋、深入田野的法律人类学的研究方法将成为一种必需。所以，强调“实践历史”的研究可以作为挖掘法史研究创新性的尝试，特别是在树立法史研究的中国主体性上具有重大的理论意义。事实上，受他们的倡导与影响，中国法史学界不再只关注于法律文本——“纸面法”（paper law）的研究，而将视角转移到“活法”（living law）之上，关注法律实践和法律表达之间的契合或关联。

三、既要研究王朝（国家）的法史，也要留意地方、百姓的法史

传统文献典藏汗牛充栋，其内容多是王朝（国家）意志的体现，保存下来的多是关于统治者及其僚属的资料，这为我们研究王朝（国家）各层级的法律体系、法律形式，以及阐释法律的功能和法制发展的规律提供了依据。

当然，只有帝王将相而没有广大民众的、只有中央没有地方的法史是不完整的。一旦眼光向下，条约、规章、规条、告示等地方法律形式，碑刻、契约文书、族（家）谱、日用类书、账本等民间文献将进入我们的视野。借助于这些文献，我们可以看到一幅幅鲜活的法律生活图景，研究领域的区域性、多样性、复杂性特征将会更加明显。沿此路径，分时期、分区域、分专题的微观研究必将替代那些没有基于扎实史料、模棱两可、漏洞百出的宏观著述，也只有通过精细的、实证的微观研究，才能为宏观研究打下坚实的基础。

"一个阶段有一个阶段的使命。"当一个学科还未建立时，学科体系的建构是当务之急；当一朝、一地的历史尚未挖掘时，断代史、区域史研究乃大势所趋。我们不能因时势转移而贬低前人的研究成果，相反，它们是法律学术史上的一个重要累积。时下，法史学界纠结于"法学"的法史还是"史学"的法史，焦虑于法史学在现代法学中的窘境，但笔者坚信，中国法律史的研究，作为一种"史"的归结，最根本的是系统整理和挖掘文献，拿出扎实的材料恢复法律基本面貌，解决法律实际问题，即便是关注现实意义的研究，也要以丰富的材料为基础，说空话以及毫无根据的古今关联将无益于这个学科的发展。杨一凡先生曾在多个场合呼吁"法史研究要从 A、B、C 开始"，所言一语中的。

清代民国县级档案整理与研究的意义

陈廷湘*

一、中国历史思维与史学特点决定档案史料的特殊意义

在世界学术界，档案被公认为历史学研究最可靠的资料之一。中国史学发展的特殊性决定档案史料具有特别重要的意义。历史学最基本的方法与自然科学有相似之处，皆为提出问题和回答问题。英国历史学家科林武德说，历史学是一门科学，但历史学不同于自然科学。科学的基本方法都有提出问题和解决问题两个步骤。历史科学的特殊性在于提出问题后只能用史料加以回答。这一特征决定了历史研究本身，即如何用史料且能在何种程度上回答问题本身存在巨大的解释空间。从这里出发，西方史学和中国史学走出了不同的路径。西方史学在用史料回答问题上做出他们的贡献，在如何用史料回答问题及在何种程度上能用史料回答问题上也取得了很大成就。或者换句话说，在建立各种解释体系运用史料证史，以及对用史料证史本身的批判上，或者说就历史学者对历史认识能力的批判上展开了广阔的研究，创建了层出不穷的理论体系的解释模式。

中国史学的发展路径却相对单一化，主道始终为记述史料和用史料证史，在如何用史料证史问题上的研究显得十分薄弱。在中国古代上千年的史学发展历程中，只有唐代刘知几和清代章学诚对历史研究的研究取得了较大的成就。

---

* 陈廷湘，四川大学历史系教授，四川大学中国西南文献中心主任，博士生导师。

他们对史学研究主体的素质问题先后完整地提出了才、学、识、德的理论，并在史料记述与史学研究的区别上提出了颇具理论意义的见解。这是中国史学理论的重要成就，但就理论的系统性而言，即便刘、章也无法与西方史学比肩。近代新史学的创立者们尽管也在不少史学理论上有所建树，但总体上都属于对西方史学理论的移植与解释，而且未成体系。1921 年，朱希祖为何炳松所译《新史学》一书的序言中说，“中国现在的史学，实在是陈腐极了，没有一番破坏，断然不能建设”。[①] 朱氏之说是否准确尚值得讨论，但他对中国史学理论不济的评说是有道理的。1921—1927 年，梁启超讲授《中国历史研究法》和《中国历史研究法补编》，对中国历史学的理论建构做了重要贡献。但是，他对历史理论的认识尚未成定说。在《研究法》中，他对历史是什么这一基本问题给出了如下回答：

> 史者何？记述人类社会赓续活动之体相，校其总成绩，求得其因果关系，以为现代一般人活动之资鉴者也。其专述中国先民之活动，供现代中国国民之资鉴者，则曰中国史。[②]

在《中国历史研究法补编》中，梁又剔除了原说中“求得其因果关系”一层意思，[③] 对历史存在因果律加以否定，而否定历史有因果律实际上就否定了历史具有普遍规律。梁所以如此改变，表明他的理论认识仍在不断受西方史学理论的影响，并不是独创之说。梁氏在这一基本问题上的前后变化表明，在中国近现代，史家在创建新的理论体系并依据原创性理论对历史作全新阐释的方面尚乏善可陈。马克思历史唯物主义在中国传播相对更为广泛，历史唯物主义属于历史学的普遍原理，但至今尚未在这一普遍原理指导下形成足以令世界瞩目的独创性史学理论体系。我们仍然处于如何理解马克思主义历史唯物主义

---

① 朱希祖：《序》第 3 页，[美] 鲁滨孙（J.H.Robinson）著，何炳松译：《新史学》，北京：中国人民大学出版社，2011 年。

② 梁启超：《中国历史研究法》，上海：上海古籍出版社，2006 年，第 5 页。

③ 汤志钧：《前言》第 14 页，梁启超：《中国历史研究法》，上海：上海古籍出版社，2006 年。

的阶段。

中西史学的这一差别并非研究者自由选择的结果，而是不同文化的基本精神所派生的不同智慧形态和思维方式使然。在中国文化的基本精神不发生根本改变的条件下，中国史学的发展路径不可能发生根本改变。

如上的特点决定了中国史学的根本路途很大程度上只存在用史料证史一途。如果要对中国史学成就的意义提出一个评价尺度，似可以说意义最大者应是在重大问题上发现重要新史料，并从中发现新的重大意义，提出改变历史认知的结论；发掘新史料，借用他人解释体系提出全新见解者意义次之；一定程度地发现新史料，提出新见解者又次之；无多少新史料，仅借用他人理论对某些历史进程作出新的解释也具有一定意义，这一研究也可能一时在国人中形成重大影响，但最终意义有限，且其中有不少很可能只是过眼烟云。

因此，在中国文化背景下，史料对史学研究具有唯一的重大意义。中国史学对人类历史学的贡献似只能建构在发现史料与发现史料的意义之上，而难于产生在新理论、新范式的建构之上。对古史而言，地下史料的发掘具有广阔的空间，宋以后文献史料发掘的空间亦极其广大。对清代以后的史学研究，则档案史料具有更为重大的意义。较之一般历史文献，档案史料为事发当时所记，且记录者主观上无史料意义的意识。因此，档案资料尽管也不可能不带有当事人的观念，但无疑是记录者主观意图最少的事实记载，因而是最为可靠的一类史料。中国史家十分强调历史研究应回到历史世界（时髦的说法为回到历史语境）去理解历史。这在逻辑上当然是完全不可能的。历史一经成为历史，当时人存在的世界就永远逝去了。今人生存于今人的世界，时间的绝对单线性决定了今人不可能进入古人的世界。真正回到古人的世界去理解古人的事迹只能是美好的理想，而不可能成为现实。所谓回到历史世界去认知历史只是生存于自己世界的今人按照自己的主观愿望非主观地认识历史。但是，越是强调非主观，实际上就越具主观性。一个历史学家坚决认定他自己是回到历史世界去认识历史，就越会认定与之相左的别的历史学家未回到历史世界认识历史，其主观性会体现得尤为明显和突出。因此，只能说，强调回到历史世界去认识历史的意义并不在于真实地再现历史，而在于最大限度地发掘接近历史真实的历史记载，尽可能缩小历史解释地基与历史真实之间的距离。档案是所有历史记载中对实现这一目标具有特殊功能的史料。它在最大限度上为今人近距离窥视历史世界的某些侧面提供了可能，为历史认知的可靠性提供了地基。档案的收集整理对中国历史学发展的意义蕴含于深厚的中国文化精神中，存在于中国历史特殊的认知体系之中。这是历史本身的决定，我们别无选择。

二、西南地方档案馆藏清代民国档案的特殊价值

抗战时期，国民政府选定西南为抗战大后方。这一基本格局的确立，使八年抗战这一中国历史上最大规模的对外战争始终未直接漫延到以四川为中心的西南地区。由于未曾受到日本侵华战争等战火的破坏，西南地区历史档案基本未受损毁，保存相对完好。现存西南地方档案馆藏清代县衙档案无论数量还是时间覆盖面都首屈一指。县级民国档案达数百万卷，在全国，乃至全世界，均属研究中国近现代历史，尤其是研究底层社会史的重要资料宝库。

县级档案内容极其丰富，相较于国家档案具有不同的特殊价值。国家档案对研究清代民国国家政治、经济、文化、军事、外交等制度设置、大政方针及其在全国推行状况具有重要意义。地方档案，尤其是县级档案则既有国家下发的有关国家大政方针的文件，省及省以下机关上呈国家的相关文件及平行机关抄存文件，更有基层政权各机关及民间团体直接处理民间事务的大量记载，对民间层面的记载相当全面。在中国基层社会历史研究领域，最困难之处在搜集反映底层民众的生活样式与观念的资料。底层民众在报刊、札记、笔记、日记等记述中永远处于失语状态，史家所能在报刊、笔记、日记等文献中见到的有关底层民众的生活与思想实际都是具有发言能力的文化人心中的民众生活样态，是经过记录者的认识过滤后的民间生活，带有太多记录者的主观认识。而档案记录，尤其是清代民国县级司法案卷中的记录则有大量底层民众的直接发言。由于县级司法机关的书记员多数文化水平不高，不具很高的概括能力，他们的记录往往只能照当事人口述原话录下，不仅诉说内容，且言说方式，包括土语、俗语、俚语、最简单的日常用语和语法上不通的说法都照实记录。除了个别当时留存下来的视频资料外，这是最直接反映底层民众声音的史料。这里仅录一例：

重庆市璧山县实验地方法院第二庭民事言词笔录

案由：原告郭春发、被告郭春山 1935 年 5 月 22 日因交［郊］区产业之争出庭

推事问原告郭春发请求如何判决。

答：请求判令被告交出分关及田产六石。

问：请求的理由如何？

答：城西乡汪家湾产业一股面积十二石，系我母郭雷氏所买，于民国十九年即将此业分给我和郭春山二人共有，但业未交给我，仍由雷氏佃给郭春山耕种，由他负责供养。另给我一字据，但去年腊月初一，我母死后，分关契约则被郭春山藏匿不现人。极请求判令被告交出契约及分出田产六石。

问：你母有否提出养膳？

答：没有提出养膳，即由郭春山提二石八斗租谷作养膳。

推事问被告郭春山有何答弁。

答：民国十九年我与郭兴［春］发即行分家，各得一千〇廿八元。至民国廿年即由我母出名代我买得汪家湾产业一股，价金八百六十元。因我母会行医，故由他代我出名。

问：你母有否提出养膳？

答：提有养膳，系十二个大锭银子另八十四元。

问：你母未留养膳由何人供养？

答：我们兄弟各轮流供养二月。

问：你母的养膳银子现在何处？

答：因郭兴［春］发是长子，银子交经他保管。于去年冬月廿八日并立有遗嘱。

问：他自己不用钱么？

答：他自己行医故用不到钱。

问：你们分家时有何人在场？

答：有郭应祯、刘罗氏在场。

问：你买业有否红契？

答：红契在我处。因郭兴［春］发识字，过堂契由他保存。

推事问证人姓名、年籍并谕知证责后令具结。

答：郭应祯，六十六岁，城西乡。

问：你与两造有什么关系？

答：我们是同曾祖的兄弟，愿具结。

问：郭春发兄弟是何时分的家？

答：民国十九年分家。

问：有何人在场？

答：有我在场，尚有郭比平、郭伯高在场。

问：有否立分关？

答：没有分关。

问：当时是何情形。

答：他们把银子分成三堆，一人一堆，都是一样的。究有多少即不知情。

问：郭雷氏有否立遗书？

答：写遗书我亦在场。尚有一姓雷的一个姓刘的。

问：遗书内如何说的？

答：是说有十二个银子八十四元放在郭春发处。

问：汪家湾产业系何人买的？

答：是他们母亲买的。因郭春发不要，就由郭春山出钱买的。

推事点呼证人入庭问姓名、年籍等项。

答：刘罗氏，城西乡。

问：你与两造什么关系？

答：我是郭春发姐夫的后室，故亦算姊弟（具结）。

问：你丈夫叫什么名字？

答：我丈夫刘相廷，已死。

问：郭春发他们有否分家？

答：他们已分家十几年，我亦在场。尚有刘炳全在场。

问：他们是如何分配的？

答：他们把傢具分成二堆，银子亦分为二堆，各人得一千〇二八元。郭雷氏分得十二两银子，即交给郭春发掌管。

问：有否写分关？

答：没有写分关。

问：汪家湾产业是郭雷氏买的么？

答：田产是他分给二子的钱，故由他出名。实系郭春山买的。

问：郭雷氏立遗书时你在场么？

答：立遗嘱时我亦在场，尚有汪海之在场。

推事点呼证人问姓名、年籍并谕知证责令具结。

答：汪海之，廿五岁，城西乡。

问：你与郭春发是什么关系？

答：我们是地邻亦是干亲。

问：郭春发何时分家的？

答：我记不清了。

问（原告）：你们分家汪海之不知情么？

答：二十九年分家时他在家，以前分家他不在。

问：你们第一次是分过家么？

答：我们是小折开，并未分银子，只分的家。

问：汪家湾产业是何时买的？

答：是第一次分家后买的。

问（汪海之）：廿九年他们分家时如何情形？

答：有刘仲谷在场代笔并写有分关，但未交给郭春发，仍由郭雷氏保管着。是说田产各分六石。

问：郭雷氏有否立遗嘱？

答：有否遗嘱则不知。

推事问证人姓名、年籍并谕知证责后令具结。

答：王希之，四十九岁，城西乡。

问：你们是什么关系？

答：他们的婆婆是我的孃孃。

问：郭春发他们分家时你在场么？

答：我不在场。

问：你知道他们的事么？

答：郭雷氏病床时我曾去看他，他说早家已分家，各人分得一千〇二八元。

问：汪家湾产业系何人所买？

答：不知是何人买的，但地方由郭春山在耕种。听说系郭春山买的。

问：你还知道什么事。

答：今年二月廿八日在郭春山家中调解过，并立有字据，系刘伯刚代的笔。现保存雷海全处。双方并划押。[1]

上面只是民国时期一件民事讼案的一次庭训之部分记录。从中看得出书记员竭力要按他自己的理解记录，用了“谕之证责”“立遗嘱”“尚有”“系郭春山买的”“契约”一类书面用语。但从总体上看，其概括能力有限，记录中很多用语显然是直记口述者之言，如同时混用“分关（客家人分家文书）”“分关契约”“立字据”“红契（官方认可文书）”“过堂契”。混用“立遗书”“立遗嘱”“立字据”等表述分家和遗产文书；用“他们的婆婆是我的孃孃”（如书面化应是“他们的祖母是我的姑妈”。因他们不是女人，而是指郭春发、郭春山兄弟，“他们的婆婆”不可能是“婆婆妈”，而是祖母）这类百姓口语，甚至有“他说早家已分家，各人分得一千〇二八元”一类语意不通的记录。记录中还有“银子交经他保管”的说法。其中“交经他”显然是四川土语将“交给他”说成“交跟他”的谐音，书记员可能是外地人，听不懂土语，想当然记为了“交经他”。此外，记录中还有口误，如把民国“二十年”说成“廿九年”等。重庆璧山为实验法院，职员配备应相对水平较高，其记录尚且如此，一般县法院的记录就更可想象。正是由于记录者没有能力按自己的意图用书面语言记录，民众自己

① 四川大学中国西南文献研究中心备份民国璧山地方法院档案，12-1（4）-（593-595）DSCN（9752-9774），原件藏重庆市璧山区档案馆。

的言语才被更原始地保留下来。

在清代民国县级档案中，这类资料浩如烟海，取之不尽，用之不竭。相对而言，清代档案记录民众的言说方式差一些。因清代档案中往往不保留当庭讯问笔录，而是保留由刑房整理上报的记录。例如：

乾隆二十年七月二十七日巴县直里十甲惠氏自缢一案讯问记录

问，据房主伍星耀供："伍大和是小的堂叔，去年才来佃小的房子住居。他们夫妇平日是和好的。二十一日，为做饭迟了吵闹。小的住处远，不晓得。到二十三日，小的听见人说，堂婶娘惠氏吊死了。忙来查问。同惠先赴案呈报。今蒙验明，实系自缢，并无别故，小的具得结的。"

问，据伍大和供："小的祖藉［籍］湖广零陵县人，在川生长的。今年二十四岁。妻子惠氏，自幼娶配的。已生两子两女，俱幼。小的去年搬来这里，租堂侄伍星耀房屋住居。七月二十一日，小的赶场回来，肚饿了，妻子还没做饭。小的说她懒惰，妻子顶嘴使性，反把家用的缸钵打碎两个。小的忍不住气，在灶前拾起柴棍，在妻子脖颈打了两棍。当时，赖玉华拢来劝散。到二十三日早，妻子做熟了饭，拿了儿女的两件破衣服，说到空房里去缝补。半晌不见出来。小的去呼妻子吃饭，见门关了，不答应。才推开门，见妻子已在竹杆子吊着。小的喊叫赖玉华拢来，慌忙解下救治，总救不活。即着人去赶舅子惠先来看，说妻子身上有伤，就来报明案下的。今蒙验明妻子实系因殴后自缢，并无别故。小的具结愿埋就是。"

各等供拢此。该重庆府巴县知县应验讯得惠氏身死一案，缘惠氏自幼嫁与伍大和为配。已生子女，素相和谐。于乾隆二十七年七月二十一日，大和赶场归家，见惠氏尚未炊爨，被大和斥责。讵惠氏反将器具掷破叫骂。大和随拾柴棍殴惠氏项颈下两伤。经邻赖玉华劝散。不料惠氏被夫殴责，气忿莫释。于二十三日晨，赴空房自缢。大和见，当即解救，不活。投经妻舅惠先具报到县。卑职亲诣验讯，实因懒于炊爨，被夫殴责不甘，自缢身死。查例载妻与夫角口，以至妻自缢无伤痕者，无庸议。若殴有重伤缢死者，其夫杖八十等语。伍大和合事依例杖八十折责三十板。余俱无干。概请省税惠氏尸棺，已饬令尸夫领埋。理合取结加结填图录供，具文通报宪台，俯赐查核批示。①

这份讯问记录本应直接记下当事人的话，但记录者为了使记录更书面化条理化，因而按他自己的意图作了大量改动。其中“据房主伍星耀供”“据伍大和供”“同惠先赴案呈报”“即着人去”“小的去呼妻子吃饭”等都显然是整理者加上的书面用语，或改成的书面用语，当事人在被讯问时不可能用上述语言表达。从中还可看出，记录人可能是外地人，因其用了“半晌不见出来”表达惠氏进屋很长时间没出来。重庆人不用“半晌不出来”表达时间长，只会用“半天不出来”之类表达。记录人用“半晌”这样的表达，说明他要么是北方人，要么是受北方话影响的读书人。从总体上看，整理者水平也不很高，上述引文最后一段完全是其自己的表述，但仍存在语言逻辑错误的句子。如：“于乾隆二十七年七月二十一日，大和赶场归家，见惠氏尚未炊爨，被大和斥责。”一句就是病句，正确显然应是：“于乾隆二十七年七月二十一日，大和赶场归家，见惠氏尚未炊爨，便斥责她。”由于整理者水平不高，也无能力把当事人的叙说完全改为书面用语，仍然保留了许多老百姓习惯表达的元素。如：“小的赶场回来，肚饿了，妻子还没做饭。”其中“小的”“妻子”可能是整理者改的，一般说来，一个农民的回答最大可能是：“我（小人）赶场回来，肚子饿了，她还没弄饭。”这句话尽管已不是当事人的原话，但也保留了当事人原话的大部分元素。又如：“小的喊叫赖玉华拢来，慌忙解下救治，总救不活。即着人去赶舅子惠先来看。”句中，前一句“小的喊叫赖玉华拢来”显然被整理者简化了，可能应是“我喊赖玉华来，他拢后”。“即着人去赶舅子惠先来看”一句里不用“请舅子来看”，而用“赶舅子来看”，很大程度上保留了当地民众的用语方式。重庆人家有人去世，要赶信通知舅子一类重要人物到场。可能当时人说得简略，就用“赶舅子来看”，记录人如是外地人，懂不了“赶舅子来”为何意，只好

① 四川省档案馆编：《清代巴县档案整理初编·司法卷·乾隆朝（二）》，成都：西南交通大学出版社，2015年，第12—13页。

照录，整理者也不懂其中之意，无法改为让后世不生歧义的用语，也予照录。这些都是保留下来的民间说话方式。因此，清代档案中笔录尽管经过整理，但仍然可通过这些档案记载了解到乾隆时代巴县人说话的方式。

从整个记录似也可看出，乾隆二十七年（1762），即距今250多年前，巴县人的言语与今天基本一样。同时，从中还可看出一些当时的社会面目：其一，伍大和24岁已有2子2女，如按两年生一子计，伍大和16岁就已生子，当时早婚早育早得也确乎够多。其二，伍大和租房居住，他妻子到空房吊死。似说明当时房屋够多，租价极低，否则伍不会租一房空着。如此等等，不一而足。巴县清代档案11万多卷，南部县清代档案18000多卷，其中承载的清代活生生的民间生活信息完全可用“海量”名状其多。

清代社会最晚已逝去100多年，远者已过去300余年。民国乡村社会远者已逝去100多年，近者亦已近70年，都已成为遥远的历史世界。而历史世界一旦成为历史世界，以后的人就不可能再进入其中。这决定了研究者再也不可能直接感知清朝和民国时期的民间社会生活面貌。这些浩如烟海的档案记载是当时人记下的当时人的言语行为，今人尽管不可能回到历史世界，却可以借助这些记载一定程度地感受当时人如何想、如何说、如何做。因此，除极少量视频之外，清代民国档案已成为今人窥视清代民国乡村社会唯一具有一定可通性的管道。

上述特质决定了清代民国时期基层档案既能为学术研究提供当时中央政府的大政方针的基本内容，又能提供反映中央政府大政方针在基层的推行和实施状况的详尽资料；既有供宏观把握的丰富文献，又有十分详尽的个案材料。通过该类档案，完全可以管窥整个清代民国时期政治、经济、军事、文化和社会生活的整体历史面貌。因此，这类档案对于近现代史研究具有国家级档案馆藏档案不可替代的重大意义。

具有以上特殊价值的清代民国基层档案在以四川为中心的西南地区的巨量存在，是近代历史发展进程给后人留下的宝贵文化遗产，更是给中国近现代历史研究，尤其是给西南地区的中国近现代历史研究留下的巨大而珍贵的资料宝藏。保护和发掘运用这些历史资料是西南地区历史学者义不容辞的历史责任，更是西南地区中国近现代历史研究不可多有的特殊优势。

三、地方档案馆数字化处理清代民国基层档案的迫切性和重要性

档案对中国人文社会科学的许多学科，尤其是近现代历史学科而言，具有特别重要的意义。四川人文社会科学（尤其是中国近现代历史学），要建构坚实的研究基础，作出传世之作，全面提高研究水平，很大程度上必须借助西南地方市县级档案馆藏的极其丰富完整的民国档案。近年来，历史学研究的多元化趋势十分明显，宏观研究、微观研究，政治史研究、社会生活史等领域的研究都有很大发展。微观研究和社会生活史的研究尤其受到学界的高度重视，这两类研究对于档案，特别是下层社会档案具有更强的依赖性。中国近现代史的微观研究和社会生活史研究要奠定坚实的基础，就必须建设全面、丰富、系统、详尽的档案，尤其是基层档案资料体系。西南地区市县档案馆藏清代民国档案的收集整理，是我国新时期史学发展的战略性举措之一，将成为国内外的中国近现代史研究拓展深度和广度的必不可少的珍贵资料，必将推动中国近现代史研究向更深刻、更精细、更广阔方向进展，产生更多高水平的学术成果，在国内外历史学界产生重大影响。

西南地方档案馆藏清代民国档案的收集整理也是四川高校人文社会科学特别是历史学科人才培养的急需。高校历史学高水平人才培养的基础和最重要的保证之一是资料系统的建设。中国近现代史的资料体系建设，首推档案资料的系统建设。改革开放以来，尤其是近几年以来，高校历史学人才培养出现了爆发性的扩展，成倍增加的历史学及其他人文社科的硕、博士生对史料形成了前所未有的巨大需求。研究资料的不够充分已成为培养高水平史学及其他人文社科人才的重大制约性因素。目前，各种文献资料数据库相继面世，在一定程度上缓解了人才培养与资料需求的紧张关系。然而，仅仅依靠文献资料数据库，远远满足不了中国近现代史高水平人才培养的需要。数据库只能提供民国时期报刊文献资料，此类资料的系统性和可靠性远逊于档案文献资料。因此，调动大规模的人力物力发掘整理西南地区的档案文献对培养高水平的中国近现代史和其他人文社科人才不仅是不可替代的工作，而且是刻不容缓的战略性工程，已成为历史和时代的强烈要求。

中华人民共和国已成立七十年，现存的清代民国档案文献最短的历史已有七十年，最长者三百余年，已经成为不可多得的珍稀文献和重要的历史文化遗产。对于一个在世界范围影响愈来愈大的东方大国，对于一个以悠久的历史文化著称于世的文化大国，保存包括清代民国历史档案在内的一切文化遗产是历史赋予的重要使命。在中央提出发展文化产业，提高文化自觉，增强文化自信重要任务的今天，保护、发掘和利用包括民国时期珍稀档案文献在内的一切历史文化遗产已成为国家文化工程的重要组成部分。四川乃至西南地区县级档案保存完整，但因年湮代远，保护手段有限，已经出现大量虫霉损毁，到了必须紧急抢救的关头。

因此，笔者认为，运用现代数字化技术，首先对四川和重庆馆藏清代民国档案进行初步数字化处理，以数字化方式取代该档案内容的既往保存方式（这批为数极大的珍稀历史档案资料，已无法以原件方式继续保存，否则，再过几年就将逐步彻底毁坏而不复存在）是最为紧迫的文化工程之一。改变保存方式后，集中人力对其内容进行研究，按学术研究需求重新分类整理，写出各类内容提要，并对之进行一系列深度数字化处理，将该档案的全部内容转换为数据库贮存，可供国内外史学工作者更广泛、更便捷地利用。档案原件则转化为文物而不再是供查阅资料的文本。档案管理部门可与文物管理部门合作，采取文物保护的措施加以保护，使之得到更为科学的保存，为中华民族留下一类重要文物。

地方档案与社会史研究

——基于冕宁档案整理、研究的几点体会

龙　圣*

地方档案不仅对国家制度在基层社会的具体运作有着微观的记载，而且也对基层社会政治、经济、文化、教育等诸多方面的生活细节有着详实的记录，可以填补正史在这些方面记载的粗疏和遗漏。此外，地方档案的数量十分可观。以清代档案为例，现存大约两千万件档案中，有一半都保存在各个地方的档案馆中。[①] 因此，地方档案作为学术研究的一种重要的资料早已引起学界重视。例如，早在 1950 年代四川大学历史系就已开始对巴县档案进行整理，[②] 此后逐渐形成了一批重要的资料及学术成果。[③] 近年来，学人进一步认识到地方档案对学术研究的价值和意义，并对各地档案的收藏情况进行了挖掘和统计，一些重要的档案资料逐渐为学界所知晓，比如南部档案、龙泉档案、宝坻档案、冕宁档案，等等。在此基础上，相关的整理和研究工作也日益展开。尽管如此，各地方档案资料受到重视的程度以及整理和研究的进展却不尽相同。其中，龙泉档案和南部档案近来最受关注，现已整理出版有《龙泉司法档案选编 · 第一辑：晚清时期》（上下册）[④]《龙泉司法档案选编 · 第二辑：1912—1927》（全 44 册）[⑤]

---

* 龙圣，山东大学儒学高等研究院副教授。基金项目：山东大学基本科研业务费资助项目（批准号：IFYT15015）。

① 吴佩林、万海荞：《地方档案与文献研究的新进展——“第二届地方档案与文献研究学术讨论会”会议综述》，《西华师范大学学报》（哲学社会科学版）2015 年第 2 期。

② 刘君：《中国县级地方历史档案之最——清代四川巴县档案概览》，《档案》2000 年第 3 期。

③ 张晓霞、黄存勋：《清代巴县档案整理研究的回顾与思考》，《档案学通讯》2013 年第 2 期。

④ 包伟民主编：《龙泉司法档案选编 · 第一辑：晚清时期》，北京：中华书局，2012 年。

⑤ 包伟民主编：《龙泉司法档案选编 · 第二辑：1912—1927》，北京：中华书局，2014 年。

及《清代四川南部县衙门档案》(全308册)[1]。利用二者进行研究而产生的学术成果也日渐丰富。相比而言，冕宁档案虽也受到学界的注意，但不论是整理还是研究都未能获得较大的进展。近年来，因笔者利用冕宁档案作过少量研究，对其情况较为熟悉，故不揣简陋，在此谈谈冕宁档案整理和研究的现状以及个人的一些体会。

一、冕宁档案概况

冕宁档案，原件现存于四川冕宁县档案馆，共计406卷，30530件。档案时间上起清康熙三十一年(1692),[2] 下迄1950年。其中除5卷为民国时期案卷外，剩余401卷均为清代档案。[3] 在类型上，冕宁档案可分为四大类：第一，官府对外发布的信息，如告示。第二，各级官员之间往来文书，如札、移会、宪牌、禀文、呈文、批文，等等。第三，与民刑案件相关的卷宗材料，如禀状、传票、口供、判词、恳状、保状、结状，契约、碑文、图纸，等等。第四，有关地方政务的各种册籍，如户口册、粮册、土司册，等等。在内容上，除了国家政令外，档案主要涉及冕宁县的政治、经济、军事、司法、文化、教育、宗教、风俗等方面，内容十分丰富。

据统计，巴县档案(清代、民国)共计11万余卷，龙泉档案(清代、民国)共计17000余卷、88万件，南部档案(清代)共18000卷、84000余件，虽然冕宁档案在总数上不及上述地方档案，但它却具有以下几个重要的特点：

第一，冕宁档案开始时间早，时间跨度大。若以清代为限定时段计算的话，冕宁档案始于康熙三十一年，止于宣统三年(1911)，其间经历了219年。南部档案起于顺治十三年(1656)，迄于宣统三年，历时255年；宝坻档案始于乾隆六年(1741)，止于宣统三年，历时170年；巴县档案若从乾隆十七年(1752)

① 四川省南充市档案馆：《清代四川南部县衙门档案》，合肥：黄山书社，2016年。

② 张晋藩：《但开风气不为先——我的学术自述》，北京：中国民主法制出版社，2015年，第409页。

③ 李艳君：《〈冕宁县清代档案〉简介》，《法制与社会》2010年第1期。

算起，[①] 截止到宣统三年，历时 159 年；龙泉档案上起咸丰元年（1851），下至宣统三年，历时 60 年。在以上列举的地方档案中，除了南部档案外，冕宁档案在开始时间和时间跨度上均领先于其他地方档案。

第二，冕宁档案对清代当地汉、藏、彝等民族情况有丰富的记载。由于冕宁县是一个多民族杂居的地区，境内分布有汉族、藏族、彝族等民族，所以冕宁档案当中有不少民族政策、民族经济、民族交往、民族习惯、民族文化等情况的记载，为我们从多角度研究当地汉、藏、彝等民族社会历史提供了不可多得的资料。

第三，冕宁档案中有关于清代卫所的宝贵材料。冕宁县的前身为始设于明洪武二十一年（1388）的苏州卫，[②] 洪武二十七年（1394）改称宁番卫，[③] 一直延续到清朝雍正六年（1728）才改卫为县，[④] 而冕宁档案起于康熙三十一年，其中包括了部分宁番卫时期的档案资料。这部分档案资料数量较少，大约只有 10 卷，在内容上主要涉及当时基层社会的田土、婚姻纠纷等问题。由于清前期各地卫所留下来的材料不多，而且涉及卫所基层社会的资料更少，所以冕宁档案中有关宁番卫的资料虽然数量较少，但却十分珍贵。

二、冕宁档案的整理与研究现状

在整理方面，冕宁档案的整理工作自上世纪八十年代就已经开始，先是

① 关于巴县档案开始的时间，主要有康熙九年（1670）、乾隆二十二年（1757）两种观点。前者根据不足，后者因杨林查阅档案时发现乾隆十七年（1752）档案而被推翻（参见杨林：《关于巴县档案起始时间》，《历史档案》1990 年第 3 期），故本文认为现存巴县档案始于乾隆十七年。另，吴佩林认为巴县档案应从此档案现存最早的时间，即康熙九年算起（参见吴佩林：《清代县域民事纠纷与法律秩序考察》，北京：中华书局，2013 年，第 5 页）。

② 《明太祖实录》卷一九四，洪武二十一年十月庚午，台北："中央研究院" 历史语言研究所，1962 年影印本，第 2914 页。

③ （明）李贤、彭时等纂：天顺《明一统志》卷七三《四川行都指挥使司》，《景印文渊阁四库全书》第 473 册，台北：台湾商务印书馆，1986 年，第 555 页。

④ （清）李英粲修，（清）李昭纂：咸丰《冕宁县志》卷二《舆地志 · 沿革》，《中国地方志集成》编委会编：《中国地方志集成 · 四川府县志辑》第 70 册，成都：巴蜀书社，1992 年，第 902 页。

四川省档案馆张永海从清代冕宁档案中整理出部分资料，此后四川民族研究所冉光荣、刘君将其编辑成《清代冕宁县彝族档案资料选编》（以下简称《选编》），收录在 1987 年由四川省社会科学院出版社出版的《四川彝族历史调查资料、档案资料选编》一书当中。[①]《选编》共整理档案资料 423 件，虽冠以“彝族档案资料选编”之名，但实际上涉及彝族的档案为 392 件，另有 31 件主要是关于“西番”（后被识别为藏族）的档案资料。在内容上，《选编》有关彝族的档案资料分为行政管理、经济、习俗家庭三个大类，涉及机构、土司、治安、彝汉关系、人口买卖、农业、开矿、借贷和商业、宗族与家庭、婚姻、习俗等小类。有关“西番”的档案资料自成一个大类，排在彝族三大类资料之后。

《选编》出版不久，刘君、冉光荣即撰文对这部分档案资料作了介绍，并从土司制度、社会经济、人口买卖三个角度分析了该档案资料对于我们研究彝族边缘地区所具有的特殊价值和意义。[②] 自此以后，冕宁档案的整理工作几乎处于停滞状态。直到 2005 年，四川省档案馆才对这批资料进行系统的编号、修复和缩微。2010 年，李艳君撰文对清代冕宁档案进行介绍。尽管这篇文章不长，但与前人相比，该文不仅仅局限于彝族、“西番”档案资料，而是比较全面、系统地介绍清代冕宁档案的整体情况，为我们深入了解这批档案资料提供了重要的线索。[③] 从以上可以看出，冕宁档案整理虽然较早，但截至目前正式整理并出版的数量只有 400 余件，大约占其总数的 1.3%，其余仍然有大量的档案尚未得到正式整理和出版。可喜的是，在张晋藩先生的推动和组织下，2011 年中国政法大学开始着手对四川冕宁档案进行全面的整理，[④] 尽管目前尚未完成，但相信这一工作将对冕宁档案的整理和研究利用产生重大的影响。

---

① 国家民委《民族问题五种丛书》四川省编辑组编：《四川彝族历史调查资料、档案资料选编》，成都：四川省社会科学院出版社，1987 年。

② 参见刘君、冉光荣：《清代冕宁彝族档案评介》，《四川档案》1988 年第 6 期；刘君、冉光荣：《清代冕宁彝族档案评介》（续），《四川档案》1989 年第 1 期。

③ 李艳君：《〈冕宁县清代档案〉简介》，《法制与社会》2010 年第 1 期。

④ 张晋藩：《但开风气不为先——我的学术自述》，北京：中国民主法制出版社，2015 年，第 409—412 页。

在研究方面，学界围绕巴县档案、龙泉档案、南部档案已经展开了较为丰富的研究，相关研究成果日益增多。但是，利用冕宁档案进行研究的学者和成果却相当有限。在此，笔者仅就其中一些主要的成果进行简单的梳理。[①]张晓蓓教授在《从冕宁司法档案看清代四川土司的司法活动》一文中，利用冕宁档案对清代四川土司的司法活动的内容、特点及其与国家治理之间的关系作了讨论。[②]她的另一篇文章则主要利用清代冕宁档案资料，探讨清代西南少数民族地区纠纷解决的机制问题，认为这些地区只要是国家设立了衙门的地方，司法审判的规定与内地已无大的区别，但在具体的纠纷解决过程中解纷依据的选择具有灵活性。[③]此外，她关于冕宁档案研究最重要的成果是《冕宁清代司法档案研究》一书。在内容上，除去前言和致谢外，该书由程序篇、实体篇、监督与处罚、冕宁司法档案的民族性四章组成，详细描述了清代冕宁县的司法诉讼机构、程序、原则以及地域性和民族性特点。[④]除张晓蓓外，李艳君老师对冕宁档案亦有较多的利用和研究。其专著《从冕宁县档案看清代民事诉讼制度》一书，主要利用冕宁档案展现和分析清代的民事诉讼制度，并在此基础上探讨了清代民事和刑事诉讼的异同、清代民事诉讼的特点以及清代民事诉讼的民事法源等问题。[⑤]在专著出版后，她还继续利用冕宁档案，围绕清代司法相关问题进行讨论。例如，她以冕宁档案中记载的吴华控诉谢昌达一案为例，探讨了清人健讼与缠讼的现象，认为隐藏在案件背后的强权政治、官府的不作为以及当事人自身因素等等，是导致这一现象的重要原因。[⑥]她的另一篇文章也是利用冕宁档案，对清代民众诉讼思想进行分析，认为不论是学界素有的清人“畏讼、忌讼”说法，还是清代官方关于“健讼、好讼”的记载，都难以准确概括

---

① 需要说明的是，尽管本文对冕宁档案整理和研究的主要成果进行了梳理，但由于笔者眼界有限，如有遗漏或不当之处，还望读者见谅。

② 张晓蓓：《从冕宁司法档案看清代四川土司的司法活动》，《西南大学学报》（社会科学版）2009 年第 4 期。

③ 张晓蓓：《清代冕宁诉状与西南少数民族地区的纠纷解决机制》，《法学研究》2009 年第 4 期。

④ 张晓蓓：《冕宁清代司法档案研究》，北京：中国政法大学出版社，2010 年。

⑤ 李艳君：《从冕宁县档案看清代民事诉讼制度》，昆明：云南大学出版社，2009 年。

⑥ 李艳君：《清人的健讼与缠讼——以〈冕宁县清代档案〉吴华诉谢昌达案为例》，《大理学院学报》2012 年第 1 期。

出清代民众的诉讼思想。清代民众诉讼思想与个人因素、社会发展有密切的关系。①

通过以上梳理，我们不难发现冕宁档案的研究和利用主要有两个特点：第一，对冕宁档案加以利用和研究的学者不多，相关成果也十分有限。第二，既有的相关研究主要是围绕法律制度史、思想史展开，具体涉及土司的司法实践、少数民族地区纠纷的解决机制、司法程序及特点、民众的诉讼行为和诉讼思想等内容。

三、研究利用冕宁档案的个人体会

在北京师范大学跟随赵世瑜教授攻读博士学位期间，笔者开始接触到冕宁档案，并利用其中的部分档案资料完成了博士论文的撰写②，在进入山东大学工作以后，又进一步利用冕宁档案进行了更多的研究③。不过，在研究方法、问题意识及研究时段等方面，笔者主要是沿着社会史（或者说历史人类学）的路数进行的，与以法制史为主的研究路数有所不同。

（一）研究方法的不同

司法案卷是地方档案中的大宗材料，法制史研究多以其为主体材料进行讨论。与此不同，社会史研究利用地方档案时，更加注意发掘档案记载对象所处的时空环境。具体而言，就是通过田野调查的方式进入档案记载对象所处的社区当中，去了解其历史传统、社会环境和人物关系等，并拓展相关的研究资料，比如至今保存在当地社区中的族谱、碑刻、契约、图纸、牌匾等文献资料，以及当地民众的口述资料。概言之，社会史与法制史在利用地方档案的方法上最

---

① 李艳君：《清代民众诉讼思想探析——以〈冕宁县清代档案〉为例》，《理论界》2012年第7期。

② 龙圣：《多族群视野与历时性观察——元至清大凉山西部的彝族》，北京师范大学博士学位论文，2012年。

③ 龙圣：《冕宁屯堡社会变迁研究——基于历史人类学的视角》，山东大学博士后研究工作报告，2014年。

大的区别在于，前者将档案梳理和田野调查相结合，而后者更多局限于档案本身。以笔者的研究实践为例，通过长期的田野调查，笔者发现冕宁档案当中记载的许多村落至今仍然存在，档案中经常出现的一些村落中的姓氏也多延续并发展至今，有些档案记载的故事至今仍然还能为人们所记忆和讲述。同时，这些村落还保留有较为丰富的民间文献资料。这些散落在民间的文献和口述资料能在一定程度上为我们还原档案中的事件、人物所处的社会环境，使我们的研究视野更为开阔，探讨的问题也很不一样。可以说，社会史（历史人类学）的路数使得笔者的研究方法与以往主要关注档案材料本身的研究方法有很大的不同。将社会史（历史人类学）研究方法引入档案研究的重要性已日益受到学者的认可，[①] 这必将为地方档案的研究利用注入新的活力。关于这点，吴佩林教授就曾指出，"当在'整体史'视野下细化'地方性'研究的研究路径成为一种趋向时，当研究力求跳出'死'的制度进入'活'的领域时，那些能反映百姓日常生活实态、听到不同阶层的'声音'、获取'活'的文本等内容的地方档案显得尤为重要"，由此他进一步认为"档案较为真实地反映一地的社会实态，但一地的历史又绝非仅仅靠档案就能了解，唯有将档案与当地的方志、家谱、碑刻、正史等文献进行有效的对话和回应，才能更切实地了解一地的社会"。[②] 尽管如此，就目前利用地方档案进行的研究来看，探讨档案本身或法制相关问题的研究依然占据着主流，将社会史（历史人类学）的方法引入档案整理、研究的趋势虽已显现，但其实践却相对较少。因此，笔者认为在我们以地方档案作为研究资料的同时，应当结合田野调查的研究方法尽可能地去挖掘档案资料背后的相关信息，以深化、丰富我们对档案记载对象的理解。

（二）问题意识的不同

在问题意识方面，或者说探讨的主题方面，社会史与法制史也有一定的距离。前者主要关注社会历史的发展，而后者主要关注司法制度或司法制度的地

---

① 梁勇：《移民、国家与地方权势——以清代巴县为例》，北京：中华书局，2014 年。

② 吴佩林、钟莉：《"地方档案与文献研究学术研讨会"综述》，《中国史研究动态》2014 年第 1 期。

方实践。以笔者的研究实践为例，冕宁档案中有不少关于胡家堡（又称胡家嘴）胡氏一族的档案资料，但笔者并不是用这些材料来探讨相关的法制问题，而是综合运用档案材料和笔者在当地调查过程中发现的乾隆《胡氏宗谱》、同治《胡氏宗谱》等资料，探讨胡氏从明代宁番卫的一个普通军户发展成为清代冕宁地方大族的过程及其原因。通过这个案例，笔者重新思考了明清四川社会发展的连续性问题，认为过去学界在论及清代四川历史时，多强调明清更替造成的地方发展的断裂，但是从四川边缘地区来看，这种断裂性并不是十分的明显，比如清代冕宁胡家堡胡氏便是从明代延续下来的土著。入清后不久，胡氏就开始了宗族建设并培养出一批具有低级功名的家族子弟，这正是得力于他们在明代所奠定的经济和人脉基础。这一个案提醒我们对四川历史的分析应该从不同区域的具体情景出发，或许能改变我们笼统地将清代四川视为一个“移民社会”的印象。①

从以上例子可知，地方档案不仅仅可被利用来探讨与法制史相关的问题，它也可以被用来研究与社会历史变迁相关的问题。关于这点，赵世瑜教授曾有过简短的总结，他认为以往利用地方档案进行的研究以法史研究为多，专注于司法审判程序，背后关心的实际上是法学的问题，对历时性因素考虑不多，且往往忽视诉讼的具体情境和人群，即史学问题。② 笔者在运用冕宁档案时也感到利用地方档案资料进行研究在选题上可以是多元的，除了以往大家关心的“法”的问题外，充分利用这些档案资料并结合田野调查的民间文献及口述资料，可以使讨论的问题得到很大的拓展。

（三）研究时段的不同

在研究时段上，法制史与社会史亦有不同。前者往往利用某一时代的地方档案探讨当时的法律制度，而社会史虽也利用某一时段的地方档案，但其研究却不一定局限于某个特定的时代。比如在社会史看来，清代地方档案记载的事

---

① 龙圣：《明清四川军户的发展与宗族建构——以冕宁胡家堡胡氏为个案》，《历史人类学学刊》2015 年第 13 卷第 2 期。

② 赵世瑜：《序》，梁勇：《移民、国家与地方权势——以清代巴县为例》，北京：中华书局，2014 年，第 1 页。

件、人物、传说、村落等等，如果能结合田野调查发掘出其背后的相关信息，可将这些事件、人物、传说、村落等置于较长的历史时段中加以探讨。例如，清代冕宁档案中有当地汉族来自明代南京的记载，笔者在田野调查中亦发现清代乃至现在冕宁许多家族都声称祖先来自“南京青石桥”。通过梳理冕宁档案和民间文献，笔者发现当地在明代并无“南京青石桥”的移民传说。自清代中期开始，由于受到土地清丈、冒籍考试等因素的影响，冕宁修谱之风盛行，这一类关涉祖先来历的移民传说才开始兴起，后又经过不断地塑造而成为当地许多汉族村落共同的历史记忆。①

又如，冕宁档案中有不少关于清代平坝彝族的资料。平坝彝族被当地汉族称为“水田彝”，他们在社会形态、生产生活、文化习俗等方面与大凉山的高山彝族有着很大的不同。笔者结合冕宁档案和民间文献的记载，以其中的白鹿营彝族为例，探讨了明清时期“水田彝”的形成问题。简言之，万历后期为抵抗叛乱，部分大凉山彝人被四川宁番卫招募到平坝充当营兵，形成白鹿营等彝族聚落。入清后，白鹿营彝人随土司的招立再次被纳入国家体制，但直到乾隆晚期，其聚落形态、权力格局和风俗文化等方面仍保持着较强的独立性。此后，随着移民的到来、保甲的编设及文教的推广，白鹿营彝族的独立性逐渐弱化，国家认同感日益增强，最终形成有别于高山彝族的“水田彝”。②

以上结合笔者近年来的一些学术实践，从研究方法、问题意识和研究时段三个方面简略分析了利用地方档案进行社会史研究与法制史研究的差异，不当之处，请方家批评指正。

---

① 龙圣:《地方历史脉络中的屯堡叙事及其演变——以四川冕宁菩萨渡为例》,《民俗研究》2014年第5期。

② 龙圣:《明清“水田彝”的国家化进程及其族群性的生成——以四川冕宁白鹿营彝族为例》,《社会》2017年第1期。

清水江文书的特征、研究状况及当代启示

徐晓光*

清水江流域，在历史上和习惯上，主要是指清水江流经黔东南苗族侗族自治州境内的麻江、凯里、丹寨、雷山、台江、黄平、施秉、镇远、三穗、榕江、剑河、黎平、锦屏、天柱等县市的这段区域，长约376公里，流域面积约为14883平方公里，其中又分为南哨、瑶光、八卦、亮江、洪洲五大支流。本文所论清水江流域主要是指这五大支流地区。①

生活在清水江流域的民族，在明朝时主要是苗族和侗族，清代及民国乃至以后才有汉族及其他民族迁入。清水江文书是指贵州省黔东南苗族侗族自治州所在的清水江流域中，苗族、侗族、汉族等各族民户家庭里所收存的，明清、民国乃至新中国成立后这一时段里用汉字书写的各类民间文书的总称，包括土地租佃契约、土地买卖契约、土地典当契约、山林转让契约、山林租佃契约、析产分家合同、山场座簿、山场清册、归户册、账簿、纳税单、算命单、合晋书、婚书、择日单、过继书、风水单、档案、图册、碑铭、信函、日记、诉讼词稿、说唱词、小学国文教材抄本、族谱家规、乡规民约、政府文告等，内容涉及土地制度、林业经营方式、商业运输、租佃关系、分股程序、族群定位、民族认同、宗法制度、土司制度、里甲制度、赋役制度、司法诉讼、民族习惯法、民间纠纷解决、宗教信仰、风土民俗，是反映清水江流域社会数百年历史变迁的最真实的资料。目前所见文书最早者为明成化二年（1466），最晚近的

---

* 徐晓光，贵州师范大学教授、江苏师范大学特聘教授，博士生导师。

① 黔东南苗族侗族自治州地方志编纂委员会编：《黔东南苗族侗族自治州志·地理志》，贵阳：贵州人民出版社，1990年，第181页。

文书形成于20世纪中叶，时间跨度五百年。预计在锦屏、天柱、黎平、三穗、剑河等县，遗存文书总量可能高达30至50万件。清水江文书是散存于清水江流域珍贵的民间文献资料。清水江流域自清代中期纳入中央政府行政规划之后，这些遗存文书便具有了特殊的价值。尽管有幸遗存下来的契约文书只是其中的一部分，但能在一定程度上反映该地区时代变迁、经济发展、社会演变的情况，是民间区域社会历史的写照。

一、清水江文书的特征

（一）林业主题性突出

在清水江中下游地区，林业一直占据着十分重要的经济地位。清代民国记录和反映林业生产和贸易中心地区——锦屏政治、经济和社会情况的"清水江文书"之"锦屏文书"就具有明显的林业特征与生态实践特色。锦屏文书反映林业方面的内容占整个文书总数的70%左右，涵盖林业的各个领域和层面，是记载和反映古代、近代清水江流域地区林业发展历史的"百科全书"。清水江文书是该流域锦屏、天柱等清水江中下游林区古代、近代经济和社会发展历史的真实记录和反映，其最大的特点是林业契约文书丰富，大体包括：林地和林木的权属买卖转让、合伙造林、佃山造林、山林土地析分、林木收入股份分成、山林管护及村寨环境保护、山林土地权属纠纷的调解及诉讼文书、家庭林农业收支登记簿册等，此外还有村寨管理、婚俗改革规定等文书及官府文件等。以前清水江文书研究领域比较狭窄，主要围绕锦屏县的文斗等几个苗寨的林业契约进行，研究内容主要是林地租佃关系、木材市场流通体系和林业习惯法等。但清水江文书内容丰富，反映了诸多历史文化信息，因为任何社会不可能是单一的经济结构，在清水江贸易兴盛时期，农业经济在该流域社会仍占很大比重。这表现在林业契约文书在黔东南其他离该流域比较远的地方虽也有一定比例，但远不如锦屏多。特别是张新民主编《清水江文书：天柱文书》（江苏人民出版社2014年）出版后，人们认为天柱林业契约文书比较少，同样是该流域下游的天柱县林业生产和贸易不多，怀疑清水江林业的主导型。实际上明朝时天柱等县也是林木繁茂的地带。明朝洪武三十年（1397）十月，朝廷派兵镇压农民起义，明军主力“由沅州伐木开道二百余里抵天柱”，[①]就说明当时这里还是漫山遍野的森林。不过到了清雍正年间，天柱一带的林木已经被大面积砍伐。当时坌处有“当江立市”之请，希望借坌处的地理优势取得“当江”的权力。然而这次“争江”诉求并没有得到地方官府的支持和认可，理由是坌处“系镇远府天柱县所属汉民村寨，素不出产木植，本与茅坪苗疆地方绝不相干”，[②]这一方面是说天柱一带的林业生态受到严重破坏，另一方面说明政府维持原有的“当江”制度。这种情况下，锦屏县人工林业生产的木材作为清水江流域的主要特产的价值便得以显现。锦屏各族人民借助人工杉材生产周期短，市场周转快，育苗（实生苗）、种植技术先进，品质好等优势资源，充分利用土地不断植树造林，杉材成材后又被大量采伐，通过不同形式的交易运至京城和其他地区。有林业则有林契，从我们调查的情况来看，沿小江天柱一侧的石洞镇柳寨村林业契约的比重占40%—50%，剑河县磻溪乡盘乐村[③]、南加镇的情况也大体如此。由此清水江干流和汇入锦屏的清水江支流地区成为重要的林木生产基地，“苗木”之名享誉天下。据《黎平府志》载：“黎郡产木极多，若檀、梓、樟、楠之类，以供本境之用，唯杉木则遍行两湖、两广及三江等省。远客来此购买，在十数年前，每岁可卖二三百万金。今虽盗伐者多，亦可卖百余万。此皆产自境内。若境外则为杉条，不及黎郡所产之长且大也。”

锦屏自不必说，实际上清水江流域各县经济社会生活的很多方面都与木材的种植与采运有着直接的关系。当林业开发兴盛时，从事林木生产和买卖的人不断增多，有专为山客上山砍木、运木下河的旱夫，有专为山客和水客在清水

---

① （清）俞渭修，（清）陈瑜纂：光绪《黎平府志》，清光绪十八年（1892）黎平府志局刻本。

② 《卦治木材贸易碑（嘉庆六年文告碑）》，姚炽昌选辑点校，锦屏县政协文史资料委员会、锦屏县志编纂委员会办公室编：《锦屏碑文选辑》，内部资料，1997年，第42页。

③ 小江是清水江下游北岸的一条主要支流，它发源于镇远县的报京乡和金堡乡，由西向东贯穿三穗县中部，在三穗县桐林镇由北向南依次流经剑河县南明镇和磻溪乡以及天柱县石洞镇和高酿镇，锦屏县彦洞乡和平秋镇，最后在锦屏县城三江镇注入清水江。从2007年开始我们对小江流域的林业契约文书进行调查，前后收集了600余份契约文书。详见徐晓光：《黔东南“小江契约文书”的地域性研究》，《贵州社会科学》2011年第10期及2010年省长基金课题“北侗契约文书调查与整理出版”调查报告：《北侗契约文书调查·柳寨及盘乐村文书》（打印稿），2014年。

江上扎木放排的水夫（排夫），专靠佃地种粟、栽杉为生的佃户（栽手），还有打捞漂流木的农民等，他们大多数来自湖南和锦屏邻县。清朝中期，随着木材采运贸易的繁荣，挖山栽杉更为普及，不仅黔东南各县的人热衷，湖南、江西、江苏、福建等地的手工业者和破产农民也纷纷弃家而至，争相租地造林。巨大商业利益的驱动，复杂的社会关系，尖锐的地域矛盾，致使“山客”之间，“水客”之间，“山客”和“水客”之间，“内三江”（茅坪、王寨、卦治三寨）之间，“内三江”和“外三江”（茅坪以下天柱的清浪、坌处、三门塘三寨）之间围绕着木业经营权，爆发了旷日持久的利益之争。其中，尤以“外三江”与“内三江”的斗争最激烈、最典型，时间延续两百余年。比如康熙四十二年（1703），木材商人在“内三江”自购木材，经清水江天柱段源源不断运向湖南沅江，运向江淮地区。坌处以下 18 寨便组成 18 道关卡，阻江拦排，向外省木商“抽江”，每排抽银 9 两，排过 18 关，共抽银 162 两，商人苦不堪言，致使“内三江”木材不能下运，湖南托口以下的木商不敢上行，清水江木业一度中断。可见当时有多少人参与争夺清水江上的经济利益。清水江文书记录了林业发展的实际情况，大量契约文书确定木材经营主体权利义务，在清水江下游村落社会发挥了重要作用，不但规范着当地人民的民事行为，也约束了外来“棚户”、沿江居民、客商等群体在该流域干支流上的民事、商事交往。[①] 木材的种植与采运这一社会经济的主线，使清水江文书保持其一贯的主题，对该流域经济、文化的发展起到了关键作用。比如天柱县在民国初年，“外三江”赞助白银三千两，还以坌处木捐作为天柱县高等小学的常年经费。此外还规定木客每根木头抽钱一文半，每对卦抽钱二十四文，除交杨公庙（木商会馆）香灯各费外，多余部分则提作天柱中学常年经费。还规定：“客所买放下木均系主家保险，所得劳动力费每头仍须纳天柱中学一两五分……”可见当时天柱的小学、中学的教育经费主要是靠木材贸易的税收。

（二）系统性、完整性较好

民间文书在中国各地有不同种类、不同数量的遗存，最引人注目的当属徽

① 徐晓光：《清水江契约文书及其特征》，《光明日报》2015 年 10 月 15 日。

州文书。清水江文书可能在数量上不如徽州文书，但其比较清晰的时间脉络、地域格局和人际网络体现出来的系统性和完整性更加突出。清水江流域由于开发较晚，用于处理和记录社会生活尤其是经济关系的各种民族文献的出现也相对较晚，除了下游地区有极少量明代后期和清初的文献外，现存绝大多数民间契约文书都是清朝中期和民国时期的，两三百年的历史相对来说并不久远，客观上使得清水江文书的遗存及其系统性和完整性的保持，具备了更大的可能性。清水江各类文书内容明确，时间跨度较大，并具有典型的地域性和突出的民族性，最突出的当是它的系统性与完整性。就拿“锦屏文书”来说，其对锦屏林区种植、管理和采伐等人工林业生产过程有系统和完整的反映；对一个家族各房族及几代人在对山林土地的占有、经营管理以及经济兴衰情况有系统和完整的反映；对一些大山场所有权、经营权的历次变化情况更有系统和完整的反映。

“锦屏文书”最早见于清康熙时期，最晚在新中国成立初期，以清乾隆、嘉庆、道光三个时期为多。据保守估计，目前锦屏县农村大多数农户都还保存有旧契约文书，多的有数千份，少的也有数十份。按每个村寨仍保存有500—1000份来计算，全县212个村（社区、居委会）目前大约应保存各种契约文献资料至少有10万份。如《贵州文斗寨苗族契约法律文书汇编——姜元泽家藏契约文书》(陈金全、杜万华主编，人民出版社2008年）收入锦屏县文斗寨姜元泽一家所藏契约文书800余件；《加池四合院文书考释》(王宗勋考释，贵州民族出版社2015年）收录锦屏加池姜氏“四合院”所藏文书1200件，文书以契约类为主，约占其总数的八成。其时间跨度从清乾隆中期到20世纪50年代，前后将近两百年，跨越7代人。[①]这两种家族文书，对一个家族及各房族几代人对山场、山林土地的占有、经营管理状况以及家族经济配置、合股经营情况有系统和完整的反映；对一些大山场所有权、经营权的历次变化兴衰情况有齐全的记录。

（三）家族性特征明显

清水江契约文书的实质是能够体现土地所有权和使用权受法律保护的私人

① 王宗勋考释:《加池四合院文书考释》卷一，贵阳：贵州民族出版社，2015年，第4页。

文书。契约遍及我国天南地北，根植于具有自由买卖性质的封建地主私人占有制，各地契约内容与格式都具有明显的共性。从其他省份移植进来的土地契约应用在山林买卖、租佃关系上，自然脱离不开土地契约的“原型”，表现出更多的共性。土地契约虽然在形式上是双方当事人按照传统习俗订立的私人契约文书，但却具有稳定社会秩序、保障经济发展的社会职能。政府对各种土地契约是认可的，承认其作为证据的法律效力。为了避免因契文不确切引起更多产权纠纷，民间教育把书写契约文书作为知识传播的途径，政府还颁行统一的契约式文，强化了各地契约文书的趋同性。清水江流域吸收了徽州“敬纸惜字”传统，这也是大量契约文书在民间得以保留的原因。人们说徽州契约具有归户性，清水江契约文书也具有这一特点，但它的家族性特点更明显。林业经营的本身决定个体家庭不可能完全脱离大家族而独立存在。林业经济体制下，由于林木生长的周期长，需要经过十几年到几十年，每块林地种植树种不同，主伐时间、收益的时间也不同。比如家族在三块地上分别栽种杉树、桐树和茶树，砍伐的收益、桐油和茶油的收益，在获取时间上不一致。所以以股份方式进行生产和分配，既能调动家族内部成员的积极性，也使各户不必担心自己的劳动果实丧失。因为这些内容都按各房族的股份明确规定在家族内部订立的字据合同中。这些字据合同被族长和其信任的亲族很好地保管着，整个家族林地的总体规划和运作都由族长统一掌握，家族成员对此没有必要过多操心。比如从一份禀稿[①]

① 禀稿内容：“为藐官抗提，捏同搪塞，续恳拘究事。缘生等前以‘私吞公业’等情具控绍襄在案。蒙恩票差提讯，理宜静候，曷敢多渎？惟念此茶山土股原系四股，生等公契得三股，契后股数载明族叔玉林得买一股，现有玉林老簿可验，临审呈电。况玉林之子廷璧早年卖与李姓为业。据绍襄等捏称，生到伊家暗盗公私契约、掳匿等语，窃思伊叔煊故，原系毛妹主丧，因伊叔葬费卖田，毛妹估吞价银，现被伊叔廷扬等控毛妹，有案可稽，何得言生等至伊家主事，暗盗契据？况此公契凭亲族九房子孙公愿交生收管。至于伊房私契，若是暗盗，理宜早为伸鸣地方，禀官追究。至今公卖之后，欲行私霸，反捏以‘盗伊□□□，□图掩□□□’。然又称襄母葬于茶地，伊房屡葬无异，独□□□□人选□□如茶地脑顶，先辈俱葬有坟数冢。只有襄母葬于茶山脚，生等书立卖批‘除上下坟墓、古木在外’，何得籍此进葬，遂致霸吞公业？种种捏词，难逃恩鉴。今生等俱到城候讯，毛妹虎踞家中，胆敢督令伊妇女阻骂公差，抗提不赴，公差可质。似此无法无天，恶极害极，莫此为甚。惟使伊胞弟滥棍武生绍先在此包搪，以致案延不（结），生亦无奈伊何。迫无得已，只得缕晰，续恳公祖大人台前作主，赏准换票差拘到案，讯明究断施。”（王宗勋选编：《锦屏县范正魁等控告姚百万状词辑选》，《贵州档案史料》2003 年第 1 期）

中可以得知：1. 公契的管理要由家族各房成员一致同意。一般是以长幼为序，先是长房，依次下推或选择后辈中有能力者；2. 家族公有制下分到各房的股份，经家族同意是可以部分或全部出卖土地收益权的；3. 家族内部对“暗盗契据”“估吞（田）价银”等名目的民事纠纷可告到官府请求追查和追究；4. 官府对此案的批示也表明对家族内部土地财产纠纷是要立案和审理的。[①] 这可能和徽州文书分散保留在各个家庭中有所不同。

二、清水江文书研究现状

目前已整理出版的契约文书汇编主要是日本外国语大学国立亚洲非州语言文化研究所（AA 研）编辑印刷的《贵州苗族林业契约文书汇编（1736—1950）》1—3 卷（唐立、杨有赓、武内房司主编，东京外国语大学 2001—2003 年）。本书分为“史料编”“研究编”两部分，收录了锦屏县文斗和平鳌两个苗寨的契约文书 853 份。前面载有唐立的“序”和杨有赓的“序文”，并有日本著名学者寺田浩明特为该书撰写的“解说”。最后的“研究编”载有唐立、杨有赓、武内房司、相原佳之、岸本美绪的多篇专题研究论文，如《鸣神和鸣官：清代贵州苗族林业契约文书见苗族的习俗和纷争处理》《林业经营的一侧面——平鳌寨文书事例》《贵州的山林契约文书与徽州的山林契约文书》等。以“清水江文书”为名进行整理出版的有：中山大学历史人类学研究中心和锦屏县林业契约及地方文献收集整理办公室编辑出版的《清水江文书》共 3 辑 33 册（张应强、王宗勋主编，广西师范大学出版社 2007—2011 年），该书内容上主要涉及山林山场及田地买卖、租佃和典当、山林瓜分及按股分银，少数涉及山林山场纠纷调解或争讼、乡规民约及其执行情况等；张新民主编《天柱文书·第一辑》22 册（江苏人民出版社 2014 年）；李斌主编《贵州清水江文书·黎平文书》22 册（贵州民族出版社 2017 年）；另外贵州省档案馆正在出版大型资料集《贵州清水江文书》，第一批是黎平、三穗文书的一部分小型的资料整理，已经出版有黎平卷共 3 辑 15 册（贵州人民出版社 2017—2019 年）。其他整理出版

① 徐晓光：《锦屏林业契约、文书研究中的几个问题》，《民族研究》2007 年第 6 期。

的契约文书汇编还有如《贵州清水江流域明清土司契约文书·九南篇》(高聪、谭洪沛主编，民族出版社 2013 年)、《贵州清水江流域明清土司契约文书·亮寨篇》(高聪、谭洪沛主编，民族出版社 2014 年)、《贵州文斗寨苗族契约法律文书汇编——姜启贵等家藏契约文书》(陈金全、梁聪主编，人民出版社 2015 年)、《加池四合院文书考释》(王宗勋考释，贵州民族出版社 2015 年)，等等。研究专著已出版 30 部以上，较早的著作有《乡土中国·锦屏》(张应强、胡腾撰，李玉祥摄影，生活·读书·新知三联书店 2004 年)、《木材之流动——清代清水江下游地区的市场、权力与社会》(张应强，生活·读书·新知三联书店 2006 年)、《清水江流域林业经济法制的历史回溯》(徐晓光，贵州人民出版社 2006 年)、《清代清水江下游村寨社会的契约规范与秩序——以文斗苗寨契约文书为中心的研究》(梁聪，人民出版社 2008 年) 等。

杨有赓是锦屏文书研究的先行者，杨先生在上世纪 80 年代末和 90 年代初相继发表了系列论文，[①] 率先对苗族林契的格式与内容、特点进行研究，兼与徽州等外省契约进行比较，并从政治、经济、文化方面探讨了贵州少数民族地区林业契约产生的原因。2003 年锦屏县委宣传部姜秀波相继发表三篇文章，[②] 介绍了锦屏林契产生的历史背景、林契的内容和形式、林契的社会功能和林契的民间保存状况，进一步促进了清水江文书研究热潮的兴起。本世纪初以来，人类学学者张应强，法学学者罗洪洋、徐晓光、梁聪，锦屏本土文化学者单洪根等都从各自学科角度对锦屏文书进行了研究。2002 年张应强发表的《从卦治〈奕世永遵〉石刻看清代中后期的清水江木材贸易》，以碑刻和民间文书为据，考察了清水江下游木材市场的交易制度。[③] 随后的《清代中后期清水江流域的

---

① 杨有赓:《文斗苗族地区的明清社会经济文化发展状况——〈姜氏家谱〉剖析》,《贵州民族学院学报》1989 年第 4 期; 杨有赓:《清代清水江下游的苗族林契研究》, 李连贵主编:《苗学研究》, 贵阳: 贵州民族出版社, 1989 年, 第 132—139 页; 杨有赓:《清代清水江林区林业租佃关系概述》,《贵州文史丛刊》1990 年第 2 期; 杨有赓:《清代苗族山林买卖契约反映的苗汉等族间的经济关系》,《贵州民族研究》1990 年第 3 期。

② 姜秀波:《解读清代林契》,《中国绿色时报》2003 年 1 月 2 日, 第 A03 版; 姜秀波:《古人与自然和谐共存的样板——读解清水江清代林契》,《当代贵州》2003 年第 5 期; 姜秀波:《轰动世界的锦屏 10 万件清代林契》,《文史天地》2003 年第 2 期。

③ 张应强:《从卦治〈奕世永遵〉石刻看清代中后期的清水江木材贸易》,《中国社会经济史研究》2002 年第 3 期。

村落与族群——以锦屏文斗寨的考察为中心》《清代契约文书中的家族及村落社会生活——贵州省锦屏县文斗寨个案初探》等文章及论著比较全面地展示了清水江流域苗族村落的经济社会生活以及木材市场流通的历史概况[①]。罗洪洋从民族习惯法的角度对林业契约的社会调节功能和纠纷调解机制进行了探讨，从2003年到2007年连续5年在《民族研究》上发表了相关研究成果。[②] 同一作者的同一专题论文连续多年在同一高层次刊物上发表在国内是罕见的，这也说明一些权威刊物对锦屏文书研究的高度重视。徐晓光于2007年发表了《锦屏契约、文书研究中的几个问题》等论文，对当时锦屏文书研究中的一些焦点问题，如山林山场的家族所有制和房族股份制等问题进行了深入探讨。单洪根就林业契约发表的论文《锦屏林业契约文书——清代林业生产关系的活化石》比较系统地对锦屏林业契约进行了分类，并指出清朝的改土归流对领主制生产关系的冲击，在一定程度上解放了生产力，土地得以合法流转，为林业契约的产生创造了条件。[③]

2011年11月"清水江文书整理与研究"获国家社科基金重大招标项目立项，中山大学、贵州大学和凯里学院三校同时中标。清水江文书研究为学界广泛瞩目，除此之外国家课题立项20余项。清水江文书研究进入国家社会科学研究视野，达到了繁荣时期。通过对"中国知网"相关论文的统计可知，1980年至2016年期间，相关论文至少有285篇。[④] 另还有博士论文多篇。在研究设

① 张应强：《清代中后期清水江流域的村落与族群——以锦屏县文斗寨的考察为中心》，周大鸣主编：《21世纪人类学》，北京：民族出版社，2003年，第162—172页；张应强：《清代契约文书中的家族及村落社会生活——贵州省锦屏县文斗寨个案初探》，《广西民族学院学报》（哲学社会科学版）2005年第5期；张应强、胡腾：《乡土中国·锦屏》，北京：读书·生活·新知三联书店，2004年；张应强：《木材之流动——清代清水江下游地区的市场、权力与社会》，北京：读书·生活·新知三联书店，2006年。

② 罗洪洋、张晓辉：《清代黔东南文斗侗、苗林业契约研究》，《民族研究》2003年第3期；罗洪洋、赵大华、吴云：《清代黔东南文斗苗族林业契约补论》，《民族研究》2004年2期；罗洪洋：《清代黔东南锦屏苗族林业契约的纠纷解决机制》，《民族研究》2005年第1期；罗洪洋：《清代地方政府对黔东南苗区人工林业的规范》，《民族研究》2006年第1期；罗洪洋：《清代黔东南锦屏苗族林业契约之卖契研究》，《民族研究》2007年第4期。

③ 单洪根：《锦屏林业契约文书——清代林业生产关系的活化石》，《凯里学院学报》2007年第5期。

④ 凯里学院龙泽江统计，2016年10月20日提供。

施和平台方面，锦屏县重点建设了“锦屏文书特藏馆”，该馆目前收藏契约文书 6.03 万份，裱糊 4.5 万份，数字化扫描 4.2 万件。[①] 此外凯里学院图书馆数字化扫描 8000 余件。[②]

凯里学院于 2009 年创办《原生态民族文化学刊》，一开始设有“清水江流域文化研究”栏目，坚持至今，7 年中共发布相关论文百余篇。《贵州大学学报》于 2012 年创立“清水江学研究”栏目，4 年发表研究论文 70 余篇。吴平、龙泽江，杨军昌、钟昭会分别将两个栏目上发表的论文编辑出版《清水江流域文化研究》（民族出版社 2015 年）和《清水江学研究》（中央民族大学出版社 2016 年），这在一定程度上给研究者带来便利。另外也出现了一批较为深入的研究综述。[③]

为加速清水江文书的研究，2010 年 10 月黔东南州州委约集全国 30 位契约研究的学者在锦屏召开“锦屏文书与清水江木商文化学术研讨会”，学者们提出很多研究中面临的问题，这为第二年三所大学共同取得重大招标项目提供了思想和研究上的准备。2013 年 10 月贵州大学、天柱县政府、复旦大学、凯里学院等主办“第一届国际清水江学高峰论坛：清水江文书与中国地方社会国际研讨会”；2015 年 10 月锦屏县政府与中山大学主办“民间文献的理论与实践：清水江文书与地方社会学术研讨会（汲古黔谭）”；2016 年 10 月锦屏县政府与清华大

① 锦屏县档案局局长、锦屏文书特藏馆馆长王奎提供。

② 凯里学院图书馆馆长陈洪波教授介绍。

③ 李良品、杜双燕：《近三十年清水江流域林业问题研究综述》，《贵州民族研究》2008 年第 3 期；徐晓光、龙泽江：《贵州“锦屏文书”的整理与研究》，《原生态民族文化学刊》2009 年第 1 期；程泽时：《清水江文书研究述评》，《清水江文书之法意初探》，北京：中国政法大学出版社，2011 年，第 9—31 页；程泽时：《清水江文书国内外研究现状述评》，《原生态民族文化学刊》2012 年第 3 期；马国君、李红香：《近六十年来清水江林业契约的收集、整理与研究综述》，《贵州大学学报》（社会科学版）2012 年第 4 期；马国君、李红香：《清水江流域林业历史文献及研究述评》，《贵州大学学报》（社会科学版）2013 年第 5 期；姜又春：《锦屏文书研究述评与人类学研究取向》，《怀化学院学报》2013 年第 6 期；谢景连：《清水江区域社会与清水江文书研究现状简述》，《怀化学院学报》2014 年第 4 期；钱宗武：《清水江文书研究之回顾与前瞻》，《贵州大学学报》（社会科学版）2014 年第 1 期；徐晓光、程泽时：《清水江文书研究争议问题评述》，《原生态民族文化学刊》2015 年第 1 期。此外还有“2016 年锦屏文书国际学术研讨会暨锦屏文书与法文化研究高峰论坛”论文集中钟一苇、杨博：《从引证看锦屏及清水江文书》；马敬：《规范传承、秩序维持和法治建设的探索——锦屏文书法学研究述评》都是较为深入的综述性文章。

学法学院主办“锦屏文书国际学术研讨会暨锦屏文书与法文化研究高峰论坛”。

“清水江文书整理与研究”重大招标项目为后续的研究培养了大批人才，较为突出的是凯里学院，有20余位中青年学者积极投入这方面的研究，取得了不少成果，提升了地方院校的科研水平和学术影响力。贵州大学、中山大学也有自己的研究团队和较强的研究实力。此外贵州师范大学、西南政法大学、中央民族大学、贵州师范学院、安顺学院、怀化学院、贺州学院的学者也取得了一些国家项目，发表一些学术论文。2015年10月15日《光明日报》发表张应强《清水江文书整理研究的方法论》、张新民《文书整理需力戒十弊》、徐晓光《清水江契约文书及其特征》，说明国家对这一重大招标研究成果的肯定。2006年的“锦屏会议”清华大学法学院是主办单位之一，这一中国最知名学府的参与和加入，更说明清水江文书研究的影响力，我们相信以后会有更多的高校和学者加入到清水江文书研究的队伍中。

学界对清水江文书的研究已涉及：1. 清水江契约文书来源问题；2. 林地所有权（制）问题；3. 地权移转、分配以及有无地主阶层；4. 林业商品经济问题；5. 自发市场与市场国家经营问题；6. 法律多元与纠纷解决机制问题；7. 计量史学研究等。① 研究进度快，水平不断提高，但清水江文书研究也面临一些问题，主要有：1. 部分文书遗失，以前领导批示就可拿走；黔东南木质结构的房屋较多，火灾频发，需加强抢救和保护；2. 研究不够规范，有的学者的文章不注明文献出处，可能会造成以后资料引证的混乱；3. 历史上官方和经济组织机构资料奇缺，如商会、行会、厘金方面资料少，木材贸易方面的研究难以推进；4. 存在文书命名之争，本世纪初文书最早在锦屏大量发现，便被贵州省命名为“锦屏文书”，但后来在黔东南其他县份也发现了大量的文书，就此学界倾向于使用“清水江文书”这一名称，而锦屏县坚持不改。②

今后尚需加强以下领域（问题）的研究：1. 深化比较史学研究；2. “苗疆”社会结构问题研究；3. 运用经济学解释林业商品经济史的研究；4. “中华民族多

---

① 徐晓光、程泽时：《清水江文书研究争议问题评述》，《原生态民族文化学刊》2015年第1期。

② 徐晓光、龙泽江：《贵州“锦屏文书”的整理与研究》，《原生态民族文化学刊》2009年第1期。

元一体格局”理念的深入探讨；5. 加强不同学科的清水江文书研究者之间对话交流；6. 背景资料的收集、挖掘；林木贸易资料，特别是贸易习惯法资料的整理与挖掘；7. 文书与地方志资料、口传资料的互证；等等。

三、清水江文书的当代启示

（一）对生态文明建设的启示

近些年随着清水江文书的整理与研究工作的深入，清代民国林业经济发展与传统生态结构建设的作用渐渐被揭示出来。如民国时期《台拱县文献纪要》之“物产”项载：“杉木出县东南区，满山苍翠，有轮围合抱者，近年来，江路开通，贩运三江出售，其质较他处所产坚实，价值亦较他处为优。”又据《贵州经济》载：“查清水江自平越之羊老、经黄平之重安江入剑河、锦屏、天柱等县其中森林最多者，首推天柱、锦屏、剑河等县。”“黔省东南，素以人工杉林著称，当清水江折入锦屏县境后，此项杉林即形显著，自瑶光以下，杉林最密。”① 这些资料都说明清代民国清水江流域木材生产滚动发展，林木葱郁之地即经济富庶之处。连清水江支流“巴拉河自河口曲折而上，约近百里，沿河苗寨相望，颇为殷实，久为著名产木之区。”②

《中共中央国务院关于加快推进生态文明建设的意见》明确指出要以健全生态文明制度体系为重点。③“以古为鉴，可知兴替”，清水江文书在今天生态文明制度建设和经济发展中的作用如何，怎样利用这部分不可多得的传统资源为林业生态实践服务是我们要探讨的重点问题。林业是生态文明建设的关键领域，是生态产品生产的重要基地和“美丽中国”建设的核心元素。人类文明的演化和进步总是离不开森林的呵护和支撑。“林业兴则生态兴，生态兴则文明

① 王启无：《贵州清水江流域之林区与木业》，《贵州企业季刊》1943 年第 4 期，转引自吴述松：《清水江流域幸于明清“木政灾”的五因素》，《苗学研究》2012 年第 3 期。

② （清）韩超：《苗变记事》，《中国野史集成》编委会、四川大学图书馆编：《中国野史集成》第 43 册，成都：巴蜀书社，第 349 页。

③《中共中央国务院关于加快推进生态文明建设的意见》，《人民日报》2015 年 5 月 6 日。

兴”，发达的林业、良好的生态已经成为国家文明和社会进步的重要标志。该流域地区先民们在长期的林业生产过程中不断探索林业管理经验，清水江文书是这些聪明智慧的结晶，体现“少取多予，用之有节，滚动发展”的生态价值观，并很好地将民间制度优势与生态文化优势结合，曾经在全国引领林业生态制度建设的潮流，清水江流域曾经既是绿水青山，也是金山银山；既是林木葱郁之地，也是经济富庶之所，木材商品促民致富，经济效益、生态效益双赢。这种历史上成功的林业生态模式和经验也是当今国家、地方和林区广大人民希望借鉴的。清水江流域地区如何将生态优势保持下去，实现生态、经济、社会三大效益协调发展，保住生态和发展的两个“底线”，是当今生态文明制度建设中需要重点研究的问题。

（二）对民间契约管理的启示

费孝通先生在《乡土中国》中指出中国古代社会具有“契约社会的基础”。著名经济学家盛洪说，以前人们“对中国经济史更存在着普遍的曲解，很少有人知道，中国在秦汉以后，就是一个契约型的商业社会”。[①] 日本学者寺田浩明在研究清代社会契约秩序时认为：“清代社会并不是一个单纯的未开化的社会，人们日常生活已经远远超过面对面的小范围交往，已经构成了一个大规模的复杂社会。在那里社会已经实现了相当程度的分化，存在众多的民事契约类型，这些都在日常生活中实实在在发挥着重要作用。这样的一个社会通过契约得以运行，在总体上能够维持民事秩序。”[②] 维持稳定社会秩序的是这个社会方方面面、有意无意的制度生长或制度设计。近些年随着清水江文书的抢救、整理与研究的深入，明清以来清水江流域林业开发中出现的大量的山林买卖契约、租佃契约等被发现，一种“契约型社会”林业经营贸易和社会管理传统模式慢慢从历史的黯淡中显露出来。其基本经验是在契约制度的作用下，明确产权和个人的权益，每个人都严格遵守契约规定，约束自己的行为，履行自己的责任和

① 盛洪：《现代经济学的中国渊源》，《读书》1994 年第 12 期。

② ［日］寺田浩明：《清代土地法秩序“惯例”的结构》，［日］寺田浩明著，王亚新等译：《权利与冤抑——寺田浩明中国法史论集》，北京：清华大学出版社，2012 年，第 89—112 页。

义务，形成了诚信守约的大环境。正因为如此，人们在管理好自己的山林、实现自己经济利益的同时，推动了整个地区林业经济的发展，很好地保护了生态环境。另外，该流域苗族侗族村落社会传统“民主议事制度”，契约诚信习惯，各民族在“议榔”“合款”活动中，制定了大量的“榔规”和“款约”，各村寨自己订立的寨规，种类很多，内容丰富，有“乡例”“禁条”“公约”“章程”，其中也有直接叫“乡规民约”者。清朝民国清水江流域是一个典型的“约法”社会，有“盟约”“款约”“乡约”“禁约”“合约”和大量的民间契约。在人们追求林业经济利益，社会变动不安的情况下，为稳定苗侗村寨的社会秩序，乡村常常订立“合约”。合约往往从本地实际考虑，解决目前面临的重要问题，一般由一位或几位当地有头有脸人物发起，再由一些积极参加者和一大批随大流者参与，经过集体讨论订立出来。锦屏清代甘乌林业管理碑落款是该村寨首人范姓诸人，[①] 这便是他们首倡，广大村民响应的结果。在清水江流域几人之约、村寨之约、多村寨盟约、官府之约等形式的公约不断出现，规范着地方社会生活方方面面，形成以契约文化为核心的社会。清水江流域地区传统契约习惯法有相当长的历史，现在的村规民约都不同程度地遗留着传统“公约”“合约”的内容，足可作为今天“社会管理模式创新”的经验加以汲取，比如现在锦屏隆里镇华寨“合约”、平秋镇圭叶村“五合章”制度等，都受历史上契约文化影响。契约化管理模式的当代创新与实践也就保证了村级事务民主管理的实现。[②]

（三）对政府管理模式转换的启示

清代民国清水江流域林业的兴盛与政府“宏观调控”管理手段有直接关系，那么在政府“宏观调控”大环境下如何实现法律调控？在清水江木材贸易中官府扮演了行政监管、税收征课及司法裁判等多重角色，对木行的行政监管和课

---

① 锦屏县地方志编纂委员会编:《锦屏县志（1991—2009）》下册，北京：方志出版社，2011 年，第 1522 页。

② 徐晓光、杜晋黔:《华寨的“自治合约”与“劝和惯习”》,《原生态民族文化学刊》2015 年第 2 期。

税方面，能够使上下交易皆归"江行"，这样做"实于国课大有裨益"[1]。对官府而言，这也是最为省事又有利可图的，官府只要管好行户就可以坐收重税。光绪二十二年（1896）五月黎平府正堂发布的"出示严禁事"中说："为此，示仰该三江行户上下河客人等一体知悉：自示之后，尔等买木需由上河山贩运至三江售卖，不得越江争买。至各山贩木植到江，所有售卖之价，务须报局纳课，不得短报数目。倘敢不遵，一经查出或被告发，定即提案重惩不贷。其各凛遵毋违。"[2]

政府的第一项具体工作是"排除障碍"。既要排除清水江上暗礁等自然障碍，也要排除经济活动中的社会障碍和地方障碍，只有政府才有能力做到这一点。在排除自然障碍上，只有政府有行政能力和经济能力，而村寨没有这个财力。为了规范管理市场，促进木业发展，地方政府在朝廷工、户两部的支持下，开始疏浚河道。张广泗大量募征民夫，排除上自清水江下司，下至湖南沅江黔阳一线的"礁碍"，以利木材流通。同时对江面上妨碍商船通行的违章搭建、捕鱼设施也予以清除。在排除社会障碍和地方障碍方面，一是压制天柱沿江一带严重破坏江上贸易秩序的行为，对违法者进行严厉的处罚；二是理顺贸易主体关系，如黎平府于雍正九年（1731）按天干地支年份，特令"三寨"轮年"当江"，依序进行，各负其责，互不相争；三是设计当江与劳役摊派制度，即"当江送夫"这一种权利义务关系；四是打击"苗疆"地区的"生苗"对木材商人的绑票勒索，以保证林木贸易的正常进行。

政府第二项工作是扩大木业经营规模。清雍正十二年（1734），进一步扩大"三寨"木业经营规模，除原有"行户"外，贵州提刑按察使准许"三寨"之火铺（旅店）改设"行户"，发给牙牒，经营木业。行户在充当木材交易中介人时，其业务范围很广，代水客找货源，选配木材花色品种，安排坞子，兑付款价，雇夫撬排运输，结算各种帐目；代山客编单木材，上缆子，保存木材，垫付运费，贷款或预付木价，寻找买主，围码，代交税款，买卖时行户从中"喊

---

① 《河口木材贸易碑》，姚炽昌选辑点校，锦屏县政协文史资料委员会、锦屏县志编纂委员会办公室编：《锦屏碑文选辑》（内部资料），1997 年，第 53 页。

② 同上。

盘定价”。

第三项工作是“坐收重税”。从木材种植、采伐、贸易的流程看，政府是要在木材贸易中收回“排除障碍”成本和“赚钱”，这就是“厘金”制度了。清朝政府对林木交易的介入是从山客将收购木材交给行户时开始，但此前的木材种植、采伐，甚至江上木材交易活动均按当地的民间规则来完成。

简而言之，政府的这些措施不同程度地改善了清水江木业经营的软、硬环境，林木市场得到进一步发展，对我们今天的政府管理都有重要的启示意义。

长芦盐务档案整理的思路与实践

秦进才*

档案，是人类活动的记录，是历史的记忆，是有价值的历史文件集合体。其记录的原始性、证据的权威性和记载的具体性等是其他史料不可比拟的。长芦盐务档案，是一份内容丰富而系统的珍贵档案资料，既有档案的权威性，又有文物的珍贵性，2003年10月，入选第二批《中国档案文献遗产名录》。整理出版长芦盐务档案，不仅可以使珍贵的档案资料一身化为千百，有利于档案的保存，而且经过档案信息整合，为学术研究提供资料，将档案信息转化为文化产品，进入社会文化传播系统，为更多的人所了解，所运用，并流传后世。这既是文化财富积累的举措，又具有重要的史料价值，还会有良好的社会效益。但长芦盐务档案整理，却是看似简单而实际上并非轻而易举就能够做好的工作。因为做好长芦盐务档案的整理工作，不仅需要有系统完整的档案资料作为整理的基础，而且需要整理者具有档案文献学、历史学、史料学和盐业史等多方面的知识，还需要具有档案文献编纂的学识，更需要具有慧眼识珠的目光，以及充裕的时间保证，能坐冷板凳的平静心情，为他人作嫁衣的奉献精神与一丝不苟的科学态度等，"看似寻常最奇崛，成如容易却艰辛"。[①] 事非亲身经历难以知晓其中甘苦，平淡无奇的长芦盐务档案整理真正做好很不容易。

现在长芦盐务档案民国元年至九年的编选整理工作暂告一段落，《中国长芦盐务档案精选》已经于2011年由国家图书馆出版社影印出版，为便于了解

---

* 秦进才，河北师范大学历史文化学院教授。

① （宋）王安石著，（宋）李壁笺注：《王荆公诗笺注》卷四五《题张司业诗》，上海：上海古籍出版社，2010年，第1189页。

此书档案选择、档案标题拟定、体例编排等做法，笔者对编选整理过程中一些问题的处理思路、方法，撰写此文稍作说明，以请教于大家，以利于今后长芦盐务档案的整理工作。

一、长芦盐务档案概况

长芦盐务档案，是长芦盐区行政管理机构在盐政管理、盐业生产、食盐销售、盐务缉私等活动中产生的档案资料。

长芦盐产区，南起河北海兴县，中经天津塘沽、汉沽，东至河北秦皇岛山海关，蜿蜒千余里。

长芦盐销售区，随着长芦盐生产能力大小、运输水平高低和朝廷批准的行盐区域等因素而变化，明万历以前长芦盐行销 148 个州县，清末涉及京津冀豫 184 个州县，民国年间达到 237 个县，有时也在蒙盐、两淮、河东、晋北等行盐区域销售或借运。

长芦盐业的管理机构，从明洪武二年（1369）设立北平河间盐运司以后，先后有河间长芦都转运盐使司、长芦都转运盐使司到长芦盐务管理局、河北盐务管理局、晋察冀边区长芦盐务管理局、天津市长芦盐务管理局[①]等多次的机构变更；有长芦巡盐御史、长芦盐政、长芦盐运使司运使、长芦盐务管理局局长等等级、身份、职责不同的官员；主管部门有明清户部、直隶省、民国财政部等不同单位。长芦盐运使司驻地先后在沧州、天津等处迁移。

在长期的经营、管理当中，长芦盐业留下了数量众多的档案资料。收藏数量比较多的单位中，中国第一历史档案馆保存有长芦盐运使司从清乾隆三十三年（1768）至 1914 年的档案 5082 卷 403100 件；[②]天津市档案馆收藏了长芦盐

---

① 天津市长芦盐务管理局是天津市人民政府的盐业行政主管部门，具有食盐专营管理、行业管理和盐政执法职能。2009 年 5 月，根据天津市人民政府机构改革方案，不再保留天津市长芦盐务管理局，有些职能并入天津市经济和信息化委员会，有些职能转入天津市长芦盐业总公司。至此，历经六百余年，作为盐业行政管理机构的长芦盐运使司、长芦盐务管理局，画上了句号。

② 傅振伦《清代档案聚散和集中概略》(《中国历史博物馆馆刊》第 18、19 期合刊，1992 年）载：1957 年 8 月，接收食品工业部盐务总局移交的清长芦盐运使司档案五千余卷，计四十万零三千一百件。《长芦盐运使司档案》，中国第一历史档案馆编著：《中国第一历史档案馆馆藏档案概述》，北京：档案出版社，1985 年，第 175—177 页。

务管理局从1921—1949年档案96卷；[①]日本国立国会图书馆收藏有长芦盐务档案册11函22册。河北省档案馆收藏有长芦盐务档案从乾隆四十二年（1777）到1949年3万余卷，其中“清代约有139卷；北洋政府时代约有8865卷；日伪时期有8313卷；国民党时期有14691卷，其中抗战前约有9896卷，抗战后约有4795卷”，[②]当中有英文档案1828卷，日文档案964卷，排架长度约710米。[③]河北省档案馆保存的清代、民国档案中还有些与长芦盐务相关的零星档案。总计近4万卷，件数粗略估计超过2百万件。

此外，有些单位或个人也收藏了一些长芦盐务档案，如中国第二历史档案馆所收藏的1927—1949年财政部盐务档中有与长芦盐务相关的档案；天津档案馆收藏的天津商会、恒记盐号、祥业盐号、业记豫益恒盐号、新记公司等档案中都有与长芦盐务有关的档案资料；[④]北京市档案馆收藏了1929—1948年长芦盐务档案76件。社会上保存着一些长芦盐务文件，有的还现身于近年来的拍卖会[⑤]等。

由于各种因素，现在已经不可能完美无缺地把所有长芦盐务档案收集起来。如当时有些官员在交接时就没交接有关文件，档案本身有遗失；还有行政单位名称多次变化，管理机构屡次改变，档案交接时造成损失；再加上社会动荡，长芦曾遭八国联军烧抢、民国初年溃兵的哄抢以及遭遇火烧、水浸、虫蛀；还有些被其他单位调走，尚未归还等。

长芦盐务档案，按照组织机构分类法分为长芦盐运使公署、长芦盐务管理

---

① 天津市档案馆编:《天津市档案馆指南》，北京：中国档案出版社，1996年，第271—272页。

② 河北省档案馆历史处:《长芦盐务及档案简介》，《档案大地》1995年第6期。

③ 用电脑检索河北省档案馆馆藏目录发现，清朝档案中与长芦盐务有关的文件13个，民国档案中与长芦盐务有关的文件43个。用电脑无法检索到而与长芦盐务有关的档案当还有一些。

④ 天津市档案馆编:《天津市档案馆指南》，北京：中国档案出版社，1996年，第272—274、276—277页。

⑤ 中国嘉德国际拍卖有限公司2005年秋季拍卖会拍卖的1911—1912年长芦盐运使司公文稿件一组四件；北京海王村拍卖有限责任公司2007年11月拍卖的清宣统三年（1911）长芦盐运使司呈稿两件，民国元年（1912）长芦盐运使司“副详”两件；北京诚轩拍卖有限公司2008年春季拍卖会拍卖的清光绪三十年（1904）天津钦命二品衔署理长芦都转盐运使司寄丰财场公文封套；海泓盛拍卖有限公司2008春季拍卖会拍卖的宣统三年钦命署理长芦盐运使办理盐务呈稿等五件；等等。

局、华北盐业公司、丰财盐场等机构的档案十六个大类，记录了从清乾隆十四年（1749）[①] 到 1949 年 [②] 二百年间长芦盐业的行政管理，盐业生产、运输、销售，盐务稽核、税收、缉私，食盐借运，芦盐出口等多方面的情况，保存了有关京津冀豫地区的历史资料，反映了清朝民国时期政治、经济、军事、外交、文化、社会等方面的变迁，为研究长芦盐业史、中国盐业史、京津冀豫地区文化与社会历史等诸多领域提供了不可多得的档案资料。

二、档案选择

档案资料的生命活力在于保存、利用与传播，因为现实需要而被长期积累、有幸保存下来，经过世人的利用而认识其价值，经过整理传播而扩大其影响，经过学者研究而揭示、阐述其奥妙。因为有价值所以为社会所重视，经过整理、传播和研究，奥妙变成为人们的常识，成为文化财富的组成部分。尘封的档案资料固然其价值不减，但固锁于金匮而无人知晓，不会自动地对社会产生影响。编选整理长芦盐务档案，就是要使其在更广泛的空间中、更长久的时间里流传于人世，为更多的人所了解、所利用，也是积极地保护长芦盐务档案的措施之一。

河北省档案馆收藏的长芦盐务档案达 33713 卷，数量庞大，卷帙浩繁，是现在长芦盐务档案的档案馆、图书馆收藏中的重头戏。限于现在的条件，还不可能全部影印问世，只能选择其中的一部分整理出版。这不仅需要对长芦盐务档案进行装裱、修复等技术性整理，更需要经过编选整理者犀利的发现眼光、敏锐的学术感悟、精心的发掘选择、合理的编排设计，使长芦盐务档案资料转

---

① 参见拙作《长芦盐运使严禁越境卖盐告示浅析》，长芦盐运使严禁越境卖盐告示的发布时间是乾隆十四年五月十三日，是目前笔者所知保存在档案馆的年代最早的长芦档案资料（河北海盐博物馆主编：《长芦（沧州）盐业历史文化研讨会论文集》，北京：科学出版社，2017 年，第 57—58 页），这是就长芦盐务档案所收藏的文件主体而言，实际上还有比这收藏更早的文件，如康熙三十四年（1695）十二月□日邓子宁卖高沙岭店铺与海岸网地的契约，因为不是原件，又没有专门立档，姑且不计算在内。

② 这是仅就长芦盐务档案主体而言，实际上还有 1955 年 12 月 27 日长芦盐务管理局天津食盐供应处与普爱堂订立的住宅租约等，此类文件数量所占比例极少。

化为社会所需要的文化产品。

选择目的 整理长芦盐务档案，就是要使其传播更加广泛，方便人们利用，为长芦盐务档案、长芦盐业史、中国盐业史、京津冀豫地区社会经济史以及中国社会历史等诸多领域提供新资料，丰富相关研究史料，深化有关研究内容，开拓新的研究领域。

选择内容 选择的目的决定选择内容，选择内容包括以下几部分：

一是盐业经营。明清以来，专商引岸制度形成“产盐有定场，行盐有定额，运盐有定商，销盐有定岸”[①]的格局，盐产于场是长芦盐业的根本所在，行盐定额是由政府控制的，“运”是联接生产与销售的枢纽，“销”是实现生产的手段。选择着眼于长芦盐业的生产（纳潮、制卤、结晶、收盐等）、储存（驳运、集坨、坨地管理等）、运输（水运、陆运等方式）、销售（引岸专销、官运官销、官运商销、商运商销等形式）等环节的档案资料，以及与此相关的盐场分布、盐坨与盐价管理等方面的档案。

二是盐务法规。包括政府规范盐业生产、运输和销售的有关制度、法令法规等。

三是盐税征收。盐业关系国计民生、国税民食，盐税是唐宋以来到清朝民国时期财政收入的大宗，具有举足轻重的地位，北洋政府善后大借款以盐税担保，地方政府也指盐税为借款保证。盐税名目繁多（正课、杂课、盐厘等），征收盐税机构亦有一元（长芦盐运使司）、二元（长芦盐运使司、长芦盐务稽核分所）体制的变化，征税方式多种多样（先课后盐、就场征税、一条鞭法等）。

四是盐政管理。涉及行政管理、官制变迁、盐官任命、新旧交接、薪俸工资、考核奖惩等制度，自成体系，严密细致。

五是盐务缉私。场私、邻私、商私、枭私等走私类型繁多，商巡、巡勇、场警、缉私营等缉私组织形式不一，盐务缉私与盐业国家垄断经营、专商引岸制度等紧密相连。

六是盐业人物。人员纷杂，贫富分化，地位悬殊，盐官、盐商、盐民、盐

---

① 马寅初：《财政学与中国财政——理论与现实》，《马寅初全集》第十三卷，杭州：浙江人民出版社，1999年，第247页。

工等类型多样。盐官中盐政、盐运使、场知事、坨务局长等层级分明。盐商中场商（又称滩商、灶商等）、运商（又称引商、纲商、票商和包商等）和业商、租商、代商、新商等类型纷纭。盐民中灶户、滩户等称谓多种多样。盐工中有抱锨、灶丁、杠头等多种身份。各类人员报酬名称都有区别，官员领取薪俸，公役获得工资。

此外，涉及政治、军事、社会等方面具有典型性的档案资料，或是长期堙没、秘而不宣的实情内幕，或是从未公布与记载而不详的新鲜资料等，均在档案选择内容范围之内。

文件选择 河北省档案馆收藏的长芦盐务档案，内容非常丰富，形式多种多样。从文件收发角度来看，所保存的文件可以分为发文与收文两种类型，保存下来的发文多为稿本——草稿、底稿、抄稿、定稿等，类型不同的稿本，收文多为正本。① 作为一个机构收文与发文往往合为一体，稿本、抄本等与正本并存。② 抄件还可分为官方抄件与个人抄件等不同情况。③ 从书写印制的角度来看，有用毛笔、铅笔、钢笔、圆珠笔等书写的，也有用木板雕刻、油印、铅字排版等不同印刷方式印制的，还有一些拍摄的照片文件等。由于档案来源于不同机构，如长芦盐运使司（长芦盐务管理局）、长芦盐务稽核分所、各官运局、丰财场、芦台场、滩业公会、善后兴利局等，以及与长芦盐务有关的中央机关、

① 如长芦盐务档案 680-22-585 案卷中有民国三年（1914）十一月二十三日对长芦缉私营所复私盐充公充赏办法清单中认为尚有未详明的五条准备函询，在此基础上形成了此案卷中用稿纸书写的函询长芦盐运司的五条底稿。而在长芦盐运司 680-7-709 案卷丁会办询查缉私案卷中则由长芦盐务稽核分所用正式文件纸书写了致长芦盐运司询查五条的公函。内容大同小异，区别在于书写纸张、语言，长芦盐务稽核所经理、协理的签名等。

② 如长芦盐运使司张弧离任交代时，稿件与正本并存，还有些定稿本与退回的正本同时存在。

③ 官方抄件，如长芦盐务档案 680-12-36 案卷中华民国二年（1913）八月八日禹长官运局的《呈为抄送分局案卷备考》，是受长芦盐运使司指令抄录的，抄录了中华民国二年七月以前档案八宗 38 件。长芦盐务档案 680-12-368 案卷陈杞太官运局选呈摘要抄录案卷清册，陈杞太官运局钤记盖在每一页的下部，说明是将分局自前清宣统三年六月开办至中华民国二年六月底止查案卷择要抄录恭呈鉴核，最后有中华民国二年八月局长刘镇德呈，内容包括接受案、预算案、缉私案等，案下再分为多少不等的卷。个人抄件，如有些灶户禀呈上司时，为说明情况，提供证据，往往抄录契约文书、字据等。至于长芦盐运使、稽核分所的抄件以及稽核总所、盐务署用专用的抄件纸所抄录的文件，随时可见。

地方政府、银行钱庄等，因此形成上司指令与下属呈报共存，长官批示与商人等禀报同在，同一份文件在不同机构中重复存在等现象，以及内容芜杂琐碎、质量参差不齐等问题。同时，既有众多公文种类的官方档案，还有一定数量的与公务相联系的个人信件，如冯国璋、熊希龄、范旭东等人的信件，以及因不同缘由收藏在长芦盐务档案中的八路军①、日本特务资料等。长芦盐务档案，不仅数量巨大、体裁多样，而且内容异彩纷呈，良莠不齐。所以需要精心选择，既不能一味求全而失于滥收，也不能只追求典型重要而失于遗漏，要好中选优，优中选择具有典型性者。有完整文件者一般不用残缺的档案，有定稿文件者一般不用草稿，有正本者一般不用副本。对特殊情况，为便于读者研究参考，则因文件而制宜，把同一文件的不同形式收入书中。既遵循一定的规矩章程，又有灵活处置的办法，不拘一格，力求把重要的、典型的档案资料选择出来。

注意档案资料选择的系统性与完整性。凡是所选择的档案资料中呈、禀、公函、电报等文件，与之相联系的指令、训令、处分令、复函、复电等尽量收录，一个事件的起源与终结，尽量梳理清楚，使其内容相关、前后相连、编号对应，严丝合缝地构成一个相对完整的档案资料链条，以保持档案资料的系统性。凡是所选档案资料上确切注明或密切相连的——粘抄②、附件、指令、训令、合同、办法等，均要选入，与文件有直接关系的文件——由其他机构转为知照的文件等，尽量搜集选入，使读者了解其来龙去脉，以保持文件的完整性。从办事的过程看，如丰财场有呈请，重要者长芦盐运使要呈报盐务署或财政部、直隶都督等批准或备案，上司批示之后，长芦盐运使要再传达给丰财场，这样一个事情才算结束。如果上司不同意，还要再次办理，又要开始依次循环。还有许多民国档案文件是稿本，有时为了省事，用“云云”代替了所引用的文件，如果不把前后相连的档案文件收入，文件中的“云云”实在是不知所云。按系统性、完整性所选择的文件，要求有前后相接、左右相连的基本条件，既要与原来文

① 如1944年2月14日晚，八路军攻进雄县史各庄硝磺派出所，留下了晋察冀军区第十分区司令部由司令员刘秉彦、政委旷伏兆署名的布告，布告讲清了形势和发展趋势，宣传八路军政策，号召敌伪人员幡然觉醒返国杀敌。这份布告随着史各庄硝磺派出所的呈报进入了长芦盐务管理局的档案管理系统，被保存至今，十分珍贵。见长芦盐务档案680-4-2234案卷。

② 粘抄，多位于正式文件的前面。

件精神一致，又要严丝合缝、珠联璧合，真正成为一体，不能强拉硬拽，貌合神离。这样的思路，大部分已经实现，还有一些由于档案不完整或散落丢失，或者时间急迫等因素，没有全部达到系统与完整性的追求。

选择步骤 档案选择分三步进行：一是初选，尽量从宽，宁多勿漏；二是复选，突出重点，删除芜杂；三是定选，博收约取，综合排比，删削与弥补并重，完善档案选择。

三、档案标题

河北省档案馆所收藏的长芦盐务档案，历经长芦盐务系统多年的随时收集整理、精心立卷归档、严格借阅保管，才得以流传到现在，但存在案卷标题以偏概全的弊端，只有少量案卷专门做过事由摘录目次。河北省档案馆多次进行整理，尤其是1998年的整理后，印刷了案卷级目录27册，其中第一至十册事由摘录输入计算机程序当中，为查阅档案提供了前所未有的方便，但缺乏全部详细准确的文件级标题。为准确揭示概括档案内容，方便读者查找使用，有利于检索，有助于编排，把尘封的档案资料变成在社会上流传的历史文献，拟定档案标题就成为编选整理工作的重要任务。

标题原则 力求简要、准确、规范、具体，揭示其主要内容，言简意明，力求档案文件标题与内容一致。

一是要搞清楚档案文件的内容、体例，注意吸收档案文件的事由、摘由、首由或文末归纳语对文件摘要性、总结性说明，在前人基础上概括精炼，力求客观、简要，同一文件中有相同的区域名称者，在不出现歧义的前提下，不重复出现相同的区域名称，如“长芦盐务稽核分所致长芦盐运使司函”“长芦善后兴利局呈复长芦盐运司”，后一个“长芦”省略。为简要，附件的标题只揭示其发文者、文件种类即可，力戒烦琐冗长，如“财政部指令”“盐务署训令”“长芦盐运使批”“丰财场呈”“纲总邵廷廉禀”等，因为主文件中已经交代清楚，附件中是针对主文件的批复、呈复等，内容上密切相联，没有必要重复。

二是要追求标题准确、具体，发文者、收文者不能张冠李戴，事由、文件种类不能错乱，时间不能错乱。不根据档案文件所用稿纸、印章等为确定发文者的证据，主要依据文件本身所书写的机构名称。机构、内容、文件种类等表述语言尽量用具体的，能够反映其特点者。标题忠于原档、原意，不追求耳目一新，不强求别出心裁，要尊重历史，符合其时代特征，以求客观准确地反映文件内容。

三是档案标题不要求整齐划一，尽量保存原貌。不用现在通用文字、语言改正当时的文字、语言，如“月分”不改为“月份”。尽量避免用后来习用的公文语言作为档案文件的标题。在尊重原来档案文件用字的前提下，标题用繁体字。原档案用字与现在简化字相同者用原来档案所用字，如“灶”不作“竈”，“芦台”的“台”不作“臺”，“札饬”不作“劄飭”等。有简化字对应多个繁体字或异体字或相通者，尊重档案原来所用字，如“复”的繁体字有“復”“複”，与“覆”字义相通，与此相类似的还有“并”与“並”“併”等字，书写用字并不规范，尊重原档案的用法，不求一致。异体字有可能引起歧义者，保留原来的字形，如“杨寿枏”不改为“杨寿楠”“杨寿枬”等。

标题要素 标题要反映档案文件的发文者、收文者、事由（内容摘要）、文种和文件日期等五要素。如果档案原有事由、摘由等符合五要素要求沿用即可，如清折、规章、布告、合同等。但只有“合同”“清册”等字样者，要补充有关因素，以便区别。有些摘要、事由是从接收者身份来拟定的，则需要从发文者的角度重新命名，如“抄示”改为“抄寄”“抄送”等。

一是发文者，又称文件作者，或称文件具名者，即文件形成的机关或个人。分清公务文件与个人文件，注意作者发布文件时的身份，恰如其分地命名。有些官署名称冗长者要精炼，如“长芦丰财场务所”，用“丰财场”即可。由于长芦盐务档案历时久远，社会变迁，且文件撰写人员通常有一定的习惯称谓，有时同一发文者名称并不一致，如长芦盐运使，又有长芦运司、长芦运使、长芦盐运司、长芦盐运使司等用法，既有官署名称与长官称谓的混淆，又有同一机构先后不同的用法，还有规范性称谓和简略性称谓的共存等。公文纸与发文者有相同者，亦有相异者；印章与发文者称谓，有相吻合者，也有借用旧章，或机构名称改变而印章不变者。因此不追求一致，尊重当时与当事人的用法，按照文件内容确定发文者名称。

二是收文者，指由发文者所限定的文件接受者。收文者类别相同而数量众多时，用所通饬、通告、通令的机构通称，如官运分局等。收文者有俗称、习称、简称者，如长芦盐运使，作为收文者有运司、运署、运使、司长、长芦盐运司使、长芦转运使司盐运使等不同称谓，收文者标题不追求一致，尊重发文者的用法。收文者有泛指者，如有些告示、布告、规章等；没有明确收文者，如有些合同等，可不标注收文者。

三是事由，是对档案文件内容或发文缘由的简单概括，又称案由、摘由、首由、由头等。有些文件的事由写得很笼统，如“为申核事”“为申送事”“为呈报事”“为札发事”“为通饬事”“为令饬事”“为令催事”“为详复事”等，只是按照文书格式的要求写了个事由，说明所发文件的文种，至于具体内容未准确揭示，对此，要进行补充，以求准确地揭示其文件的内容。事由写得过于烦琐冗长者，也要适当地简化精炼。有多项事由者要突出重点。

四是文件种类，指文件的体裁和性能。从行政机构上下级关系来看，有上司、平级、下属三种，文件也可以分为上行、平行、下行三种。上行文件用禀、呈、详、函等，平行文件用移、咨、公函等，下行文件用札、饬、批、指令、训令、处分令等。其他文件还可以用册报、甘结等。表格、清册等，一般通名放在最后，如某某表、某某清册、某某清折等。文件内容相同而所使用的文件种类并不相同，同一种文件也有细微区别。因此，标题既要体现其特点，又要照顾其共性。同时要注意不能仅根据公用稿纸上的文字命名。如民国三年（1914）长芦盐务稽核造报所的稿纸上列有“呈”“至”“令”“电”等字样，上报稽核总所的文件多放置在“呈”字下，文件似乎属于上行文件“呈”的类型，实际上文件的开头多作“敬肃者”或“敬覆者”等，结尾多用“公祉”“公安”等，是典型的信函语言，因此应当属于函件而不能作为呈件。再看稿纸上的“呈”是呈送、寄呈之意，是动词，而不是文件类型的名词。与“呈”并列的“致”，标明对上司用“呈”，对平级、下级用“致”。同时，稽核总所多以函的方式下达命令，稽核分所用函来回复也是理所当然的。因此，应当命名为“函”，而不能仅根据稿纸命名“呈”。

五是文件时间，一般标注文件形成日期。文件稿纸上有叙稿、送稿、核定、印发等不同时间者，用档案后幅时间页上标注的时间——也就是判日。令、饬、札、咨等文件后幅时间页上缺月、日者，而摘由表或文电摘由纸上有文件到达等日期者，用到达等日期，商人、下属机关的禀、呈等文件有月无日者，用到文日期，注明“到”字。对于仅标注月日而未署年者，或仅标注日而未标年月者，或无年代月日者，考察档案内容寻找线索，或参考相关文件日期酌情确定，或根据具体情况补充完善，无确切证据者宁阙疑而不硬补。如近畿农民救济会函长芦盐运使请求迅速汇寄代募捐银，没有日期，也没有收到日期，民国九年（1920）十月七日长芦盐运使复函中说，“昨准贵会函以发放麦种需款甚殷，无论筹募多少请速汇等因”，由此可知近畿农民救济会函是十月六日到的，因此确定“民国九年十月六日”是到达日期。表格无日期者，根据上下文件时间，或根据所报送文件的时间，如果作为附件，没有日期不再补充。电报标注发报时间，合同、揽单等标注签订时间。有公历、旧历共存者用公历，只有旧历、阴历者换算为公历，用外文标注日期者标注为中文日期。原档案日期标注错误者，按照正确日期排列不作说明。[①]日期标注的格式，文件标题排列在上面，日期另起一行。日期用民国纪年，年、月、日用汉字数字标注。原文件日期用“壹”“廿”“卅”等字，改为“一”“二十”“三十”等。

一稿两用、多用或多文一组的档案文件，指同一份文件发给不同机构、团体与个人者，或在同一组文件中有呈、批、饬、咨、令等上行、下行、平行多文种并存者，力求把各种关系标注清楚，概括揭示文件的基本内容，用事由中的共同因素命名，以反映其共性。如果内容错综复杂不易标注清楚者，要抓住主要内容标题。

四、编排体例

从明清内阁大库档案发现以来，档案编纂成了一个专业，积累了丰富的经验，形成了按事由、来源等不同的整理方法，按编年、问题、来源、类别、区域等不同的编排出版体例，无论那种方法、体例都要求有一定的系统性、规范

① 如长芦盐务档 680-12-674 案卷“遵丰玉官运局呈复长芦盐运使整顿遵岸钱币办法”，标注日期为中华民国元年一月五日，根据前后文件考察，实际应当为民国二年一月五日，因此，排列在民国二年。

性和科学性。具体到河北省档案馆收藏的长芦盐务档案，现在是按照全宗体系分别不同来源关系编排的，在同一来源档案文件中保留了原来按事由分卷的模式。再则，此次编选整理长芦盐务档案，全部整理了清代155卷，选择整理了民国北洋政府时期的部分文件。因为清代部分多是晚清一些县的销售盐斤四柱清册，固然有其价值，因不太完整系统，暂且不出版。北洋政府时期全部有8800余卷，还有些档案尚未来得及选择，为了早出、快出，领导决定首先出版民国元年至九年（1912—1920）部分，在这种情况下，只能采用编年体的编排体例。

编排目的 使所选择的民国元年至九年的档案文件，按照编年体的体例编排，使有关档案文件系统化、条理化，编排成为一个忠实于原档、脉络清晰的长芦盐务档案选本。本书所选择辑录的档案文件，采用扫描与照相的方式，保存档案资料的原始面目，为学术研究提供可靠的档案资料。

编排顺序 全书按编年体体例编排，以“MG元年”“MG二年”等为顺序，以年为单位统一编号。按照主文件的年月日时间的先后顺序排列。年月日因素俱全者一一注明，有年月无日者排列在一月之末，有年代无月日者排列在一年之末。在每一件文件之后，注明长芦盐务档案的全宗号、目录号、案卷号等，以方便读者按图索骥查找利用。同一组文件中不属于同一案卷号者在标题后括号内注明全宗号、目录号、案卷号。

编排上力求做到来源关系与事由关系相结合，凡属内容相同一事彼此前后相联者的文件，或是呈与批、训令，或是呈报、函询与批复、答复，或是上司电报与下属复电等文件，按照主文件与附录文件相结合的办法编排，在编年体中稍作变通，辅助使用纪事本末体方式，以便于研究者参考使用。

注意文件的完整性，收录上司指令、训令者，对下级的禀文、呈文、详文等文件相应收录，以见其来龙去脉、因果关系。作为文件的正文，文电摘由表、到文表以及有关附件全部扫描。文件中与正文联系在一起的文件，如上行文件的批、拟批等未编文件号者，一般不单独拟定文件名称，附录于相关文件以后。而以批、公函、指令、训令、处分令等为主的文件则要单独拟定名称。附件有两件以上者，按照文件中排列的顺序或时间先后排列，标明“附件一、二、……”文件中附录的“粘抄”等，按照原来顺序排列在主文件之前；主文件中标明“附清单一扣”“合同一纸”等附件，附录于主文件之后。附件一般要拟定名称，尽量简洁，反映出发文者、文种等因素即可。在目录中要低正式文件一个字符排列，字体小些，以便区别。

版面格式 长芦盐务档案公文、书札、电报等并存，纸张大小不一，文件长短不等，既有传统的从右到左的竖排，也有现代的从左到右的横排，格式不统一，排版很费心思。正文一般档案文件分为上下两栏排列，如遇到字号太小或纸张太大的文件，可排为通栏，不拘一格，灵活变化，以利于阅览，便于使用。对于上下栏或上下页之间转栏或转页时，有时为保证文件完整，或是为了版面整齐美观等原因，有时上下栏或前后页有数行不等的重叠。

一般档案文件照原状扫描，如果有多张重叠在一起者，拍一张全貌，使读者了解其形制；再将重叠部分分别拍照、排列，以便于读者了解其内容。

全书采用扫描、照相档案文件的方式出版，以求保持档案文件的原貌。凡所收录文件有破损、残缺等情况，读者能够从档案影印件上辨认出来者，不加注明。内容有缺失者，编者在目录中注明“缺”“后缺”等字样。对于破损、皱折叠压严重的档案文件，或通过装裱恢复其原状，或扫描时尽力使其平整，以便于读者使用。

五、参与档案整理者要成为内行

作为一个学者，尤其是历史学者，长期阅读传世文献，运用出土文献，引用档案文献，对于文献运用得得心应手，但是，隔行如隔山，在整理档案文献方面却不一定就都是内行，其他参与的档案整理者也是一样，虽然都具有一般专业知识，但对于档案整理却相对是外行，因此迫切需要成长为内行，以避免出现一边整理一边破坏档案的问题。但隔行不隔理，有了原来相近的知识结构、素质基础，变为整理档案的内行也并非难如上青天，只要静下心来，仔细体会，总结实践经验，寻找出合适的办法，就会成长为内行。整理档案的各个环节都需要内行，所有参与者都完成了从外行到内行的转化，档案也就更容易整理了。

一是编选整理者，《中国长芦盐务档案精选》直接编选整理者有三个人，两个是教授、博士生导师，一个是副教授、在读博士。三个人也经历了从开始对长芦盐务档案知之甚少到有所了解再到逐步深入、从事前体例设想到实际操作的过程，知识结构逐步完善，思想认识日益明确，编选凡例多次修订，选择编排日趋合理，编选态度更为严谨。沉下心来看文件，认真了解其内容与价值，搞明白各文件之间的关系，拟定出合适的标题，我们完成了从不知不懂到了解明白的转化，变成了一个内行。

二是扫描复印者，也需要了解档案的珍贵性，懂得文件内容，知道档案的大致情况，以便于工作。长芦盐务档案整理工作一开始，由河北省档案馆聘用的公司进行扫描，他们扫描的技术毫无疑问是专业的，但是相对于档案的扫描，尤其是有选择性的扫描，他们也是外行。因为不懂档案的格式、内容等，加上公司有每天扫描数量的要求，要赶速度，所以扫描出来的档案资料，张冠李戴的现象层出不穷，遗漏颠倒的毛病接连不断，前后错乱的事情随时发生。因此，只好派专人指导，固然解决了一些问题，但终归是防不胜防，留下了诸多遗憾。经有关领导协商后，由河北省档案馆和河北师范大学历史文化学院提供扫描仪，由研究生或编选者自己来扫描，效果才稍微好了些。

三是档案装裱者，有些案卷破损严重的需要装裱，承担其任务的装裱工作者，都是受过专门训练的，有多年的装裱经验，掌握了熟练的装裱技术，但仍然要注意细心操作，注意装裱工作与其他工作的协调，要把需要装裱的部分与原来档案作好档案卷号、页码位置等情况的记录、标记，以便装裱后恢复原状。否则没有详细记录、标记，没有存放在固定位置，装裱之后再恢复原状就很难了，也会造成不必要的损失。

四是协调工作者，因为整理长芦盐务档案，是河北省档案馆提供档案资料，安排整理工作场地，河北师范大学历史文化学院派出编选整理人员，又用专业扫描公司扫描。河北省档案馆内部又分为档案保管、档案借阅、档案装裱等不同部门，这样协调工作就变得很重要。协调工作者，既要清楚河北省档案馆有关的档案保管、借阅、装裱规则，又要与外面来的编选整理、扫描人员沟通好，也有一个从相对外行变为真正内行的问题，只有真正变成了内行，了解了各方面的需要，也知道了各方面的规则，使大家为了一个共同目标，齐心协力才会把好事办好。

五是档案保管、借阅人员，都熟悉正常的保管、借阅规则，但是对于在档案整理过程中如何适当地提取档案、交还档案，也有一个摸索过程，只有找到了既符合档案管理的一般规则，又适应整理档案的特殊需要，变成为内行，做好档案的借阅、归还工作，才能减少档案错乱等麻烦的产生。

参与整理长芦盐务档案工作的人员，虽然具有各自不同的专业知识，但缺乏整理档案的具体经验，缺乏协同合作的经验，因此我们在一开始走了些弯路，出现了一些问题，留下了一些遗憾。只有摸到了门道，由外行转化为内行以后，才会做的好一些，才会做好长芦盐务档案的保护和整理工作。

整理好历时二百年、近四万卷、内容丰富、形式多种多样的长芦盐务档案，是一个庞大的系统工程，既不能搞全体动员齐上阵，又不可能心想事成、指日成功，只能遵循档案整理规矩循序渐进。这项工作，得到了河北省档案馆领导与同仁们的多方帮助，得到了河北师范大学历史文化学院领导与同事们的理解、支持。用三年的时间整理出版的八开十卷本《中国长芦盐务档案精选》，不过是长芦盐务档案的冰山一角。但因卷帙浩繁，时间短促，学力所限，深知难免有遗珠失宝之憾，好在档案原壁依然存在，欲求深入研究者不妨把此书作为入门的向导，按图索骥展开深挖细掘，获得更多的宝藏。在整理过程中，诸同仁经常交流，互通信息，力求统一认识、统一标准，避免重复。编排时，每一年目录、图片至少要看六七遍，整理人员相互摘瑕求疵，有疑问时寻找原档案核对，有时一个小问题动辄用一两天的时间才能够解决。虽然我们小心谨慎如履薄冰，全力以赴力求完善，总有学力不深厚、学识不广博、眼力不敏锐的感觉，深切感受到整理过程中的错讹难以根除，真切体会到编选整理出版档案永远是一件充满遗憾的事情，编选眼光的高低、质量的优劣等都由读者来鉴定，其中的错误亦深望读者批评，以便异日弥补。

孔府档案的保存、整理与研究

唐 丽*

孔子是中国春秋末期伟大的思想家、政治家、教育家，儒家学派的创始人。他所创立并倡导的以仁政德治的政治理念、修齐治平的立世态度、忠孝礼信的伦理意识为主的儒家思想学说成为两千年间中国封建社会的统治思想。历代帝王为维护其封建统治，崇儒尊孔，不断追谥加封孔子，汉平帝始封孔子为“褒成宣尼公”，元武宗升为“大成至圣文宣王”，至清初更被推崇为“万世师表”，祭祀庙宇遍布全国各地。

自汉高祖刘邦册封孔子九代孙孔腾为奉祀君后，历代王朝在尊崇孔子的同时，也泽及孔子后人，对孔氏嫡孙优渥有加，以后历代屡有加封，使得孔氏家族成为中国历史上经久不衰、世代腾黄、地位显赫的特殊公爵，成为中国，乃至世界上最古老的贵族世家。

一、衍圣公与衍圣公府

孔子后裔从西汉时始有封号，汉代为褒成君和褒成侯，三国魏为宗圣侯，晋及南朝为奉圣亭侯，北魏为崇圣大夫和崇圣侯，北齐为恭圣侯，北周为邹国公，隋朝为绍圣侯，唐代为褒圣侯和文宣公。北宋至和二年（1055）宋仁宗改孔子裔孙的封号为衍圣公，除北宋元祐元年（1086）开始改称奉圣公的十几年

---

* 唐丽，孔子博物馆副馆长，文博副研究馆员。基金项目：国家社会科学基金重大招标项目“历代孔府档案文献集成与研究及数据库建设”（13&ZD108）。

外，直到1935年国民政府改封孔子七十七代孙孔德成为“大成至圣先师奉祀官”，“衍圣公”这一封号历经宋、金、元、明、清而不改，沿袭880年，是孔子嫡孙沿袭时间最长的封号，也是世界上延续时间最长的世袭爵号，这是历代尊孔的重要体现。

衍圣公是中国封建社会享有特权的大贵族，从唐代开始，孔子裔孙在袭封爵位的同时，还兼任地方官员。宋代改封衍圣公时，相当于八品官，元至正六年（1346），衍圣公官阶由宋代的从八品超升至从二品，明代洪武初年，衍圣公官至一品，“班列文官之首”。明朝对衍圣公及孔氏后裔优渥有加，主要体现在以下几方面：1. 为衍圣公设置属官，计有掌书、书写、知印、奏差、典籍、司乐各一员；2. 赐给孔子庙祭田二千大顷（六十万亩），拨给佃户五百户承种，祭田收入主要用于曲阜孔子庙祭祀和属官廪给，剩余部分则为衍圣公的俸禄，土地分布在现在的山东、河南、江苏和安徽四省，下设五屯、四厂、十八官庄；3. 拨给洒扫户115户，其中孔庙100户，孔林7户，尼山8户；4. 免除孔子后裔差徭；5. 为孔颜孟三氏子孙儒学教授司设置教授、学录、学司各一员，尼山书院、洙泗书院山长各一员；6. 继续以孔子后裔世袭曲阜知县。

到了清代，顺治元年（1644）即降旨“圣门典例，俱应相沿”，历代对于孔府的一切赐予和典章制度不仅沿袭下来，而且不断给予新的优待，还特许在紫禁城骑马，在御道上行走。

衍圣公的职责除了奉祀孔子、守护孔子林庙外，另一职责就是管理整个孔氏家族。衍圣公以大宗主的地位，以皇帝授予的权力统率全族。为了加强对孔氏族人的管理，衍圣公按照血缘关系，陆续将家族划分为派、户、支等一百多个分支，设立全族族长、林庙举事和各户户首、户举、各支派族长等管理人员，族长衙门和各支派家庙等行使族权场所，通过修宗谱、立行辈、订族规、行家法等手段，严格约束管理孔氏族人。孔氏家族非常注重纂修家谱，认为修谱可以“详世系、联疏亲、厚伦谊、序昭穆”，并规定家谱“六十年一大修，三十年一小修，大修以甲子为期，小修以甲午为期”，[①] 小修只进行登录，大修才刊印谱籍。经过不断续修谱牒，以孔府大宗（衍圣公）为核心，形成了一个有宗庙、

① 孔传堉：民国《孔子世家谱》卷首《序》，济南：山东友谊书社，1990年。

墓地、祀田、谱系、族规、族长，能够全面行使族权的庞大的孔氏宗族体系。

衍圣公居住的府第（今孔府），称为“衍圣公府”“至圣府”，也是孔子嫡长子孙、历代衍圣公的衙署，是全国仅次于明清皇宫的最大府第。史载衍圣公建府，始于北宋仁宗景祐五年（1038），设官署于孔庙东路，金代成书的孔元措《孔氏祖庭广记》有“旧庙宅”一文，并收有《宋阙里庙制图》，看图可知，孔氏府第依附在孔庙内，位于孔子庙东侧，一周墙垣将庙府围在一起。金代中期，衍圣公府第有所扩建，府第的规模和形制已大体完备。元代仍沿用原有的建筑。明太祖洪武十年（1377），五十六代衍圣公孔希学奉敕创建衍圣公府，后经明弘治十六年（1503）重修，清康熙二十三年（1684）于东学新建宸翰阁，道光三年（1823）于东学后部偏西创建了慕恩堂。至此，孔府成为前堂后寝、衙宅合一的现有厅、堂、楼、房460余间，面积约12公顷的庞大建筑群，是中国现存最为典型的官衙与宅第合一的建筑群。

二、孔府档案的保存历史

孔府一向注重储藏古籍、档案，典籍藏于孔庙的书楼之中。宋天禧二年（1018）专建藏书楼，“以贮古今图籍”，因专藏皇帝御书墨宝，又称“御书楼”，金章宗明昌二年（1191）重修时更名为奎文阁。孔庙现存奎文阁为明弘治十七年（1504）重修而成。

元代开始为衍圣公设置属官，元贞二年（1296）首设掌书官一员，典掌藏书；至大二年（1309）增设奎文阁典籍；延祐六年（1319）再增孔子庙司乐和屯田管勾各一员，并将三氏学学官交由衍圣公遴补，“公府初止设掌书一人，书籍音乐无司之者，金谷无任出纳者，以是为言，遂置典籍、司乐、管勾，凡三人分掌之，禄秩视国子监，且给管勾印，掌书禄视寺监。”[①] 明代洪武初年为衍圣公设置官属，计有掌书、书写、知印、奏差、典籍、司乐各一员，这些官

① （元）危素：《故袭封衍圣公赠中奉大夫河南江北等处行中书省参知政事护军追封鲁郡公谥文肃公神道碑》，（明）陈镐纂：《阙里志》卷二四，济南：山东友谊出版社，1989年，第1798页。

职皆由衍圣公保举列入国家职官编制。到了清代也设有司乐、典籍、屯田管勾、林庙守卫、百户、知印、奏差、随朝伴官等职。随着衍圣公与朝廷往来频繁，孔府办事机构的增设，配备办事官员的增加，孔氏家族的文书档案也随之增多。衍圣公府衙宅合一，因其在中国历史上的特殊地位，得以保存了大量珍贵的有关传统文化的物化资料，“孔子世家文书档案”（以下简称“孔府档案”）就是其中之一。

明清时期，孔府的档案和其他文献资料都有专司管理。孔府设有“知印厅”，知印官专司孔府印信和签押公文。“掌书厅”，掌书官专管府内文书、档案，办理上下行文，来往信件，起草布告、咨文，填写信票、执照等。“册房”专管孔府收租账册。“司房”专掌孔府总务、财务。各厅、房每年都立有新档册，册满即入档。

民国时期，掌书厅、知印厅、典籍厅、司乐厅四厅合并，改为书房，专辟一处保管各类文书档案，总务和财务收归内帐房的庶务处，地契和契约存根则存放于册房，各机构对所存文书资料严格管理。

孔府保存的资料，明代中期以前，受人为和自然因素的影响，遗存很少。明末、清代和民国时期的资料较为丰富，除集中堆放在孔府册房（专门保管地契册籍处）外，还散存于知印厅、典籍厅、管勾厅、百户厅、司乐厅、掌书厅、启事厅、司房以及民国时期的承启处、庶务室等处。

现整理成卷的档案 8117—8127 卷是 1922 年孔府清查清代和民国档案时留存的不完全清册，它的分类编号就是按《千字文》开头的“天、地、玄、黄、宇、宙、洪、荒”粗分大类，别无细目。1922 年孔府清册号签如下：

天字号　林庙卷

地字号　祀田卷（存两册，内容完全相同）

元字号　承袭暨官俸崇圣典例卷

黄字号　属员卷（存卷一、六、七、八、九）

宇字号　各奉祀官杂案、附学堂岗案（存卷一、二）

宙字号　各庄小甲集纪

洪字号　各项杂卷（存卷一至六、十、十一、十三至二十）

荒字号　修谱免差卷（存两册，内容相同）

在查阅档案8117—8127卷的同时，我又接连查阅了其他档案，发现8128卷档案中有部分是民国年间手书的新字号档案抄单（存第一至第八单，第十、第十一单），新字号下按岁月（年、月、日）先后顺序编排，即“新字第壹号”“新字第式号”“新字第叁号”……依次类推，直至最后一份。“新”是《千字文》中“俶载南亩，我艺黍稷。税熟贡新，劝赏黜陟”一节中的一个字，在这份档案中起编号的作用。以前查看未整理的散档时，也曾发现过以《千字文》“天、地、玄、黄、宇、宙、洪、荒”为先后顺序分类立号的，说明孔府档案的分类正是运用了“千文架阁法”，用《千字文》编排字号，以岁月（时间顺序）为次，有序地排列在柜架上，以便查阅并防止丢失，这使孔府档案得以系统、完整地留存了下来。

三、孔府档案概况

孔子世家历经数个朝代而世袭罔替、绵延不衰，加之文书档案由专门机构严格管理，孔府档案得以完整系统地保存下来。档案资料内容包括宫廷、祀典、袭封、宗族、林庙管理、属员、田产、租税、财务、刑讼、庶务、林庙保护修缮、孔府田产情况、租税收入、财务开支和各种刑讼案件、各项府内杂务等，涉及政治、经济、文化、宗族等社会生活的各个层面，其特点有以下几点：

（一）形式独特

孔府档案不同于徽州文书、石仓契约这类的民间文书，也不同于巴县档案、南部档案、淡新档案这类纯粹的衙门档案，它既有公文、又有私家档案。这是因为衍圣公府不是一般的封建世袭公爵的府第，历代王朝的封赏崇励，使孔府（衍圣公府）成为中国传世最久、规模最大的文化贵族世家和典型的宗法贵族，它不仅拥有大量的历代封建王朝所赐予的祀田（约二千余顷），来征收税款，还设有一套完整的管理机构，拥有相当大的政治权力。曲阜知县，均系孔氏世职，至清乾隆年间才改由异姓充任，但还是听命于衍圣公府。此外，衍圣公还有权审讯各种讼案，凡所属官员及佃户仆役等人和列圣、列贤的后裔的讼案，先由衍圣公传讯处理，并根据案情轻重分别移县、移省办理。正由于衍圣公府的这种特殊地位，使它保存有不少它本身形成的私家档案和与历代封建王朝来往的公文档案，与中国第一、第二历史档案馆所保存的大量官档相比，孔府档案具有民间性、基层性、地方性等鲜明特征，成为中国历史档案里的一个独特系统，在中国历史档案中较为稀见。

（二）数量多，历时长

孔府档案已整理成卷的共计9021卷，25.8万件，已整理的散档3.6万件，还有部分散档未整理。时间自1534年起，至1948年止，历时414年，按时间顺序分为明、清、民国档案三个部分，其中明代档案共62卷，从明嘉靖十三年（1534）至崇祯十七年（1644）；清代档案6538卷，从清顺治元年（1644）至宣统三年（1911）；民国档案2421卷，自北洋军阀统治时期至解放战争时期。这些档案成为我们研究明清以来封建经济、政治、文化制度极为珍贵的实物资料。

（三）文种繁多

孔府档案的文种主要包括公文、私人文书、孔氏家谱及世系宗图、仪注、祭文、地亩租税账册、建筑工程账册、地契执照、日常生活流水账、信函、药方等。公文又包括奏章、奏折、诏书、敕命、咨文、劄付和劄文、批回、羽檄、谕文、申文、移文、信牌、信票、牌文、票文、题本、印结、甘结、亲供、手本、火票、兵票、拘票、排单、牒呈、揭贴等类型。如此多的文体出现在一个家族的档案中，实属罕见。

（四）内容丰富

衍圣公府“前堂后寝”，衙宅合一，既是公署，也是私家宅第，府内除三大公堂外，还有十大厅办事机构，各机构都有日常的工作文件，再加上祭祀林庙的各种账册、府内生活的规定及账册等，内容极为丰富。主要有以下几类：

1. 宫廷类：明清时期，统治者为加强封建统治秩序，崇儒尊孔，对孔子后裔“恩渥备加”，衍圣公定期朝觐，专折奏事，与朝廷和各级官吏关系密切。孔府档案中有很多表笺奏章、朝会纪实、来往公文等，记载了封建王朝登基、建储、巡幸、临雍、崩逝、祔庙配天、庆典朝贺等皇室大事和典籍制度、组织、坛庙祭祀、司法、科举、学务、军务等国家政事，以及奏档、京报邸抄、公文簿册等有关政治方面的内容。

2. 祀典类：在中国历史上，“国之大事，在祀与戎”，祭祀始终是国家社会政治生活中的头等大事。自汉武帝“罢黜百家，独尊儒术”起，儒学被奉为官学，孔子创立的儒家思想学说受到了历代王朝两千多年的尊崇。孔庙也就成了儒学后人供奉、祭祀孔子的专门场所。从汉高祖刘邦封孔子九代孙孔腾为“奉祀君”开始，由孔子后裔（衍圣公）主持的祭孔活动的规模越来越大。历代帝王为维护封建大一统，尊崇孔子，或亲至孔子庙堂祭祀，或遣皇子官员致祭，极隆崇之至。自西汉高祖至清高宗1700余年间，先后有12位皇帝计19次亲诣曲阜阙里祭祀孔子，其中清高宗弘历先后8次亲诣阙里祭祀孔子，另外派遣王公大臣来孔庙致祭的计有196次。孔府档案中有许多记载帝王驾幸阙里、御祭孔子、给赐供器、匾联和遣官祭祀、礼乐典籍、祭器祭品及贤儒从祀、圣贤祠庙祭祀等反映封建王朝尊孔崇儒的内容。

3. 袭封类：历代王朝为维护和巩固封建统治，不断对孔子追谥加封。与此同时，对孔氏嫡裔也封官赐爵。从西汉开始，相继册封为褒成侯、宗圣侯、奉圣亭侯、崇圣侯、恭圣侯、文宣公，直至册封为世袭罔替的衍圣公，并建立衙署，拨给食邑，扶持其宗族发展，孔子嫡孙成为中国历时最久的贵族世家。中国历史上曾经有过许多显赫一时的大族，但没有一个家族能够像孔氏家族那样历经2500余年的岁月，并且不随朝代的更迭而沉浮，更不为统治者的政治风暴所动摇，世代相传，苗裔四布。孔府档案中有许多记载孔氏子孙袭爵受封，设置孔氏职官，家学、庙学职官和圣贤奉祀、名宦乡儒奉祀等反映封建王朝对孔氏后裔和圣贤后裔优遇恩典的内容。

4. 经济类：历代封建王朝为示尊孔崇儒、优遇圣裔，自汉元帝始封爵赐邑，宋时改赐田地，明、清相沿，并不断增加。至清代中期，孔府拥有的祭田和自置田产就达百万亩左右。为供庙祀差役和耕种祭田、学田，南朝宋时又赐给庙户，以后各朝又有增加。鼎盛时期庙户、佃雇、人役达数万人，衍圣公府在经济上是中国传世最久、规模最大的封建贵族庄园，大量的田产和户人，为孔府提供了数额巨大的租税收入。孔府家大业大，日常财务收支、纠纷争讼繁多。

孔府档案中有不少记载孔府田产情况、租税收入、财务开支和各种刑讼案件、各项府内杂务等有关经济方面的内容。

5. 宗族类：自孔子之后的两千多年里，孔氏族属繁衍日众，从孔子到孔德成，已绵延七十七代，形成了一个世次极为明显的庞大家族。不仅嫡裔如此，庶裔旁支也建宗立派，尤其是自孔仁玉之后，逐步发展成“五位、二十派、六十户”枝脉完整的庞大族系。其族属集中定居在曲阜者十余万人，其他遍及全国各州府县，衍圣公凭借大宗主的地位，在家族中建立了严密的宗族组织和管理机构，通过修宗谱、立行辈、订族规等方式统管全国各地的孔氏族人，其宗族体系之完整、宗法制度之完善、祖训族规之完备，是其他宗族很难比拟的。孔府档案中记载了大量孔氏族长等职官和纂修家谱的情况，以及孔氏宗谱、各省支谱、宗法族规、家族事务、优免孔氏差徭赋税等关于孔氏宗族的内容，反映了当时孔氏宗族的社会生活情况。目前现存档案中与孔氏宗谱及修谱内容相关的族谱档案就有 422 卷，而《孔子世家谱》从宋朝元丰年间首次成谱以来，一千多年谱系不乱，世系支派井然有序，成为中国历史乃至世界史上延续时间最长、谱系最完整的族谱。

6. 林庙管理、属员类：记载了孔府属官、家学职官等管理机构和人员，孔林、孔庙保护修缮及洒扫户丁等内容。

孔府档案涉及到中国封建社会的政治、经济、文化、思想、宗族等社会生活的各个层面，它从各方面记录了衍圣公府这一世袭贵族兴亡的历史概况，是研究中国封建社会宗法制度不可或缺的珍贵资料；对于研究明清四百年来封建经济史、官制、宗谱、天文、地理、建筑、农民起义、军事、教育、法律、土地等提供了第一手资料，补充了大量历史细节，是极为珍贵的历史财富，具有很高的历史研究价值，也为中国文献档案学提供了一个特有的典型范例。

孔府档案可以填补官方历史档案信息空白，其丰富的史料受到档案学、历史学、文献学、文物学等不同学科重视。档案中关于古建筑的形式、用料、维修等均有详细记载，这些翔实的数据资料，是我们目前保护维修古建筑的重要依据，为保护维修世界文化遗产“三孔”提供了原始数据和参照，有很重要的借鉴意义。

记载祭孔典礼的档案，是研究古代祭祀十分重要的史料。随着历代帝王的褒赠加封，祭典仪式日益隆重，这些记载对研究古代祭祀和礼仪具有极大的参考价值。

孔氏家族继承了孔子“诗礼庭对”的优良家风，在宗谱档案中，不仅有作为道德规范存在的族规家训，还有记载了族人弘扬孝道、敦睦宗族、彰显忠义的言行事迹，其中所蕴含的那些弘扬家风、传承家训的史料，是当代文化传承的重要思想宝库，对于传承和弘扬中华民族优秀传统文化具有重要的借鉴和启示意义。

正是由于它的典型性、独特性和完整性，2015 年 4 月，经“中国档案文献遗产工程”国家咨询委员会评审，“孔子世家明清文书档案”入选第四批《中国档案文献遗产名录》。2016 年 5 月，第七届联合国教科文组织世界记忆工程亚太地区委员会（MOWCAP）大会在越南召开，“孔子世家明清文书档案”经专家评审，成功入选《世界记忆亚太地区名录》。这些殊荣都足以说明，孔府档案是极为珍贵的人类历史文化遗产。

四、孔府档案的保护与整理

1948 年曲阜解放后，曲阜县人民政府接管孔府全部财产和工作人员，成立孔府文物保护所，原地保护孔府文物。省政府派技术人员鉴定文物，1948 年成立曲阜县古代文物管理委员会（今曲阜市文物管理委员会前身），对曲阜境内所有古建筑、古遗址、古墓葬等文化遗产进行专门保护和管理。

新中国成立后，政府对这批文物非常重视。1956 年 6 月，原文化部文物局领导王冶秋、郑振铎委托故宫博物院专家单士元、李鸿庆等来曲阜，指导清理孔府文物、档案及查看古建筑。当时档案集中存放在孔府三堂前院西配房（即旧日典籍房）的木制橱柜里，盛放档案的是明代的黑漆柜橱。柜橱里塞满了陈年旧卷，柜橱旁也是堆积成山的档案，柜橱的立足因长期承重已陷进地下寸许；在内宅后堂楼上也堆积了大批的地契存根，楼下还有移来的大席包盛装的档案。[①] 在两位专家带领下，曲阜文物部门按柜橱的顺序进行除尘、清理，并将

① 单士元：《曲阜孔府档案初步清理记》，《文物参考资料》（现《文物》）1956 年第 10 期。

档案移至孔府后五间，单独列项，排好柜橱，分类庋藏，完成初步清理。

1956年8月，受国家文物局委托，南京档案史料整理处（即中国第二历史档案馆前身）派出了由金佳任组长，成员有郭鹏、丁家襄、装裱工程先道等的专家组来到曲阜，专门帮助整理孔府档案文献。专家组在常驻曲阜期间，不畏艰辛，埋头苦干，对原先处于杂乱堆放和散存状态的孔府档案进行了除尘、鉴定、分类、立卷、排序、编目、编号、裱糊、装订成卷等整理和保护工作，并将所存档案分为袭封、宗族、属员等12个大类。抢救性整理工作至1958年结束，孔府档案首次得到了系统的案卷级整理、单独列项、专库保管、装箱保护，建立了完整的案卷级目录体系，至此奠定了有序典藏管理的基础。

1959年，由于孔府复原展陈，档案迁至孔府东大楼保管，并配备香樟木箱保护。

1960年春，原国家档案局局长曾三到曲阜检查档案工作，专门对孔府档案做出指示："要片纸不丢，只字不损，把档案保护下来。"这以后，曲阜文物部门继续加大整理工作力度，至1965年，共整理出案卷8983卷。

1966年，"文革"开始后，档案整理工作被迫中断，曲阜各种珍贵文物和孔府档案还遭到破坏，损失严重。据不完全统计，先后"烧掉各种古书籍二千七百余册，各种字画九百二十九件，（孔府旧）照片七百五十六张（本），烧掉、撕毁、丢失和处理各种服装二千一百余件，烧掉和丢失碑帖五十二件，各种古瓷器砸坏三百八十四件……谱谍资料卖掉三万二千二百三十二本，计重一万零七百七十八点五斤，档案丢失二十八卷……"；[①]1967年2月，处理了"孔氏族谱（包括明清底稿抄本）一万零七百七十八点五斤，共计二百零九套，三万二千二百三十二本，全部送往废品收购站，售款二百六十九点四六元"。[②]

1972年，孔府档案整理工作重新恢复，建立了新的登记册，并全部归类编号，上架入箱，存用两便。至此，共整理出案卷9021卷，完成全宗目录索引编制和卷内编目62卷。

1990年3月，为加强孔府文物档案的安全保护，国家拨款800余万元建造

---

① 刘亚伟、王良：《1966阙里纪事》，《曲阜文史》专辑，2015年12月，第250—252页。

② 同上书，第212页。

孔府文物档案馆，1993年12月竣工投入使用，档案移入专门库房保管，成为馆藏特色文物之一。曲阜市文物管理委员会严格按照“保护为主，抢救第一，合理利用，加强管理”的文物工作方针，结合单位实际，制定了《孔府档案工作制度》《孔府档案查阅制度》《藏品出入库管理制度》《库房安全管理制度》，进行严格管理，并配备专门人员对孔府档案进行保护管理，实行保管员责任制。文物库房现配有1301个气体灭火装置，24小时视频监控，设有远红外探头，远红外报警器，门磁、墙震感应报警器，烟感报警器等安防设备，文物分库、分类保管，所有档案按时间先后排列有序地存放于专门设计的防虫樟木柜内。从2015年起，先后投入450余万元，对库房安全门、文物囊匣、档案卷宗盒等预防性保护设备设施进行了全面升级更新，馆藏档案保存条件得到了进一步提升。

1992年始，曲阜市文物管理委员会开始整理、抢救、裱糊部分残破散档，至今共整理出3.6万余件。

2013年9月开始，通过第一次全国可移动文物普查，曲阜文物部门对馆藏孔府档案进行了全面梳理，完成了9021卷，25.8万余件孔府档案数据信息的采集、登录工作。

2013年12月开始，曲阜市文物管理委员会与曲阜师范大学联合启动“历代孔府档案文献集成与研究及全文数据库建设”项目，旨在充分利用曲阜历史文化遗产，有效整合现有资源，集中优势力量，对孔府档案文献进行抢救性整理和挖掘研究，并开展数据库建设。

现存孔府档案均为纸质、手书，已历经几百年，年代久远，再加上受潮、霉变等因素的影响，有的纸张已出现发黄、发脆的迹象。未整理的散档由于历史原因及受当前保管条件所限，出现霉变、污渍、虫蛀等现象，部分档案甚至残缺、粘连、糟朽严重，亟需开展抢救性、专业性技术保护与整理。2015年4月，曲阜市文物局启动孔府散档整理修复工作，分14个类别，通过编目整理、托裱修复、信息采集录入、汇编成卷归档，对“一普”中发现的散档进行系统整理，目前已整理修复散档8700余件，一批具有重要历史文化价值的文献得以发现发掘，孔府档案的典型性、独特性和完整性得到进一步补充。

2016年8月，曲阜市文物管理委员会与曲阜师范大学联合启动档案数字化扫描工作。目前共计完成明代档案数字化扫描 62 卷、311 件，清代档案数字化扫描 6538 卷、165597 件，民国档案数字化扫描 2421 卷、59089 件，利用现代冷光扫描技术共计扫描 94 万画幅，已基本完成档案数字化扫描工作。

孔府档案虽经多次整理，但整理工作是阶段性的，不连贯；而且在整理过程中，是有选择性地进行整理，未能作全面、系统的整理和利用，无法体现孔府档案的整体面貌。

下一步，我们将加强对孔府档案科学保护修复，积极争取国家和上级有关部门的专项保护经费，请专家和专业人员对散档进行抢救性保护修复，并进行系统整理；积极开展孔府档案文件级目录编纂工作，并同步开展孔府档案的数字化系统工程和档案全集影印出版工作，真正彰显孔府档案的历史文化价值。

五、孔府档案的编纂、研究

多年来，在进行孔府档案分类整理过程中，对孔府档案的编撰、研究工作也在逐步开展。孔府档案用于历史研究工作，开始于 1962 年。原哲学社会科学部（现中国社会科学院）历史研究所由杨向奎先生带领明清史研究组成员钟志谦、刘崇日、张兆麟、何龄修、郭松义、张先乾等专家到曲阜，先查阅档案，挑选出部分可作研究的档案，整理抄录出来，以供研究出版；当时有的档案破损、受潮、霉变，就拨出专款进行修复托裱。1964 年后，历史研究所与曲阜县文物管理委员会、曲阜师范学院历史系合作，组织师院的一些学生利用暑假进行抄写。这次为期一个月的抄录工作还定下了选题原则：明代档案全抄，鸦片战争前（1840 年）的清代档案适当选抄，民国时的档案暂不抄录。这次抄录的档案数量有 4000 余件，五六百万字，选录了大批孔府档案（主要是明档和 1840 年以前的清档），并初步完成分类、断句、逐件拟题等工作。在此之后，曲阜县文物管理委员会与山东大学历史系合作，选录了一批近现代档案资料；同时，曲阜县文物管理委员会又整理抄录出孔府档案全宗目录索引。

“文革”开始后，这批档案的出版被耽误了十几年。“文革”结束后，这批十几年前整理出来的档案资料的出版又被列入议事日程。

1978 年，在中共山东省委宣传部的领导下，由山东省社会科学研究所、曲阜县文物管理委员会、中国社会科学院历史研究所、山东大学、曲阜师范学院、山东省文化局、山东省出版局等有关单位组成了曲阜孔府档案史料编辑委员会，组织各单位专业人员成立编辑部，对已经抄录的档案资料进行统一校点，进一步加工整理，并于1980年至1985年由齐鲁书社正式出版《曲阜孔府档案史料选编》，全书共500多万字，共分3编，总计24册。第一编为全宗类目索引，第二编为明代档案史料，第三编为清代档案史料。每个历史时期的档案史料又按专题进行分类，每卷中档案按照时间顺序排列。所选内容主要包括孔府在袭封、宗族、属员、徭役刑讼、租税、林庙管理、祀典、宫廷、朝廷政治、财务、庶务、灾异等事务中形成的文书资料。①

1982年，由中国社会科学院近代史研究所中华民国研究室与曲阜文物管理委员会合编《孔府档案选编》上、下两册，该书为了弥补《曲阜孔府档案史料选编》未能反映1840年以后内容的不足，所选内容以近代尤其是民国时期为主，也选用了部分散档、一些文献和碑文资料。②

1988年，由孔子文化大全编辑部编辑、山东省友谊书社出版《孔府档案史料选》共三编12册，作为《孔子文化大全》丛书的重要组成部分。第一编为孔府档案全宗类目索引，第二编为明代档案史料，第三编为清代档案史料。所选档案史料均依历史时期专题分类，再按时间顺序编排。③

2002年，骆承烈、朱福平、骆明编辑的《孔府档案选》由中国文史出版社出版。

2010年9月，孟继新主编的《孔府档案珍藏》（上、下）由中国社会出版社出版。

2015年2月，曲阜市文物局与山东电视台以馆藏档案为依托联合制作了6集文献纪录片《孔府档案》。该片先后在山东电视台、中央电视台纪录频道播出，网上点播量达到10万多次，社会反响强烈，先后荣获山东广播电视大奖社教

① 曲阜县文管会编：《曲阜孔府档案史料选编》，济南：齐鲁书社，1980—1985年。
② 中国社会科学院近代史研究所中华民国史研究室、山东省曲阜文物管理委员会编：《孔府档案选编》，北京：中华书局，1982年6月。
③ 孔子文化大全编辑部：《孔府档案史料选》，济南：山东友谊书社，1988年。

类系列纪录片一等奖，山东省“泰山文艺奖”一等奖、济宁市“乔羽文艺奖”一等奖。

2016年11月，国家古籍保护中心中华优秀传统文化实践基地在曲阜挂牌，国家图书馆（国家古籍保护中心）与曲阜市文物局就孔府文献保护利用达成战略合作框架协议，包括孔府档案在内的孔府文献全面纳入“中华古籍保护计划”，孔府文献保护利用翻开了全新的一页。

2017年2月15日，由国家图书馆出版社、曲阜市文物局联合举办的“孔府档案编纂研讨会”在曲阜开幕，来自全国的30余名文献档案研究和编辑出版专家参会。会议围绕孔府档案的整理挖掘、编目著录、档案数字化及研究阐发展开全面研究讨论，旨在集思广益，绘好蓝图，共同推进孔府档案编纂工作，全面提升孔府档案整体保护利用水平。国家图书馆出版社和曲阜市文物局、中国第一历史档案馆将在孔府文献的出版利用方面展开紧密合作，计划利用4年时间，科学、合理、高效地影印出版全套孔府档案，规模预计超过2000册。“与会专家学者认为，分藏曲阜、北京两地孔府档案的合璧出版，将拓展学界对于孔府档案的认识，对于全面整理、研究孔府档案具有重要推动作用。”①

孔府档案文献虽经多次整理，但仍未能作全面、系统的整理和利用，现在虽出版了很多孔府档案汇编，但其整理总量依然有限，孔府档案的复杂性意味着整理工作并非单一学科可以完成。这要求整理者要有档案学、文献学、语言学、历史学、文物学等多方面的知识，后续的孔府档案整理、编纂工作依然任重而道远。

自1956年孔府档案发现至今已届一个甲子，基于孔府档案展开的学术研究也陆续面世，涵盖了孔府与孔氏家族、祭孔乐舞、法律文化等方面。从收集到的研究成果看，按收录引用孔府档案资料3条以上，或征引字数500字以上者统计，中文论著18部、论文72篇（未统计十年“文革”期间的部分成果），英文论著2部，日文论著2部。总体来看，由于各种主客观条件的限制，孔府档案长期以来仍处于“养在深闺人未识”状态。

杨向奎是最早利用孔府档案进行学术研究并取得了显著成就的学者。他在

① 杜羽：《清宫、曲阜藏孔府档案有望合璧出版》，《光明日报》2017年2月17日，第1版。

《中国古代社会与古代思想研究》一书中，从 9 个方面对孔府这个明清时代大贵族地主的典型进行了细致的剖析，主要着眼于传统社会土地经营过程中地主与佃户的封建生产关系，重点讨论了孔府庄田佃户的来源、种类、地位和分化，孔府土地的来源、种类及经营方式与剥削情况，孔府与封建国家政权之间的关系，以及孔府的宗族统治，等等。在此前后，杨向奎还具体指导了他的同事们集中利用孔府档案进行研究，代表成果就是何龄修等人所著的《封建贵族大地主的典型——孔府研究》（下简称何著）和齐武的《孔氏地主庄园》（下简称齐著）。作为目前国内外最早利用孔府档案进行专题式学术研究的经典之作和标志性成果，它们实际上构建了本领域学术研究的基本思路和格局方向，其影响至今犹存。

在孔府档案与明清社会经济史研究方面，学者最为关注的是孔府的土地制度和租佃关系。大陆学者多倾向于通过对土地兼并的谴责和讨论地租剥削形态，去解释中国传统社会经济结构的变化和揭露地主阶级的反动性，并就孔府庄田土地的来源、种类、分布、性质、租佃经营，以及孔府的地租剥削情况等问题进行研究。主要成果有庞朴《孔府地租剥削内幕》（《文史哲》1974 年第 1 期）；谢肇华、何傅滢《清代的佃农》（《社会科学辑刊》1991 年第 1 期）；李三谋《清代孔府土地经济形态研究》（《山东师大学报》（社会科学版）1997 年第 3 期）；刘文衡《清代孔府租佃初探》（《农业考古》2012 年第 1 期）。20 世纪 90 年代以后，经济史的研究从偏重生产关系转换到关注生产力方面，其中又以对土地亩产量的研究成果最为丰富。主要成果有黄冕堂《清代农田的单位面积产量考辨》（《文史哲》1990 年第 3 期）；郭松义《清代北方旱作区的粮食生产》（《中国经济史研究》1995 年第 1 期）；李令福《清代山东省粮食亩产研究》（《中国历史地理论丛》1993 年第 2 期）；高元杰《明清山东运河区域水环境变迁及其对农业影响研究》（2013 年聊城大学硕士论文，第 179—180 页）；程方《清代山东农业改制述论》（《齐鲁学刊》2010 年第 3 期）。孔府经营和买卖土地及开设集市和钱铺、经营商业和高利贷等活动也颇受研究者重视。主要成果有杨国祯《明清孔府佃户的认退与顶推》（《厦门大学学报》（社会科学版）1986 年第 3 期）；刘高勇《功能决定形式——对清代买卖契约内容特点的解读》（《韩山师范学院学报》2008 年第 4 期）；许檀《明清时期农村集市的发展》（《中国经济史研究》1997 年第 2 期）；侯鹏娟《清代前期北方地区资金市场研究》（2011 年河北大学硕士论文）。

在孔府档案与明清政治思想史研究方面，早期政治史的研究是在赞扬农民战争和强调阶级斗争意识形态的背景下展开的，有关社会性质、阶级关系和民众反抗斗争的研究，也因之成了当时学术研究的主要内容。“文革”期间对孔府档案的研究偏离了学术研究的正轨而带有强烈的政治宣传色彩，从一些论著的题名上，人们明显能够感受到这一点。政治史研究的另一核心内容就是孔府与皇权和地方有司的互动关系。主要成果有林永匡《明清两代对孔府的“优渥”事例》（《辽宁师大学报》1984 年第 3 期）；孔祥林《曲阜孔庙修建述略》（《孔子研究》1986 年第 2 期）；郭松义《曲阜“孔府档案”中记载的乾隆南巡和东巡》（国家清史编纂委员会编《故宫博物院八十华诞暨国际清史学术研讨会论文集》，紫禁城出版社 2006 年）。还有学者在孔氏家族群体的学术活动方面作了研究。主要成果有赵文坦《孔氏南宗“让爵”考》（《史学月刊》2012 年第 3 期）；陈冬冬《清代曲阜孔氏家族学术研究》（2013 年华中师范大学博士论文）；赵兴胜《社会变迁与文化选择——近代山东的孔氏家族》（《山东大学学报》（哲学社会科学版）2001 年第 5 期）。

在孔府档案与明清宗族法律史研究方面，学界研究主要集中于孔氏家族的族权及宗法统治、孔氏继承制度、孔氏族规家训等 3 个方面。主要成果有鲍雨立《孔府的族权统治》（《历史研究》1975 年第 1 期）；周祚绍《孔氏族权论略》（《九江师专学报》（哲学社会科学版）1995 年第 2 期）；朱勇《清代宗族法研究》（湖南教育出版社 1987 年）；袁兆春《析孔氏家族宗族法对中国封建国家政权的影响》（《政法论丛》1997 年第 4 期）、《宗法继承对孔氏家族爵位继承的影响》（《济南大学学报》（综合版）1998 年第 1 期）；邢铁《明清时期孔府的继承制度》（《历史研究》1995 年第 6 期）、《家产继承史论》（云南大学出版社 2012 年）；李小标《身份与财产——谱系继替下的清代承继法律文化》（2005 年中国政法大学博士论文）；吕钢文《从孔府档案看孔氏族规家训的内容与特点》（《孔子研究》1998 年第 3 期）。学者们普遍认为，孔氏宗族既是封建宗法社会的典型，同时与一般民间宗族相比又具有很大的特殊性。

在利用孔府档案进行社会生活史的考察方面，当前的研究主要集中在对孔府日常消费和娱乐活动的探讨。主要成果有林永匡《曲阜孔氏贵族地主的反动寄生性消费》(《文史哲》1978 年第 1 期);张廉明《孔府名馔》(山东科学技术出版社 1985 年)、《日食万钱圣公府,稼穑千庄为一家——孔府的饮食消费》(《中国食品》1985 年第 1 期);赵荣光《天下第一家衍圣公府饮食生活》(黑龙江科学技术出版社 1989 年)、《天下第一家衍圣公府食单》(黑龙江科学技术出版社 1992 年)、《〈衍圣公府档案〉食事研究》(山东画报出版社 2007 年);鲁青、赵璧《孔府的戏曲活动》(《戏曲研究》第 20 辑,文化艺术出版社 1986 年)。

另外,还有学者分别从档案学、审计学、会计学和文字学的角度出发,利用孔府档案开展其学术研究工作。

温故而知新,鉴往而知来。随着各种文献整理进程的日益加快以及研究方法的创新与突破,我们能利用的资料日益增多、日益丰富,学者们的研究旨趣也从以前的宏大叙事转向微观史的研究。今后的研究应该秉持开放性、多元化、国际化的理念,加强跨学科的合作研究和多区域的比较研究。一方面,加强与其他学科的交流和对话,以借鉴其研究方法和成熟经验,重视其问题意识和研究动态,在当下显得尤为迫切和紧要。另一方面,加强孔府档案与明清时期全国其他地区的官方档案或民间文书的比较研究,不断开阔学术视野,扩充研究内容,扩展研究方向,拓宽研究视角,创新研究理论和研究范式。此外,国外学术研究理论、方法和视角的传入对我国学术的发展具有重要促进作用。因此,随着全球化时代的到来,鉴于孔府档案研究国际化进程明显滞后的现实,在坚持走学术研究本土化道路的同时,加强与国外的切磋、研讨与交流,要以全球化的视野开展跨专题、跨地域、跨学科的深度研究,努力将孔府档案研究打造成与“三孔”世界文化遗产并驾齐驱的“第四孔”,这应当成为今后学界前进的新动力。

浙江鱼鳞图册的遗存与研究价值

李义敏*

浙江素称文献名邦，民间文化遗存极为丰厚。近年来，随着国家城镇化和新农村运动的大力推进，古村落、古民居在快速消失之中，与之相生相伴的民间契约文书也面临着湮灭散失的危险。这些文书是不可再生的文化遗产，兼具文物和文献的双重价值，亟待抢救性收集、保护与整理。自 2013 年 7 月开始，以教育部长江学者、浙江省特级专家张涌泉教授、教育部新世纪优秀人才胡铁球教授为首的研究团队多次到浙江中部、南部开展田野调查，并开始系统地收集浙江契约文书。收集过程中，有一大批簿册引起了我们格外的关注。册中绘制了每块田土的形状，详载土名、四至、丈尺、亩数，并写明业主及居住地，这就是历史文献中所记载的鱼鳞图册。

鱼鳞图册又称“鱼鳞册”“流水册”“鳞册”“鱼鳞图”“鱼鳞”等，它是官府为征收赋税而攒造的土地簿册，因其所绘图形排列状若鱼鳞而得名。大量浙江鱼鳞图册的发现并非偶然，在宋元以来田土丈量及鱼鳞图册攒造史上，浙江一直占有至关重要的地位，一直是推行鱼鳞图册制度的中心之地与典型地区，婺州（今金华市）即是鱼鳞图册的首创地。① 浙江鱼鳞图册的攒造历史悠久，

---

* 李义敏，浙江师范大学人文学院助理研究员。本文为国家社科基金重大项目“浙江鱼鳞册的搜集、整理、研究与数据库建设”（项目编号：17ZDA187）阶段性成果。文章初稿曾蒙张涌泉、胡铁球老师审阅并提出宝贵意见，其中浙江鱼鳞图册“为探究摊丁入亩、顺庄法等赋役制度问题提供了直接证据”是胡铁球老师提出的观点，在此一并致谢。

① ［美］何炳棣：《中国古今土地数字的考释和评价》，北京：中国社会科学出版社，1988 年，第 31—35 页。

其始于南宋，盛于明清，一直延续到民国，沿袭时间长达700余年，历史影响力非同一般。正因此，才有丰富的鱼鳞图册资料遗存至今。

一、浙江鱼鳞图册的遗存概况

浙江鱼鳞图册遗存数量颇丰，仅兰溪县、汤溪县鱼鳞图册存量就多达千册以上。兰溪县鱼鳞图册现今主要保存在兰溪市财政局档案室，为清同治年间编造、民国时补造，现有746册，缺74册（完整的兰溪鱼鳞图册为820册），[①] 数量仅次于安徽省休宁县档案馆所藏鱼鳞图册（现存清代鱼鳞图册1153册）。兰溪鱼鳞图册载有兰溪县城区10坊、乡区34都149图田土、山林、地形等情况，标明了土地的字号、类型、等级、四至、面积、坐落处以及业主、所住地，地籍信息十分明确。“这是一份时间跨度很长、内涵相当丰富，并且记录了全县自清同治至中华人民共和国成立近百年各类土地变迁信息的档案。就规模和完整性而言，如果不是绝无仅有，至少也应是非常罕见。”[②] 除兰溪市财政局档案室外，金华市博物馆、兰溪市博物馆、兰溪市档案馆等处还散藏若干兰溪县鱼鳞图册。近期，我们发现收集了另外一套规模较大的鱼鳞图册，即汤溪县鱼鳞图册。汤溪县鱼鳞图册共436册，每册页数不等，总计7万余页。笔者通过考察形制，查阅地方志、家谱等资料，断定其攒造时间主要在清同治至光绪年间，小部分为民国补造。该图册以“庄”为基本的建置单位，详细记载了汤溪县汤塘庄、蒋村庄、祝下庄、西山庄、京东庄等73庄的田土情况。这批资料数量之大，系统性之强，实属罕见。

此外，一些公私单位及民间个人手中还散存了不少浙江鱼鳞图册。近两年，我们另外搜集到金华、丽水、衢州、温州等地的鱼鳞图册也已近百册。其攒造

---

① 清同治年间攒造的兰溪县鱼鳞图册原本为889册，民国时期将原来的889册鱼鳞图册拆并补造为820册。1958年，兰溪县土壤普查时，浙农大部分学生来兰溪县协助普查工作，需用鱼鳞图册核查经界、土质等信息，曾外调一部分鱼鳞图册，有的未能及时归还，加之其他原因，丢失74册。现存兰溪县鱼鳞图册为746册，另有无字号编制的附件4册。兰溪鱼鳞册整研办公室编:《兰溪鱼鳞册研究》，未出版，1999年。

② 梁敬明:《兰溪鱼鳞图册评介》,《浙江档案》2001年第2期。

时间最早始自明代万历年间，最晚至民国土地陈报时期，时间跨度长达350余年。其中包括明代兰溪县鱼鳞流水文册（1册）、清代雍正至乾隆初期开化县丈量图号联单（40册）、康熙三年东阳县量山地落山草册（2册）、雍正九年丽水县丈量田地清册（1册）、乾隆十六年东阳县八都四保鳞册（1册）、清嘉庆十年瑞安县五十一都一图八甲周善射存家鳞册（1册）、道光六年云和县三都香菰蓼曹氏弓口册（1册）、清代西安县鱼鳞图册（2册）、[①]民国时期松阳县鱼鳞图册（1册）、民国时期义乌县西河村土地陈报编号草簿（10册）等等。具体情况详见文末附录《浙江鱼鳞图册遗存目录》。

鱼鳞图册是以上册籍的统称，参照栾成显对徽州鱼鳞册的分类（鱼鳞草册及有关丈量文书、鱼鳞总图、鱼鳞清册、归户鱼鳞册），[②]结合婺州鱼鳞图册的实际情况，大致可分为以下几类：

（一）鱼鳞清丈册

鱼鳞清丈册，亦称清丈鱼鳞册、清丈鱼鳞文册、丈量图号册、丈量图号联单等。正式攒造鱼鳞图册之前，通常要进行土地清丈，鱼鳞清丈册即是土地丈量时绘制的图册。现遗存的开化县丈量图号联单（40册）即为此类实物，样图如图1所示。鱼鳞清丈册不仅填写有田土的字号、类别、土名、四至、形状、亩步面积，而且载明了知识、弓手、算手、书手以及公正人的姓名。开化县丈量图号联单未注明攒造时间，查第14册底页墨笔书“县正堂大老爷安台下告投”11字。考光绪《开化县志·官师志》，自元至清的开化知县名单中仅有一人为“安”姓，即安佑。[③]又同书《艺文志》载《开化魏公详请豁除虚加碑记》：“雍正八年，安公讳佑允诸绅士请丐于宪，遂奉谕开丈，越六年告成。”[④]据此，可证开化县丈量图号联单当为雍正八年（1730）至乾隆元年（1736）期间攒造。

---

① 此“西安县”乃衢州衢县古之称谓。参见民国《衢县志》卷首《古西安同名异地考》。程相主编:《衢州历史文献集成·方志专辑》第3册，北京：中华书局，2009年，第25—26页。

② 栾成显:《徽州鱼鳞图册文书的遗存及其研究价值》,《黄山学院学报》2005年第1期。

③ 程相主编:《衢州历史文献集成·方志专辑》第15册，北京：中华书局，2009年，第142页。

④ 同上书，第621页。

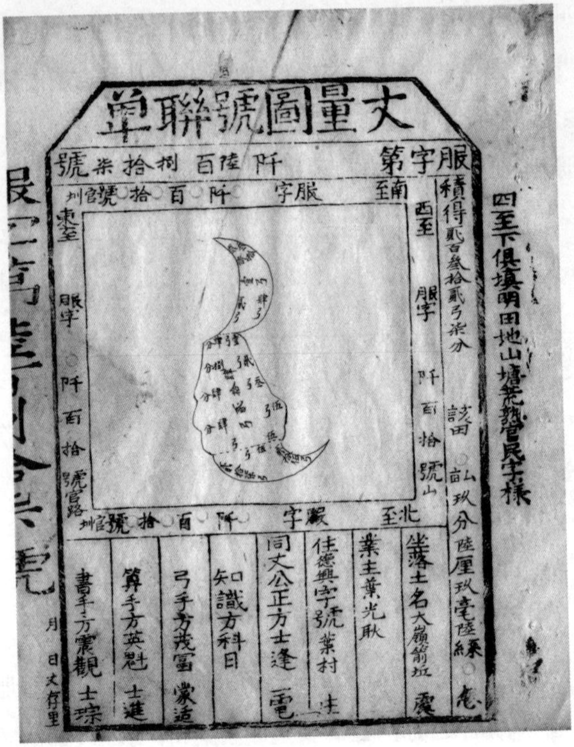

图 1　开化县服字六百八十七号丈量图号联单

（二）鱼鳞草册

鱼鳞草册，简称草册，即在正式攒造鱼鳞图册之前，先期绘制的草册。光绪《常山县志》卷三十九《详文》载康熙六十年（1721）《议通丈常邑田地详文》："图内田、地、山、塘丈量完毕，公正、书算按图照鳞册式样绘图。先造草册送官，官为履勘抽丈。"[①] 民国《龙游县志》卷二十七《掌故》载同治六年（1867）《清厘田地章程》云："凡田、塘、山、地、基、荡，业主、土名、亩分，须逐一细查，插签编号，绘图具至，先登草册，再誊正册。"[②] 鱼鳞草册分为手写本或雕本填写本，字迹往往较为潦草。如《康熙三年东阳县量山地落山草册》（2 册）、《汤溪县胡家庄鱼鳞草册》（6 册）皆属于此种类型，样图如图 2 所示。

① 程相主编：《衢州历史文献集成 · 方志专辑》第 13 册，北京：中华书局，2009 年，第 473 页。
② 程相主编：《衢州历史文献集成 · 方志专辑》第 9 册，北京：中华书局，2009 年，第 1210 页。

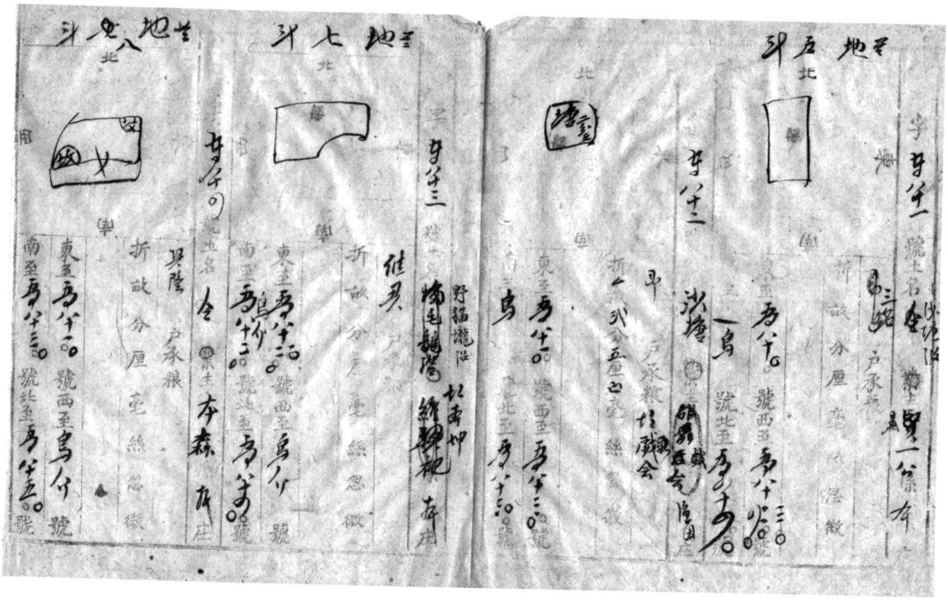

图 2 汤溪县胡家庄鱼鳞草册

（三）鱼鳞清册

这里的鱼鳞清册是指经过前期勘查丈量或自行陈报，攒造草册，最终正式编造而成的土地清册。信息最全面的鱼鳞图册将田土编列字号，依次排列，写明土名、业主、佃户及住址，绘制每块田土的形状，标明类别、科则、四至、丈尺、亩数，从而作为官府征税的依据。正式攒造的鱼鳞图册有的虽然绘制了每块田土的形状，但并未标出四至的长度。现存浙江鱼鳞图册多为此类，以兰溪县、汤溪县鱼鳞图册为代表，如图 3 所示。清代正式攒造好的鱼鳞图册至少为两套。如康熙时期攒造的龙游县鱼鳞图册[①]和雍正时期常山县攒造的鱼鳞图册[②]皆是两套，一套存司，一套存县。同治年间攒造的兰溪县鱼鳞图册则是一

① 余绍宋纂修：民国《龙游县志》卷三五《文征·重抄龙邑鱼鳞册存案记》，程相主编：《衢州历史文献集成·方志专辑》第 10 册，北京：中华书局，2009 年，第 2009 页。

② （清）李瑞钟修，（清）朱昌泰等纂：光绪《常山县志》卷二五《田赋》，程相主编：《衢州历史文献集成·方志专辑》第 13 册，北京：中华书局，2009 年，第 268 页。

套存县，一套分交各都图册书掌管。①

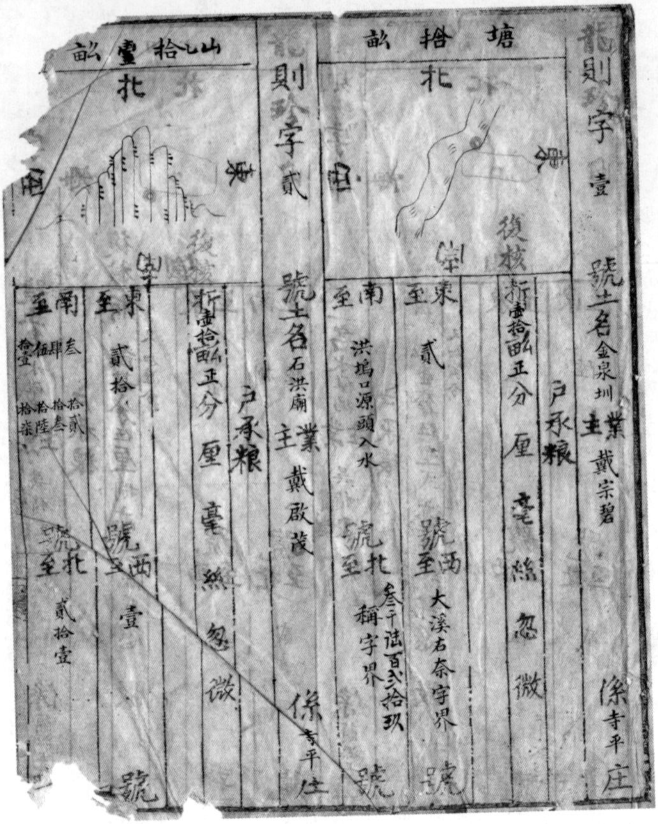

图 3　汤溪县寺平庄鱼鳞图册

（四）鱼鳞家册

鱼鳞家册，又称存家鳞册、家册鳞图。鱼鳞家册不同于一般意义上的归户册，而是以坵为单位，载明田土的字号、类别、土名、四至、形状、亩步面积，以及业主及佃户的姓名、住址，其形制与官方的鱼鳞图册相似。不同的是，鱼鳞家册散藏在各业主手中，所载田土字号不一定相连。鱼鳞家册由册书编造盖章，发给业主存执，以作为产业凭证。官府遇到土地纠纷，也多以此作为判决

① 《兰溪实验县清查地粮纪要》，张研、孙燕京主编：《民国史料丛刊》第 533 册，郑州：大象出版社，2009 年，第 198 页。

依据。[1] 就笔者目前所见，鱼鳞家册以浙江居多，其他地方罕见。兰溪、东阳、义乌、诸暨、温州等地皆有遗存，如《清嘉庆十年瑞安县五十一都一图八甲周善射存家鳞册》（见图 4）、《清光绪九年诸暨县五十五都石峡西庄金永仁鱼鳞家册》、《民国二年兰溪县十五都六图莲塘庄何成仟户家册鳞图》等等。

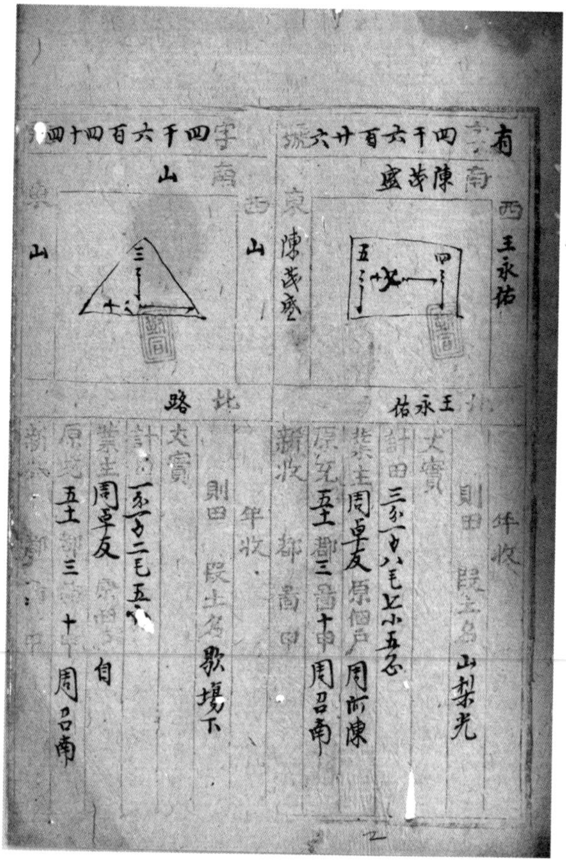

图 4　瑞安县周善射存家鳞册

另外，民国时期，浙江在土地陈报时所编造的清册，有的是仿照清代鱼鳞图册形制而攒造，亦可归入鱼鳞图册之列。如《汤溪县八保联合村鱼鳞册》（10 册），见图 5。其依千字文编号，绘制土地形状，标明四至，详载字号、业主、

① 《兰溪实验县清查地粮纪要》，张研、孙燕京主编：《民国史料丛刊》第 533 册，郑州：大象出版社，2009 年，第 229 页。

亩分、地目、土名。《义乌县西河村委员会土地陈报编号草簿》（10 册）除开列以上信息外，还载有积步、佃户，见图 6。

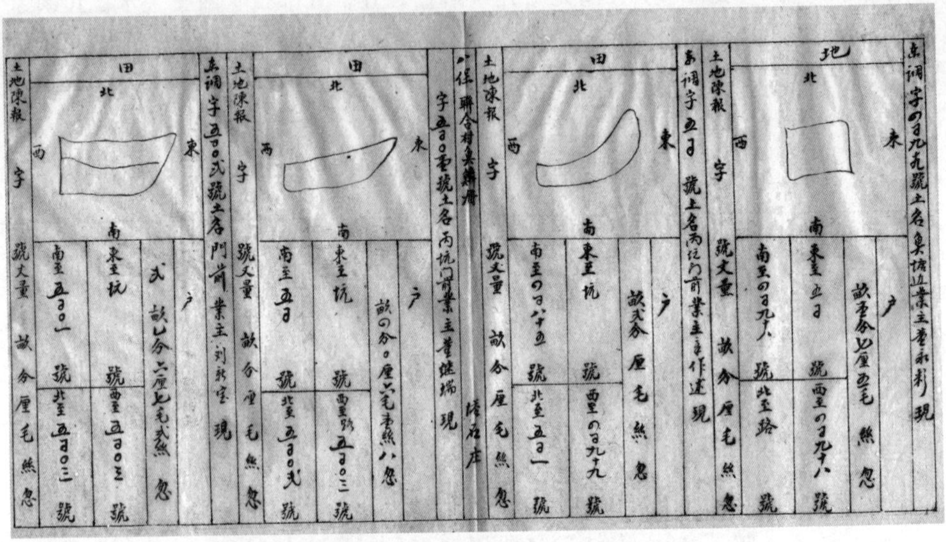

图 5　汤溪县八保联合村鱼鳞册

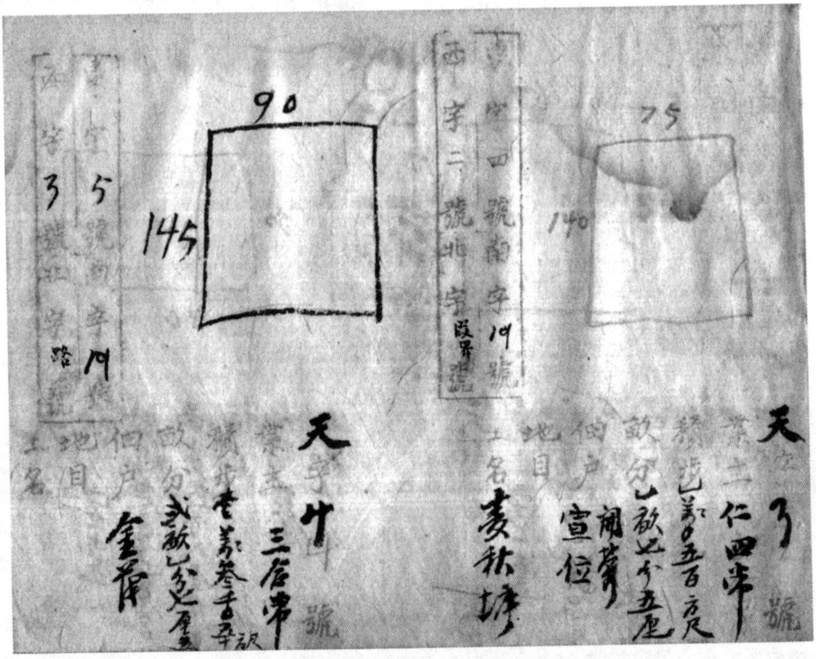

图 6　义乌县西河村委员会土地陈报编号草簿

二、浙江鱼鳞图册的特点

鱼鳞图册是珍贵的历史文献，赵冈曾评价说：“我认为明清时代的鱼鳞图册是人类历史上（在电脑时代来临以前）政府地籍管理最周详细致的档案记录，中国以外任何国家都找不到类似的史料。”[①] 正史、方志等史料关于田土数据的记载往往是事件的二次描述，或多或少和史实有些差距。鱼鳞图册大都是田土实际丈量核实的产物，即使是由业户自主陈报，最后也往往由官府派专人进行核查，所以鱼鳞图册的编制较之黄册更加费时费力，因此更显得珍贵。黄册废除后，鱼鳞图册的地位则更为重要。

浙江鱼鳞图册除了上述的共性外，相对于徽州等地遗存的鱼鳞图册而言，还具备自己独特的价值。

（一）浙江鱼鳞图册存量较大，系统性很强

鱼鳞图册作为研究的样本，存在一个不容忽视的问题，那就是要有一定的系统性。遗憾的是，现今保存下来的鱼鳞图册大都零散而不完整，所属时间不同，所在地域各异。休宁县档案馆所藏鱼鳞图册存量最丰，然分属于不同的时期，很难构成同一时期一个县域较为完整的资料。栾成显曾感慨：“只有通过一个都、一个县乃至一个省的同时期的完整的鱼鳞图册资料进行统计，才能得出各户土地占有的完整资料。而这，在今天可以说很难做到。”[②] 这些不成系统的鱼鳞图册样本很难做出一个时期完整的数据统计，这正是鱼鳞图册研究的瓶颈。

难得的是，兰溪县、汤溪县现存的1182册鱼鳞图册，几乎是同时期较完整的两个县的地籍资料，其系统性是十分罕见的。两县鱼鳞图册的攒造时间皆在天平天国战乱之后，先前康熙时期攒造的鱼鳞图册经历兵燹，县衙内几乎荡然无存，于是需要重新编造鱼鳞图册。光绪《兰溪县志·田赋》载：“夫清赋

---

① 赵冈：《鱼鳞图册研究·自序》，合肥：黄山书社，2010年。

② 栾成显：《明代黄册研究》，北京：中国社会科学出版社，2007年，第157页。

于四年冬举行，五六两年四乡鳞册告成，七年城局校缮征册。”① 但随后清查发现，“较诸原额，竟缺万余两，率皆约略指报，不足为凭”。② 于是，县令命各图董事亲赴实地按号一一查补，搜出隐匿漏报的田、地各三百余顷。同治八年（1868），“总局协同各图经办董事，身亲登山，越二年之久，虽巉岩石壁，无级可登，莫不攀萝扪藤，摄巅造极”，③ 又增山亩三千三百余顷。塘亩亦会同覆勘，增额两百余顷。至同治十一年（1871），又在边界各图分界之处搜寻遗漏，补粮额七百余两。兰溪县这次鱼鳞图册的攒造先后历经七载，期间多次清查覆勘，其田土数据比较真实可靠。汤溪县鱼鳞图册的攒造过程耗时更长，自同治四年（1864）设局清丈，七年（1867）重编县鱼鳞图册，迄光绪十一年（1885）清赋告竣，鱼鳞图册最终攒造完成，时间长达20年之久。期间，“令总董携带前造鱼鳞各册，赴各庄会同庄董，将各户单内填报田地山塘、字号、亩分，及四至、土名、科则、户名，查对契串，面同蹈勘，核与鱼鳞册是否相符，分别盖戳更正”。④ 兰溪县、汤溪县鱼鳞图册采用的是自行陈报方式，“所载亩分，虽不如清丈之精确，然在当时亦系实地按坵编查，差误有限”。⑤ 因此，兰溪县、汤溪县鱼鳞图册是融合了真实性、具体性、系统性为一体的资料，是鱼鳞图册研究的绝佳样本。

（二）浙江鱼鳞图册历史悠久，具有典型的研究意义

浙江鱼鳞图册的攒造史最早可追溯到南宋。嘉定八年（1215），“知婺州赵愳夫行经界于其州，整有伦绪，而愳夫报罢。士民相率请于朝，乃命赵师嵒继之。后二年，魏豹文代师嵒为守，行之益力。于是向之上户析为贫下之户，实田隐为逃绝之田者，粲然可考。凡结甲册、户产簿、丁口簿、鱼鳞图、类姓簿

---

① 黄灵庚、陶诚华主编:《重修金华丛书》第67册，上海：上海古籍出版社，2014年，第589页。

② 同上。

③ 同上。

④ 丁燮等修，戴鸿熙等纂：民国《汤溪县志》卷十五《掌故中·清赋纪略》，黄灵庚、陶诚华主编:《重修金华丛书》第86册，上海：上海古籍出版社，2014年，第347—348页。

⑤ 《兰溪实验县清查地粮纪要》，张研、孙燕京主编:《民国史料丛刊》第533册，郑州：大象出版社，2009年，第200页。

二十三万九千有奇，创库匮以藏之，历三年而后上其事于朝”。[①] 嘉定十七年（1224），被何炳棣称之为“划时代的鱼鳞册”终于编制完成，首次在婺州出现。[②] 至元末至正十年（1350），又有肃政廉访使董守悫经理婺州土地，随之而造土地清册：“其以田之图相次，而疏其号、各亩税粮之数与得业之人于下者，曰‘流水’，亦曰‘鱼鳞’。”[③] 自南宋绍兴十一年（1141）至元末至正十年，“两百年间金华地区前后竟有四次田地的登记，包括鱼鳞图册试制的成功，这是一个其余州县无法相比的记录”。[④]

明洪武时期，为清理田土，朱元璋决定在全国推行鱼鳞图册制度。为此，朱元璋先后派国子生到两浙清查田土，试点攒造鱼鳞图册并取得成功。[⑤] 自后，浙江的鱼鳞册成为全国的样板。明清之际，据地方志可考，浙江在洪武、万历、康熙、同治等时期又先后进行了多次大规模的土地清丈，并伴随着鱼鳞图册的攒造。民国时期，浙江政府又利用清末的鱼鳞图册进行土地陈报工作。如民国二十二年（1933），兰溪县利用清同治时期遗存的鱼鳞图册，对其进行了补造，历时一年便完成了土地陈报工作。新中国成立初期，兰溪县、汤溪县鱼鳞图册继续作为农业税征收的依据而发挥作用。直到土地改革时颁发了土地房产所有证，鱼鳞图册才被取代。由上可见，浙江鱼鳞册是整个中国鱼鳞册攒造史的缩影，可以作为中国鱼鳞册研究的典型样本。

（三）浙江鱼鳞图册形成了相对应的时间序列

现遗存的鱼鳞图册不仅总量较少，而且形成相对应的时间序列的鱼鳞图册更为罕见，进行长时段的研究也就变得困难。浙江鱼鳞图册恰恰具有该方面的优势，其涵盖了明代、清代、民国、新中国成立初期四个时期。如兰溪县保留

① （元）脱脱等：《宋史》卷一七三，北京：中华书局，1977 年，第 4179 页。

② ［美］何炳棣：《中国古今土地数字的考释和评价》，北京：中国社会科学出版社，1988 年，第 31—35 页。

③ （明）王祎：《王忠文公文集》卷九，明嘉靖元年（1522）刻本。

④ ［美］何炳棣：《中国古今土地数字的考释和评价》，北京：中国社会科学出版社，1988 年，第 36 页。

⑤ 《明太祖实录》卷一八〇，洪武二十年二月戊子，台北：“中央研究院”历史语言研究所，第 1962 年影印本，第 2726 页。

了明代、清代、民国这三个时代的鱼鳞图册实物；汤溪县除了清代攒造、民国补造的鱼鳞图册外，还存有 1953 年至 1957 年《汤溪县农业税土地产量分户清册》。这批资料虽非鱼鳞图册，业主亦有所更替，但仍是依照清末汤溪县鱼鳞图册的土地编号。这些既有系统又有相对应时间序列的资料，是研究土地、人口及相关制度变迁的第一手资料。

因此，浙江鱼鳞图册是不可多得的珍贵史料，具有很高的学术价值。正如栾成显评价称："浙江鱼鳞图册特点突出，所载信息丰富，为数据统计分析，为中国古代土地制度及基层社会多方面研究提供了难得的原始资料，研究价值独特，堪称重大发现。"①

三、浙江鱼鳞图册的研究价值

相对于种类丰富、存量繁夥、颇具学术价值的鱼鳞图册而言，其研究成果却并不多见。近百年来，诸多明清史论著对此都有所提及，但专门介绍及研究浙江鱼鳞图册的文章仅有 9 篇。② 其中 8 篇论文侧重对婺州为中心的鱼鳞图册的形制、攒造史、研究价值进行论述。真正利用婺州鱼鳞图册资料进行土地研究的论文，只有赵冈、梁敬明《清末兰溪的地权分配》一文。该文利用兰溪鱼鳞图计算出该地区地权分配的基尼系数，从而考察了清末兰溪的地权分配。遗憾的是，该文仅选取了四本兰溪鱼鳞图册（23 都 4 图、24 都 3 图、24 都 5 图、28 都 5 图）作为研究样本，这四本鱼鳞图册分属三个不同的"都"，而兰溪县鱼鳞图册最小的编制单位是"庄"，样本的选择存在明显的缺陷。国内外有关

---

① 栾成显：《浙江契约文书及鱼鳞册专家评审意见书》，2017 年 11 月 27 日。

② 王锡荣《兰溪县鱼鳞册和地籍制度小考》（《浙江档案工作》1984 年 11 期）；凌金祚《定海县奉宪清交鱼鳞图册考》（《舟山乡音报》1997 年 2 月 6 日）；梁敬明《兰溪鱼鳞图册评介》（《浙江档案》2001 年第 2 期）、《鱼鳞图册研究综述——兼评兰溪鱼鳞图册的重要价值》（《中国经济史研究》2004 年第 1 期）；赵冈、梁敬明《清末兰溪的地权分配》（《浙江学刊》2008 年第 1 期）；何寿松《明初"鱼鳞册"现身浙江》（《金华日报》2009 年 1 月 15 日）；钟晓峰《兰溪鱼鳞册》（《浙江档案》2013 年第 7 期）；马铭德《胡次威与兰溪鱼鳞册》（《世纪》2015 年第 1 期）；戴志坚《兰溪鱼鳞册的历史与现实意义》（《大众文艺》2016 年第 1 期）。

鱼鳞图册的研究专著仅有赵冈的《鱼鳞图册研究》一书，其论证了鱼鳞图册的沿革、丈量技术与面积单位、地权分配、永佃制等问题。但该书中采用的兰溪鱼鳞图册资料，仍是《清末兰溪的地权分配》一文中所利用的四册，余下的742册鱼鳞图册未被采用。由于拥有土地较多的业户常常是跨都、跨图、跨庄占有土地，所以，仅用4册鱼鳞图册统计的田土数据，就会使得土地在归户时出现很大的问题，而由此得出的结论也就难免失之于客观。

可见，学界对浙江鱼鳞图册的研究还很薄弱。一者，以往论著研究的对象基本上全部集中在兰溪县鱼鳞图册上，且其研究尚未展开，汤溪县以及浙江其他地区鱼鳞图册的研究更是处于空白的状态。二者，先前浙江鱼鳞图册的研究多为介绍性，侧重于介绍某地鱼鳞图册形制、攒造史、研究价值等，重复性论述较多，真正运用浙江鱼鳞图册探讨史学重大问题的论著极少。此外，学者研究明清浙江鱼鳞图册时，对方志、家谱、档案等资料的利用不够充分，更鲜有亲赴鱼鳞图册所属地展开田野调查者。浙江鱼鳞图册的研究尚停留在初级阶段，其学术价值有待进一步挖掘。

依据浙江鱼鳞图册并结合地方文献、家谱等材料所能进行的研究，是无法全面预测的，只有深入研究方能一一展现，但这些材料定能对一些研究提供强有力的支撑，现以兰溪县、汤溪县鱼鳞图册为中心，对其研究价值作一简要论述。

（一）为还原区域耕地自然形态提供原始档案

栾成显、梁敬明等学者曾提出，可以利用鱼鳞图册复原某个时段特定地域耕地的自然形态。然而这项非常有意义的工作，至今学界没有展开。基于兰溪县、汤溪县鱼鳞图册资料的完整性，加之其准确地标明了田土的字号、土名、四至疆界，绘制了每块田土的形状，我们可以利用计算机技术，将每庄所绘田土图形依照编号进行整体的拼合，形成各庄鱼鳞图册总图。如同治兰溪鱼鳞图册保存了自一坊至十坊的地籍资料，其细绘地块形状，详载土名、四至、类型、等级、亩数、坐落等信息，编造精细，填写规范，至今保存完整，从中可知清末兰溪整个县城之山川、河流、街巷、宗祠、寺庙等地理分布。我们可以综合利用兰溪县方志地图、民国地图、新中国成立初期地图与鱼鳞图册资料相结合，很有可能还原清末兰溪县城的面貌。又由于兰溪县、汤溪县鱼鳞图册记载的时间距离现在较近，所以我们可以选择保存较原始的村落，赴实地展开田野调查，与鱼鳞图册相互补正和印证。2014 年，笔者曾先后三次赴寺平村、沙头村、中戴村等地展开田野考察。经调查发现，鱼鳞图册所载的绝大部分“土名”基本都能在现实中找到对应的区域，而诸如祠堂、寺庙等保存较好的古建筑以及山川河流等固定坐标，更找到了准确的位置。如汤溪县寺平庄鱼鳞图册第一号田土，即龙则珍字一号（见图 3），所载内容：塘拾亩，土名金泉圳，业主戴宗碧系寺平庄，折壹拾亩正。笔者在当地老人的指引下，在今汤溪镇寺平村就找到了“金泉圳”（当地又称“金泉堰”）所在的具体位置。随后搜集到民国己未年（1919）手录《兰源溪东戴氏宗谱》一部，其卷首就载明：“原丈珍字一号，龙塘拾亩正，土名金泉堰，四至见后。粮坐寺平庄戴宗碧户。”此与鱼鳞图册所载一致。然后，我们再根据鱼鳞图册所载四至，同载入正谱中的《金泉官堰图》（见图 7）进行比对，得到了进一步的印证。通过这样的工作，大致能够复原清末兰溪县、汤溪县大部分区域耕地的自然形态。

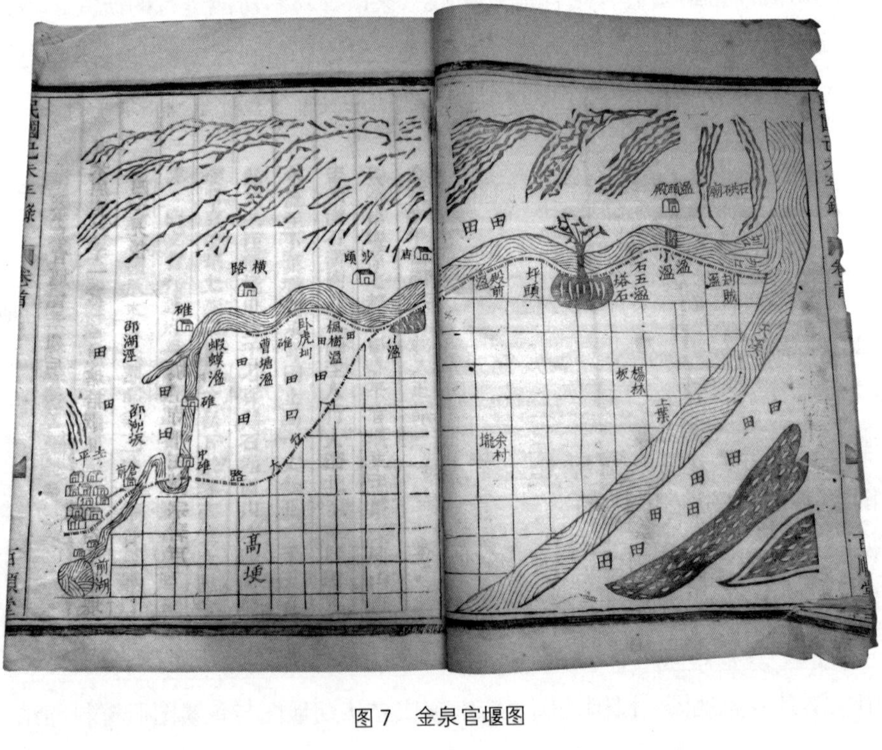

图 7 金泉官堰图

（二）为研究传统地权分配提供最有力的直接证据

兰溪县、汤溪县鱼鳞图册所登记的地块，皆有业主姓名，通过对两县鱼鳞图册所载业主占有的田土数据进行系统的计算后，便可在完整数据统计的基础上，将各个业主的土地进行准确归户，再将各户的土地数量进行准确统计，这样不仅可计算出整个县域地权分配的基尼系数，而且还可清楚地知道所谓的“大地主”，到底有多大，有多少，浙江是自耕农社会还是地主土地私有制社会，便会一目了然，无需过多的争论。这为我们进一步考察清末社会结构提供了可靠的数据支撑，甚至可能总结出一些规律性的问题，从而改变对清末浙江社会固有的认知。

土地占有的分散性，一直是明清地权结构研究的重要内容，尤其关系赋役征收的“寄庄”等问题，曾是学界讨论的热点话题。[①] 业主跨里、跨庄、跨县甚至跨省占田，已是不争的事实，但因缺乏有效的数据支持，致使这个问题的研究无法形成有力的结论。而浙江鱼鳞图册的完整性、精细性，将为这个问题的深入研究，提供最有效的数据证明。如汤溪县鱼鳞图册登记了所有田土的业主，并标明业主的住址籍贯，尤其是外庄业主，都会特地注明，这便为我们讨论业主土地占有的分布状况，提供最有效最直接的证据。笔者曾对汤溪县寺平庄的鱼鳞图册进行过全面的统计，结果发现有兰源上庄、兰源中庄、节义庄、西山庄、井阳庄等 12 个外庄的业户在寺平拥有田土，其所占寺平庄田、地、山、塘的比例如下（以税亩为计算单位）：田占 4.2%、地占 12.8%、山占 37.4%、塘占 12.9%，外庄占本庄田土总数的比例为 4.9%。倘若对每个庄进行这样的数据统计，就能较为全面深入地了解这一问题。

（三）为探究摊丁入亩、顺庄法等赋役制度问题提供直接证据

鱼鳞图册是明清赋役制度的重要一环，是政府进行赋役征收的核心依据之一，是各种赋役征收册的基础，因此，我们不管如何夸大它的作用都不为过。

---

① 按：涉及寄庄问题的研究，有韩大成的《明代的寄庄》（《明史研究》1991 年第 1 辑）等数十篇论文。

但是我们以往的赋役制度研究，很少直接使用鱼鳞图册，最核心的原因是图册不完整，而兰溪县、汤溪县鱼鳞图册则是罕见的完整，可精确统计全县各户的土地量以及纳税数量。这个数据可以解决两个问题，其一是明清税率轻重问题，现有研究主要有两种观点，一种是以苏州为中心的讨论，结论是税率很重，[①]一种是以浙江山区为中心的讨论，结论是税率很轻，[②]由于这些研究所选择材料不同而得出截然相反的结论。而兰溪、汤溪的鱼鳞图册将为税率的探讨提供最有效的证据，通过这些图册可以弄清每户土地数量及纳税量，这样一来，税率自然就清楚了，而且因为其覆盖了整个县级单位，而不是个案的统计，由此得出的结论将会更准确。另一个问题是“摊丁入亩”实行的效果问题，学界一直认为，“摊丁入亩”后，人丁税全部摊入了地亩中，由此而完全取消了人丁税，这一结论从来没有被检验过，而完整的鱼鳞图册为此提供了检验的依据，有利于我们更好地认知“摊丁入亩”，或许也可能产生有颠覆性的观点。

顺庄法是清代赋役征收组织的一次重大变革，清雍正元年（1723），首先在杭嘉湖地区试点推行。至雍正六年（1728），顺庄法又率先在浙江全面推行，随后推行到整个江南地区，最后北方有些地区也在推行。但是有关顺庄法推行情况的现存文献很少，致使顺庄法的研究一直无法深入，甚至“庄”的大小，以及其与“都图”的关系也十分模糊。而兰溪县、汤溪县鱼鳞图册都是以“庄”为基本建制单位，通过统计每个“庄”的户数，以及每个“庄”实际区域范围，完全可以弄清“庄”的大小，若将其与以往“都图”范围进行比对研究，便会清楚“庄”在原来的“都图”基础上作了何种程度的变动，乡村组织单位发生了何种变化，也就一清二楚了。

另外，册书采取何种方式掌控了赋役征收的底册，进而世代包揽赋役，一直是个迷。而浙江某些地区的鱼鳞图册，或许可以帮我们解开这个谜团。如浙江开化县的鱼鳞清丈册，除具备其他地区的鱼鳞图册的特点之外，还详细记载了参与土地丈量以及鱼鳞图册制定的关键群体，如《开化县服字六百八十七号

---

① 范金民：《明清江南重赋问题述论》，《中国经济史研究》1996 年第 3 期。

② 曹树基、单丽：《石仓税率的演变（1772—1952）》，《中国农史》2011 年第 3 期。

丈量图号联单》，详细开写了业主姓名：黄光耿；“同丈公正”姓名：方士逢、方一电；“知识”姓名：方科日；“弓手”姓名：方茂富、方蒙适；“算手”姓名：方英魁、方士进；“书手”姓名：方震观、方士琮。若将这些姓名与开化县的家谱进行对比，便可知上述方姓是不是同属一个家族，若是同一个家族，那么掌控开化县土地丈量以及鱼鳞图册制定的家族有哪些？只要把开化县的鱼鳞图册所载的“同丈公正”“知识”“弓手”“书手”“算手”姓名全部统计出来，再将他们与当地家谱比对，具体的赋役征收组织可能会浮出水面，这完全有可能打开赋役制度史研究的一个新窗口。

（四）为探究人地关系、了解地方习俗提供可靠的史料

清代鱼鳞图册记载的各项内容不是静止的，而是一个动态的过程。在兰溪县鱼鳞图册中，我们可以明显看到一些变更的情况，业主变更、地目变更、等级变更、坐落变更、土名变更、亩数变更、荒种变更等都有记载。如兰溪县鱼鳞图册中珠字七百三十四号，田一分。图册上方空白处钤朱色长方形楷体印章三枚，内容为：“下”，[①] “光绪元年查荒”和“光绪六年正月查荒”。可见此田曾为荒田。因此，在所绘田形中央盖了一枚朱色楷体“荒”字印。然而，就在“荒”字印右侧，又钤有一枚朱色长方形楷体印：“光绪十年补种”。紧接着下方墨笔所书业户名“朱能聪”，即为补种者。诸如此类信息的变更，兰溪县、汤溪县鱼鳞图册多见。鱼鳞图册所记载的具体、动态的信息，为我们考察区域的土地质量变化和土地占有的变迁提供了第一手的资料。

浙江鱼鳞图册也是研究地方民俗史的重要史料。如汤溪县鱼鳞图册虽记载每块田土的面积，但皆不是实际丈量得来，而是以种子多寡来折亩。笔者仔细计算过种子折亩规律，大约以种子 4 斗左右折田一亩为常，而文献所载兰溪县也是这个风俗：“兰邑土地向称二亩五分为一石，二分五厘为一斗，亦有地质地味之不同，以二亩六七分为一石，二亩八九分为一石者。”[②] 也就是说，我们可

---

① “下”即是标明田土的等级为下等。

② 《兰溪实验县清查地粮纪要》，张研、孙燕京主编：《民国史料丛刊》第 533 册，郑州：大象出版社，2009 年，第 193 页。

透过鱼鳞图册所载信息，找到一些重要的地方习俗的信息。

在汤溪县鱼鳞图册中，土地性质与业主登记规则，也受到地方习俗的影响。如汤溪县鱼鳞图册载寺平庄龙则珍字一号“金泉圳”，这块地是一处供灌溉的大水塘，在保障农业生产方面具有核心作用。其业主为戴宗碧，据寺平村民讲，戴宗碧是寺平村的始祖。查阅《兰源溪东戴氏宗谱》，首页即载：“始祖戴琨，字宗碧，行贤廿二，道庆公之子。生于洪武乙亥年十月初三日，终于景泰癸酉年十一月十五日。”戴宗碧（1395—1453）为明洪武生人，而汤溪县鱼鳞图册却攒造于清同治、光绪年间，离其去世已有400余年。之所以将“金泉圳”的业主登记为戴宗碧，原因是这块地是属于戴氏家族的祖业，为戴氏家族的公共财产，故按习俗以祖宗名字登记，以示土地性质。实际上，汤溪县鱼鳞图册的业主名称，远比我们想象中的要复杂，其业主或使用字名，或使用行名，或使用谱名。故而同名未必同人，同人也可能异名。如果不了解当地民俗，不去详加辨析，就有可能在归户时将同一业主认作两人、甚至三人，也可能将不同的业主归为一人，从而导致研究结果出现失误。同时，通过对这些五花八门的业主姓名的研究，亦能了解婺州姓名称呼的习俗。

（五）为考察清末土地与民间基层组织关系提供最有效的数据资料

明清之际，在官方组织的基层系统之外，民间基层组织在凝聚人心、维护地方稳定等方面也发挥着重要的作用。清代会社组织繁多，每个会社都承担着一定的社会功能，弄清一个县的会社规模、资金来源以及组织结构，对理解县乡社会系统至关重要。现存清末宁波契约文书里就有关于“关圣会”“冬至会”“大王会”“圣寿会”的记载，这些会社拥有会众的同时，往往也拥有会田。这些土地主要来源于会众的捐助，也有少量来自购买。其所得收入除缴纳必要的赋税以外，其余部分主要用于其活动的开支和会众互助。[①] 契约文书中关于会社田土的记载对于了解民间基层组织有一定的帮助，但由于资料不完整，无法准确统计出这种民间基层组织拥有田土的总亩数，而较完整的鱼鳞图册资料恰好可以弥补此方面的缺陷。兰溪县、汤溪县鱼鳞图册

① 王万盈:《清代宁波契约文书辑校·前言》，天津：天津古籍出版社，2008年，第4页。

记载了许多民间会社，种类多样，如“观音会”“财神会”“大皇会”“土地会”“九华会”“长庆会”“上元会”“冬至会”“灯会”“茶会”“谱会”“忠义会”“集义会”“桥会”“水利会”等等。通过鱼鳞图册统计发现，仅汤溪县寺平庄就有30余个会社，若根据鱼鳞图册对整个县域每个会社的田土数据进行统计，再与地方文献记载比对解读，就可以研究出会社的种类、规模、分布等具体情况。

结　语

如上所述，浙江鱼鳞图册具有很高的学术价值，然而，其研究的难度亦较大。首先，历史文献中关于鱼鳞图册的记载往往是只言片语、语焉不详，需要花费大量的时间去搜集整理相关史料。其次，利用鱼鳞图册进行历史研究，基础工作是要统计其所载数据，每册鱼鳞图册往往包含着成千上万的各类数据，统计费时费力，非短期可以完成。更困难的是，鱼鳞图册资料往往获取不易，或作为文物档案藏于深闺之中，查阅不便；或散佚于民间，有待于搜集。因而，浙江的鱼鳞图册至今未能公开影印出版，也未被学界很好地利用。基于此，我们联合其他地方行政单位，开展了整个浙江鱼鳞图册的搜集与整理工作。浙江师范大学图文信息中心专门建立了特藏修复室，对搜集到的鱼鳞图册分批消毒，由专业人员进行修复装裱。然后，高清彩色扫描鱼鳞图册原件，编辑大型著录书，分辑影印出版《浙江鱼鳞图册汇编》。其主要包括《兰溪鱼鳞图册汇编》《汤溪鱼鳞图册汇编》《浙江散藏鱼鳞图册汇编》。同时，我们将建立《浙江鱼鳞图册数据库》，将鱼鳞图册所载的字号、土名、业主、业主所属地、土地面积、土地自然类型、土地变更、宗族、民间组织、丈量组织等等所有信息录入数据库，以供检索。正如樊树志所言：“随着鱼鳞图册由图书馆和博物馆的文物收藏品，不断地转化为学者书桌上的研究资料，对它的挖掘与开发，大有可为。”①

① 樊树志：《明史讲稿》，北京：中华书局，2012年，第164页。

附录：

《浙江鱼鳞图册遗存目录》[1]

所属地区	名　称	攒造时间	版本类型	数量（册）	收藏单位（个人）
金华	兰溪县流水文册	明万历九年（1581）	填写本	1	何寿松收藏
	兰溪县鱼鳞册	清同治时期攒造、民国补造	填写本	746	兰溪市财政局
	兰溪县西乡二十三都四图鳞册	清同治时期	填写本	2	兰溪市档案馆
	民国二年兰溪县十五都六图莲塘庄何成仟户家册鳞图	民国二年（1913）	填写本	1	兰溪市档案馆
	兰溪县鱼鳞册	民国时期	填写本	2	兰溪市博物馆
	兰溪县正堂颁造鱼鳞底册	不明	填写本	不明	蔡予新收藏
	汤溪县鱼鳞图册	清代同治至光绪时期攒造、民国补造	填写本、抄本	436	金华市档案馆
	浙江金华府汤溪县鱼鳞图册	明代万历时期	填写本	1	蔡予新收藏
	浙江金华府东阳县怀德乡六十一都十保威字鳞册	清康熙三年（1664）	写本	1	上海市图书馆
	康熙三年东阳县丈量流水号册	清康熙三年（1664）	填写本	1	上海市图书馆
	康熙三年东阳县怀德乡丈量田地落山草册	清康熙三年（1664）	填写本	1	上海市图书馆
	康熙三年东阳县量山落地草册	清康熙三年（1664）	抄本	2	东阳市档案馆
	康熙三年东阳县鱼鳞册	清康熙三年（1664）	填写本	1	徐松涛收藏
	康熙三年东阳县鱼鳞册	清康熙三年（1664）	填写本	1	北京大学图书馆
	康熙八年东阳县鱼鳞册	清康熙八年（1669）	抄本	1	上海市图书馆

① 由于一些公私机构所藏浙江鱼鳞图册尚未公布，而散佚在民间的浙江鱼鳞图册亦有待进一步搜集，故《浙江鱼鳞图册遗存目录》并不全面，需进一步完善。

续表

所属地区	名　　称	攒造时间	版本类型	数量（册）	收藏单位（个人）
金华	康熙八年东阳县鱼鳞册	清康熙八年（1669）	填写本	1	蔡宝昌收藏
	乾隆十六年东阳县八都四保鳞册	清乾隆十六年（1751）	填写本	1	东阳市档案馆
	道光二十四年东阳县流水号册	清道光二十四年（1844）	填写本	1	上海市图书馆
	道光二十九年东阳县鱼鳞册	清道光二十九年（1849）	抄本	1	周毅收藏
	浙江金华府东阳县怀德乡鱼鳞册	清光绪二十年至二十一年（1894—1895）	抄本	1	上海市图书馆
	宣邑东乡杨林团下甲鱼鳞草册	清代	填写本	1	上海市图书馆
	武义县陶村地方图	清末	写本	1	浙江师范大学
	义乌县西河村委员会土地陈报编号草簿	民国时期	填写本	10	浙江师范大学
绍兴	绍兴府诸暨县鱼鳞册	明代	抄本	48	国家图书馆
	绍兴府会稽县鱼鳞弓口册	明代	填写本	1	上海市图书馆
	绍兴府上虞县鱼鳞册	清乾隆二十八年（1763）	填写本	1	上海市图书馆
	绍兴府鱼鳞册	清代	填写本	1	上海市图书馆
	上虞县弓口鱼鳞图册	清代	填写本	1	上海市图书馆
	上虞县清丈鱼鳞文册	清代	填写本	1	上海市图书馆
	咸丰元年五月诸暨县韩南阳户鱼鳞家册	清咸丰元年五月（1851年5月）	填写本	1	浙江师范大学
	同治七年菊月诸暨县王性竹庵鱼鳞家册	清同治七年菊月（1868年9月）	填写本	1	浙江师范大学
	同治七年九月诸暨县三蓬会鱼鳞家册	清同治七年九月（1868年9月）	填写本	1	浙江师范大学
	同治十年十月诸暨县王智户鱼鳞家册	清同治十年十月（1871年10月）	填写本	1	浙江师范大学

续表

所属地区	名　　称	攒造时间	版本类型	数量（册）	收藏单位（个人）
绍兴	同治十年十月诸暨县王性竹庵鱼鳞家册	清同治十年十月（1871年10月）	填写本	1	浙江师范大学
	光绪元年菊月诸暨县王智户鱼鳞家册	清光绪元年菊月（1875年9月）	填写本	1	浙江师范大学
	光绪元年菊月诸暨县王思四十四公鱼鳞家册	清光绪元年菊月（1875年9月）	填写本	1	浙江师范大学
	光绪元年菊月诸暨县王性竹庵鱼鳞家册	清光绪元年菊月（1875年9月）	填写本	1	浙江师范大学
	光绪元年菊月诸暨县三蓬会鱼鳞家册	清光绪元年菊月（1875年9月）	填写本	1	浙江师范大学
	光绪二年诸暨县韩南阳户鱼鳞家册	清光绪二年（1876）	填写本	1	浙江师范大学
	光绪五年桂月诸暨县王智户鱼鳞家册	清光绪五年桂月（1879年8月）	填写本	1	浙江师范大学
	光绪五年桂月诸暨县王思四十四公鱼鳞家册	清光绪五年桂月（1879年8月）	填写本	1	浙江师范大学
	光绪五年桂月诸暨县王性竹庵鱼鳞家册	清光绪五年桂月（1879年8月）	填写本	1	浙江师范大学
	光绪五年桂月诸暨县三蓬会鱼鳞家册	清光绪五年桂月（1879年8月）	填写本	1	浙江师范大学
	光绪十年桂月诸暨县王智户鱼鳞家册	清光绪十年桂月（1884年8月）	填写本	1	浙江师范大学
	光绪十年桂月诸暨县王性竹庵鱼鳞家册	清光绪十年桂月（1884年8月）	填写本	1	浙江师范大学
	光绪十六年十一月诸暨县王性竹庵鱼鳞家册	清光绪十六年十一月（1890年11月）	填写本	1	浙江师范大学
	光绪十六年十一月诸暨县王智户鱼鳞家册	清光绪十六年十一月（1890年11月）	填写本	1	浙江师范大学
	光绪二十五年芙月诸暨县王智户鱼鳞家册	清光绪二十五年芙月（1899年10月）	填写本	1	浙江师范大学

续表

所属地区	名称	攒造时间	版本类型	数量（册）	收藏单位（个人）
绍兴	光绪二十八年诸暨县韩南阳户鱼鳞家册	清光绪二十八年（1902）	填写本	1	浙江师范大学
	光绪三十三年杏月诸暨县王智户鱼鳞家册	清光绪三十三年杏月（1907 年 2 月）	填写本	1	浙江师范大学
	光绪三十三年芙月诸暨县韩南阳户鱼鳞家册	清光绪三十三年芙月（1907 年 10 月）	填写本	1	浙江师范大学
	宣统元年诸暨县韩南阳户鱼鳞家册	清宣统元年（1909）	填写本	1	浙江师范大学
杭州	严州府遂安县清丈鱼鳞册	明代	抄本	5	国家图书馆
	明代遂安县鱼鳞册	明代	填写本	1	上海市图书馆
	浙江严州府遂安县鱼鳞册	明代	填写本	1	上海市图书馆
	浙江严州府遂安县清丈鱼鳞册	明代	填写本	1	上海市图书馆
	严州府遂安县化字清丈鱼鳞册	明代	填写本	1	李义敏收藏
	万历九年遂安县丈量鱼鳞清册	明万历九年（1581）	填写本	1	浙江省博物馆
	康熙三年遂安县丈量十四都一图	清康熙三年（1664）	填写本	1	上海市图书馆
	康熙四年遂安县王字号丈量图号	清康熙四年（1665）	填写本	1	上海市图书馆
	康熙四年遂安县丈量图号册	清康熙四年（1665）	填写本	1	上海市图书馆
	浙江严州府遂安县清丈鱼鳞册	清代	填写本	1	上海市图书馆
丽水	雍正九年丽水县落山草册	清雍正九年（1731）	填写本	1	浙江师范大学
	雍正九年丽水县清丈挨号册	清雍正九年（1731）	填写本	8	浙江师范大学
	道光六年云和县三都香菰寮曹氏弓口册	清道光六年（1826）	写本	1	浙江师范大学

续表

所属地区	名　称	攒造时间	版本类型	数量（册）	收藏单位（个人）
衢州	江山县廿七都山图	明代万历时期	抄写本	3	江山市档案馆
	衢州鱼鳞图册	清雍正十二年（1734）	不明	2	衢江区档案馆
	开化县丈量图号联单	清雍正八年（1730）至乾隆元年（1736）	填写本	40	浙江师范大学
	西安县鱼鳞图册	清雍正时期	填写本	2	浙江师范大学
	龙游县鱼鳞底册	清同治时期	填写本	1	李义敏收藏
温州	嘉庆十年瑞安县五十一都一图八甲周善射存家鳞册	清嘉庆十年（1805）	填写本	1	浙江师范大学
舟山	定海县奉宪清交鱼鳞图册	清代、民国	抄写本	2	舟山市档案馆

中国近代海关档案文献整理述评

肖代龙*

中国近代海关制度起源于1854年，确立于1859年，之后不断发展持续到1949年。在这96年中，海关除了监管进出国境的货物及其运输工具、征收关税、查缉走私和编制进出口统计的基本职能之外，由于列强不平等条约的相关规定和当时清政府自身的需要，海关还兼办沿海及内河航务、港务、邮政、检疫、气象、国际博览会、教育（即控制和推动同文馆、税务专门学校的发展）以及中国政府特派的外交事务，特别是1901年《辛丑条约》签订后，海关还接管了海关税款保管权，负责内外债和对外赔款的海关担保与清偿支付、代征厘金与常关税等附加税捐，通过控制政府财政，很大程度上影响到了当时中国政府的内政外交政策，海关档案的价值也就由此可知。由于海关采用西方先进的统计登录归档方式，因而大量的文献资料都完整地保留下来，从而为其价值的实现提供了可能。这些档案文献总量超过13万件，但目前整理出版的还很少。近年来，中国近代海关档案文献日益受到学术界的重视。对这一研究领域的研究定期地给予回顾与评析，可以让人明晰该领域研究的历史和现状，发现其中的问题和潜在的研究方向，进而为后续的研究提供参考。

一、中国近代海关档案文献的构成及保存现状

中国近代海关档案文献包括海关原始档案、海关出版物、海关人物档案以

---

* 肖代龙，中山大学资讯管理学院博士研究生。

及外交档案四大类。海关原始档案是指海关在日常行政过程中留下的原始记录。海关出版物由七个系列构成：第一是统计系列（Statistical Series），是海关最主要的出版物，最重要的是贸易统计和贸易报告；第二是特种系列（Special Series），其中最大的门类是医学报告；第三是杂项系列（Miscellaneous Series），以中国参加早期各种国际会议的报告居多；第四是公务系列（Service Series），主要是为某一方面工作而长期发行的专刊，如《总税务司通令》《新关题名录》等；第五是办公系列（Office Series），大多是解决历年工作中所遇问题的专题文献，如通商口岸的鸦片贸易、走私与海关对策，因外轮停泊所引起的外事文书等；第六是督察系列（Inspectorate Series），包括电报码文本、海关出版物名单等；第七是邮政系列（Postal Series），如《邮政地图地名索引》《邮局名录和邮政指南》等。[①] 人物档案主要涉及海关华员和外籍雇员的私人信件、日记、著作等。外交档案主要是海关总税务司与当事国外交部门的一些往来函电。

这些档案文献总量超过 13 万卷，从所占比重及保存状况来看：1. 原始档案所占比重最大，约为 90%，主要分散保存于各省市档案馆中（如表 1 所示），以第二历史档案馆、天津市档案馆和广东省档案馆保存最多，都超过了 13000 卷；其他像广西壮族自治区档案馆、四川省档案馆、重庆市档案馆、湖北省档案馆、浙江省档案馆等机构也有比较多的收藏。2. 出版物约占 6%，其中绝大部分被收藏在哈佛大学图书馆，其他档案馆也有部分保存。3. 人物档案和外交档案约占 4%。人物档案主要保存在英美等国，像英国伦敦大学亚非学院图书馆藏有赫德和他的私人代表金登干的往来书信原件和抄件，赫德致安格联的书信抄件，包腊、包罗父子以及梅乐和等人的日记、信函、家谱、照片、报告、通令及有关新闻剪报；英国国家海事博物馆手迹部藏有梅乐和回忆录；伦敦科学博物馆图书馆藏有梅乐和书信集（1929—1941）。外交档案方面，英国国家档案馆藏有海关总税务司给英国外交部的关于人员任免的报告、参与多项条约签订的情况汇报以及外交事务的处理请求等。英国国家档案馆也藏有一些零星的海关资料，如外交部全宗 F.O.371/31625 中就有关于 1940 年中国海关的资料，F.O.233/189 卷第 160 件也有关于中国近代海关红单船的资料。

① 吴松弟：《旧海关出版物与近代中国研究》，《社会科学家》2014 第 12 期。

表 1 中国近代海关档案文献保存现状（部分）简表[1]

馆藏地	海关 / 机构	卷数	馆藏地	海关 / 机构	卷数
中国第二历史档案馆	海关总税务司署	53874	广东省档案馆	粤海关（1859—1949）	5128
	税务处（1906—1912）	7000		潮海关（1860—1949）	1389
	关务署（1928—1949）[2]			琼海关（1876—1950）	2162
	缉私署（1931—1949）			九龙关（1877—1949）	2251
	金陵关（1899—1950）			拱北关（1877—1950）	33
	重庆关（1891—1949）[3]			三水关（1887—1943）	151
	北洋政府和国民政府财政部			梧州关（1897—1946）[4]	5
	汪伪总税务司署、汪伪关务署（1938—1945）			江门关（1904—1948）	769
	汪伪财政部税则委员会			雷州关（1936—1949）	1001
	维新政府国家税则委员会			曲江关（1942—1948）	371

① 中国近代先后出现的海关有 73 个，上表只列出了 31 个海关，还有 42 个海关资料尚待统计，包括当时朝鲜地区的汉阳关、釜山关、仁川关和元山关；台湾地区的淡水（台北）关、打狗（台南）关等。此外，本表所列的档案卷数只是大概准确，主要原因：一是档案馆馆藏的卷数与登记在案的卷数有一些出入；二是登记在案的卷数与网上公布的卷数也有一些出入，并且馆藏其实极其分散，有些还处于不开放状态，难以核对。制作本表使用的参考文献有：张海梅：《民国时期海关档案简介》，《民国档案》2003 年第 3 期；张策佳：《重庆海关档案的史料价值》，《四川档案》2006 年第 4 期；许茵：《近代海关档案开发方法和途径》，《历史教学》2006 年第 3 期；陈永生、李娜娜：《中国近代海关档案的分布与现状》，《中国档案》2017 年第 8 期；天津市档案馆：《天津海关档案》，天津：天津古籍出版社，2013 年。此外，也参考了各档案馆网页公布的信息。本表所列时间，值得注意的有两点：一是海关开关、关闭或者被接管的时间，由于当时及后来的整理，海关或机构存在的时间与档案馆所收相应全宗的时间只是大体重合，有些会收入更早的档案，有些会收入更晚一些的档案。二是抗日战争期间，尤其是 1942 年至 1945 年，有中断，有些海关被迫关闭或者被合并。

② 近代海关管辖机构的变迁：1861 年起海关由新设的总理各国通商事务衙门（1902 年改为外务部）统辖；1906 年改隶专设的税务处；1912 年改隶关务处；1927 年 5 月改隶财政部下设的关税处；1928 年 10 月改隶关务署；1928 年之后，直到 1949 年，所属未再改变（日伪除外）。北洋政府时期的资料有马振犊主编的《北洋政府档案》（中国档案出版社 2010 年）中关务处部分。1949 年后，大陆地区废除财政部关务署，而在台湾地区，这一机构设置存在至今。

③ 重庆关档案分散在 3 个地方：第二历史档案馆、重庆市档案馆和四川省档案馆。

④ 广东省档案馆所藏梧州关档案与广西自治区档案馆所藏梧州关档案是同一个海关，只是在 1943 年间短暂作为粤海关支关。

续表

馆藏地	海关 / 机构	卷数	馆藏地	海关 / 机构	卷数
天津市档案馆	津海关（1861—1949）	14093	湖北省档案馆	江汉关（1862—1949）	3600
四川省档案馆	重庆关（1891—1949）	1252	荆州市档案馆	沙市关（1896—1945）	490
重庆市档案馆	重庆关（1891—1949）	3383	宜昌市档案馆	宜昌关（1877—1949）	333
万州区档案馆	万县关（1943—1945）		浙江省档案馆	浙海关（1861—1949）	430
青岛市档案馆	胶海关（1899—1949）	1755		杭州关（1896—1947）	594
烟台市档案馆	东海关（1862—1949）	2382		瓯海关（1877—1949）	2489
威海市档案馆	威海卫关（1898—1945）	193	福建省档案馆	闽海关（1861—1949）	892
广西壮族自治区档案馆	梧州关（1897—1946）	2462	黑龙江省档案馆	滨江关（1907—1932）	221
	龙州关（1889—1949）	1009		瑷珲关（1922—1932）	
	南宁关（1907—1949）			绥芬河关（1907—1949）	546
辽宁省档案馆	奉天关（1907—1948）	154	南京市档案馆	金陵关（1899—1950）	88

二、海关档案文献整理关注的主题

海关档案受到关注，始于民国时期的关税自主运动，而对海关档案文献进行整理，则是在新中国成立以后。1957 年初期由陈翰笙、范文澜等一批著名学者组成的《中国近代经济史资料丛刊》编委会组织编译了一套题为《帝国主义与中国海关》的资料丛书，但此后学界并未跟进。十年动乱后，海关档案文献的整理重新起步。1985 年 6 月，中国海关学会成立；同年 11 月，在陈诗启倡导下，海关学会与厦门大学合作，成立了一个专门的学术研究机构——中国海关史研究中心。在此基础上，陈诗启先后倡议在香港大学（1988 年）、厦门大学（1990 年）和香港中文大学（1995 年）召开了三届中国海关史国际学术研讨会，每次大会都设立海关档案文献研究分会场，进一步推动了海关资料的整理。其整理关注的主题可以从以下几个方面来看：

（一）公布与概述

近代海关实行的是外籍税务司制度，对海关档案实行保密管理。直到1882年2月2日，海关总税务司署发布第179号通令，规定当时刊印的统计、专著、杂项类出版物可以向公众发售，但此三类并非完全为了向公众发行而刊印，只是在海关内部赠送和造册处留存之余才用于发售，并且在相当长的时间内，其发行的范围都只局限在上海、香港、伦敦、横滨等几个国内外著名的商埠，且在各商埠只选定一家书店公开出售。[①]1883年9月7日发布的第239号通令中依然强调“非经税务司等明示允准，亦不准将其掌管之海关簿册、单证及公文交由除其上司以外之任何人查阅或抄录……税务司本人亦应恪守规定，保守机密”，[②] 这种状况一直持续到1949年。因此，当时及后来的研究者，对于近代海关的状况知之甚少。民国时期由于关税自主运动而撰写海关制度史的研究者，都是服务于海关系统，利用工作之便才得以查阅海关资料。所以，新中国成立后，为使学界了解海关，公布与评述这些档案文献成为必要的环节。

海关档案文献的公布主要是通过《历史档案》《民国档案》等期刊，在地方杂志如《岭南文史》《广东史志》《上海集邮》等上面也有少量刊载，涉及从晚清到民国的档案文献，内容主要是以下几个方面：1. 与中国近代大事件相关的。如中山舰事件、[③]“三海”工程工匠罢工、[④]1942年5月云南腾冲分关撤退事件、[⑤]日本策动华北走私、[⑥]1948—1949年中央银行密运黄金去台，[⑦] 以及当时重大的经济案件，如苏州宝昌烛厂与英商白礼氏洋烛公司商标纠纷案、[⑧] 民初

① 海关总署《旧中国海关总税务司署通令选编》编译委员会：《旧中国海关总税务司署通令选编》第1卷，北京：中国海关出版社，2003年，第246—247页。

② 同上书，第269页。

③ 郑泽隆：《粤海关档案有关中山舰事件情报》，《民国档案》1996年第1期。

④ 叶志如、唐益年：《“三海”工程工匠罢工史料选》，《历史档案》1984年第4期。

⑤ 中国第二历史档案馆：《1942年5月云南腾冲分关撤退情形史料一组》，《民国档案》2013年第1期。

⑥ 郑会欣：《有关日本策动华北走私情况档案文献选》，《民国档案》1987年第4期。

⑦ 周宁：《1948—1949年中央银行密运黄金去台史料》，《民国档案》1989年第2期。

⑧ 沈慧瑛：《苏州宝昌烛厂与英商白礼氏洋烛公司商标纠纷案档案资料选》，《民国档案》1998年第1期。

筹设大连中国银行分号与日方交涉[①]等。2. 与海关系统内部相关的。如近代海关税务司名录、[②]海关洋员名录、[③]海关接管25公里内常关、[④]国防设计委员会筹备收回引水权、[⑤]1919—1921年关余及接管海关事件[⑥]等。3. 与邮政系统相关的。如清末创办邮政官局、[⑦]新疆开办邮政、[⑧]英法俄日等国把持清代邮政，[⑨]以及当时发行的大龙邮票和华洋书信馆[⑩]等。4. 针对特定历史人物的。如孙中山反袁活动史料、[⑪]两广总督查缉孙中山活动密札[⑫]等。

对海关档案进行概述的文章可以分为以下几类：1. 以整个海关档案文献为对象。如朱荣基从整体上介绍了海关的关税制度、组织系统、档案的特点及基本内容，包括了人事制度、中外贸易、关税问题、社会情报、外交活动、华工出洋、地方官衙来函等7个方面。[⑬]孙修福则以中国第二历史档案馆馆藏海关档案为基础，介绍了馆藏的七个全宗，即海关总税务司署、税务处、关务署、缉私署、金陵关、重庆关以及北洋政府财政部和国民政府财政部两全宗内有关海关问题的文件，对于汪伪海关总税务司和海关图书资料也有涉及。[⑭]张海梅以整个民国时期海关档案为对象，从空间角度介绍了长江流域、东部沿海、两

① 中国第二历史档案馆：《民初筹设大连中国银行分号与日方交涉档案史料选》，《民国档案》1999年第3期。

② 刘武坤：《旧中国海关总税务司、税务司名录》（上、下），《民国档案》1986年第3、4期。

③ 丁进军、王澈海：《海关洋员名录》（一—四），《历史档案》1994年第1—4期。

④ 吴弘明：《天津常关归并海关税务司英文档案选译》（上、下），《历史档案》2005年第3、4期。

⑤ 中国第二历史档案馆：《国防设计委员会筹备收回引水权档案史料选》，《民国档案》1996年第2期。

⑥ 王美嘉、林石川、关宏明：《1919—1921年中外交涉关余及接管海关史料》（上、下），《历史档案》1987年第1、2期。

⑦ 丁进军：《清末正式创办邮政官局的两件史料》，《历史档案》1991年第2期。

⑧ 丁进军：《清末新疆开办邮政史料》，《历史档案》2010年第3期。

⑨ 傅贵九：《英法俄日等国把持清代邮政史料选》，《历史档案》1984年第3期。

⑩ 刘广实：《大龙初期的华洋书信馆有关文件》，《上海集邮》1998年第7期。

⑪ 王美嘉：《孙中山等反袁革命活动史料选》，《历史档案》1989年第3期。

⑫ 王美嘉：《两广总督等查缉孙中山革命活动密札》，《历史档案》1986年第3期。

⑬ 朱荣基：《近代中国海关及其档案》，深圳：海天出版社，1996年。

⑭ 孙修福：《中国第二历史档案馆馆藏海关档案简介》，《民国档案》1991年第2期。

广地区和东北地区四个区域的海关档案资料。[①] 张存武从中国海关出版品的角度，介绍了海关出版的七个系列的图书资料情况。[②] 由于近代海关的国际性，大量资料保存在国外，因此也有关于中国海关档案文献国外保存情况的介绍，如蒋耘以英国所藏中国海关档案为基础，介绍英国伦敦大学亚非学院图书馆收藏的赫德、包腊包罗父子、梅乐和、费士来、安格联等人的档案，对英国国家档案馆、英国国家海事博物馆等收藏的资料也有介绍。[③] 吴松弟等则以美国哈佛燕京图书馆馆藏为中心，介绍海关出版物的收藏情况。[④] 2. 以地方海关档案文献为对象。如李杰对东海关档案、[⑤] 王庆普对秦港档案的介绍；[⑥] 杨梅、张策佳、尹亮则从史料和文献的角度介绍了云南海关档案、重庆海关档案、兰州海关档案的形成、保管、目录整理以及利用价值。[⑦] 3. 以专门档案为对象。如黄菊艳、王美嘉对广东省档案馆馆藏的香港档案文献、黄花岗起义档案文献进行了评介，[⑧] 许茵对中国第二历史档案馆馆藏的赫德档案进行了评介[⑨]。杨新平、刘茜介绍了中国近代邮政的起源，以天津海关税务司德璀琳为个案，记述了他在大清邮政创办初期给总税务司、各地税务司和相关人员的信函和备忘录手抄件，包含了近代邮政网络机构、邮件传递、邮务管理、邮票发行等诸多方面内容。[⑩]

---

① 张海梅:《民国时期海关档案简介》,《民国档案》2003 年第 3 期。

② 张存武:《中国海关出版品简介（1859—1949）》,《“中央研究院”近代史研究所集刊》1980 年第 9 期。

③ 蒋耘:《英国所藏中国海关档案述要》,《民国档案》2002 年第 2 期。

④ 吴松弟:《中国旧海关出版物评述——以美国哈佛燕京图书馆收藏为中心》,《史学月刊》2011 年第 12 期。

⑤ 李杰:《一段屈辱历史的见证者——东海关及其档案简介》,《山东档案》2012 年第 2 期。

⑥ 王庆普:《秦港近代档案漫谈》,《档案天地》2009 年第 11 期。

⑦ 杨梅:《清末至民国云南海关档案的经济史料价值探究》,《云南档案》2011 年第 4 期；张策佳:《重庆海关档案的史料价值》,《四川档案》2006 年第 4 期；尹亮、武沐:《抗战时期的兰州海关档案及其文献价值》,《图书与情报》2015 年第 5 期。

⑧ 黄菊艳:《广东省档案馆馆藏香港档案史料概况》,《广东档案》2015 年第 2 期；王美嘉、黄菊艳:《广东省档案馆现存辛亥革命与黄花岗起义档案史料评述》,《档案学研究》1991 年第 4 期。

⑨ 许茵:《中国第二历史档案馆藏清海关赫德档案评述》,《历史档案》2007 年第 2 期。

⑩ 杨新平、刘茜:《一卷中国近代邮政起源档案》,《中国档案》2002 年第 5 期。

（二）开发与管理

许茵从整体上对近代海关档案的开发方法和途径作了探讨，从完善馆藏基础建设、更新利用方法和手段、强化人员素质和加强国内外合作四个方面提出建议；[①] 曲艳指出在编研海关档案时，既要关注档案的学术价值，也应该注意到市场的需要；[②] 海关总署也全面推动海关系统档案数字化建设。[③] 地方档案机构则结合自己的具体情况，作出规划，如天津档案馆联合青岛、烟台、营口、秦皇岛等环渤海城市合作开发近代海关档案，编纂城市史、经济史研究亟需的档案文献；[④] 广东省档案馆的倪俊明则从出版机构、出版形式、出版步骤等方面来探讨如何整理出版馆藏的海关档案，吴义雄和黄树森等也就粤海关档案的开发利用及出版提出了建议。[⑤] 在具体操作技术层面，俞宽对粤海关历史文献数字化处理进行研究，提出采用众包的方式，针对广东省档案馆的清末粤海关历史文献，采用 WBS、系统构建等方法，将众包模式应用于传统数字化处理工作中，利用网络大众的参与解决文献数字化处理中的难点，旨在高效、低成本地实现文献价值的挖掘。[⑥]

（三）编写工具书

由于中国近代海关从一开始便具有国际性，先后有 23 个国家的人员在海关工作，海关档案中涉及的语言除汉语、英语外，还有法语、德语、俄语、日语等，甚至在德语中还包含了老德语，这些语言方面的问题给档案利用者带来

---

① 许茵：《近代海关档案开发方法和途径》，《历史教学》2006 年第 3 期。

② 曲艳：《运用市场营销理论做好海关档案编研工作》，《山东档案》2002 年第 3 期。

③ 海关总署办公厅：《海关档案数字化和电子档案数据备份情况》，《中国档案报》2013 年 11 月 1 日，第 1 版。

④ 《环渤海城市联合开发近代海关档案》，《中国档案报》2004 年 11 月 8 日。

⑤ 倪俊明：《关于广东省档案馆藏海关档案编辑整理的设想》，《广东档案》2013 年第 6 期；吴义雄：《粤海关档案的学术价值与开发利用建议》，《广东档案》2013 年第 4 期；黄树森：《关于抢救、出版、盘活粤海关档案和编辑出版〈澳门近代文献大集〉的建议》，《广东档案》2008 年第 1 期。

⑥ 俞宽：《基于众包理论的粤海关历史文献数字化处理模式研究》，华南理工大学硕士学位论文，2014 年。

巨大困难，因此，为了给海关史研究的后来者创造方便，陈诗启主编了《中国近代海关地名录（英汉对照）》（中国海关史研究中心 1989 年）、《中国近代海关名词及常用语（英汉对照）》（中国海关史研究中心 1989 年）、《中国近代海关机构职衔名称（英汉对照）》（中国海关史研究中心 1990 年）；孙修福编著了《近代中国华洋机构译名大全》（中国海关出版社 2003 年）、《中国近代海关高级职员年表》（中国海关出版社 2004 年）；《中国海关百科全书》编委会编纂了《中国海关百科全书》（中国大百科全书出版社 2004 年）等。这些编著为晚清海关史的进一步研究提供了便利，但这些工具书本身也有缺陷，如有缺漏、翻译不够准确等，随着研究的深入，需要不断修订和增加。由于海关分布在不同区域，一些具有地方特色的人名、地名、物名以及方言，在现有词典中都无法查到，所以如果有可能，各个地方海关应尽可能地、有针对性地编纂自身特有的工具书，如粤海关开关时间是 1859 年，其设立时间是 1685 年，直到 1950 年废止，在这 267 年间，其使用的语言足以编纂一部词典，对于研究海关、语言以及当地风俗都能起到很大作用。

（四）编写海关志

1985 年 4 月，国务院办公厅转发中国社会科学院《关于加强全国地方志编纂工作领导的报告》，要求中央各部门支持地方志编纂工作。海关总署委托中国海关学会推动各地海关志的编写工作。1985 年 11 月，中国海关学会在厦门举办“地方海关史志讲习班”；12 月海关总署转发《中国海关学会〈关于开展海关史志研究编写工作的几点意见〉的通知》。1992 年 6 月 30 日至 7 月 3 日，中国海关学会在山东威海召开地方海关志编写座谈会，就地方海关志的志稿内容、特色、篇目、结构、编写质量和审定等共性问题提出了要求。[1] 随后各地陆续组织编写海关史志，经过几年努力，编研成果不断涌现，如福州海关编《福州海关志（1861—1989）》（鹭江出版社 1991 年）；拱北海关编《拱北海关志》（海洋出版社 1993 年）；九龙海关编志办公室编《九龙海关志（1887—1990）》（广

① 《中国海关百科全书》编纂委员会：《中国海关百科全书》，北京：中国大百科全书出版社，2004 年，第 69 页。

东人民出版社 1993 年）；天津海关编志室编《天津海关志》（未刊本 1993 年）；南京市地方志编纂委员会编《南京海关志》（中国城市出版社 1993 年）；厦门海关编著《厦门海关志（1684—1989）》（科学出版社 1994 年）；《上海海关志》编纂委员会编《上海海关志》（上海社会科学院出版社 1997 年）；广州海关编志办公室编《广州海关志》（广东人民出版社 1997 年）；《苏州海关志》编纂委员会编《苏州海关志》（苏州大学出版社 2009 年）；黑河海关编《黑河海关志》（黑龙江人民出版社 2014 年）等。随着各关海关志的完成，省海关志、全国海关志也相继出现，如广东省地方史志编纂委员会编《广东省志 · 海关志》（广东人民出版社 2002 年）；安徽省地方志编纂委员会办公室编《安徽省志 · 海关志》（方志出版社 2016 年）；中国海关总署编《中国海关通志》（方志出版社 2012 年）等。这些海关志虽在体例、辅文、篇目、结构等方面存在一些差异，但都简要梳理了各关的行政制度、人事制度、文书制度以及海关基本业务的历史沿革，为海关档案文献的进一步整理和研究奠定了基础。

（五）考证构成与源流

在大量海关资料被公布的基础上，从文献学角度考证海关档案文献的构成与源流成为可能。早在 1934 年，郑友揆即对海关贸易报告的编制方法及其内容进行过专门的介绍。[①] 2003 年，詹庆华发表《中国近代海关贸易报告述论》，研究了海关贸易报告的形式、内容及其特点，对贸易报告进行了评价。[②] 2001 年，《中国旧海关史料（1859—1948）》出版，梁庆欢从文本的角度对其进行了解读，重点论述了海关年度报告，并对通商各关华洋贸易总册和邮政事务通报进行简要分析，对伪满洲国外国贸易统计报告的内容、体例和沿革进行探讨，且将其与当时国统区的海关贸易报告进行了比较。[③] 近年，吴松弟对中国旧海关出版物中统计系列的书名、内容和流变进行了详细梳理，并对统计中出现的

① 郑友揆：《我国海关贸易统计编制方法及其内容之沿革考》，《社会科学杂志》1934 年第 3 期。

② 詹庆华：《中国近代海关贸易报告述论》，《中国社会经济史研究》2003 年第 2 期。

③ 梁庆欢：《〈中国旧海关史料（1859—1948）〉文本解读》，厦门大学硕士学位论文，2007 年，第 1—5 页。

数据问题进行了分析。[①]姚永超则就1909—1937年间海务年度报告的编印概况、设置及其前后变化和所附图表和附录及其利用价值进行了分析。[②]

三、海关档案文献整理的成果

1957—1965年，由陈翰笙、范文澜等11位学者编译的《帝国主义与中国海关》原计划出十五辑，后因材料、选题等问题只出了十辑，分别为：第四编《中国海关与中法战争》（科学出版社1957年）、第五编《中国海关与缅藏问题》（科学出版社1958年）、第六编《中国海关与中葡里斯本草约》（科学出版社1959年）、第七编《中国海关与中日战争》（科学出版社1958年）、第八编《中国海关与英德续借款》（科学出版社1959年）、第九编《中国海关与义和团运动》（科学出版社1959年）、第十编《中国海关与庚子赔款》（中华书局1962年）、第十二编《中国海关与邮政》（科学出版社1961年）、第十三编《中国海关与辛亥革命》（中华书局1964年）、第十五编《一九三八年英日关于中国海关的非法协定》（中华书局1964年）。1983年重版时，把原来没有出版的几编序号取消，而将原来第四编列为第一编，以此类推至第十编。之后，中国海关学会续出其第十一编《辛丑和约订立以后的商约谈判》（中华书局1994年）。这套丛书以事件为中心，汇编的材料来源甚广，除海关档案之外，还有相关出版物、奏折、信函、日记等。此后十余年海关档案整理陷入沉寂，直至20世纪80年代，大批海关档案文献开始被整理出版。

（一）海关出版物

第一系列主要有：徐雪筠等译编《上海近代社会经济发展概况（1882—1931）——〈海关十年报告〉译编》（上海社会科学院出版社1985年）；青岛市

① 吴松弟：《中国旧海关出版物的书名、内容和流变考证：统计丛书之日报、月报和季报》，《上海海关学院学报》2012年第2期；吴松弟、方书生：《中国旧海关出版物的书名、内容和流变考证：统计丛书之年刊系统》，《上海海关学院学报》2013年第1期；吴松弟、伍伶飞：《近代海关贸易数据摘编本存在的问题分析——以全国年进出口额和各关直接对外贸易额为例》，《中国社会经济史》2013年第4期。

② 姚永超：《中国近代海关的〈海务报告〉考论》，《国家航海》2015年第4期。

档案馆编《帝国主义与胶海关》(档案出版社 1986 年);交通部烟台港务管理局编《近代山东沿海通商口岸贸易统计资料(1859—1949)》(对外贸易教育出版社 1986 年);周勇、刘景修译编《近代重庆经济与社会发展(1876—1949)》(四川大学出版社 1987 年);厦门市志编纂委员会、《厦门海关志》编委会编《近代厦门社会经济概况》(鹭江出版社 1990 年);陆允昌编《苏州洋关史料(1896—1945)》(南京大学出版社 1991 年);池贤仁主编《近代福州及闽东地区社会经济概况(1865—1931)》(华艺出版社 1992 年);李策编译《近代武汉经济与社会——海关十年报告(汉口江海关)》(香港天马图书有限公司 1993 年);李必樟译编《上海近代贸易经济发展概况——1854—1898 年英国驻沪领事贸易报告汇编》(上海社会科学院出版社 1993 年);广州地方志编纂委员会办公室、广州海关志编纂委员会编译《近代广州口岸经济社会概况——粤海关报告汇集》(暨南大学出版社 1996 年);黄富三等编《清末台湾海关历年资料》("中研院"台湾史研究所筹备处 1997 年);莫世祥等编译《近代拱北海关报告汇编(1887—1946)》(澳门基金会 1998 年);杭州海关编译《近代浙江通商口岸经济社会概况——浙海关、瓯海关、杭州关贸易报告集成》(浙江人民出版社 2002 年)。[①] 而对第一系列进行汇总的则是 2001 年中国第二历史档案馆、中国海关总署办公厅合作整理出版的《中国旧海关史料(1859—1948)》(共 170 册,京华出版社 2001 年),这套资料大致由两部分构成,第一部分为贸易统计,第二部分为贸易报告,内容涉及的省份有黑龙江、吉林、辽宁、河北、天津、山东、江苏、上海、浙江、福建、广东、广西、西藏、云南、湖南、湖北、江西、安徽、台湾、海南、四川、重庆、新疆、甘肃、陕西等 25 个省份 60 余港埠。但是,这套资料对海关资料的源流、变迁以及内在脉络缺乏必要的交代,收集的资料不够全面。[②] 2009 年,鉴于海关贸易报告的重要性,刘辉将上述该书内容单独

① 戴一峰:《中国近代海关史研究述评》,《厦门大学学报》(哲学社会科学版)1996 年第 3 期;佳宏伟:《近 20 年来近代中国海关史研究述评》,《近代史研究》2005 年第 6 期;傅亮:《近十年来中国近代海关史研究综述》,《海关与经贸研究》2015 年第 2 期。

② 吴松弟、方书生:《一座尚未充分利用的近代史资料宝库——中国旧海关系列出版物评述》,《史学月刊》2005 年第 3 期。

抽出编成《五十年各埠海关报告（1882—1931）》（共14册，中国海关出版社2009年）。

第二、第五、第六系列未见出版，其余则有少量出版。第三系列有中国第一历史档案馆编《晚清国际会议档案》（共10册，广陵书社2008年）、《清宫万国博览会档案》（共6册，广陵书社2007年）。第四系列出版稍多，早在1937—1940年，海关总署就编纂整理过总税务司通令，当时命名为*Documents Illustrative of the Origin, Development, and Activities of the Chinese Customs Service*，译为《中国海关的起源、发展及其活动文件汇编》，或简译《中国近代海关历史文件汇编》，共7卷。21世纪初，中国海关总署整理出版了《旧中国海关总税务司署通令选编》（共5卷，前3卷中国海关出版社2003年出版，后2卷中国海关出版社2007年出版），因该书只收录了部分比较重要的总税司通令，占当时通令总量的份额很少，为向学界提供更加完整、系统的海关档案，2013年海关总署办公厅又影印出版《中国近代海关总税务司通令全编》（共46册，中国海关出版社2013年），该书包括《总税务司通令》36卷、《总税务司机制产品通令》4卷、《总税务司机要通令》1卷、《汪伪政府总税务司通令》1卷、索引1卷，其中第30—32卷分为正卷和副卷，副卷为出版时根据原始档案录入排版的版本。此外还有黄臻等编译的《历史镜鉴——旧中国海关诫律》（中国海关出版社2001年），此书是清末海关总税务司署编辑出版过的《新关内班诫程》《新关外班诫程》《新关理账诫程》《续理账诫程》的汇总。

吴松弟历时10年整理出版的283册《美国哈佛大学图书馆藏未刊中国旧海关史料（1860—1949）》，对近代海关出版物进行了系统整理。该书是对海关出版物七个系列的汇总，首批199册由广西师范大学出版社2014年出版，第二批83册于2016年全部出版。它按出版物文本类型进行分类，共分统计、特种、杂项、关务、总署、官署、邮政7大类。但是据吴松弟统计：第一系列全部506期（卷），哈佛大学收藏464期（卷），占91.7%；第二至第七系列共504期（卷），哈佛大学收有212期（卷），占总数的42%。可见，第一系列还缺少42期（卷），第二至七系列还缺少292期（卷），有待于学界的进一步发掘整理。

（二）海关原始档案方面

相比于海关出版物，海关档案的出版量就少得多了，主要有：广东省档案馆编的《广州起义前后的全国时局——粤海关情报记录译辑（1927.4—1928.4）》（广东省档案馆 1982 年）；天津市档案馆、中国集邮出版社合编的《清末天津海关邮政档案选编》（中国集邮出版社 1988 年）；广东省档案馆、广州华侨志编委办、广州华侨研究会、广州师范学院合编的《华侨与侨务史料选编（广东）》（广东人民出版社 1991 年）；广东省档案馆编译的《孙中山与广东——广东省档案馆库藏海关档案选译》（广东人民出版社 1996 年）；天津市档案馆编的《天津海关档案》（共 36 册，天津古籍出版社 1997 年）；戴一峰主编的《厦门海关历史档案选编》（厦门大学出版社 1997 年）；青岛海关编辑的《山东解放区海关史料综览》（共 4 册，中国海关出版社 2006 年）；广东省档案馆编的《中国参加关税与贸易总协定起草及关税减让谈判档案史料选编（1947—1949）》（广西师范大学出版社 2007 年）；中国第一历史档案馆编的《晚清国际会议档案》（共 10 册，广陵书社 2008 年）及《清宫万国博览会档案》（共 6 册，广陵书社 2008 年）；汕头海关整理的《潮海关档案选译》（中国海关出版社 2013 年）；广东省档案馆编的《民国广州要闻录》（共 20 册，广东人民出版社 2018 年）。海关职工革命斗争与反对外国入侵密切相连，是近代中外关系的重要组成部分之一，一些论著也多有涉及，例如中国海关学会先后编辑出版的《海关职工革命斗争史资料选集》第 1、2 辑（中国海关学会 1986、1987 年油印本）。

（三）人物档案和外交档案

它们都不直接属于中国海关档案文献，但又都与中国海关息息相关。其中，外交档案大多保存于英美等国家的档案馆，且较为分散，目前只是在这些国家驻华领事的报告如《美国驻中国广州领事馆领事报告（1790—1906）》中涉及中国海关档案，暂未见专辑出版。这里主要叙述海关人物档案的整理情况。

人物档案包括海关洋员人物档案和海关华员人物档案。海关洋员人物档案主要指海关外籍雇员的私人信件、日记、著作等。其中外籍雇员的著作已多有出版，如：美籍税务司马士所著《中华帝国对外关系史》（张汇文等译，商务印书馆 1957、1958、1960 年）和《东印度公司对华贸易编年史（1635—1834）》（区宗华译，中山大学出版社 1991 年）；英籍税务司庆丕的回忆录《在中国海关服务——四十七年的亲身经历》（伦敦希斯克兰斯顿有限公司 1930 年）；英籍税务司班思德著《最近百年中国对外贸易史》（载于 1922—1931 年《最近十年各埠海关报告》上卷，上海海关总税务司署统计科 1932 年）和《中国沿海灯塔志》（李廷之译，上海海关总税务司署统计科 1933 年）；英籍税务司魏尔特（或译莱特）的四本著作《辛亥革命以来中国海常关税的征收及支配——海关总税务司所管债务账户》（上海海关总税务司署统计科 1927 年）、《自民国元年起至二十三年止关税纪实》（上海海关总税务司署统计科 1936 年中文版）、《赫德与中国海关》（上海海关总税务司署统计科 1950 年）、《中国关税沿革史》（生活·读书·新知三联书店 1958 年；姚曾廙译，商务印书馆 1963 年）；日籍税务司高柳松一郎著《中国关税制度论》（京都内外出版株式会社 1920 年；李达译，商务印书馆 1924 年）。[①]

另外，曾任海关总税务司的赫德的一些信件、日记和著作具有很高的史料价值，受到学界的关注和重视，很多已被整理出版，如 1975 年，费正清等人从赫德信件中选编了二卷本的《总税务司在北京——赫德信函（1868—1907）》（*The I.G. in Peking*: *Letters of Robert Hart*, *Chinese Maritime Customs*, *1868—1907*）；陈霞飞也主编了《中国海关密档——赫德、金登干函电汇编（1874—1907）》（分中英两个版本，中文版 9 卷，中华书局在 1993—1996 年陆续出版；英文版 4 卷，由外文出版社在 1990 年出版）。此外，还有赫德著、叶凤美译《这些从秦国来：中国问题论文集》（天津古籍出版社 2005 年；1985 年，邝兆江译，载于台北《大陆杂志》第 70 卷第 3 期）；凯美琳.F. 布鲁纳、费正清、理查德.J.、司马富编《步入中国清廷仕途——赫德日记（1854—1863）》（中国海关出版社 2003 年）、《赫德与中国早期现代化——赫德日记（1863—1866）》（中国海关出版社 2005 年）。

海关华员人物档案现在编纂的资料还非常少，仅有少数回忆录，如《海关

① 连心豪：《中国近代海关史研究巡礼（代序）》，第 2—3 页，《中国海关与对外贸易》，长沙：岳麓书社，2004 年。

服务卅五年回忆录》(香港龙门书店有限公司 1982 年)、《抗战前海关往事琐忆》(香港叶振邦发行 1987 年)、《海关蜕变年代——任职海关四十二载经历》(台北雨利美术印刷有限公司 1993 年)、《服务海关四十一载琐记》(1990 年),以及由海关华员自己创办的刊物,如《关声》《海关华员联合会月刊》等。

需要特别指出的是,2001 年中国第二历史档案馆与英国剑桥大学合作建立了中国近代海关目录数据库和专题数据库,为学者们查阅档案资料提供了方便。2007 年,英国的中国近代海关史学者还从中国第二历史档案馆馆藏的卷帙浩繁的海关档案中选出部分档案制作成缩微胶卷,该套缩微胶卷由布里斯托尔大学的毕可思教授与剑桥大学的方德万教授联合编辑,英国 Gale 国际有限公司出版,题为《中国与西方——中国第二历史档案馆的海关档案》(*China and the West*: *The Maritime Customs Service Archive from the Second Historical Archives of China*, *Nanjing*),共 372 卷,分 7 个部分:第一部分是总税务司通令;第二部分是伦敦办事处文件;第三部分是所选港口的半官方往来信件;第四、五部分是贸易政策;第六部分是中日战争的爆发;第七部分是二战和战后时期(1941—1949)。这套资料有以下特点:一是时间跨度长,从 1854 年至 1949 年,涵盖中国近代海关系统从起源到最后消失的全过程;二是中央机构与地方分支机构结合,重点突出了中国海关驻伦敦办事处的事务,这与内地海关分支机构恰好可以形成对比;三是突出了海关最重要的一项职能,即对外贸易的相关政策的制定与实施;四是将海关放在二战及战后的大背景之下,来探讨海关走向消亡的原因;五是除了官方文件之外,还选有私人信件,并以个案的形式,选取四个港口负责人的书信,便于从更广阔的范围来理解海关洋员对中国海关政策的看法,以及他们对中国海关的影响。就出版而言,采用缩微胶片的形式也便于档案广泛流传。

四、对海关档案文献整理的思考

现有研究成果使用的资料主要是海关出版物、海关人物档案和外交档案,海关原始档案使用极少。无论是八十年代陈诗启《中国近代海关史问题初探》(中国展望出版社 1987 年)、赵淑敏《中国海关史》(台北“中央文物供应社”

1982年），还是近年来在海关史研究方面取得较大成绩的专著，都是这样。[①]出现这个特点，是由于海关出版物是印刷品，格式规范，字迹清晰，并且在世界各地都有发行，便于搜集整理成套出版；外交档案也大多是打印成稿，过了保密期之后，也便于查询；而海关原始档案则由于其唯一性，难以广泛传播，手写字本就难以辨认，因长时间的保存，有些字迹还会逐渐模糊，另外，一些档案因保存不当而残缺不全，很难成套整理，也难以系统利用。现在比较系统出版的仅有《天津海关档案》（天津古籍出版社1997年），但也很不完整，天津海关档案全宗总共有14093卷，出版时只选取了中文部分的精华，将近3万件，不到全宗总量的20%，相对于13万卷的整个海关档案，这无疑只是很少的一部分。但整理海关档案已经成为社会共识，对此进行一些总结很有必要。下面，笔者借鉴其他历史档案的整理情况和经验，[②]对海关档案的整理作一些思考。

（一）整理需要保持原生性

首先，档案文献的整理要保持其排列原貌，而不是按现代学术分科整理，但在实际的操作上却是后者居多。比如天津海关档案原来是按科归档的，但整理时却将其分为机构沿革、人员管理、法规制度、通令通告、业务往来、贸易报告、海关税收、外交活动、近代军事、近代教育、海河工程局、中国邮政、

① 如［美］马丁·艾特金（Martyn Atkins）《危机中的非常态帝国——英国外交与中国海关的嬗递（1927—1929）》（*Informal Empire in Crisis*：*British Diplomacy and the Chinese Customs Succession*，*1927—1929*，East Asia Program of Corneu University，1995）、孙修福《中国近代海关首脑更迭与国际关系——"国中之国国王"登基内幕》（中国海关出版社2010年）、［日］久保亨《走向自立之路：两次世界大战之间中国的关税通货政策和经济发展》（中国社会科学出版社2004年）、张志云《政府、帝国主义与中国的民族主义：中国海关及其华员》（*Government*，*Imperialism and Nationalism in China*；*the Maritime Customs Service and Its Chinese Staff*，New York：Routledge Press，2013）等书。

② 参考文献较多，如吴佩林：《近三十年来国内对清代州县诉讼档案的整理与研究》，《北大法律评论》2011年第1期；吴佩林：《地方文献整理与研究的若干问题——以清代地方档案的整理与研究为中心》，《西华师范大学学报》（哲学社会科学版）2011年第6期；吴佩林：《地方档案整理向何处去——基于清代地方档案整理现状的反思》，《光明日报》（理论版）2016年4月9日，第11版。

九国租界、调查统计共14大类;《清宫粤港澳商贸档案全集》(中国书店2002年)所辑档案实际上来源于第一历史档案馆馆藏的宫中朱批奏折、内阁题本、军机处录副奏折、军机处上谕档、宫中电报档、外务部档等十几个全宗。目前看来，学术分科已经是不可逆转的趋势，但这毕竟与中国固有的学术传统有隔阂，如何在两者之间取得平衡，也是档案整理中应该考虑的问题。

其次，档案选编应取舍适当。现在很多选编都是以"件"而不是以"卷"为单位，其结果就是阅读者很难看到一个完整的历史事件，也就很难得出一个全面客观的结论，如《帝国主义与中国海关》选编时的定位就是海关是帝国主义侵华的工具、桥头堡。那么，使用这样的材料，恐怕只能得出对海关的消极评价，但实际上，最近几年的研究已经表明，海关固然有其消极性，但同时也为中国的近代化做出了贡献。

再次，采用合适的出版形式。现在海关档案的出版有两种通行做法。一是点校，如陈霞飞主编的《中国海关密档——赫德、金登干函电汇编(1874—1907)》就是将赫德与金登干之间的3528封信件、4486份电稿以及赫德与其弟赫政之间关于西藏谈判的426份电报逐号整理，翻译成中文，再加以点校，并就文书中出现的专有词汇及地名详加注解，成为方便阅读使用的文本，解决了一般读者阅读上的困难。二是影印，如《晚清国际会议档案》《清宫万国博览会档案》《清末民初通商口岸档案汇编》《中国旧海关与近代社会图史》(中国海关出版社2006年)之类，直接将海关档案文献中的精华部分原版复制。但是，影印也出现一些问题，如黑白影印的印章与文字叠加，使得印章与文字都无法辨认，印章与有色字体作为权威象征的功用也就不复存在，彩色影印则能很好地回避这个问题，如《清宫广州十三行档案精选》(广东经济出版社2002年)等。

(二) 整理需要跨越历史学视野

从中国知网和维普数据库采集的数据可以看出，海关档案研究中涉及最多的是学科历史学，其次是档案学、经济学、社会学、人类学、对外贸易、计算机运用等。那么，整理过程就应该立足历史学的观点和方法，同时关照到其他学科。立足历史学就应该运用历史文献学中的文字、音韵、训诂、版本、目录、校勘、辨伪、辑佚等方法来整理档案，鉴于历史研究出现的从事件史向事件路径史的转变，在海关档案整理中，就要扩大史料的整理范围，如对于海关外籍职员的档案整理，应了解他们在来中国之前以及离开中国之后的学习生活背景，这样，就可以从深层次去探讨外籍人员对于中国海关以及中国的影响。关照其他领域即是要从多角度挖掘档案的价值，如整理中总会碰到破损严重的档案，通常会选择性忽视，但是从档案保护技术的角度来看，我们至少可以判定档案的材料来自哪里，长时间内是不是同一种材料，等等。还可以运用人类学的方法，将档案所记录的案件发生地与该档案所记录的情况进行实地调查核实，以进一步探求其历史变迁。

（三）整理需要寻求国内外合作

中国近代海关存在了将近一个世纪，留下的档案文献数量巨大、种类复杂、分布地域广泛，仅凭个人或者是小团体是无法完成整理的。统计系列中最重要的是贸易统计和贸易报告，两者基本上都定期发表，分为日报、月报、季报、年报四类。日报有《江海关进出口日报》《天津航务日报》《青岛市港务日报》等；月报有《中国各通商口岸贸易月报》《中华民国海关进出口贸易统计月报》《江海关进出口贸易统计月报》《伪满洲国外国贸易统计月报》，此外天津、上海、胶州、广州等四个主要海关都曾有自己的贸易月报；季报包括贸易季报、关税季报、罚金季报等；年报有《口岸贸易统计年册（1859—1881）》《条约口岸贸易报告（1864—1881）》《年度贸易册和贸易报告（1882—1919）》《通商各关华洋贸易总册（1875—1919）》等。[①] 这些资料先后涉及全国60个海关，遍布全国各地，从1985年整理出版第一本贸易统计册至今，仅有不到20个海关统计被整理出版过，编写人员主要来自于各海关内部。2001年《中国旧海关史料（1859—1948）》出版，涉及全国25个省份，60余个海关，尽管如此，还是出现很多问题。2015年，吴松弟主编出版《美国哈佛大学图书馆藏未刊中国旧海关史料（1860—1949）》，至此统计系列才基本整理完全，历时30年。统计

① 吴松弟：《中国旧海关出版物的书名、内容和流变考证：统计丛书之日报、月报和季报》，《上海海关学院学报》2012年第2期；吴松弟、方书生：《中国旧海关出版物的书名、内容和流变考证：统计丛书之年刊系统》，《上海海关学院学报》2013年第1期。

系列只是海关出版物中七大系列之一，此外还有海关原始档案、人物档案、外交档案。原始档案因年代久远，需要的修复技术、图片处理技术往往不是个人可以解决的，如果处理不当，很可能就会造成档案的永久损毁。人物档案和外交档案则分布在世界各地，系统收集极为困难。即使收集齐全，也会面临语言上的障碍，如在胶海关中保存的德文海关档案中，还有老德文，这恐怕只能求助于德国的语言学家了。另一方面，由于近代西方在档案资料的保存理念、方法、技术等方面都较中国先进，很多在中国出版发行却未能保留下来的资料，在西方国家往往能找到，如吴松弟整理的海关出版物即来自美国哈佛大学图书馆馆藏，英国 AMP 公司出版的《中国：贸易、政治和文化（1793—1980）》数据库，资源来源于英国伦敦大学学亚非学院和大英图书馆，他们很好地保存了海关资料，这就为资料的收集提供了良好条件。可见，依靠国家统一规划以寻求国内外合作将是整理海关档案文献的很好路径。

（四）整理需要适当扩大范围

现有的整理主要是对海关本身档案文献的整理，但具体到各部分还是很不均衡，最明显的是华员档案文献，除了前文提到的几种回忆录之外，没有其他整理资料，近代海关虽然是由洋员决策，但具体执行的却是华员，华员对于决策的实际运行起着至关重要的作用。海关华员自始至终都占据着人员上的多数，自 1908 年北京税务学堂开办后，税务专门学校的毕业生相继进入海关，华员素质得到大大提高，他们留下的资料应该不少，但都没有被系统地搜集整理。而与海关联系密切的常关资料，也只有《中国第一历史档案馆馆藏清代朱批奏折财政类目录》第 2 册《关税》等，常关与海关是相辅相成的（尤其在晚清时期），共同履行财政和税收职能。1902 年后，海关还接管了大部分常关，二者关系更为密切。但由于资料的缺乏，这些研究都难以深入，很多问题得不到解答。此外，整理中对于海关金石档案几乎没有涉及，但其实近代海关留下了大量的金石档案，现大多保存于博物馆，如中国海关博物馆、中国海关博物馆广州分馆，还有一些碑刻、石刻、界碑则处于田野当中，尚待拓印采集。金石档案除了可以补文字的不足外，还能使研究者得到直观感性的认识，也是以后举办展览很有价值的物品。

（五）整理需要面向数字化

目前为止，全国各地方档案馆所藏海关档案文献基本都经过系统的整理，大多制作了缩微胶卷，这样有利于保护原件，同时也扩大了使用的范围。但缩微胶卷的弊端也很明显，如必须依靠阅读器、无法准确检索、部分模糊无法辨认。解决这些问题，最好的方式就是数字化。国外对缩微胶卷的数字化在理论、技术、实践方面都已经比较成熟，1994 年 1 月，美国 OCLC 保存资源公司首开数字影像业务，并于 1995—1997 年间，成功将保存墨西哥和阿根廷总统信息的缩微胶卷转化成近 5 万幅可供网上检索的影像。之后，在这一先进理论、技术的指导之下，许多缩微胶卷开始了数字化进程。如 2005 年北欧博物馆将 7460 页的中国近代海关档案全部数字化。相比之下，国内的进程缓慢很多，1995 年吴鸿汉鉴于缩微胶卷与数字化档案各自的优劣，提出建立缩微胶卷与数字化电子影像档案复合管理系统，以更好地保存和使用档案。[①] 2000 年，《缩微胶片影像数字化及应用技术》在北京通过鉴定，正式开启了国内缩微胶片数字化的历程。总体来看，这一技术目前在台湾地区推行得较好，如在数据处理功能最为完备的台湾历史数字图书馆（THDL）建设有“淡新档案”“明清台湾行政档案”“古契书”数据库，大陆地区使用则还相对有限。与此同时，随着各地方海关档案文献文本的整理，也开始有针对本地区实际情况的数字化与数据库建设理论探讨，以此为具体工作做准备。截至目前，国内仅有湖北、广西、福建、浙江和辽宁等地的、海关档案文献馆藏量较少的档案馆实现了数字化，并且对外提供扫描件阅览。2015 年，中国第二历史档案馆启动了数字化工程；2017 年 11 月，中山大学陈永生教授及其团队申报的“近代广东海关档案文献整理与数据库建设研究”获得国家社科基金重大项目立项，希望这些工程、研究能开启中国近代海关档案文献数字化、数据库建设与使用的新篇章。

① 吴鸿汉：《缩微与数字化电子影像档案管理复合系统》，《档案学研究》1995 年第 4 期。

从出版角度谈民间地方档案文书的整理

宾长初　鲁朝阳*

“民间文书档案是历史上的人在具体的生产、生活、社会交往等过程中，为了某一目的而形成的原始凭据、字据和记录，是历经了数百年甚至上千年被文书档案的主人有意识地、一代代地累积保存、留存下来的，直至最后被社会发现的家族档案。”[①] 安徽大学徽学研究中心刘伯山教授在《民间文书档案整理的新模式》一文中，对民间档案文书如是定义。这一定义是经刘伯山教授20余年徽州文书整理出版实践及理论研究思考所得。更值得注意的是，刘文中所提出的民间档案文书整理原则与整理方法，如坚持“三尊重”原则（充分尊重民间文书档案的历史形成、历史留存、发现现状）、采取“归户整理法”、开展田野调查等，颇具参考意义。

笔者在从事出版工作的过程中，出于自身的学术兴趣与研究方向，一直比较注意民间档案文书的整理出版，并策划了一批相关选题的图书，如《徽州文书》《清水江文书》《福建民间文书》等，受到学者的欢迎与好评。结合笔者所从事学术研究的经历与在出版工作中的思考所得，我们认为，出版工作对于民间档案文书学术影响力的扩大、学术关注度的提升具有积极意义。出版者将学者整理的民间档案文书化身千百，改变其物理形态上的“唯一性”局面，从而吸引到整理者之外更多研究界同仁的注意，使之从各自不同的研究视角、研究方向、研究切入点出发，共同将民间档案文书的研究推向深入。这样，学术界

* 宾长初，广西师范大学历史文化与旅游学院教授、广西师范大学出版社副总编辑。鲁朝阳，广西师范大学出版社文献图书出版分社珍稀文献编辑室主任。

① 刘伯山:《民间文书档案整理的新模式》,《光明日报》2017年12月2日，第11版。

才能够更全面、更深入地发掘出中国传统社会历史与文化的真相与特点，为今天传承弘扬优秀传统文化做出贡献。而这也是出版工作之于民间档案文书整理与研究最为重要的贡献所在。国内外专家学者对民间档案文书的整理研究已然蔚为风气，对推动民间档案文书的整理、出版和研究做出了重要贡献。但在如何整理、出版民间档案文书上，无论是学术界，还是出版界，都有部分专家学者一味地强调“深度整理”而忽略影印整理方式。有鉴于此，笔者拟结合自身的出版实践，对民间档案文书的整理、出版提出一些意见，以就教于方家。

一、广西师范大学出版社的民间档案文书整理出版

广西师范大学出版社自2004年开始重点投入民间档案文书的出版工作，迄今先后出版了安徽大学刘伯山教授主持的《徽州文书》第一——六辑共60册（连带后续已纳入整理计划的资料，最终完成出版的资料成果预计超过150册），中山大学张应强教授主持的《清水江文书》第1—3辑共33册，厦门大学陈支平教授主持的《福建民间文书》6册，潮汕历史文化研究中心主编的《潮汕侨批集成》第1—3辑共108册（第4辑在编校中），上海师范大学方广锠教授主持的《英国国家图书馆藏敦煌遗书》已出版50册（第51—60册在编校中），华中科技大学法学院俞江教授主持的《徽州合同文书汇编》11册，邯郸学院藏太行山文书系列丛刊第一辑《十里店文书》2册，暨南大学历史系周正庆等主编《闽东家族文书》5卷10册，收藏家易福平主编《万篆楼藏契》，等等。在上述系列出版品种之前，在2001年我社出版的101册之巨的《中国明朝档案总汇》中，也收录有一定数量的民间档案文书。近年续新开发在编的民间档案文书系列如《赣南文书》《闽北文书》《上默特文书》《南岭民间契约文书》等，不久将陆续向学界推出，广西师范大学出版社的民间档案文书系列，已经成为本社一个特色出版品类，在出版界及学术界均已经积累起一定的影响力。

这些出版品种向学界提供了大量珍贵的第一手资料，为学者的文献资料获取带来了巨大的便利。如《徽州文书》第一——六辑60册，自2004年至今，以平均每两年出版一辑10册的进度，累计影印公布的徽州文书数量已近4万幅

图版，其中包括刘伯山教授捐赠给安徽大学的徽州文书、私人收藏徽州文书、祁门县博物馆藏徽州文书等等，其内容涉及契约、遗嘱、诉讼案卷、票据、官文书、告示、会书、信函、收借条、记事簿、日记、账单账册、收租簿、黄册、鱼鳞册、货单、礼单、礼书、乡音杂字、风水册、命书、婚书等等，几乎包含了徽州地区政治、经济、文化、社会生活、民间交往及习俗、信仰的各个方面。这种连续性的原始资料的大量公布，为徽州文书的研究提供着源源不断的资料依据，有利于为徽学研究的繁荣打下坚实的文献基础。

2017年1月7日，《中国学术期刊（光盘版）》电子杂志社有限公司（即“CNKI”）在北京主办的“中国图书学术影响力评价专家研讨会”上，发布了由中国科学文献计量评价研究中心研制的《中国高被引图书年报》（2016版），《徽州文书》名列“中国高被引图书各学科（图书档案学）TOP 3名单（1949—2009年高被引图书）”。[①] 而在此之前，《徽州文书》还曾在国家图书馆2010年6月中文图书借阅排行榜中名列第8位。由此即可看出，《徽州文书》的持续出版，徽学研究资料的大量公布，无疑在拓展、深化徽学研究中起到了很好的作用。

张应强教授主持的《清水江文书》1—3辑33册，累计影印公布清水江文书约1.4万幅图版。该批文书以清代以来清水江流域的山林契约为主，也涉及族谱、诉讼词稿、山场清册、账簿、官府文告、书信、宗教科仪书、唱本、誊抄碑文等，其内容能够反映清水江流域社会历史变迁、经济发展形态、民俗、司法等诸多方面的运行实况，是当地社会史、经济史、文化史研究的重要基础性资料，具有重大的史料价值。在清水江文书的整理出版方面，张应强教授主持的该项目，对吸引更多学者关注清水江文书功不可没，也为后续的清水江文书整理提供了可资参考的经验和范例。

潮汕历史文化研究中心主编的《潮汕侨批集成》，已出版3辑共108册，正在编校中的第4辑完成之后，可将潮汕历史文化研究中心收集整理的超过12万余幅潮汕侨批文献图版全部影印推向学界。侨批是海外华人邮回祖籍所在地的信件加汇款单据，具有汇款单和信件合一的独特文献特征。侨批在空间上

---

① 赵懿梅、章玉政：《〈徽州文书〉入选“中国高被引图书各学科TOP 3名单”》，http://www.huixue.org/display.asp?id=1419，最后访问日期：2019年2月26日。

连接着侨胞的祖籍地与侨居地，在时间上最大批量地形成于上世纪30年代直至80年代，而这一时段正值中国社会发生巨大变革的历史转型期。以潮汕侨批为代表的侨批文献，因其特殊的形成空间与形成时间，在华侨华人史、移民史、金融史、邮政史、外交史，以至对外经济贸易史、中国近现代史等研究领域中均具有独特而重要的史料价值。以侨批资料为基础或重要参考的研究，正成为许多学者的努力方向。此外，借助于2007年和2012年推出《潮汕侨批集成》第1、2辑的助益，以潮汕侨批为主体、联合福建侨批等的“侨批档案”于2013年顺利入选联合国教科文组织《世界记忆名录》。民间档案文书的整理出版对于区域社会、地方文化研究的促进作用，也由此可见一斑。

我们新近在编的包括闽东、闽北、赣南、河北、云南、广西等地的民间档案文书，最终将超过10万幅图版。随着这批成果的陆续公布，相信它们不仅能够更加丰富我国民间档案文书的地域类型，更能进一步提供研究地方社会、经济、文化的大量珍贵资料。

二、民间档案文书的常见整理形式

民间档案文书因主要形成于民间，传承流转于民间，保存于民间，并且其中的大部已随着历史和时代的变迁而消失，保存至今的仅是全部民间档案文书中极少的部分。对民间档案文书进行合于现代学术需要的整理，既有保存历史文化遗存的意义，更有推进深入研究中国历史文化的作用。前辈学者们对敦煌文书、徽州文书、福建民间文书的开创性整理研究，为我们今天的民间档案文书研究奠定了基础。截至当下，对民间档案文书进行的整理与研究，出版界与学界都已经取得了诸多重要的成果，并且出版了大量著作。就笔者的观察和思考，我们大致将目前学界所熟知的民间档案文书整理成果依其出版成果的表现形式，分作如下几种类型：

（一）影印整理（附目录汇编类整理）

民间档案文书的影印整理，近若干年来所见成果除本社所出诸种外，其他诸如孔府档案、贵州清水江文书、四川南部县衙门档案、首都博物馆藏清代契约文书、安徽师范大学馆藏徽州契约文书、保定房契档案、清代四川巴县衙门咸丰朝档案、内蒙古土默特金氏蒙古家族契约文书、（清代至民国时期）归化城土默特土地契约、绍兴县馆藏契约档案、上海道契等等，所在多有，不下数十种。诸多出版成果体现着民间档案文书的整理出版工作正在加速进行，整理规模也在不断扩大。并且值得注意的是，此前已经点校整理出版的南部县衙门档案，后来也以影印形式作了重新出版。

就出版而论，与影印整理成果配合最为密切的，实为民间档案文书的目录汇编式整理。民间档案文书的影印，惯例要配备根据其内容整理拟定的题名目录，而题名目录的整理又是民间档案文书整理的起始，只有在对民间档案文书内容进行拟目的基础上，才有可能进一步展开民间档案文书的影印、释录、校注、研究。相关民间档案文书目录汇编成果，为我们了解文书档案内容、存藏，按图索骥获得研究线索提供着巨大的帮助，如黄山书社于 2000 年出版的王钰欣等编《徽州文书类目》，时至今日仍是我们研究徽州文书的重要参考资料。

但随着研究的扩展，单纯的目录汇编整理会越来越无法满足学术研究的需要。之前或受制于人力、物力、财力等客观因素，海量的民间档案文书只能编制目录而无法全部公布其内容。但单纯的目录汇编整理，在目前已经不能满足学界的需要，学术研究更为迫切需要的是民间档案文书的资料性内容，而非仅仅是题名目录，我们认为，民间档案文书的影印式整理将会是今后一段时期内整理成果的主要呈现形态。

（二）录文校注式整理

录文校注式整理，也是目前民间档案文书整理方式中较受学者关注的方式，它通过学者的录文校注，为研究者使用民间档案文书提供了极大的便利。如列入国家清史纂修工程项目、预计出版200册以上的《清水江文书集成考释》，贵州民族出版社 2016 年出版的安尊华、潘志成校释《清水江文书整理与研究丛书・土地契约文书校释》，贵州民族出版社 2015 年出版的王宗勋著《加池四合院文书考释》，由南京大学出版社 2015 年出版、温州市图书馆《温州历史文献集刊》编辑部编的《清代民国温州地区契约文书辑选》，等等，相关成果也有数十种之多。这些成果，或纯为录文辅以校注，或采用图文对照方式，公布了数量巨大的民间档案文书，为学者的研究提供了极富研究价值的基础史料。这种整理方式，因其易于使用，资料内容密集度高，而普遍受到学者的欢迎。

（三）研究性整理成果（见于著作、论文中等的民间档案文书整理成果）

在以资料出版为主体的影印与录文整理之外，相关专著与论文中的民间档案文书整理成果也为数众多，数量难以统计。这是民间档案文书整理研究中，极为值得关注的一种类型。这些为数众多的著作、论文，是民间档案文书研究的具体展开，无论其研究所依据的资料是否已向学界公布（暂未公布的仅个别学者能够见到并使用），多数情况下作者都会对这些资料进行相应的整理与判断。如能将这些成果进行收集和整合，将对民间档案文书的整体研究有莫大的助益。

（四）民间文书数据库建设

民间档案文书资料十分丰富，要整合、管理与应用这些海量资料，利用新技术建设数据库将是一项必然的选择。如贵州凯里学院所建设的清水江文书数据库，安徽黄山学院对所藏徽州文书进行的数据库整理，即是民间文书数据库建设探索与实践的先例。此外，据我们所知，中山大学图书馆也在进行所藏民间档案文书的数据库建设、整理与加工等方面工作，其凭借丰厚的馆藏及先进的信息资讯技术积累了相当丰富的成果和相关技术经验。这些实践先例和技术经验，无疑值得提请致力于民间档案文书数字化建设的相关研究者多加注意。

三、从出版者的角度看民间档案文书的影印整理与深度整理

从出版者的视角观察，依出版内容呈现的主要形态，我们可以将上述常见整理形式简单分为“影印整理（含目录汇编）”与“深度整理”两种类型。将目录汇编归入影印整理，是因为从目前绝大多数的出版成果所呈现的结果上看，目录汇编是与影印出版不可分离的，所有影印整理都附有一一对应的文书题名目录，无论是整理者的整理环节，还是进入出版后的编辑加工环节，整理图片

用于影印的过程必然伴随着对文书进行拟目、对次序进行编排的过程。“深度整理”最通常的理解，是指“录文校注式整理”。但笔者以为，研究性整理成果与可深度检索的数据库成果也应归属为“深度整理”，因其所进行的整理不仅较单纯的影印显得深入，部分可全文深度检索的数据库更是在整理难度上超过录文校注式整理，并且能将录文校注整理与影印整理进行更有利、更实质性的结合。需要特别说明的是，这种对整理方式所进行的简单的两分法，并不能涵盖民间档案文书整理的全部形式，而只是出于表述便利的需要，在概念上作一大致的区分。从出版者的角度观察，我们认为这两种类型的整理各有其优长与不足。

（一）对影印整理方式（含目录汇编）的分析

从图书出版的专业角度出发，影印整理的优势集中于以下几个方面：

其一，影印整理成果能够较好地保存民间档案文书的本真性、原始性，整理中的人为失误少。民间档案文书大量形成、留存于民间基层社会中，其书写方式和表述形式既有约定俗成的惯例，也会因地、因时、因人而调整，情况复杂。将档案文书原件进行扫描或拍照后影印出版，对档案文书本身内容不做改动，能较好地保持档案文书的原有形态。研究者在使用文书时，不会因为录文格式、用字、标点以及排版和版面限制等原因，造成对文书内容的误读，避免了在录文整理中因识读与录入而造成的错讹。

其二，影印整理进度快，成果推出迅速，有利于学者第一时间掌握新材料。在民间档案文书的整理进度方面，影印整理优势极为明显。以笔者主持的相关影印出版工作为例，8 开本 10 册约 6000 幅图版的民间档案文书，整理者交稿后，编辑出版的时间周期大体可以控制在 10 个月左右。这相比于动辄三五年，甚至近 10 年及 10 年以上的录文式校注整理，影印整理在资料公布时间上的优势不言自明。学术研究起步于学术资料，随着学者群体人数的增多，对于学术资料的需求将会越来越大，并且当下学术研究关注的重心已向传统民间基层社会下移，受此影响，数量巨大的民间档案文书一方面越来越受到学者的重视，另一方面也势必成为学术研究取得重要成果的突破口，因而加快民间档案文书的整理并予以公布，是促进学术研究繁荣的客观需要。就此而言，加快民间档案文书影印整理和公布，使学者能够第一时间掌握新材料，是民间档案文书整理者以及出版者义不容辞的职责。

其三，影印出版对某些学科有特殊意义，比如语言文字研究。影印整理方式保留了民间档案文书中的大量俗写字、异形字，可以为研究中国文字在不同地区的变体书写方面的特点与规则提供大量难得的第一手资料。

简略言之，影印整理方式能够相对较好地保存民间档案文书本身的固有内容和形式，避免了整理过程中人为造成的差错，其整理出版进度有明显优势。并且其不存在对于异体字、俗写字、别字的取舍方面的困难，对文书本身的书法、钤印、花押等方面的重要内容有直观的展示，加之其刊布出版相对较快，实际上能够较好地满足学术发展对于及时有效刊布新材料的需求。因此，影印整理方式应当成为民间档案文书整理最为主要的出版方式。

但毋庸讳言的是，由于民间档案文书以手写与俗写为主，并且存在一些特殊的记数符号及具有地域特色的表达、用语等，如果缺失相应的范本式的录文以及注解，跨学科（社会史、经济史等之外的其他学科）研究者使用部分民间档案文书时势必存在一定的困难，因而在扩大、拓展民间档案文书的研究使用范围和深度上，纯粹的影印整理确有其不足之处，需要辅以其他的整理方式来进行弥补与完善。

（二）对深度整理方式的分析

民间档案文书的深度整理一直深受学者关注，这其中既有其于学术便利方面的考虑，也有在学术成果判定方面的考量，深度整理方式有其显而易见的优势。

从出版专业的角度而论，“深度整理”的呈现方式，无疑在学术规范上更趋于规整。整理者通过标点、校注、考证、研究等，对文书不易识读的内容进行规范化的加工，规范其字形、统一规整其格式、辨明其常例与变例、注释其疑难等等，为研究者的使用提供了明显的便利，尤其为跨学科研究者解决了其阅读与理解方面的大部分困难。这在吸引新晋学术力量、吸引不同学科研究者的兴趣方面，有着不可替代的优势。

但该种整理方式的不足也十分明显，最为集中地体现于相关成果的推出进度过慢，成果推出滞后，甚至造成一定程度上和一定范围内的学术资料垄断，这种情形实际上不利于聚集学术关注，形成研究合力，因而值得民间档案文书整理者作两面分析，权衡利弊以作取舍。

与深度整理直接相关的另一个重要问题，是在学者群体内部，对深度整理的操作原则，如整理成果是“原文照录”还是“规范整理”也存在明显的分歧。“原文照录”主张对民间文书的分行、用字等概依原件为准分散对照，异体字、俗写字、名款布局等参照原件一一对应无讹。“规范整理”即按照出版业相关法规，统一异体字、俗写字等，标点、分行、名款等亦要求达到应有的规范标准。从出版成果的质量考评与学者的使用便利而论，“规范整理”在将来应成为学者对民间档案文书进行深度整理的首选，需要出版者加强与学者在整理过程中的沟通和交流，并进行有效引导。

我们相信，随着出版工作者和广大学者们的共同努力，一定会有更多优秀的深度整理出版成果涌现出来，为学界所利用，这对推动研究发展、促进学术繁荣将起到至关重要的作用。

四、结语——以影印整理为基础推进深度整理

广西师范大学出版社的民间档案文书出版，以影印整理出版为基础，目前已逐步推进深度整理成果的出版，如华中科技大学俞江教授主持的《徽州合同文书汇编》的深度整理文本已在编校之中，新近开发的邯郸学院藏太行山文书以及列入 2019 年出版计划的后续民间文书出版品种也将采用深度整理模式（录文校注并辅以图版影印）。

结合笔者学术研究的体会与出版工作经验，我们认为，民间档案文书的出版应以影印整理、公布资料为基础，逐步推进深度整理。影印整理在推动资料尽快公布、保持文献本身特征方面具有独特的优势，通过大量公布珍贵的研究资料，可以迅速地建立研究者与民间档案文书之间更为直接的联系，进而推动学术繁荣，聚集更多学者关注民间档案文书研究。以影印资料公布为起点，吸引更多学者对民间档案文书进行深度整理加工，从而对已公布的民间档案文书进行更为深度的开发。

从出版工作的角度来看，纸质版民间档案文书出版的理想状态是把影印和释读结合起来，但由于录文整理释读难度大、耗时长，因此，我们认为目前较长一段时间内，较为可行的主要的整理出版方式，仍然是影印出版，尽快公布资料供学者使用，其后再出释读本，以方便跨学科研究者的使用。待积累到一定数量后，由学者根据研究侧重点的不同而有所选择地加工整理，并陆续推出电子版、网络版乃至数据库。这种层递式的整理出版方式，将打破文书收藏、整理、公布在人员、精力、技术、学科侧重等方面的客观局限，也有利于推进成果向更规范、更严谨、更便于学术使用的方向发展。

清代石仓农家账簿中数字的释读

蒋　勤　曹树基*

一、引言

对史料中文字、数字的准确识别与正确解读是历史研究的基础。日记、手稿等手写史料的识别充满困难和挑战，譬如最近《翁同龢日记》的勘误工作就引发学界的热议。[①] 与我们工作有关的各类契约文书中的俗字、异体字的识读，学者们用力甚多；[②] 而对其中的数字判别，则少有人问津。[③] 事实上，数字是发掘民间文书信息的关键：要使用量化方法研究社会经济史，必须首先准确地识别和正确地解读民间文书中的各类数字。

---

* 蒋勤，上海交通大学人文学院历史系副教授；曹树基，上海交通大学人文学院历史系教授，博士生导师。

① 仲伟行：《翁同龢日记勘误录》，上海：上海古籍出版社，2010年。

② 张涌泉：《汉语俗字研究》，北京：商务印书馆，2010年；方孝坤：《徽州文书俗字研究》，北京：人民出版社，2012年；唐智燕：《〈石仓契约〉俗字释读疏漏补正》，《宁波大学学报》（人文科学版）2013年第6期。

③ 专文讨论苏州码的论文仅见邱建立、李学昌：《并不神秘的民间速记文字——"花数"》，《华东师范大学学报》（哲学社会科学版）2011年第2期。而方孝坤《徽州文书俗字研究》一书亦设有一节讨论苏州码。袁为鹏等人在讨论统泰升账簿体系时也简单介绍了苏州码，见 Weipeng Yuan，Richard Macve，Debin Ma，"The Development of Chinese Accounting and Bookkeeping Before 1850：Insights from the Tŏng Tài Shēng Business Account Books（1798—1850）"，*Accounting and Business Research*，47：4，PP.401—430。但这三篇论文均注重介绍不同情境下苏州码的各种写法，而未将苏州码的释读与其位数、物价、度量衡等联系起来。

账簿是第一手史料，而既有的明清经济史研究多是利用大型工商企业的账簿，鲜有利用普通农家账簿者。[①]相对于大中型商号的商业账簿，所谓农家账簿指乡村普通农民、中小地主、小手工业者、作坊主、小商店主等留下的家计和商业账簿。它们主要记录乡村家庭、作坊、商店等经济方面的往来：衣食住行、婚丧嫁娶、人情往来、货物买卖与交换、银钱借贷、购买服务（雇工）等，不一而足。数量众多的农家账簿，构成当下各大研究机构文书收藏的重要内容。[②]又由于当下的文书收集日益强调“归户性”，一户之内的契约和账簿本是可以匹配的。[③]因此，破解账簿中的数字记录，将极大扩展经济史学者的史料来源。

一般说来，契约的行文格式较为统一，买者、卖者、中人、代笔等人物关系明确，文字多于数字，且因多有代笔之故，书写较为工整。代笔者文化程度高，甚至可能是职业代笔人，并收取部分的费用。[④]相比之下，账簿多由当事人自己书写，文字多有潦草之处，数字更是五花八门；再加上各种地方特有的度量衡系统，使得许多学者视释读农家账簿为畏途。也正因如此，利用民间文书史料开展的量化经济史研究尚是一块亟待开拓的领域。[⑤]

上海交通大学历史系浙南石仓研究团队提出利用文书内部的关联，以及文书制作者与地方社会的历史，来理解契约、账簿类文书包含的真实信息。

---

① 袁为鹏、马德斌：《商业账簿与经济史研究——以统泰升号商业账簿为中心（1798—1850）》，《中国经济史研究》2010年第2期；彭凯翔：《近代北京货币行用与价格变化管窥——兼读火神会账本（1835—1926）》，《中国经济史研究》2010年第3期；刘秋根、杨帆：《清代前期账局、放账铺研究——以五种账局、放账铺清单的解读为中心》，《安徽史学》2015年第1期；李锦彰：《晋商老账》，北京：中华书局，2012年。

② 赵思渊、汤萌：《上海交通大学新藏地方历史文献的分类法及其依据》，《上海交通大学学报》（哲学社会科学版）2014年第3期。

③ “归户”概念见刘伯山：《徽州文书的遗存及特点》，《历史档案》2004年第1期。

④ 赵思渊：《19世纪徽州乡村的土地市场、信用机制与关系网络》，《近代史研究》2015年第4期。

⑤ 彭凯翔最近提出，经济史研究需要多发掘契约、日记、账簿等家庭和商店的微观组织的资料，来建设相对系统的微观数据库，以弥补宏观数据研究的不足。彭凯翔：《历史视野下中国经济的长期变迁——近年中国经济史之计量研究综述》，《经济研究》2015年第5期。

在此基础上，我们可以在一个小区域内，以微观文献为基础，描述一个族群的移民史、产业史、建筑史、婚姻史、生育史、科举史等社会经济活动。[①] 本文总结石仓文书的整理经验，辅以上海交通大学图书馆馆藏徽州文书，指出释读账簿数字时的常见陷阱，以利于更多学者利用农家账簿开展社会经济史研究。

二、农家账簿的类型与格式

（一）农家账簿的类型、功能与格式

民间簿记（包括农家账簿）从内容上分，通常包括会簿、家计簿、租谷簿、雇工簿、婚丧嫁娶簿等；从形式上分，可分为流水簿和总清簿两种主要记录形式。[②] 流水簿以时间为序，按日内交易的顺序列出不同往来户的各项交易的详情。流水簿详细记录交易详情，包括经手人，更具现场感，但也更容易出现记录潦草的情况。流水簿中常见“过”或“入”“大簿”的标记，可见簿主会将流水簿信息重新誊抄和计算，形成总清簿。总清簿以各往来户之户名为序，每户名下按照交易的日期，列出各笔交易，因此更为准确。同一家庭、同一年份的流水簿和总清簿的“有机”匹配，构成破解账簿疑难数字的关键。

农家账簿大致有两大功能，一是“备查”，二是“备忘”。当涉及核心家庭成员之外的人员，农家账簿需提供“备查”功能：譬如商业账簿中有原料供应商来货记录，本店出货记录等；家计账簿则有祭田开支账等，或是记录雇工的

① 蒋勤：《清代石仓文书的“在地”与“有机”分析》，《上海交通大学学报》（哲学社会科学版）2014 年第 3 期。

② 郭道扬提出：中国自明代开始，民间一般中等以上的工商之家都以“草账”“流水账”“总清账”三账为基础设计账簿，见郭道扬：《中国会计史稿》下册，北京：中国财政经济出版社，1988 年，第 91 页。但我们接触的四百余本清代徽州和浙南账簿，以流水簿和总簿（来往簿）命名者最多，未见“草流”“草簿”。郭讨论的材料以大型工商业账簿为主。可见在一日交易只有十余项的乡村普通家庭或商铺，草流和细流（流水簿）在很大程度上合二为一了。

工资和出工记录。[①]而当消费开支只涉及自家时，家计账簿则只具“备忘”的功能：譬如各类婚嫁簿主要记录准备聘礼和举行婚礼的花费，以及亲属送来的人情礼金。[②]“备查”功能体现民众对其生产经营活动进行经济核算的能力；而“备忘”功能则体现了乡村民众管理家庭经济的能力。不过，“备忘”型账簿更易记载粗略、缺少详细价格，单设一本；而“备查”型账簿则通常会设立流水簿和总清簿，并根据往来户进行核算，因此常详细记录交易的价格和数量。

民间簿记发展到了十九世纪，无论内容是记录家计消费抑或租谷收入、形式是流水簿抑或总清簿、功能是“备查”抑或“备忘”，大部分账簿通常都会包含时间、人物、性质、标的、数量、价格六大要素，形成“年月日 + 户别 + 来 / 去 + 物品种类 + 数量 + 价格”的固定格式。虽然格式基本统一，但农家账簿具有交易量与交易金额偏小，“备查”和“备忘”功能兼具，商业和家计混杂，以流水、总清两簿为主这些特点。

相比之下，大型商业账簿以商业核算（备查）为主要目的，具备草簿、流水簿、总清簿的设计，草簿誊写也很清晰。[③]因此研究者面对农家账簿中那些潦草的文字、各种苏州码和汉字混用的数字记录时，难免生出畏难之情。

（二）一些常见记账符

民间簿记除了文字、数字之外，还有一些常见的记账符号。方孝坤总结了徽州文书中的一些常见记账符号的含义：譬如，在流水簿中常有“过”“入”等代表已被誊抄至总簿的记录符号，“Δ”代表块或者货币单位角，“○”表示次数。[④]石仓文书中也常见这类符号，譬如使用“付干 × ×Δ”的写法；在阙翰鹤

---

① 商业账簿见《嘉庆二十五年阙彤昌号本炉来往簿》，收录于曹树基、蒋勤、阙龙兴编：《石仓契约》第五辑第 3 册，杭州：浙江大学出版社，2018 年；租谷簿见上海交通大学历史系藏《同治八年其兴公众租谷簿》《光绪七年阙氏维则堂租谷簿》；雇工簿见《石仓契约》第五辑第 5 册中的《道光十七年至同治十年阙翰鹤雇工簿》。

② 例如《咸丰四年阙翰鹤嫁女贺簿》，载曹树基、蒋勤、阙龙兴编：《石仓契约》第五辑第 5 册，杭州：浙江大学出版社，2018 年。

③ 郭道扬：《中国会计史稿》下册，北京：中国财政经济出版社，1988 年，第 91—93 页。

④ 方孝坤：《徽州文书俗字研究》，北京：人民出版社，2012 年，第 126 页。

设立的武科举簿中，“〇”代表练马一次。[①]

下面讨论一些我们认为之前研究者较少讨论的符号。

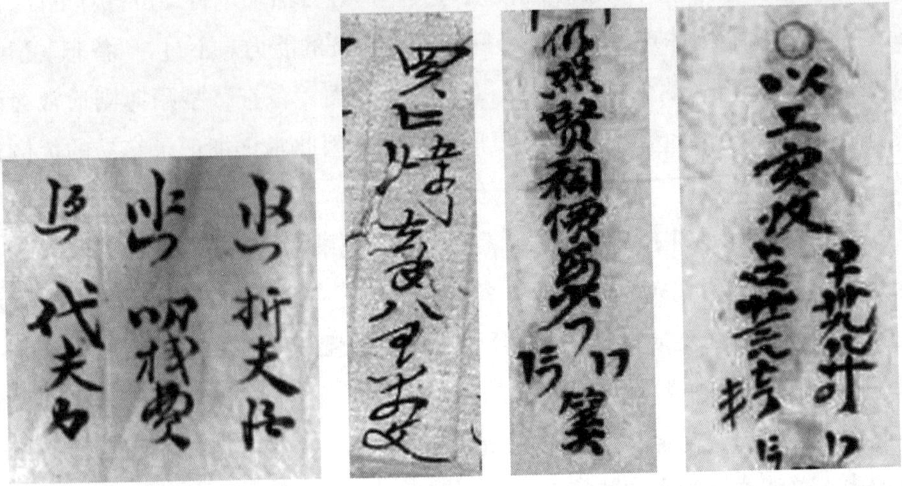

1.1 1.2 1.3 1.4

图 1 民间文书常见记账符号

图 1.1 中位于苏州码和汉字中间的一“勾”，通常代表不能再加字。此处我们读作“24，[②] 拆夫酒；32，叨栈费；100，代夫力”，是贩运兰花、蓝靛、生姜等货物的客商在码头卸货、存仓时发生的各种费用，其中 24 文、32 文、100 文都代表每担货物产生的费用。[③]

图 1.2 中的“匕”，一般代表“同前物品”，因此读作“买匕，16，五十四斤，去钱八百六十四文”。[④] 前一条记录是盐的交易，所以此处交易标的同样是盐，每斤 16 文，共 864 文。

---

① 曹树基、蒋勤、阙龙兴编：《石仓契约》第五辑第 4 册，杭州：浙江大学出版社，2018 年，第 330 页。

② 下文还将讨论图 1.1 中使用的苏州码。另外，下文统一用阿拉伯数字代替苏州码，不再一一说明。

③《道光九年阙德瑞兰花、笋干、靛青等土产簿》，曹树基、蒋勤、阙龙兴编：《石仓契约》第五辑第 3 册，杭州：浙江大学出版社，2018 年，第 204 页。

④《道光二十四年阙翰鹤总簿》，同上书第 5 册，第 122 页。

图 1.3 读作“仍照贤祠价，每秤（早谷）11 分，（占谷）13 分，算”。①“每秤”后面的“勾”，与图 1.1 中的“勾”功能相似，表示价格后不能添字。根据租谷数量与总价的核算，确认“算”字上方的“勾”所代表的单位是一分银，即每秤早谷、占谷价格分别为 11 分银、13 分银。

图 1.4 读作“以上实收早（谷）卅九秤廿斤，11 分；占（谷）廿三秤十二斤半，13 分”。② 图 1.4 中的“几”与图 1.3 中的“秤”字稍有不同，但根据上下文两者都代表秤。③

这些符号并非纯由个人习惯引发，而是体现了某个时期特定地区民众普遍的记账习惯。本文列举的材料多因“从俗从简”心理而导致。④ 这多半是由农家账簿书写者对这些账簿的类型与功能的判断所决定。因此，对记账符号的总结、归纳，与破解俗字一样，是释读民间文书的关键。不过相比理解记账符号，准确识别与正确解读苏州码数字，更为困难，也更为重要。

三、农家账簿中数字的释读

（一）账簿中数字的书写体系

止确识别账簿中的数字，并对其进行准确地解读，需要先了解账簿中数字的书写体系。民间文书中的数字书写方式主要有汉字与苏州码两种。

汉字书写的数字又分大写和小写：大写数字有壹、贰、叁、肆、伍、陆、柒、

---

① 《道光二十八年收支账簿》，上海交通大学出版社《中国地方历史文献数据库》，档案号 01100616020076-0007.M。此处“分”的写法与表示田亩面积时用的“分”写法完全一致，见邱建立、李学昌：《并不神秘的民间速记文字——“花数”》，《华东师范大学学报》（哲学社会科学版）2011 年第 2 期。

② 《道光二十八年收支账簿》，上海交通大学出版社《中国地方历史文献数据库》，档案号 01100616020076-0027.M。

③ 此处根据上下文的核算，一秤等于 28 斤。那么一秤谷值 0.13 两银时，以道光二十八年（1848）间银钱比价为 2300，谷折米按 0.75 计，则每斤米价格约为 14 文［0.13×2300÷（28×0.75）］。

④ 方孝坤：《徽州文书俗字研究》，北京：人民出版社，2012 年，第 159 页。

捌、玖、拾、佰、仟、萬；小写数字有一、二、三、四、五、六、七、八、九、十、百、千、万。民间文书中的汉字大写常有一些变形，如将“佰”写作“伯”。[①]在总清账中，对来往户各笔交易进行核算时，通常使用不易篡改的汉字大写体；而在流水簿中，常使用书写更简便的汉字小写体。

苏州码又称草码、花数，是清代常见的一种数字书写方法。它用一组特别符号代表汉字中的数字零至十，辅以千、百、十等位数标记符，即可用以表示绝大部分的数字。

表 1　汉字、苏州码与阿拉伯数字的对应

汉字	零	一	二	三	四	五	六	七	八	九
苏州码	〇	〡	〢	〣	〤	〥	〦	〧	〨	〩
阿拉伯数字	0	1	2	3	4	5	6	7	8	9

苏州码是一种十进位制的记数系统，它的位数常用文字来标识，且没有小数点的设计。完整的苏州码记数写成两行，首行是苏州码表示的数值，第二行是汉字表示的位数标记符。通常只在出现千位数和百位数时，才有标记位数的文字伴随以避免混淆。譬如：

苏州码数字	〤	〥	〢	二
汉字位数标记符	千	百		

这两行符号合在一起才能准确地代表“4522”，汉字大写作“肆仟伍佰贰拾贰”，汉字小写作“四千五百二十二”。为了避免出现两个苏州码“〢〢”引起误读，最后一个字符使用汉字“二”。汉字一、二、三常因为此种原因与苏州码的〡、〢、〣交替使用。普通民众在使用苏州码时，常会有意无意地省略第二行的“千”“百”等位数标记符。另外，如果是几百、几千的整数，用苏州码表示时末尾的“〇”经常被省略，形成位数缩略的情况。因此“〥

① 除了石仓账簿外，山西票据中也多见此类“伯”的写法。王雪农、刘建民编：《中国山西民间票帖》，北京：中华书局，2001 年，第 749 页。

刂”两个符号可能实际代表的是“520”，而非“52”。省略位数标记汉字或省略整数末尾的“〇”时，苏州码极为方便速记；但这种省略将增加研究者正确释读的难度。

农家账簿中的物价、工价、银钱比价，通常都会使用苏州码来表示。在某些情况下，甚至年和月都用苏州码代替。在《石仓契约》第五辑（1—8册）中，那些表示数量和价格的苏州码，我们都用阿拉伯数字来代替，以区别于账簿中其他用汉字表达的数字；但年、月、日中的苏州码，我们统一将之还原成了汉字小写形式。苏州码的主要功能在于方便地表达那些数量化的、尤其是有多位数字的数量；而年、月、日中的苏州码，则是被不恰当地使用了。

（二）位数的缩略

与各类官方史料、古史典籍中常出现虚数的情况不同，[①] 清代农家账簿中的数词通常是实数，量词通常是清楚的，价格通常是实际发生的。但因簿主对其类型和功能的设定不同，各账簿对数字的记录详略差异巨大，这无疑增加了释读账簿中数字信息的难度。

识别账簿中的数字，其最难之处并非认出单个字形，而是对整串苏州码的确切含义进行释读。困难有二：一是，苏州码没有小数点的概念，所以需借助第二行的位数标记汉字来明确位数，但位数标记汉字又常被省略；二是，为方便快速记账，记账者常省略苏州码数字个位或十位上的“〇”。省略第二行位数标记汉字和最后的“〇”时，研究者只能根据情境判断数值的具体大小。这构成释读苏州码最主要的陷阱。下面以银钱比价和货物价格的位数略写为例进行说明。银洋和制钱的比价是1元洋兑950文钱，但账簿中常简记作95；米每桶（二十斤）单价是320文，但常简记作32。浙南石仓《嘉庆二十五年阙彤昌号本炉来往簿》（下简称《本炉来往簿》）有如下记录：

① Yang Lien-sheng, “Numbers and Units in Chinese Economic History”, *Studies in Chinese Institutional History*, Cambridge: Harvard University Press, 1961, pp.75-84.

龚相龙母舅：正月十三，去利市钱一百文，二月十二，去人洋一元，95。十九，去钱一千文。又去钱八百五十文，宝。十三，去人洋一元，来钱九百文。七月廿壹日，两面并上年一应仍欠炉钱弍千五伯文。外来钱一千文，代付光奎。收清。正月廿起，三月廿止，共收实砂七百八十八斤，八担。廿弍日收来实砂一百廿六斤。[①]

“人洋”指西班牙人像银元，与墨西哥鹰洋一样，重库平银 0.72 两，并且通常是按重量折算为银两后与制钱进行兑换。但因民间认可的墨西哥鹰洋的质量佳，其实际兑换率常略高于其银重。[②] 嘉庆二十五年（1820）年，直隶银两兑制钱的比价为 1226 文兑一两银。[③] 此处且以 0.72 作兑换率，则当时银洋一元兑制钱 883 文（1226 × 0.72）。

松阳县由于地处浙南山区，因此银洋兑制钱的比价较港口城市为高。此处资料说明松阳的兑换率高出直隶 7.6%（950 ÷ 883–1）。道光三十年（1850）阙翰鹤参加浙江武乡试，留下同一时期杭州和松阳的银洋兑制钱的记录，“家内洋价一千六百四十文；杭州洋价一千四百七十文”，该年松阳洋价高出杭州洋价 11.6%（1640 ÷ 1470–1）。[④]

通过考察外部市场的洋钱比价，可以基本判断 95 是 950 的缩写。通过核算与龚相龙母舅的来往账目，更确认了这一点。

---

① 《嘉庆二十五年阙彤昌号本炉往来簿》，曹树基、蒋勤、阙龙兴编：《石仓契约》第五辑第 3 册，杭州：浙江大学出版社，2018 年，第 7 页。

② 魏建猷：《中国近代货币史（1814—1919）》，上海：群联出版社，1955 年，第 103、110 页。彭信威：《中国货币史》，上海：上海人民出版社，1958 年，第 548 页。下文中，光绪三十二年（1906），石仓地区银洋与龙洋同价，都只兑换龙洋标称的 0.73 两库平银。下文徽州婺源账簿中的英洋兑银比例则是 0.715 两。两处都未见魏所说银洋兑换率高于其实际含银量的情况。外国银洋与银两的兑换率（贴水）变动是重要的问题，亟待更为系统的研究。

③ 严中平：《中国近代经济史统计资料选辑》，北京：北京科学出版社，1955 年，第 37 页。

④ 《道光三十年阙翰鹤武生员入泮簿》，曹树基、蒋勤、阙龙兴编：《石仓契约》第五辑第 4 册，杭州：浙江大学出版社，2018 年，第 239 页。该年直隶的银钱比价为 2230，见严中平：《中国近代经济史统计资料选辑》，北京：北京科学出版社，1955 年，第 37 页。

表 2　与龚相龙母舅来往账目清单

时　　间	名目	献奎付母舅	母舅付献奎	备　　注
正月十三日	利市	100 文		利市不计入核算
二月十二日	预支	1 元银洋		兑 950 文
二月十九日	预支	1000 文		
二月十九日	预支	850 文		
二月十三日	兑换	1 元银洋	900 文	
正月廿日至三月廿日	来砂		788 斤砂	
三月廿二日	来砂		126 斤砂	该年铁砂每斤 3 文

七月廿一日，阙献奎和龚相龙进行了结算，共计付龚相龙银洋两元，钱 1850 文：

$$950+1000+850+900=3700$$

结算龚相龙共来钱 900 文，以及 914 斤铁砂。因该年铁砂每斤 3 文，所以

$$900+914\times 3=3642$$

因此，“本炉”和龚相龙的交易在该年基本收支平衡。不过核算之后，还需计入去年“仍欠”的部分，共计 2500 文。

石仓文书中，将苏州码表示的数字省略一位的例子很多，甚至有省略两位的情况。如《咸丰九年阙翰鹤总簿》中记载：

（咸丰九年）车下，十弍月初二……来人洋三元，13，来人洋一元，135。[①]

此处的 13 代表 1300，而 135 则为 1350 之略写。咸丰九年银钱比价为每两银兑换钱 1610 文[②]，折合洋钱比价应为 1159（1610×0.72）文。可见松阳洋价高 12%（$1300\div 1159-1$）。

① 《咸丰九年阙翰鹤总簿》，曹树基、蒋勤、阙龙兴编：《石仓契约》第五辑第 6 册，杭州：浙江大学出版社，2018 年，第 360 页。

② 林满红：《银线——19 世纪的世界与中国》，南京：江苏人民出版社，2011 年，第 77 页。

因此，当记账者省略第二行的汉字位数标记符，同时又省略了若干位苏州码末尾的“〇”时，我们需要根据情境，相应地将苏州码数字乘以10或者100来表示其真实数字。

又由于苏州码系统没有小数点，只是一串数字与相应单位，有时需将苏州码数字除以十或百，得到其真实的数值。在《道光二十四年阙翰鹤总簿》中，有如下记录：

买盐，廿一斤，17.6，去钱叁百七十文；

买匕，五十四斤，16，去钱八百六十四文。①

通常苏州码数字会跟在量词之后，表示货物单价。那176是每斤盐的单价吗？显然不是。370文购得21斤盐，盐价为每斤盐17.6文（370 ÷ 21）。因此176实际代表17.6文。苏州码不会记录小数点，翰鹤也并未作任何的汉字位数标记。不过紧随其后的一条记录印证了我们的猜测。“买匕”，“匕”在账簿中用于代表同上项目，亦即买盐。此处54 × 16=864，单价、总价准确无误。后一笔交易盐价较低，因与其交易量更大有关。

综上，苏州码与珠算一样只表达一个数字串；其位数或单位必须配合第二行的汉字位数标记符与量词来确定。研究者必须对这一因位数标记符、末尾“〇”的省略而产生的误读陷阱保持充分的警惕。

（三）单价与总价的混用

除了识别苏州码代表的具体数值，我们还需将其正确解读为货物单价或是总价，以避免对数字含义的误读。《嘉庆二十五年阙彤昌号本炉来往簿》中就出现了既代表总价、又略去一位数字的情况。

十月，来光奎名炒铁工钱六十六文。又去肉弍斤，17［170］。对

① 《道光二十四年阙翰鹤总簿》，曹树基、蒋勤、阙龙兴编：《石仓契约》第五辑第5册，杭州：浙江大学出版社，2018年，第122页。

欠炉十文。林海兄：九月廿日，去肉弍斤，16［160］。来炒铁工钱一百五十四文。[①]

苏州码“〡〦”（16）和“〡〧”（17）紧跟在两处“猪肉弍斤”之后，不是代表单价，就是代表总价。16文一斤猪肉是否价格过低？而我们从该簿中其他记录中得知该年猪肉单价约为每斤85文，所以16更可能代表160文，是两斤猪肉的总价；同样17代表170文猪肉总价。除了利用物价信息，我们还可以用加总核算来确定这一点。林海贡献给本炉共计154文加166文的炒铁工钱，合计320文；而年度核算时，林海还欠炉上10文。可知林海共从本炉支去猪肉330文，正好是160文与170文相加之和。石仓当时猪肉价格正是在80至100文之间。

此处苏州码的识别陷阱是双重的：一是单价、总价之别；二是两位数、三位数之别。了解当时当地的猪肉价格、进行户内的核算，都可帮助我们准确解读。但如果同一货物采用了不同的度量衡，就会增加释读的难度。

货物清单上面的货物单价和总价，提供了极为丰富的物价信息。譬如，《光绪二十四年阙玉瑾流水簿》中有祭祀开销的货物清单，每条记录都是“物品+数词+量词+苏州码总价”，最后有一个全部货物的总价。

猪肉陆斤，672；鸡公弍斤，320；糯米叁斗，324；稉［粳］米叁斗，336；食米半斗，45；油麻壹升，45；台唐［糖］一斤，88；料豆弍斗，200；黄豆壹升，30；茶油一斤半，168；笋干半斤，40；海带四两，28；白盐一斤，24；草纸钱，40；吹首米四斗，360；串炮三百，48；萠四斤，68；共2826。[②]

此处的阿拉伯数字在原文中都用苏州码表示。此处将这些数字简单加总得

---

① 《嘉庆二十五年阙彤昌号本炉来往簿》，曹树基、蒋勤、阙龙兴编：《石仓契约》第五辑第3册，杭州：浙江大学出版社，2018年，第65页。

② 《光绪二十四年阙玉瑾流水簿》，曹树基、蒋勤、阙龙兴编：《石仓契约》第五辑第8册，杭州：浙江大学出版社，2018年，第146页。

“2836”，与总数相差 10 文，可见每个货物记录后面的数字确为总价。这一页清单提供了猪肉、公鸡、糯米共计 17 种商品的总价，并可计算得到单价，譬如肉价是每斤 112 文，盐是每斤 24 文，米价是每斤 22.5 文。[①] 由此可知，相比嘉庆二十年（1815），光绪二十四年（1898）的肉价、盐价、米价分别上升了 32%、41%、41%。[②] 一旦能够准确识别苏州码代表的确切数字，避开位数缩略和单价、总价的陷阱，农家账簿中大量的物价、工价信息就可成为重要的研究资料。

（四）度量衡问题

中国古代不同时期的度量衡单位，折合今公制的话，数值变动很大。但凡征收实物税，当政者就有扩大度量衡实际数值以达到多收税的目的，因此其基本趋势是越来越大。[③] 所以只有当明朝“一条鞭法”以货币取代了实物征税后，度量衡单位才基本稳定下来，但地域之间的差异却一直存在。[④]

在地方文献中，粮食常用“量”器（升、斗）来衡量，但也会用秤这一衡器来衡量，量器和衡器的单位还经常交错出现。如上节所分析的，紧跟数词与量词之后的苏州码数字，通常代表单价。由于位数缩略的关系，要进行统一核算时，首先需要厘清当地度量衡体系，特别是不同的量器单位、量器与衡器单位之间的换算关系。这是研究者利用契约、账簿等材料时，亟需解决的问题。在石仓，常用的量器单位有桶、斗、升，衡器单位则有斤和两。

石仓账簿中的米价记录常有略去一位数字的写法，譬如将“320”文记作“32”。

---

① 石仓一斗等于 4 斤。此处食米半斗 45 文，可知每斤食米 22.5 文。

② 嘉庆二十年肉价和盐价见上引《本炉往来簿》，肉价取每斤 85 文，盐价每斤 17 文。米价取每斤 16 文，详见下节的讨论。

③ 根据丘光明的研究，一升合今毫升数从战国的 200 逐步上升到元代的 1003，明之后则稳定在 1035；而一斤合今克数，从战国的 250 逐步上升到北朝、隋唐的 660，之后下降到明代 600，明后未再变化。丘光明：《中国古代计量史图鉴》，合肥：合肥工业大学出版社，2005 年，第 191 页。

④ 梁方仲：《中国历代度量衡之变迁及其时代特征》，《中山大学学报》（哲学社会科学版）1980 年第 2 期。

（裕丰号，即魁叔）补四月初三，去（米）弍桶，32……七月廿六日，去米弍桶，35，国太手。九月十四日，去米弍桶，横山，520。[①]

在浙南石仓的其他研究中，我们了解到一桶通常代表 20 旧斤。[②] 不过此处出现三次以桶计的米价，分别是 32、35 和 520。此处最后一条记录横山后面的苏州码“〥二 百”有量词“百”字，但略写最后一位“〇”，自应将之读成“520”。但“32”代表的是米的单价是每桶 32 文，还是二桶米总价是 320 文？“520”又代表的是两桶米的总价还是单价？此例表明，稍有不慎，研究者就会掉入位数缩略与单价、总价混用的双重陷阱。

该簿中其他单位计价的米约每斤 16 文。因此有一种可能性是石仓存在一个 2 斤的小桶概念，那“32”就代表米的单价为每桶 32 文。石仓村民阙龙兴提出当地存在大桶和小桶（筒），并指出大桶为 20 斤，小桶（筒）为 2 斤。[③] 而根据上文讨论的位数和单价、总价的辨析方法，我们可确认“32”其实代表四月米价是每桶 320 文；而“35”则代表七月米价是每桶 350 文；而“520”则又是代表到了丰收的九月，两桶米总价为 520 文，单价每桶 260 文。一旦将“桶”准确地理解为 20 斤，并且注意到位数缩略和单价、总价的问题，很多疑难之处迎刃而解。实际上，同一个账簿中类似的记录很多：

石有福兄……外又去早米弍十壹桶三斤，小西坑众算，280，月计钱 6580。

王三妹兄……五月初二，去晾谷四桶，1250。

王宗养兄……十九，去米三桶，840。

① 《嘉庆二十五年阙彤昌号本炉来往簿》，曹树基、蒋勤、阙龙兴编：《石仓契约》第五辑第 3 册，杭州：浙江大学出版社，2018 年，第 9 页。

② 章毅、李婉琨：《受限制的市场化：近代浙南五谷会研究》，《社会科学》2013 年第 9 期。

③ 我们先前将 20 斤大桶误认作 2 斤的小桶（筒），同时又将 320 误读成 32。这虽然不影响对米价的估算，但会影响对铁炉工人耗费粮食，亦即铁炉运营成本的估计。参见曹树基、蒋勤：《石仓冶铁业中所见清代浙南乡村工业与市场》，《“中央研究院”历史语言研究所集刊》2010 年第 81 本第 4 分，第 855—856 页。

石有福的记录表明，早米单价为每桶 280 文；王三妹的记录表明晾谷四桶总价是 1250 文，单价为每桶 312.5 文；而王宗养的记录表明，米三桶总价 840 文，单价为每桶 280 文。280、312.5 都与前述 320 非常接近。所以基本可以判断道光年间，石仓的桶是大桶，等于 20 斤。该簿中也确实出现了“大桶”字样，用在荳子上面。

> 黄伴利兄……又去荳子肆桶，大桶，660。①

但石仓是否存在小桶（筒）呢？在整个《本炉来往簿》中，并没有出现“小桶”，或者“筒”的概念。直到我们校对光绪时期阙氏的其他家计账簿，才发现所谓小桶，在当地应为“筒”，代表 2 斤，是桶（20 斤）和斗（4 斤）之后的一个量器单位。《光绪五至七年阙玉瑾总簿》中先后直接出现“× 桶 × 斗 × 筒”的字样：

> 六月□日㊀　廿八日〇　包罗［苞萝］六斗一筒……去米一桶〇一筒。②

“包罗”即玉米，折米多少斤不确定。但米“一桶〇一筒”就是米一桶零斗一筒，等于 22 斤。《光绪六年瑾记流水簿》中又出现：

> 应开昌，□去米三斗三筒。③

可见，桶、斗、筒确实就是当地“量”的三个主要单位。类似米的量和衡的单位还有“硕”“秤”等。④ 要研究农家账簿，必须正确理解或者破解当地主

① 若无账簿中其他豆子价格的信息，单凭此记录则无法判断“660”是四桶总价还是一桶单价。

② 《光绪五至七年阙玉瑾总簿》，曹树基、蒋勤、阙龙兴编：《石仓契约》第五辑第 7 册，杭州：浙江大学出版社，2018 年，第 17 页。

③ 《光绪六年瑾记流水簿》，同上书，第 77 页。

④ 章毅、李婉琨：《受限制的市场化：近代浙南五谷会研究》，《社会科学》2013 年第 9 期。

要度量衡单位之间的折算关系，才能避免掉入省略位数和混淆单价、总价两大陷阱，从而准确地利用账簿中的有效信息。

（五）钱制问题

中国清代的货币纷繁复杂，而在地方社会的流行情况也各有不同。因此钱币相关问题，同样是研究者准确识别和正确解读账簿中各类数字的一个关键。

清代浙南松阳地方的主要流通货币是制钱、银洋和银两。其中银洋又有英洋（鹰洋）、龙洋之分。早在嘉庆二十五年，英洋已大量流通于瓯江流域，并不断地出现在松阳县的账簿当中。而到了光绪末年，清政府发行自己的银币——龙洋，同时又发行铜元等小额硬币，多种货币并行流通，相互之间的兑换关系尤为复杂。研究者稍不注意，就会误读苏州码数字的意义。

在《光绪三十二年阙玉镳回闽路程》中同时出现英洋和龙洋，并且有折银记录。①

> 朝玉公祠百获堂，文应、德新等经手借来龙洋弍拾元，龙与英洋价亦同，又钱四拾三文，合计共计银十四两六钱四分，每月二分起息。
>
> 罗宗公祠五谷仙会，连仪、水泉等经手借来龙洋八元，龙与英洋价亦同，计银五两八钱四分。每月二分息，三个月利息算。

此两处记录都强调“龙与英洋”同价；又根据两次借贷货币的换算，可得英洋、龙洋与官银的兑换比例为一元等于0.73两（14.6÷20=0.73；5.84÷8=0.73）。这一兑换比例实为英洋和龙洋的实际重量，也是张之洞提倡的第一版广东龙洋的额定重量。②

---

① 关于阙玉镳回福建重修祖祠的故事详情，请见王媛、曹树基《〈回闽路程〉：香火堂与移民先祖之祭》，《近代史研究》2014年第4期。《回闽路程》电子版藏上海交通大学历史系。

② 光绪广东第二版龙洋该作“七钱二分”，其正面是“光绪元宝”四字，上方为“广东省造”，下方为“库平七钱二分”。魏建猷：《中国近代货币史（1814—1919）》，上海：群联出版社，1955年，第123页。

徽州府婺源县二十八都四图《程胡氏收支账簿》中，同样出现银洋、银两、制钱混用并交替兑换、折算的情况。[①]

元月廿五，付英洋弍佰元，712，入一百四十二两四钱……二月廿四，付英洋弍佰元，7165，入一百四十三两三钱……廿六，付英洋弍佰元，716，入一百四十三两二钱。

“712”“716”“7165”均表示银洋和银两的兑换价，而非银洋和制钱的比价。[②]“712”代表一元英洋兑换0.712两银（200×0.712=142.4）；“7165”代表一元英洋兑换0.7165两银（200×0.7165=143.3）；“716”代表兑0.716两银（200×0.716=143.2）。当时英洋的实际重量正是0.72两银。[③]

咸丰和光绪时期的大钱也需要研究者注意。咸丰五年至九年（1855—1859）阙翰鹤所立家计账簿中，共出现大钱记录28条。譬如：《咸丰七年阙翰鹤总簿》中，翰鹤付给教书的丁先生的束金记录如下：

丁先生：束金钱四千文、一千六百文、弍千文、一千四百文。

五月廿七日，去米三斗，80；七月初九日，去钱五百文；八月初十日，去米三斗；府里去人洋一元，1200；十一月十八日，去米三斗；十弍月初一日，去钱弍百文。

初八日，去人洋五员，1200；去大钱叁百八十文；清。

五月十弍日节补，去肉弍斤；去肉弍斤四两，米粿弍行。[④]

通常翰鹤会先将本年应付束金总数分几次记在名字下面，所以第一行的四

---

① 《收支账簿》，上海交通大学出版社《中国地方历史文献数据库》，档案号01100616020077-0011.M。

② 如果将“712”理解成银洋和制钱的兑换比例，则难以解释“7165”。“7165”只能理解为“716.5”，而银钱兑换比例中从未出现半文制钱的例子。

③ 魏建猷：《中国近代货币史（1814—1919）》，上海：群联出版社，1955年，第123页。

④ 《咸丰七年阙翰鹤总簿》，曹树基、蒋勤、阙兴龙编：《石仓契约》第五辑第6册，杭州：浙江大学出版社，2018年，第248页。

笔金额共计束金是 9000 文（4000+1600+2000+1400）。① 而我们可以逐条核实其具体给付记录，发现有实物束金 3 次，计米 9 斗；支付货币束金制钱 2 次 700 文，人洋 2 次计 6 元，还有大钱 1 次 380 文。按米价每斗 80 文、人洋一元 1200 文计，可得实付束金：

$$9\times 80+700+6\times 1200+380=9000$$

实付数与应付数分毫不差。而额外送给丁先生的“节补”未计入其中。在翰鹤账簿中出现的大钱，无一处写明是当多少文的大钱，只有一个总数。相比洋、银和制钱的复杂兑换关系，这样记录大钱则免去了研究者兑换折算的烦恼。

光绪末年的账簿同时并存银两的两、钱、分、厘体系和银元的元、角、分、厘体系。到底记账者使用了哪套计价体系，需要研究者仔细辨识。

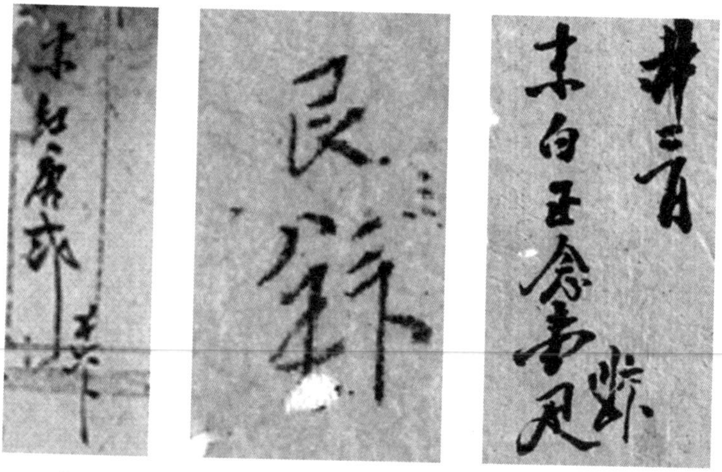

2.1　　2.2　　2.3

图 2　苏州码表示银两的简写法

《光绪二十四年、二十五年阙玉瑾总簿》同时出现大钱、银两和制钱三种交易货币。

> 全和：五月初六，来土烟式包，一钱六分；六月十一日，来红唐

---

① 9000 文是翰鹤四个儿子同由丁先生授业所付出的总学费数。详见蒋勤、曹树基：《后炼铁时代的石仓转型：以〈阙翰鹤雇工账本〉为中心（1837—1870）》，《浙江社会科学》2012 年第 10 期。

[糖]式斤，一钱六分；十一月廿七，来货大钱二百八十一，三角一分二厘……

济人堂：三月十六日，来药钱四十四文；三月十八日，来药钱一百十二文。[①]

此处的记录方法较之前有颇大差异。譬如图 2.1 中“红唐弍斤”值“一钱六分”。“红唐弍斤”后面读成“钱六分”，但前后文中常见“二钱”“三钱”写法，可见应该读作“一钱六分（银）”。根据阙玉瑾光绪二十四年的记录，该年红糖价格为八分银一斤，因此一钱六分是总价。此时为何如此小额的往来也以银计价，需进一步研究。又有记录表明红糖单价是每斤 104 文。[②] 根据不同钱币衡量同种物品的价格，可以测度不同钱币之间的折算比例。

类似的例子还有《光绪二十九年阙玉瑾流水簿》中缴纳田税的记录。

完粮。玉瑾户，八亩九分五厘，银八钱三分；洋银弍元，去钱五百十三文；翰鹤户，山粮十弍亩，银一分四厘，去钱一百文。[③]

此处阙玉瑾不仅为自己名下的土地纳税，还为已去世的父亲阙翰鹤名下的山田纳税。图 2.2 中“银八钱三分”的写法与上文的“一钱六分”完全一致。当时本来多用制钱和银洋计价的石仓地区，恢复为制钱、银洋和银两三者共同计价。

光绪末年，洋元开始大量流行。与之前的银洋多紧跟苏州码兑换价不同，洋元多直接以汉字书写 × 角 × 分。《光绪三十二年阙玉瑾来往大簿》中记载：

---

① 《光绪二十四、二十五年阙玉瑾总簿》，曹树基、蒋勤、阙龙兴编：《石仓契约》第五辑第 8 册，杭州：浙江大学出版社，2018 年，第 149 页。

② 同上，第 172 页。

③ 《光绪二十九年阙玉瑾流水簿》，同上书，第 284 页。

火根：三月廿九日，借来八二钱洋一元；四月初六，来九钱洋五角；又四月初一，来八二钱洋五角。①

此处的洋元，除了元、角之分，还有八二钱、九钱的成色的分别。这就增加了折算制钱的难度。另外，如图 2.3 所示，有时“角”会用“Δ”代替，写成图 2.3 中间下方苏州码的样子，② 分和厘的写法则与银两的分、厘一样。这与银两中的“钱”专用“”字符号来表示，形成区别。

四、余论——破解账簿需要“有机”分析

从上文我们释读账簿数字的实例可见，若想破解账簿中各种数字的真实含义，大部分情况下需要借助数字所在的“情境”进行“有机”地分析：即结合同一往来户的结算、不同账簿提供的物价信息，来进行比对和校验。由此，研究者才能顺利破解疑难之处，确定苏州码数字串表达的实际数值、单价与总价，以及不同度量衡、不同货币之间的换算关系。之所以联系账簿其他信息进行的“有机”分析能够起到这种作用，有以下原因：

其一，农家账簿通常会设置流水簿和总簿两账，而总簿要对每个往来户进行年度结算。同时，同一家户不同类型的账簿，其来往记录可相互补充和印证。

其二，文书收集时的“归户”特点，使得我们能够以某家族的系列账簿为研究对象，从而构建一套包含物价、工价的数据库。依据这套当时当地的价格信息库，确定各度量衡之间的折算比例、银钱比价以及物价，都相对较易。

其三，同一簿主或同一家族、同一地区的记账者接受了相似的记账训练，从而共享一些共同的地方性知识，包括度量衡、记账习惯的缩略方式。随着研究者阅读某地契约文书数量的增加，破解疑难的能力就会增强。

---

① 《光绪三十二年阙玉瑾来往大簿》，曹树基、蒋勤、阙龙兴编：《石仓契约》第五辑第 8 册，杭州：浙江大学出版社，2018 年，第 310 页。

② “生盛，来白正念壹尺，三角六分。”见《光绪二十九年阙玉瑾流水簿》，载曹树基、蒋勤、阙龙兴编：《石仓契约》第五辑第 8 册，杭州：浙江大学出版社，2018 年，第 293 页。

要进行"有机"分析，关键一步是要确定年代和簿主。最后我们以石仓文书中的《道光九年阙德瑞兰花簿》为例，分享判断账簿人物和年代的经验。

簿子自阙德瑞的后人处收集而来。民国时，阙德瑞后代在其大屋内烘烤药材时不幸失火，大屋不幸焚毁；现存的德瑞大屋是民国时重建的。德瑞后代仅保存了这本兰花账簿，而再无其他账簿流传。[①] 这本账簿记录簿主经营兰花、蓝靛、姜、烟等土特产的运销，但店铺设立于兰溪县，因此簿内出现的几十名人物，商户、船户和搬运工，均与石仓无关，也未出现一处具有明确亲属称谓的人物。不过我们发现在族谱中德瑞有传如下：

> 常客兰江，效端木氏之货殖，善持筹，孚信义，兼之慷慨挥霍，知交半倾天下士……尝感范文政［正］公语，不能为良相，当为良医，因究心内经，工岐黄之术。[②]

兰江即指兰溪。该传说明德瑞先前多经营货物贸易，之后又研究医术。该账簿收集自德瑞后人，德瑞又确实经商于兰溪，这都佐证该账簿为德瑞所作。

更直接的证据来自于账簿年代。该账簿通篇未出现任何朝代。但在几百条交易记录中，出现了三次"九年"；簿中多次出现银洋和制钱的比价在 1110 上下；最后簿中出现了两次"乡试"。第一条信息说明该簿属某朝九年。而从银钱比价来看，根据上文松阳银钱比价较杭州高 11% 计（假定兰溪类似），又据银洋和银两兑换率为 0.72，可推算某朝九年杭州银钱比价为 1389［1110 ÷（1.11 × 0.72）］。道光九年（1829）外部银钱比价是 1380；咸丰九年（1859）是 1610；同治九年（1870）是 1780；光绪九年（1883）是 1630。[③] 乡试方面，道光九年无乡试，道光八年有；咸丰九年有乡试；同治九年有乡试；光绪九年无乡试。咸丰八年浙江受太平天国骚扰，经济活动停滞；而同治和光绪朝的银钱比

① 据此簿收集者阙龙兴口述。

② 叶维藩：《阙德瑞翁传》，道光《阙氏家谱》卷一，上海交通大学历史系藏电子版，编号 P5050206。

③ 林满红：《银线——19 世纪的世界与中国》，南京：江苏人民出版社，2011 年，第 76—77 页。

价显然高过太多。从银钱比价和乡试年份可以判定此簿作于道光九年。

最后，族谱数据表明，德瑞生于乾隆五十五年（1790），卒于咸丰八年（1858）年。道光九年时，德瑞40岁，正当壮年。

由此可见，虽是一本孤立的账簿，但我们可以尝试利用其他信息来确定其簿主和年代。只有这样，账簿中的运销货物的价格、工人工资、银钱比价等信息，才能被放置到一个合适的参照框架当中去。这就能为破解其中数字的疑难、开展进一步的研究提供帮助。

我们预计将在以下两方面开展进一步的研究。首先，我们将搜寻民间类书中有关苏州码使用、账簿设置和簿记规范这三方面的传统文献和类书，以期将基于浙南和徽州的账簿数字识别经验与传统会计史研究对接。其次，我们将努力利用农家账簿建设若干物价、工价数据库，开展传统社会生活水平之研究，并逐步与学界分享。①

① 对于数据库方法在历史研究中的应用，可参见曹树基：《数据库：历史研究的社会科学化》，载高翔主编：《中国社会科学学术前沿（2010—2011）》，北京：社会科学文献出版社，2011年，第154—160页。亦见梁晨、董浩、李中清：《量化数据库与历史研究》，《历史研究》2015年第2期。

清代州县文簿册报制度

——透视中国传统行政特点的窗口

魏光奇*

在清代州县行政中，凡赋役征收报解、捕盗等常规运作，以及州县官各种非常规兴革举措，均需通过相关具有固定格式的文簿向上司衙门报告，各上司衙门对于州县的相关指令也要通过文字形式发出。这种文簿册报制度，为我们透视清代州县行政的特点提供了一个窗口。

一

清制，各省置布政使司、按察使司作为职能官员，负责钱粮征解、各项经费收支、词讼、捕盗等方面的政务；置知府（直隶州知州、直隶厅同知）“统辖属县”，“总领”“稽核”所属各州县赋役、狱讼等事务。[①] 而这些政务的直接经办者乃是州县官。州县须就各种日常政务，如人口增减、赋税征解、仓库盘查、词讼审理以及命盗案件之发生、破案、审理等等，定期编造各类文书表册，报送知府（直隶州知州、直隶厅同知）或两司审查、批准，而簿册编造有固定程式，有时且须附原始文件。例如，同治间直隶各州县根据有关章程需按月向上司呈报词讼、捕盗、监狱事务方面的五种表册：1. 新旧各案已结未结开折呈报；2. 监禁之犯开折呈报；3. 管押之犯开折呈报；4. 监管病毙者具禀呈报；5. 窃贼未

* 魏光奇：首都师范大学历史学院教授。

① （清）席裕福、沈师徐辑：《皇朝政典类纂》，台北：文海出版社，1982 年影印本，第 4995、5003 页。

获者具禀呈报。[①]

各州县的自理词讼的审理，分巡道有“稽查督率”之责，由于“一道所辖之州县多寡远近不同，一时难以遍历”，有的地方加以变通，令各州县“各于月底将一月准理事件，开列事由，已结者就簿登销”，“于次月之朔”呈报。[②]各州县对于境内发生的命盗案件，也均须上报，“犯事失事有报，检验获犯有报，初审复审有报”。[③]此外，州县的其他一些事项也须向上司衙门册报。例如，州县官上任所带长随，按定制须“开具姓名籍贯，造册通报上司存案，以防奸宄”；[④]四川巴县每月向重庆府造报禁卒、更夫、捕役、仵作名册；按旬向府、臬、藩申报有无设立卡房、滥押平民；[⑤]道光八年（1828）直隶宝坻县添设捕役八名，顺天府东路厅札令该县将新添捕役“送候本府点验”。[⑥]

除了常规行政事务之外，各种兴作也同样受到既定文簿制度的严格限制，州县官如欲兴利除弊，办理县政，“虽事之万全无害，而苟其倡议行之，则文书之上簿者，有六七级之上官以临其上”。[⑦]当时，田赋征收中的火耗等附加，各地往往各有章程，其变更也须报上司批准。例如，山西孝义县某知县拟变更本县钱粮征收附加章程，具禀藩司，藩司转呈巡抚，巡抚又批转汾州府知府，令他核明“办理有无窒碍”，“分报查考”，知府乃遵令考核，并向巡抚禀报。[⑧]

州县行政事务的办理，即使不需要事先册报各级上司，也必须编造完整的簿书。例如，赋役征收，须在开征前由州县有关房科依据《赋役全书》、鱼鳞册、黄册等册籍编制当年的实征册，分征收区（一般为里甲）造纳户花名和征收数额，作为本年征收的依据。[⑨]州县起运上解正项赋税或有定例的摊捐，均由各

① （清）葛士浚辑：《皇朝经世文续编》，台北：文海出版社，1972年影印本，第481页。
② （清）陈宏谋：《饬巡道清查州县词讼檄》，（清）徐栋辑：《牧令书》卷二三，清道光二十八年（1848）刻本。
③ （清）贺长龄辑：《皇朝经世文编》，台北：文海出版社，1972年影印本，第580页。
④ 《钦定大清会典事例（嘉庆朝）》卷七六，台北：文海出版社，1991年影印本，第3604—3605页。
⑤ 巴县档案，6-6-11、6-6-17、6-6-22，四川省档案馆藏。
⑥ 顺天府档案，028-4-263-021，中国第一历史档案馆藏。
⑦ （清）盛康辑：《皇朝经世文编续编》，台北：文海出版社，1972年影印本，第2532页。
⑧ （清）朱采：《清芬阁集》，台北：文海出版社，1968年影印本，第853—856页。
⑨ （清）黄六鸿：《福惠全书》，北京：北京出版社，2000年影印本，第77页。

房科编造簿册，登记其项目、数额、解款记录，清代获鹿县档案中即有属于这类文簿的“礼、兵、刑、工等房解银登记册”。① 清代州县财政，实际上采用的是一种“家产制”管理，② 然而，这并不意味着州县官可以完全凭个人意志和口头指令来进行财务运作，相反，各地一般都有较完整的文簿制度。当时各州县设有内衙账房，“为银钱出入总汇之地”，一方面须簿记国家定制之内的各种财政收支，另一方面也须簿记各种法外收支。汪辉祖主张，州县官应设立四种会计“簿册”：1.“正入簿”，“记银谷应征之数及契税、杂税、耗羡等项”，即正杂钱粮收入；2.“正出簿”，“记钱谷之应解、应支、应放、应垫之数，及廉俸、幕修等项”，即解运藩库款项、州县存留支放款项；3.“杂入簿”，“记银之平余、谷之斛面及某岁额有之陋规等项应入己者”，即各种向有成例、“人所共知”的法外收入；4.“杂出簿”，“记应捐应赠之断不可省者及日用应费各项”，即各种法外支出。③ 做过知县的刚毅、何耿绳、黄六鸿都采取类似做法，于各种记录公款收支的簿册之外，另设登记各种“私项出入”的簿册。黄六鸿在山东郯城，还设立了“惟内宅用”的簿册，包括“内杂差簿”“买办簿”“送礼簿”“收礼簿”“书启簿”。④ 此外，清代州县官离任，须与接任官员办理交代，内容包括诉讼卷宗、赋税簿册、书差卯册、银钱仓谷、监狱囚犯、衙署房屋器物、城池庙宇、考棚营房、墩台监仓、水旱驿递船只马匹，以及钱粮盗案未完事件、上司交办事件等，均以簿册为据。

清代州县文簿册报制度由常设的、职能明确的科房来具体运作，而以州县官幕友代表主官来统管和监督。清代州县设有科房，主官聘用幕友，均沿自明代。这种制度在清代所有州县普遍实行，朝廷和州县各级上司不予过问，就连州县官一般也不轻易干预变动。⑤ 至于州县各科房和幕友的职责划分，在长期

---

① 这些款项不包括地丁正项，获鹿县房科有户北房，地丁当由该房负责运解。

② 魏光奇:《有法与无法——清代的州县财政及其运作》，北京：商务印书馆，2010 年，第 344 页。

③（清）张廷骧:《入幕须知五种》，台北：文海出版社，1968 年影印本，第 412—414 页。

④（清）黄六鸿:《福惠全书》，北京：北京出版社，2000 年影印本，第 35—36 页。

⑤ 有资料表明，州县官如果认为必要，可以变动房科的设置，但需要禀报知府。例如，直隶获鹿县原设有马政科，经管“安租”征收事宜，其经书、散书向系兵、工两房轮派充应，有时书吏兄终弟及，把持争夺，以致引起纠纷。光绪十八年（1892），获鹿知县决定裁撤马政科，将其所经管的“安租”事宜归并户南科并管。他将这一决定禀报知府，知府批复“所办极为妥协，应准如所请立案，永远遵守”。见河北省档案馆藏清代获鹿县档案，655-1-847。

实际运作的过程中也早已形成定制。国家典制对于这种州县幕友和科房制度虽然没有直接和正面的规定，但清廷曾多次发布相关的管理措施，载诸《会典》。例如，规定州县官延请幕友须实行本省及邻省五百里内回避制度，对于州县幕友"互相勾结徇私滋弊情事"各省藩臬两司有"察访""揭报题参"之责等；[①]对于州县科房书吏，于顺治间至康熙初下令裁革其工食银。[②]所有这些，均说明国家对于这种制度在实际上的承认。雍正元年（1723）的一道上谕说：各衙门募役书办，主要是"令其缮写文书，收贮档案"。[③]这里说的"各衙门"，包括州县。也就是说，州县房科的主要职能是起草、誊缮文稿，保存档案。而由州县房科起草、誊缮和保存的文书，就是本文所说的各种"文簿"，可分为几类：1.新官到任时，各房科就自己所管事务备送、造送的册簿、文书。2.本州县每天对外发出、发布的办公文告，如差票、告示等，即所谓"日行牌票"。四川巴县清代档案、清代顺天府宝坻县档案和直隶获鹿县档案中，都保存有这类文告的底稿。3.本州县申报或申复钦、部、宪的文稿。4.其他文稿。[④]由于州县官经常更换，唯有科房是常设机构，州县行政的连续性只有靠它们所保存档案才能体现。从这一意义上讲，州县"衙门"的代表就是它的房科。除房科外，州县官幕友也承担办理文移的职责。对此有文献记载说：幕友"分司刑名钱谷"，"凡公文书申报上宪者，胥听命焉"；"凡上下文移，先由各房拟稿，送幕友核定"，实际上就是代表主官来统管和监督本州县的各种文移工作。[⑤]幕友所负责核定的各种文簿，包括本州县词讼、赋税征收（包括造报上解田赋和各项杂税簿册）以及吏政、教育、科举、礼俗、军事、治安等方面的文书，也包括呈送督、抚、藩、臬、道、府各级上宪的一切文件。

---

① 《钦定大清会典事例（嘉庆朝）》卷七六，台北：文海出版社，1991年影印本，第3592—3593页。

② 魏光奇：《有法与无法——清代的州县制度及其运作》，北京：商务印书馆，2010年，第304—305页。

③ 《清朝文献通考》，杭州：浙江古籍出版社，2000年影印本，第5053页。

④ 例如，嘉庆二年（1797）四川巴县捕班与快班为划分职责范围进行协商，由钱汉元等3名刑房典吏主持，并为之起草字据。见四川省档案馆藏清代巴县档案，嘉庆朝第7卷。

⑤ 姜樾荣修，韩敏修等纂：民国《广宗县志》，台北：成文出版社，1969年影印本，第165—166页。

在州县向各级上司册报自身政务的同时，各级上司饬令州县官办理各种事项，也不能通过口头命令形式，而是同样要通过下发公文。光绪间朱采任山西汾州知府时，据他的记录，山西藩司（和巡抚）“叠次通饬”各知府，要求他们督率所属各州县“整顿吏治，清理词讼，查报钱粮积弊，禁革买票，裁革陋规以清徭役”；“将所属州县才具操守以及何者办理得宜、如何成效，何者办理未善，何者空言搪塞、概未遵行，并将一切利弊开折禀呈”。[①]

二

大量历史资料表明，清代州县的文簿册报制度存在各种严重的弊病。

首先，这种制度增加了州县官府的负担。对此有人指出：州县办理各种日常行政事务“必以公文书遍达”各级上宪，不合例者驳回，仍旧需要州县来办，于是，“一县之事”因为上有道、府而增加数倍，因为上有藩、臬又增数倍，因为上有督、抚又增数倍，“县令一身两手，非有奇才异能，而身常任数十倍之事，势必不给”，政事“棼而不可理”。[②]

其次，清代州县的文簿册报制度存在严重的形式主义、文牍主义弊病，它往往不是“循名责实”，而是要求以“实”就“名”。也就是说，它并不追求文簿册报能够反映州县政务的实况，而是追求它们的形式和内容要符合不变的“成案”和“旧例”，为此不惜削足适履，变更乃至歪曲其内容。对此有当时人指出，这种制度有时荒谬得“不可解”，如“户口之增减、仓库之盘查”，本来“惟州县知其确数”，“而司书则曰彼有程式”，上报数目多少必须符合他们的既定“程式”；“所谓程式者，又不肯显颁于下，屡送屡驳，无所适从，费到则册始定，其实上下仍相蒙也”。[③] 又如，州县“层递而上”呈报盗案审理文簿时，“必削足就履，务合于本省成案而后可，若一径直，辄格不行”。[④] 正是这种情

① （清）朱采：《清芬阁集》，台北：文海出版社，1968 年影印本，第 887 页。
② （清）盛康辑：《皇朝经世文编续编》，台北：文海出版社，1972 年影印本，第 2860 页。
③ （清）周镐：《上玉抚军条议》，（清）徐栋辑：《牧令书》卷二三，清道光二十八年（1848）刻本。
④ （清）盛康辑：《皇朝经世文编续编》，台北：文海出版社，1972 年影印本，第 2810 页。

况，导致督、抚、司、道、府等各级衙门的书吏在审核州县上报的文簿册报过程中，可以任意挑剔刁难，以谋取私利。对此袁枚指出："上官之胥"借烦琐的"文檄""以剥州县"，"无端而取遵依，无端而取册结，无端而款式不合，无端而印文不全"。[①]清代官员对于胥吏审核文簿时的各种卑鄙伎俩，有很多具体的揭露，如《皇朝经世文编》中曾提到，上宪衙门的"幕宾胥吏"在审查命盗案件的审讯册籍时，往往"逞其私智，略大端而搜枝节，执一隅而概全招。虽任意指摘，毫不中情，州县亦必逐条答复；人犯往返，难免拖累，而详验招册之重复增添"；这种"承审造册"还"各有程限，一涉迟延，例有降罚"，州县官"无所逃避"。[②]

《皇朝经世文编续编》也曾对这些伎俩进行揭露，其一：

司书讹索州县，情状百变。其小而显者，如送到册结，以注语不符、册式不合，及挖补未盖印信（此层尤多司书捏换）等情驳换。迨遵驳重造，又寻别端再驳，即继以查取错误迟延各职名多方恫喝，必饱其欲而后已。又如量地丈杆，部颁碑式不肯摹发，严饬造送请验，及差送候验，则捺搁不行，来差候久潜回，又复饬提。种种罔利，屈指难数。[③]

其二：

州县房科编造盘查秋审等册，尤必加送上司衙门房书规费，方免驳换，否则一字迹之讹，一年月之误，则全案驳令另写矣。甚至照钞之案，而忽称不符；已到之文，而忽称未上，刁难之苦，禀诸官而官莫如何，则惟有遇事纳钱以省烦扰矣。[④]

---

① （清）贺长龄辑：《皇朝经世文编》，台北：文海出版社，1972 年影印本，第 727 页。
② 同上书，第 580 页。
③ （清）盛康辑：《皇朝经世文编续编》，台北：文海出版社，1972 年影印本，第 2015—2016 页。
④ 同上书，第 2811—2812 页。

其三，这种制度限制了州县官的施政权力，消磨了他们的施政积极性、主动性。清代行政“无毫发不起于州县”，州县行政繁多琐细，“民事利病修废之所宜，竭官吏之聪明才力以求之，而未必尽举”，而各地经济社会状况又复杂各异，这种情况决定了单凭僵死的“法治”难以有效治理，而必须使州县官有施政的自主权和主动性，能够“自为政令”。对此有人指出，州县官对“民事尤最习”，他们采取行政举措“兴利除弊”，不能墨守既定成规，而必须“参于情理”；各地“民情土俗，随处异宜，全在地方官因时调剂，审其轻重，视其缓急，而次第布之，庶几可有成效”；有人甚至主张应彻底实行“人治”，使州县官“专制一方，事无定规，理无合辙，当得法外之意，然后可治”。然而当时的实际情况却相反，州县官受到各种“束缚苛绳”，“不得措其手足”，举“毫毛之事无一得以自专”，只好“荡荡然若无所事”，不为料理。[①] 这种对于州县官施政自主权、主动性限制和打击，一个重要的来源就是文簿册报制度。当时有官员指出，州县官如欲兴利除弊，办理县政，“虽事之万全无害，而苟其倡议行之，则文书之上簿者，有六七级之上官以临其上，即有六七级之胥吏以挠其下。此合彼牾，往返旷日，迫切成过误，功不收而罪集”。这位官员还认为，文簿申报制度本来旨在于“钳制不法之吏，使不得妄有作为，以困苦百姓”，然而在这种制度下，就是“足以有为之才”的州县官尝试办理“万不可已之事”，也必然会“逆阻于文书阶级之烦扰，以自败其意，听其破坏于冥冥中”。[②] 龚自珍批评说，在繁密“文法”的“羁縻约束”下，“府州县官，左顾则罚俸至，右顾则降级至，左右顾则革职至”。[③]

其四，这种制度导致胥吏权力的恶性膨胀，使政治成为腐败的“吏治”。由于“文法”烦密、簿书繁多，而官员进退升转频繁，根本没有能力了解其内容和处理规则，往往任职期间“未尝一检阅校勘”；而胥吏盘踞一定衙门从无异

---

① （清）何良栋辑：《皇朝经世文四编》，台北：文海出版社，1972 年影印本，第 268 页；（清）贺长龄辑：《皇朝经世文编》，台北：文海出版社，1972 年影印本，第 596 页；（清）盛康辑：《皇朝经世文编续编》，台北：文海出版社，1972 年影印本，第 2532 页。

② （清）盛康辑：《皇朝经世文编续编》，台北：文海出版社，1972 年影印本，第 2532 页。

③ （清）龚自珍：《龚自珍全集》，上海：上海人民出版社，1975 年，第 25 页。

动，审查、处理这些文簿就完全成为他们的权力和职责。[①] 其结果，“法密官不能尽知，必问之吏”，吏因此而“横”，法因此而“枉”，本来属于“官”的行政权力因此而落入胥吏之手。还有人指出，“文法”繁密之所以会导致“天下之权”不归于君、相、百官，“而归于吏胥”，是因为这种做法意味着行政运作“用法、用例、用案”，因而导致对行政事务的处理没有确定性标准，“或一事反复异同，或一时互有可否”，无从遵守，胥吏遂得以上下其手，营私舞弊。[②]

三

通过清代州县文簿册报制度及其在运作中所表现出来的弊病，可以透视秦汉以来中国传统行政既不同于其他社会文明“传统型”行政也不同于现代“法理型”行政的重要特点。

著名德国社会学家马克斯·韦伯提出，世界各国存在着合法型（法理型）、传统型和魅力型（卡里斯马型）等三种“统治类型”，这一理论有助于我们理解中国传统行政制度的特点。源于苏联历史理论的观点，将中国秦以后的社会和欧洲中世纪社会等同地称为“封建社会”，对此近年来国内理论界已经不断有人提出批评和辨析。众所周知，中国在秦代即废分封、行郡县，建立了中央集权的君主集权制度，同时也形成了一种起码在表征上具有现代特色的行政制度，包括任用职业官僚行政、具有科层政府机构以及各种行政运作均有“典章”规则等。这样一种行政制度，恰恰具有马克斯·韦伯关于现代“合法型”政治的各种特征，如行政事务的运作是“持续的、受规则约束的”，运作由权限明确的“机构”进行，机构内实行“职务等级原则”，“行政管理班子同行政管理物资和生产物资完全分开”，“任职人员”不能“对职位有任何的占有”，以及“行政管理档案制度原则”，[③] 等等。与此形成强烈反差的是，欧洲在中世纪不存在

① （清）邵之棠辑：《皇朝经世文统编》，台北：文海出版社，1980年影印本，第1454页。
② （清）盛康辑：《皇朝经世文编续编》，台北：文海出版社，1972年影印本，第2859页。
③ ［德］马克斯·韦伯著，林荣远译：《经济与社会》，北京：商务印书馆，1997年，第243—245页。

中央集权的国家和行政制度，作为现代西方政治之要素的官僚制度、常备军等，都是在15世纪以后才产生。而即使是在“等级君主制”和“绝对君主制”下，行政制度和运作也十分无序，远远没有达到“合理化”水准。对此托克维尔记述说：

> 人们乍一观察王国的旧行政制度，便觉得那些规章和权威多种多样，各种权力错综复杂。行政结构或官吏遍布法国，这些官吏彼此孤立，互不依赖，他们参加政府是凭藉他们买到的一种权利，谁也不得夺走这一权利。他们的权限常常混杂、接近，从而使他们在同类事务的圈子里互相挤压，互相碰撞……城市的体制多种多样。城市行政官员名目互异，他们的权力来源也各不相同：在这个城市是市长，在那个城市则是行政官，而在其他城市则是行会理事。有些人是国王选定的，另一些人是由旧领主或拥有采地的亲王选定的；有的人是由当地公民选举的，任期一年，另外有些人是花钱买永久统治权。[①]

托克维尔认为，各省的总督“从行政法院里分离出来，但又代表行政法院”，被称为“派出专员”，“手中握有行政法院所拥有的全部权力”，他“既是行政官又是法官”。在对上方面，他“同所有大臣通信，他是政府一切意志在外省的唯一代理人”。他对下有权任命“总督代理”，作为“设置在各地县里的”行政官员，也可以随意将他们撤换。[②]

这种混乱无序的行政官僚制度与中国当时的制度相比，简直不可同日而语。正是出于这种对比，18世纪的启蒙思想家伏尔泰等人对中国的政治制度给予热情的肯定和赞扬。如伏尔泰称赞中国的行政体制健全而合理，中央政府中六部等机构既有分工，又有合作，有利于提高行政效率，防止官员独断专行；地方官员职权分明，各司其职，全国的行政机构形成一个疏而不漏的大网，处处有官员，事事有人管。他就此写道：“一万三千六百名官员管理着一亿五千万人民，

---

① ［法］托克维尔著，冯棠译：《旧制度与大革命》，北京：商务印书馆，1992年，第75页。

② 同上书，第77页。

他们分属于不同的部门，这些部门的上面是六大部，六大部则同受一个最高机构的监督。”[1]

中国秦汉以后政府通过职业官僚、科层机构和各种“典章”规则确立起来的行政制度，必然地导致了文簿册报制度的运用。秦中央集权君主官僚制度的建立，其理论资源是先秦法家思想。至汉武帝“罢黜百家，独尊儒术”，国家政教大纲以儒家为指导，但实际上政治制度的设计和运作兼采法家的一套，所谓“王霸道杂用之”。就法家学派而言，战国时期的商鞅、申不害、韩非等人主张法、术、势并用，其根本宗旨在于“富国强兵”，争取兼并战争的胜利，同时也千方百计防范臣下对君主权力的侵蚀和颠覆。至秦“六王毕，四海一”，以后历代王朝建立统一政权后，政治的宗旨就完全在于维持自身统治的安全和稳定，这一方面需要防范来自人民、外族的威胁，另一方面需要防范体制内官僚权力的膨胀和随意使用。为此，汉以后“任法而不任人”，用繁密的“文法”来治理国家和官僚队伍，即如清代有人所说，汉代以后“法令明而用之至密，举天下惟法之知”，[2] 几乎所有事务都有相关的法令规定。这种“文法”既包括各种刑罚条文，也包括本文所说的旨在用以规范州县等各级行政的“文簿册报”。宋以后，这种“文法”越来越繁密严苛，至清代可以说已达到极致，“天下无巨细，一束于不可破之例”（龚自珍语）。由于对这种“文法”最为熟悉且负责者是其实际操作者——各官署胥吏，因此“任法而不任人”对于政治的最大影响，就是使得行政权力落于胥吏之手，使得“官治”“法治”变成了“吏治”，对此，清代不少有识之士均有揭示和批评。汉代以后“例牍日繁，不可究诘，势不得不委之胥吏，权反在下矣”。在这种政治环境中，各机构、地方长官频繁更换，“无复久任”；官员“率多新进，所学非所用”，而“吏抱文书”，实际处理政务，尤其是“老吏”，“积年深，用事久，苛细缴绕，难以卒破”，于是政权“归于胥吏”。[3]

清代包括州县在内各级官署的“文簿册报”制度虽然遭到人们严厉的批评，

---

① 许明龙：《欧洲十八世纪“中国热”》，北京：外语教学与研究出版社，2007 年，第 164 页。

② （清）盛康辑：《皇朝经世文编续编》，台北：文海出版社，1972 年影印本，第 2906—2907 页。

③ 同上书，第 2906 页。

但客观地说，它却与马克斯·韦伯所归纳的“合法型”政治的一个重要特点——“行政管理档案制度原则”(即所谓“一切行政决定、指示和法令均用文字表达”)基本相符。关于“行政管理档案制度原则”的具体内容马克斯·韦伯解释说：

> 行政管理档案制度原则，甚至在口头讨论实际上就是规则或规章的地方，也是适用的：至少是预备性讨论、动议和随后的决议以及形形色色的指示和法令，都用文字固定下来。档案和官员们的持续运作结合在一起，就产生了办公机关作为任何现代团体行为的核心。①

与这种原则相符的清代州县“文簿册报”制度，客观上起到了某种规范官府、官员行政的作用。在中国古代交通、通讯条件极为落后的情况下，中央权力之所以能够使得各地在赋役、刑罚等各方面按照自己颁行的制度运作，一个幅员辽阔的国家之所以在大部分时间内能够维持统一，这种“文簿册报”起到了重要作用，因为它使得各级行政能够连为一体，并大致能够做到有序运转。作者曾撰文分析指出，清代前期通过在各省统一实行固定不变的财政收支科目和收支标准，实现了财政的中央集权。②另一方面，这种文簿册报制度也存在诸如导致吏治黑暗、影响官员施政等许多严重的弊病，对此前文已经作了较详尽的分析，不再赘述。

综上所述，透过清代州县文簿册报制度，我们可以看到秦以后中国传统行政的基本特点：它一方面具有现代“合法型”政治之理性化、法制化、规范化的性质，另一方面又具有“传统型”政治之人治、随意、无序的性质；而二者相较，后者对当时的政治、社会和民生的影响更为主要，可以大致认为前者是“表”，后者是“里”。对于这种行政的性质，不论是用“封建”一词来定位，还是以世界历史“单线”“进化”的观点为观察坐标而强调它具有“早熟”的特点，都是不适宜的。而通过对于诸如清代州县文簿册报制度等具体问题的研究，则能较准确地把握中国传统行政制度及其运作的实相。

---

① [德]马克斯·韦伯著，林荣远译：《经济与社会》，北京：商务印书馆，1997年，第245页。

② 魏光奇：《清代后期中央集权财政体制的瓦解》，《近代史研究》1986年第1期。

清代“红禀”研究

黎春林*

档案是第一手史料，是最可宝贵的直接史料。近年来，地方档案的整理与研究方兴未艾，是学界研究热点，亦深受国家重视。但若对档案中文书及文书制度不够熟悉，不仅学者们无法对相关档案进行充分利用，即便档案部门在管理、著录、选编、研究档案中也会出现一系列问题。譬如，清代下级官员向上级报告或请示公事时，除以白纸禀叙事件外，另加红纸抄写官衔并摘录白禀事由，以仰侯上司批复发还，因用纸红色而称“衔名红禀”或简称“红禀”。①

自乾隆至清末，红白禀在下级州县公文中广泛应用，是清代文书的重要类型。然而，在当前档案整理工作中，红禀责任者、成文时间、文种判定不一，著录淆乱的情况非常严重，据此撰成的档案索引与提要可想而知，更遑论对红禀的利用及红白禀制度的研究。

本文拟对红禀的显著格式进行归纳，对红禀档案整理著录中出现的种种问题予以分析，并探讨红白禀与正副禀之间的渊源关系，以冀对档案管理者及研究利用者稍有裨益。

* 黎春林，西华师范大学历史文化学院副教授。

① 清代尚有一类专用于贺节、祝寿、贺到任、贺升官的禀文，是为贺禀。这种禀文无红、白之分，均用红纸书写，字句则多为四六骈文，故又称为“双红禀”。南部档案中亦有用红纸禀事者，二者均不在本文讨论范围。

一、红禀格式

红白禀的盛行始自乾隆，终于清末。如乾隆九年（1744）四月，时任陕西巡抚的陈宏谋便要求下属“凡禀贴到院，本都院将白禀存案，即就衔名红禀批发。”①红白禀使用时间之长远、使用范围之广泛、影响之深远可想而知。然而，当前档案整理中所采取的黑白胶卷缩微技术，无法有效呈现档案多色彩原貌，红禀缩微后几乎全为黑色，导致整理者对其内容难以辨识，文种、责任者及时间判定亦纷然淆乱，亟待规范。②现据清代南部县衙档案（简称“南部档案”），对红禀格式作一归纳。③

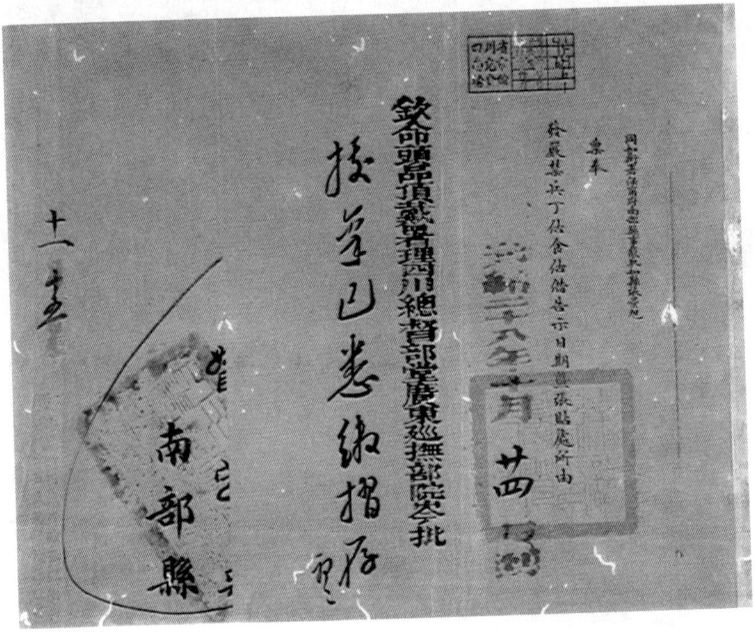

图 1　清光绪二十八年十月廿四日南部县知县张景旭为奉发严禁兵丁估食估借告示日期暨张贴处所的红禀

① （清）陈宏谋：《培远堂偶存稿》卷十七，《清代诗文集汇编》编纂委员会编：《清代诗文集汇编》第 280 册，上海：上海古籍出版社，2010 年，第 404 页。

② 吴佩林：《地方档案整理向何处去——基于清代地方档案整理现状的反思》，《光明日报》2016 年 4 月 9 日，第 11 版。

③ 南部档案，15-651-6，光绪二十八年十月二十四日，四川省南充市档案馆藏。其中 15-651-6 依次表示目录号 - 案卷号 - 件号，下同。

由图1可知，清代红禀自右至左分别为：呈递州县衔名、禀由、州县正印；上级到文时间，上级职衔条戳姓氏及批文，批文时间；上级某字号及半印，墨圈；最后为州县奉文日期。

（一）州县衔名

州县衔名，即具禀州县职衔及姓名，如“同知衔署保宁府南部县事截取知县张景旭”；若为会禀之件，则将各衔名依次并列。

此格式与详文类似，但详文此列仅有职衔而无州县姓名，且在此行下书“详报”“详销”“详文”等字样表明文体。红禀的衔名体现了其最初为“衔名手本”的性质。

（二）禀由

禀由，亦称事由，即州县呈禀的简要事由，以禀字居首，由字收尾，寥寥数语，简明扼要，其文字内容及字数皆与白禀文末所列禀由相符。禀由是红禀的主体结构，也是公文信息的主要来源，是州县行政水平的直接体现，更是上级回批的重要依据。

衔名与事由是红禀的主体，故受到州县的重视，对其书写格式亦有专门规定。如《宦乡要则》中提及：

> 红禀摘事由。第一行写官衔，第二行写某事由，平官衔起，一格一字，如由长，头一行平写，第二行低一格写。如有宪札字样，第二行比头行高一格写（抬起宪字）。平写者，与开首官衔平，非与抬头平也。后不填年月日。外省有将官衔事由共一行写者，上写官衔，看事由字之多少空几格写禀某事由。如由长，亦分作两行夹写，第二行低一格写，较官衔略大些。其用红禀摘由者，以俟上司批回故也。[①]

---

① （清）张鉴瀛辑：《宦乡要则》，《官箴书集成》编纂委员会编：《官箴书集成》第9册，合肥：黄山书社，1997年影印本，第145页。

南部档案所见红禀，官衔、事由皆分行撰写，尚未发现有共一行写者。事由较长时，头一行平官衔书写，第二行低一行书写。但亦有特例，即第二行仍与第一行齐平者。若事由中涉及“宪”“札”“批”“发”等字时，抬行书写，以示尊重。事由文字一般简明扼要，但亦有繁琐冗长至四行五十余字者。事由长短，除与事务繁简有关，亦深刻体现州县行政风格与书吏办公水平。

衔名与事由是区别红禀的重要特征。值得注意的是，南部档案中，有红禀上州县衔名、上级官衔条戳及批文俱全，而独不书禀由的情况。详析其批文，皆紧急严重而不便公开陈述之事。如光绪三十四年（1908），南部县奉批照加盐厘，灶民疑惧，致生事端。时任知县史久龙具红白禀上呈，现存批回红禀上皆无禀由，但保宁府、川北道均回批曰“具禀已悉”云云，可见在此红禀之外应另有夹单将密情上禀，即“夹单禀”，以规避入档。①

（三）州县正印

红禀禀由之上，有州县正堂之印。印章端正，其位置随事由长短和“由”字的版面位置而定，或与之上齐平，或与之下齐平，亦有盖在事由文字之中、居于版面下部者，皆务求整洁美观。若为会禀之件，则将几颗印章由右至左依次并盖于事由之下。但亦有特例，如咸丰时期红禀事由之上并未盖印；另外，当红禀并无禀由而仅有衔名之时，亦未盖印。前者或为时尚早，未曾规范用印；而后者或因夹单禀中已有盖印，故作省略。

（四）上级官衔条戳姓氏、批文与半印字号

红禀禀由之后为上级官衔条戳及姓氏，官衔顶格而起，其下有“批”字，二者共占一列，均为黑色印刷体，字型方正硕大，居红禀之中，以示尊严。其左即为批文，由上级机关换行降格书写。

红禀批文一般由“具禀已悉”等字样起头，集中体现红禀“候批发回”的功能，亦是红禀档案价值的集中体现。批文后有上级机关印章、字号与墨圈。印章为斜盖，中有上级“督字号”“布字号”“道字号”“府字号”“局字号”等

---

① 南部档案，18-1441-4，光绪三十四年九月二十四日，四川省南充市档案馆藏。

字样，偶见下级州县名称或州县长官姓名旁列，皆为手写，其上有手画墨圈。印章、字号与墨圈皆只一半，另一半留于发文机关底簿之上，以便日后勘验对合。这应是明代以来对公文“编写字号、勘合用印”管理制度的沿袭，但未见“千字文”编号。

（五）到文时间、批文时间及奉到时间

早在乾隆时期，红禀这一公文形式便已得到普遍应用和认同。随着公文管理力度的加强与管理制度的逐步完善，地方政府严格要求红禀之上必须到文时间、批发时间、奉到时间三者俱全。如陈宏谋云：“本都院将衔名红禀批发并判到日，又判批发之日，该属奉到，即将红禀存衙备案，则本都院接到属禀、批发及各属奉到俱有月日查考。”[①]

到文时间，即红禀送达上级机关的时间，由上级机关盖上年月日条戳并填写，其位置一般位于事由与上级官衔条戳之间或州县衔名之下。批文时间，即上级批复红禀的时间，在批文文末，用小字注明，皆简略到日，亦有注明月日者，偶有省略不填者。奉文时间，即红禀批回后到达州县时间，由州县填写，多为月日，亦有年月日俱全者。

红禀时间可以反映公文流转速度与州县行政效率。据南部档案，南部县至保宁府公文往返时间快者十天，慢者四十五天。而南部县呈递成都将军红禀，则有单程 35 天方至者。如果遇到公务繁杂、道路阻断、年末封印、上级更替等情况，则公文流转速度更加缓慢。因公文迟误延挨而整顿铺司驿递的档案在南部档案中数量众多。公文流转速度与军情、驿递、州县行政效率密切相关，也是上级查核下属行政能力的重要指标，故红禀时间对其有重要参考价值。

需要注意的是，红禀中三个时间均不是红禀本身成文时间。红禀与白禀均由州县拟定并同时发出，故其成文时间应与白禀相同，但白禀被上级存档，无法考证。虽然，作为上级部门而言，白禀中已有成文时间，录入批文后已经能

---

① （清）陈宏谋：《培远堂偶存稿》卷十七，《清代诗文集汇编》编纂委员会编：《清代诗文集汇编》第 280 册，上海：上海古籍出版社，2010 年，第 404 页。

充分满足其存档备查的需要。但作为州县而言，因有白禀稿备查，而重在红禀批回后的奉文时间，故南部档案红禀中，有其他时间皆无而仅有奉文时间者。但这毕竟属于公文管理的缺陷，尤其当白禀稿丢失后，红禀的发文时间、流转周期、批回事件时限核查等问题均会受到影响。因此，早在乾隆七年（1742），陈宏谋就认为，“一切验详文书及禀帖，各属多有不填坐日，以何日出文，先后迟速，均无查考，应行令各属将发文日期填明坐日，不得遗漏”，并明确要求“凡衔名红禀，亦须填明年月坐日”。[①] 但笔者所见红禀中，均未填发文时间，而胡元德却曾指出，红禀中会书写文件责任者官衔、姓名和禀文的事由与“行文年月日”，[②] 不知何据。

二、红禀在档案整理与著录中存在的问题

档案部门在整理档案时，不仅要对每件档案的文种、时间、责任者等进行判定和著录，还要在此基础上对每件档案的内容予以简要归纳，撰写题名，以便于学者索引及利用。

红禀是白禀的并行文件，其格式清晰、特征明显，但在当今档案整理和著录中，却存在诸多问题。

（一）文种的判定

在南部档案数以万计的档案中，笔者所见红禀有百余件，其文种判定极为淆乱：有归为“禀文”“批”“批文”“抄批”者，有误为“详批”“批廻”者，亦有将其他档案归类为红禀者，如此种种，亟待规范统一。究其原因，无非整理者文书知识缺乏，相关档案缺失所致。红白正禀分存于上下级衙门，二者同时保存互证的概率极低。州县档案管理不够严格，红禀流转时间久暂不定，批回后与原白禀稿归档共存，导致白禀稿价值降低，极易散佚。同时，白禀稿内

---

① （清）陈宏谋：《培远堂偶存稿》卷十七，《清代诗文集汇编》编纂委员会编：《清代诗文集汇编》第280册，上海：上海古籍出版社，2010年，第404页。

② 胡元德：《古代公文文体流变述论》，南京师范大学博士学位论文，2005年，第63页。

容详细，亦不排除避免查核而人为损毁的因素。如南部档案所见百余件红禀，白禀稿与之并存者屈指可数。当整理者面对区区一纸红禀时，既不可能参照上级白禀，又缺乏相关文书知识和白禀稿的佐证，出错在所难免。倘若熟悉前文所述红禀格式，则其文种不难判定。

清末，随着公文格式的逐步统一，对白禀格式与红禀格式均有明确约定，如南部档案所见宣统三年（1911）红禀[①]，其上用红色边栏构画左右两个版面，右边版面上分别用红字标印“衔名”“事由”两项，下空白处填写文字。版面之间有红色“官印刷局制”字样，其形式与使用皆与原传统手写红禀相同。此件档案虽然用纸为白色，却突出和固化了红禀“衔名”“事由”的文种特征，其由官方统一印制，也代表政府对红禀公文文种的重视和确认。

（二）红禀时间的著录

红禀上三个时间均不是其正式成文时间，这给档案整理和著录带来了困扰。有人鉴于多数红禀奉到日期仅有日月，而到达上级时间最早，且年月日俱全，故将其著录为到文时间。亦有人将州县奉到红禀的日期作为著录日期，认为这标志着红禀已经完成了发出、奉批与奉到的整个公文流程。

个人认为，在白禀稿丢失、仅存一纸红禀的情况下，应选择红禀上最早时间即到文时间予以著录；但若档案中白禀稿尚存，则应以白禀稿判行时间作为红禀著录时间，这与红白禀同时拟定发出的事实时间应更为接近。

（三）红禀责任者的著录

当白禀稿丢失后，红禀之上最醒目的便是上级官衔条戳与姓氏，其次为上级批文与官印墨圈。有整理者认为，红禀是上级机关的批回，体现的是上级机关的权力与意旨，故现有档案整理中，红禀责任者绝大多数都著录为上级机关。然而，根据红禀的流转程序：州县下级机关将红白禀拟成发出，呈递上级府道督。上级收文，将到文时间、批示、批文时间均标注在红禀上，同时盖印留号发回，以便下级执行，并将批示录入州县白禀文末，留档待查。州县奉到批文，

① 南部档案，22-835-2，宣统三年七月初十日，四川省南充市档案馆藏。

在红禀文末填注奉到日期后与白禀稿共同留档保存。个人认为，红禀用途本为州县“伺候上司旨意、禀请回批”，其成文者、发出者、奉回者、执行者皆为州县，故将责任者著录为州县应该更为准确。

档案文种与成文时间、责任者的判定与著录直接关系着档案题名与索引的撰写，与学者对档案的了解与利用密切相关。如《清代南部县衙档案目录》中录有“光绪八年五月二十一日，保宁府为将各役姓名造册并严惩以毋滋事的批示”档案一件，[①]然通读整卷档案可知，此件实际上应为光绪八年（1882）六月三十日南部县知县张宗瀛“禀奉通饬裁革冗役遵办情形并将现留各班总散差役姓名造册申赍查考由”的红禀。根据档案，光绪八年五月二十一日，保宁府正堂许札饬南部县将散役白役认真裁革，将革役姓名榜示通衢，并将承票总散役花名造册具禀赍司，以凭查核。同年五月二十九日，南部县奉到此札后，立即以红白禀禀覆。现白禀稿已丢失，然据此件红禀时间可知，红白禀于光绪八年六月三十日送达保宁府，七月十一日获批，七月十七日南部县奉到。该件档案题名中文种、时间、责任者的著录均与档案原件严重不符，整理与著录档案时熟悉文书及文书制度的重要性由此可见一斑。

三、正副禀与红白禀

有关禀文的文种源流，学界已有颇多论述。[②]禀，最初为“卑幼向上长”陈述事宜的行为，至迟在宋，逐渐演化为书札的一种，约至清乾隆初年，由书信转化成为公开的官方常用上行文种。

红禀由禀文作书信时州县呈递的衔名手本转变而来，在禀文成为公文后，便成为上司书写批示的载体。[③]此种看法一经雷荣广、姚乐野先生提出，即成

---

① 南部档案，8-525-3，光绪八年六月三十日，四川省南充市档案馆藏。

② 如王铭、杨若荷：《禀文源流考——兼析〈巴县刑房经承邓仁斌缮文脱误请更定禀〉》，《成都师专学报》2002 年第 1 期；闵素芬《由清代禀文谈“请示”的改革》，《秘书之友》1991 年第 10 期；王铭：《民国档案中〈杨克献请改考技术职上铨叙局长禀〉考析》，《北京档案史料》2005 年第 3 期。

③ 雷荣广、姚乐野：《清代文书纲要》，成都：四川大学出版社，1990 年，第 147 页。

为学界共识。然而，笔者却认为，禀文在呈递请批过程中最初采取的形式应为正副禀，红白禀由正副禀简化而来。红白禀与正副禀相互辅助，共同构成清代禀文呈递与批发的主要体现形式。

（一）正副禀

所谓正副禀，即下级州县禀报时，将禀文缮写两份：上级收正禀存档，而将批语誊录在副禀上发回。正如陈宏谋所云：“正禀之外，另用副禀，两禀画一，不可副禀止于摘叙，难以备案，如不请示，则不用副禀。本部院如有批示，即可将红禀批发也。”[①] 由此可知，最初完整的禀文一套应当包括衔名红禀与禀文。下级若有请示，则需另外誊抄正禀而为副禀，以便上司留存正禀而批发副禀。下级若无请示，未备副禀，但上司偶有批示时，才会在衔名红禀上批示后发回。正副禀制度是我国古代自西周以来“档案文书副本制度”在州县层面的运用，是副本便于查询利用、防止舞弊、积累材料、补阙备失以及行政等功能的充分体现。[②]

正副禀的缮写，理应“两禀画一”，以便副禀批回后，与禀稿对照稽核，防止书吏篡改文字，更可以作为正式公文存档，方便日后备案查覆。但因其需要将禀文全文重录而倍显繁琐，因此即使陈宏谋明确要求，属下似未能广泛推行。在基层州县公务运行中，副禀的誊抄大多简化为“摘述简明缘由”，这较之详文尤其是长详“书册全录”而言，极为简便。故州县趋繁就简，籍此促进详文的简略化。如乾隆二十六年（1761），福建安溪县通禀臬藩两司：

> 向例详文俱系备具文、册二项，其详文原请批回存案，如照书册供看备加录入，未免冗长层叠，请照副禀之式摘叙简明事由，奉批备案，尤为简易等由。[③]

---

① 李晓静：《清代名臣陈宏谋的文书学思想与实践研究》，中国人民大学硕士学位论文，2007年，第17页。

② 张锡田：《古代档案文书副本制度》，《中山大学学报》（社会科学版）2001年第4期。

③ 《福建省例》，台湾银行经济研究室编：《台湾文献丛刊》第199种，台北：台湾银行，1964年，第3页。

对此，福建布政司、按察司认为，详文原为请示批发，可从简易，但只摘事由，未免太简，“应请嗣后详文只将看语录入，批发备案，其详册仍抄录叙全案，以备查考”，而“凡有呈控批审之件，所有详文仍照书册全录”。[①]

由于详文、详册臃肿繁琐，州县不堪重负，故恳请照“副禀之式，摘叙简明缘由，奉批备案，尤为简易”。说明乾隆时期，正副禀作为公文形式受到官方承认，并在福建范围内已被广泛使用。此时，副禀不严格与正禀“画一”，而仅只“摘叙简明缘由”而已。

（二）红白禀

实际上，公文的简化不仅是下级的需求，也是上级部门的要求。公文繁杂，政治攸关，若有遗漏含糊之处，难以查阅。规范公文格式，可以减少工作量，降低工作难度，缩减公文流转时间，提高办公效率。红禀初为下属未有请示、上级将批示写于衔名红禀之上的权宜之计，却因其缮写简便、流转快捷而被迅速推广。

如乾隆九年，陈宏谋在陕西巡抚任上即倡行红白禀制度，要求“凡禀贴到院，本都院将白禀存案，即就衔名红禀批发。”乾隆四十三年（1778）十月初六日，福建总督部堂杨亦通饬各属大力推行红白禀：

> 再州县通禀事件，如必令缮具副禀，或恐一时赶缮不及；若不过于红禀内摘叙简明事由，此则最易办理之事。乃屡经饬遵，而诏安、崇安等县并不遵照办理，殊属违忽！仰福建布政司再行通饬各属，嗣后具禀事件，务于红禀内摘叙简明事由，以凭批发。[②]

福建总督明确要求下属在赶缮“副禀”不及的情况下，改做“红白禀”，即直接在衔名红禀后加上简明事由，以凭批发，此“最易办理之事”。很显然，用红禀归纳“简明事由”，较之副禀缮写“简明缘由”的做法更为简便易行，

---

① 《福建省例》，台湾银行经济研究室编：《台湾文献丛刊》第199种，台北：台湾银行，1964年，第2页。

② 同上书，第6页。

于是自乾隆初年起，红白禀通行于世，直至清末。如南部档案中，红白禀在南部县衙吏、户、礼、兵、刑、工、盐七房广泛应用，内容涉及差役铺递、油行课银、书院派款、传教士护送、奉旨日期甄别、申解盐厘等许多方面。作为州县重要上行文种，红白禀式被写入《宦乡要则》等官箴书中，其在清代地方行政与文书制度中的地位与影响可见一斑。

值得注意的是，红白禀虽简便易行，但因其叙事太简，故常被正副禀取代。如乾隆六十年（1795）十一月十七日，福建护理巡抚部院姚宪牌规定：

> 嗣后凡有一切事件，着令经胥遵照本院颁发式样，摘叙事由之下钤用印信，以便查阅。如违不遵，定先提经承重责。至一切公事，务须遵照前札，用正副印禀，以凭批发备案，不得率用红白禀，希图省便。如违并干未便。①

在台海事务与葡澳地方行政中，正副禀亦备受重视。例如，平定台湾后，福康安等会奏柴大纪案内废弛营务案时提及，乾隆四十九年（1784）五月，富勒浑曾札饬台湾总兵及道府查明营员怠玩、兵房倒塌，永福以并无废弛禀覆。“原发正禀例存督署，卷内现有批回副禀开注事由可据。”② 这正突出体现了正禀留署督查，副禀批回归档，以备查核的功能。

嘉庆四年（1799）五月初七日，香山县丞发布谕告称：

> 照得该夷目陈禀事件，向例遵用副禀，以便批发。兹查近年各嘍嚟哆并不遵照此例，以致所禀之事有批无发，则事之准行与否，及如何办理之处，该夷目无由而知，殊属不成事体。合行谕知，谕到该夷目，嗣后陈禀事件及遵报夷船出入等事，一体遵用副禀，以便批发，慎毋仍前忽略。特谕。③

---

① 《福建省例》，台湾银行经济研究室编:《台湾文献丛刊》第199种，台北：台湾银行，第19页。

② 《钦定平定台湾纪略》卷六一，台湾银行经济研究室编:《台湾文献丛刊》第102种，台北：台湾银行，1961年，第981页。

③ 刘冉冉:《1651—1849年清朝政府对澳门的管治研究》，山东大学博士学位论文，2007年，第27页。

此谕可见香山县丞对澳葡管治之全面与细致，更可以看出，正副禀这一公文形式在清代澳门行政机构对外交往中很受重视，究其原因，是由于正副禀较红白禀更为详细，亦更为正式。因此，红白禀固然简便易行，却始终无法取而代之。

根据《大清矿务附章》：但凡呈请勘矿执照之人，必具正副之禀送呈查核，正禀留档，而副禀“标明收禀之日期，备录督抚及总局批准，全文盖印发还原禀人收执”。[①] 可见，正副禀的使用时间与红白禀一样，直至清末。

总之，正副禀原为禀文转为公文后呈递批发功能的最初体现，比红白禀的出现时间更早，但在应用的过程中，经常会被更简便的红白禀所取代。在沿海地区及涉外事务办理中，多用正副禀以求其详，以便备案核查。而内地各州县由于公务繁琐，多用红白禀以用其简，提高行政效率。自乾隆至清末，正副禀与红白禀二者皆广泛使用，并行不悖。

结　论

衔名与事由是红禀最显著的格式，衔名体现着其自书信而来“衔名手本”的特征，而事由则由“禀”起，至“由”止，寥寥数语即概括州县禀批之事。红禀与白禀相辅相成，于小小一方红纸中体现了清代公文自拟文、呈递、送达、批文、奉回、执行的整套流转程序，亦集中体现了书吏公文水平与州县行政效率。

红白禀由正副禀简化而来，与正副禀一起体现着禀文呈递批回、以备查核的功能。二者在清朝乾隆初年起即被广泛运用，相辅相成，彼此替代。相较而言，正副禀更为正式、保存档案更为详细准确。红禀仅用寥寥数语概括事由，使下级禀报简便易行，上级批回及时迅速。但由于其内容过简，影响日后行政查核与档案解读。当时间久远、白禀稿丢失后，此弊端更加显著。故各州县因时、因地制宜，对二者选择应用，并未加以统一。

有清一代，正副禀与红白禀虽均未成为官方正式公文形式，却在地方行政中扮演了重要角色，并共同形成了清代公文多样化的局面。

---

① 傅英：《中国矿业法制史》，北京：中国大地出版社，2001 年，第 124 页。

差票与签、存查的对比分析

——以南部档案为例

袁　慧　金生杨*

随着越来越多的档案进入人们的视野，参与整理与研究的学者也日渐增多。摆在学者面前的，首先就是档案文种及其内涵的问题。档案文种多而杂，很多文种之间的差别并不是特别明显。尽管随着档案整理与研究的不断深入，学术界对一些重要文种作了深入地分析研究，但面对众多的文种，仍有语焉不详的情况。档案整理成果中，文种标注错乱或混用的情况也并不少见。因此，准确判断文种、明确辨析其内涵及相互间的差异，在档案整理与研究上仍十分必要。差票、签、存查作为州县衙门档案中最基本的文种类型，学界对此也有所研究，甚至在某些方面还相当深入，[①] 但差票与签、存查的对比分析，则未见其文，有待发覆。今以清代南部县衙档案（以下简称“南部档案”）为例，对此略加分析，敬请方家指正。

---

* 袁慧，西华师范大学历史文化学院硕士研究生；金生杨，西华师范大学历史文化学院教授。

① 目前未见学术界对签作专门研究。戴炎辉、滋贺秀三等人利用淡新档案对清代差票的运用程序及诉讼中差票类型等问题展开研究（戴炎辉：《清代台湾之乡治》，台北：联经出版事业公司，1979 年，第 659—660 页；[日]滋贺秀三：《清代州县衙门诉讼的若干研究心得——以淡新档案为史料》，载刘俊文主编，姚荣涛、徐世虹译：《日本学者研究中国史论著选译》第 8 卷《法律制度》，北京：中华书局，1992 年，第 528—534 页）。王铭通过清代青阳县的一则差票，考证了古代“票”的源流和画行制度，提出该票文的司法意义（王铭：《清代青阳县档案中所见〈差票〉一则研究》，《档案学通讯》2002 年第 6 期）。胡元德对票的流变进行过述论（胡元德：《古代公文文体流变述论》，南京师范大学博士学位论文，2005 年）。吴佩林利用南部档案中保存的差票，对其格式和内容作了诠释和解读（吴佩林、蔡东洲：《清代南部县衙档案中的差票考释》，《文献》2008 年第 4 期）。吴铮强则对差票制度进行了研究（吴铮强：《信牌、差票制度研究》，《文史》2014 年第 2 期）。

一、差票与签

作为清代地方官府众多下行文书中的差票和签，[①]在形式和功能等方面都有相似之处，但又有不少差异。

首先，差票和签是地方官府常用的下行文书，都可作为书役查勘案情、传唤人员、拘押人犯的凭证。就其历史而言，清袭明制，差票本身也有一定的因革变化。[②]也有学者认为，差票是一种特殊的“信牌”，由信牌发展、分化而来，是基层官府“差人”信牌的专门化。[③]此外，差票也可用于催缴、饬办、移解等事务。签本义为一种尖细的小竹片，在上面书写符号或文字就可作为标识，后来演变为古代官府交给差役拘捕犯人的凭证。[④]现存档案中，签也会被用于查勘、传唤、拘押等事务。总之，差票和签都是地方官府常用的凭证性文书。

其次，差票和签在某些时候起着同等的作用，但二者的使用又不尽一致。滋贺秀三研究淡新档案，把差票分为调查票、取证票、督责票、调解票、遏暴票、查封票、传讯票、逮捕票等八种。[⑤]南部档案中的差票大致也不超出这八种类型。同样，签的功能也有不少，主要用于查勘、传唤、拘押、催解、饬令等事务。通过分析可以发现，差票与诉讼纠纷有关，使用频率最高的功能是传唤人员、拘押人犯、查勘案情等，而在银粮的催解和饬令的传达上，签的使用更为常见。

最后，在文书格式上，差票和签大体相似，但又有详略的差别，签往往较差票更为简略，显得不够正式和严谨（图 1、图 2）。具体表现在以下六个方面：

---

① 按：差票形制前后有所不同，为便于对比，此处重点对光绪三十四年（1908）以前清代差票加以考察。此后的差票，下文比较差票与存查时有所涉及。

② 王铭：《清代青阳县档案中所见〈差票〉一则研究》，《档案学通讯》2002 年第 6 期。

③ 吴铮强：《信牌、差票制度研究》，《文史》2014 年第 2 期。

④ 谷衍奎编：《汉字源流字典》，北京：语文出版社，2008 年，第 1617 页。

⑤ ［日］滋贺秀三：《清代州县衙门诉讼的若干研究心得——以淡新档案为史料》，刘俊文主编《日本学者研究中国史论著选译》第 8 卷《法律制度》，北京：中华书局，1992 年，第 528—534 页。

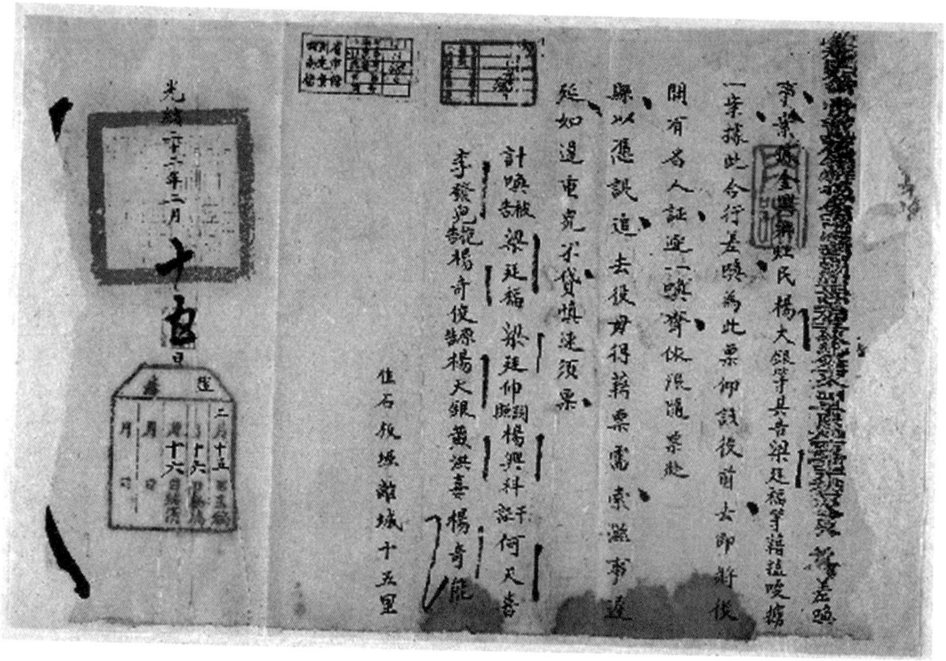

图 1　清光绪二十二年二月十五日南部县正堂袁为差唤灶民杨大银等具告梁廷福等藉卖搕索刁唆掳盐案内人证赴县候讯事票（南部档案 13-488-4）

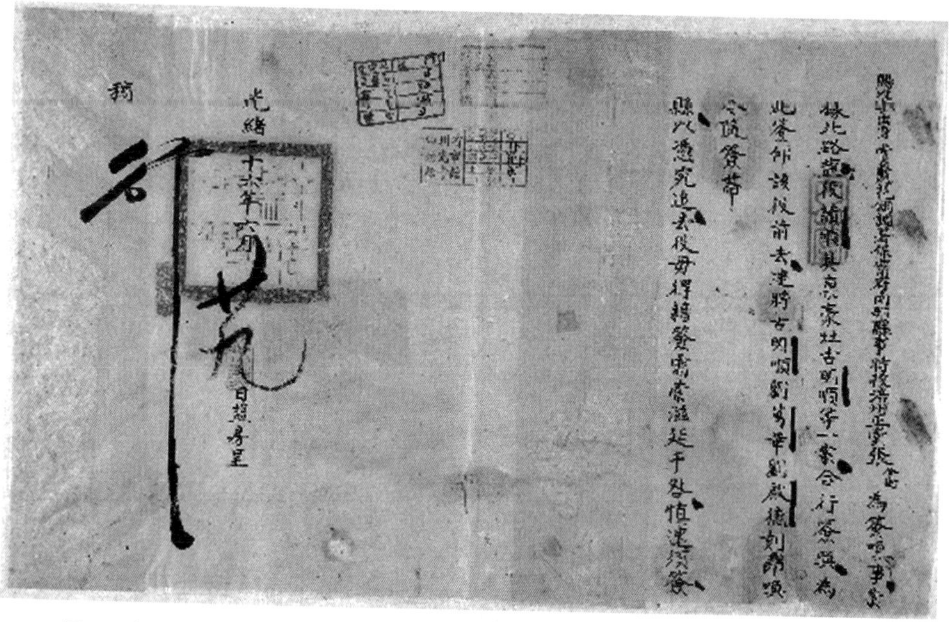

图 2　清光绪二十六年六月二十九日署南部县事张为签唤盐役蒲顺具禀豪灶古明顺等一案人证以凭究追事签（南部档案 15-345-2）

（一）在署衔方面，签较差票更为简略。差票和签是书吏以地方官员的名义发出的公文，一般以全衔表明发文官员的身份。“按规定，清代的公文均要署前衔，凡官方规定的正式文种在署前衔时，基本上是全衔，除标明官员的正职外，还附有兼职、加级、纪录、随带军功、所带处分等。”[①] 差票的发文者基本是按照这个标准执行的，如“钦加同知衔直隶州用署理保宁府南部县正堂加五级纪录十次许”，[②] 即是全衔。与差票不同，签在署衔时，大多只标明官员的正职、兼职，而很少标明官员的加级、纪录、随带军功、所带处分等，如“钦加同知衔直隶州用署理保宁府南部县正堂许”[③] 即如此。在咸丰以前，签甚至只以“特授南部正堂李”或“正堂陈”等类似的署衔来表明发文者的身份，显得极为简略。所以，相较于差票，签在表明发文者身份时更为简洁明了。

（二）相较于差票而言，签更多地在事由上表明文种，又时常在正文前省略事由。差票往往表述作“为差唤事”“为查勘事”“为缴委实覆事”等，并不都含有“差”字，而签则常表述作“为签唤事”“为签饬事”“为签催事”等，多用“签”字以明其文种。

不同于差票在格式上的严谨，签常常会省略正文开始前的事由，直接以“签仰”二字开始正文内容，在正文中详述具体事由及目的。

（三）差票和签在开列被唤人员姓名的方式和数量上并不相同。差票和签在正文末表明发文目的及需要办理的具体事务时，除了可以判断文种的“票”“签”外，最大的不同表现在被唤人员名单的开列方式上，前者多附于正文之后，数量较多，而后者则多在正文内容中点明，数量较少。

在传唤、拘押等类差票中，最常见的书写模式是正文套路式叙述，然后在正文末尾单独开列一长串被唤人员姓名，包括原告、被告、抱告、词照、干证、添唤等，而先以“计开”“计唤”等作标题式开头。如咸丰七年（1857）闰五月初七日，《南部县正堂王为差唤民人张仕禄具告汪自银查实霸配一案人证以凭讯究事差票》：

---

① 吴佩林、蔡东洲：《清代南部县衙档案中的差票考释》，《文献》2008 年第 4 期。

② 南部档案，7-874-5，光绪五年十月初八日，四川省南充市档案馆藏。

③ 南部档案，7-873-1，光绪五年十月初八日，四川省南充市档案馆藏。

……为此票仰该役前去，即将后开有名人证，逐一唤齐，依限随票赴县，以凭讯究。去役毋得藉票需索，滋事迟延。如违，重究不贷。慎速，须票。

计唤　被告：汪自银、汪正福、汪本志、蔡童子、蔡福应　词照：蔡氏、汪洪、汪自益

干证：宋文友、向春琏　　原告：张世禄

住崇教乡杜门坝，离城七十里

咸丰七年闰五月初七日，礼房呈

稿　行[①]

但也有例外，用于查勘、勘验等的差票便不需要单独开列。如光绪三十二年（1906）三月二十六日，《署南部县事宝为查勘汪治一等具告胡居安等霸房抗搬案内情形事差票》：

……为此票仰该书前往，协同约保查勘汪治一猪圈、楼板、田水、红苕、瓜苗、竹树有无被胡居安等折毁估伐情事，据实回县禀覆，以凭核办。去书毋得藉票需索，滋延干咎，慎速，须票。

住大山顶，离城九十里

光绪三十二年三月二十六日，工房呈

稿　行[②]

而大多数签直接将被唤人名夹叙于正文内容之中，出现的人名相对较少。如光绪七年（1881）正月二十三日，《署南部县事刘为签唤文童宋麟铣上控胡韩氏等唆纠凶霸一案人证以凭申解事签》：

……为此签仰该役前去，即将胡天润、胡天举唤令随签赴县，以

① 南部档案，5-189-4，咸丰七年闰五月初七日，四川省南充市档案馆藏。

② 南部档案，17-577-2，光绪三十二年三月二十六日，四川省南充市档案馆藏。

凭申解。去役毋得藉签需索滋事，迟延干咎。慎速，须签。

光绪七年正月二十三日，盐房

稿 行①

也有签在正文末尾单独开列名单，最初较为少见，在清末稍见增多。如光绪三十三年（1907）二月初二日，《南部县正堂章为签唤牌首张绍山等具禀幸文碧朦派私吞一案以凭讯究事签》，也将被唤人员名单附于正文之后：

……为此签仰该役前去，即将后开有名人证，逐一唤齐，依限随签赴县，以凭讯究。去役毋得藉签需索，滋延干咎。火速，须签。

计唤 被禀：幸文碧　　应讯孀妇：张任氏、张敬氏

原禀牌首：张绍山　　花民：张绍坤、张玉芳

牌首：张玉山　　花民：张元龙、张元安

限三日

光绪三十三年二月初二日，户房呈

县正堂章 行②

还有少量签以粘单形式将被唤人员独立于原文罗列，主要针对追缴银钱事。如光绪三十三年正月二十四日，《南部县正堂章为签饬速催欠户缴清酒税事签》：

钦加同知衔赏戴花翎调署保宁府南部县正堂章（全衔）为签饬速缴事，案据六房收书汪清溪、赵鼎新具禀各场酢户抗缴酒税一案，合行签唤。为此签仰该书役前往东、南、西、北路各场，即饬各酒税首事，查照单开，赶紧将各名下欠缴去年厘钱，克日赴案，如数缴清，以凭申解。倘再抗延，该役即将不缴之户，立即随签带县，以凭究追。去书役毋得藉签需索，滋延干咎。火速，需签。

---

① 南部档案，8-496-9，光绪七年正月二十三日，四川省南充市档案馆藏。

② 南部档案，18-405-4，光绪三十三年二月初二日，四川省南充市档案馆藏。

计粘单一纸

光绪三十三年正月二十四日，工房呈

县正堂章　行[1]

此签的粘单开列人员数量众多（图3），附于正文之中或者正文之末，都显得臃肿，所以用粘单单独开列。

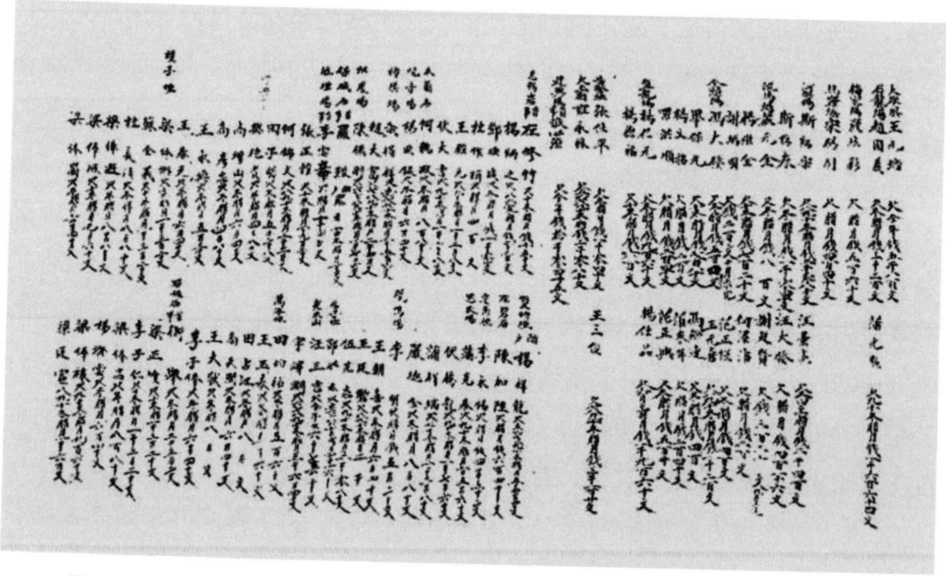

图3　南部县正堂章为签饬速催欠户缴清酒税事签所计粘单（南部档案18-404-2）

（四）差票和签均以公式性的戒语作为正文结尾。由于书役等借公文以谋私利的情况常有发生，因此，在差票和签的结尾部分，往往对书役的行为作公式性地规劝或者限制，以表明官府的态度，“去役毋得藉票/签需索，滋事迟延”，有时还声明违反的严重后果，“如违，重究不贷”。最后，以“慎速，须票/签”或“须票/签”等语作结，表明文种，如“去役毋得藉签需索，滋延干咎。慎速，须签”，[2]“去役毋得藉票需索，滋事迟延。如违，重究不贷。慎速，须票”[3]。

（五）签在注明书役办差地址信息时更为随意。不管出具差票或签的目的

① 南部档案，18-404-1，光绪三十三年正月二十四日，四川省南充市档案馆藏。

② 南部档案，7-122-2，光绪元年六月二十八日，四川省南充市档案馆藏。

③ 南部档案，13-488-4，光绪二十二年二月十五日，四川省南充市档案馆藏。

为何，总会有一个具体的办差目的地，以便书役手持凭证后有明确的赶赴目标。因此，差票在票面上往往会注明“住 ××，离城 ×× 里”，且位置比较醒目，多在正文之后、日期之前另起一行书写，比较详尽、严谨。如光绪二十二年（1896）二月十三日，《南部县正堂袁为差唤陈致祥具告唐凤翥等伙套欺撇一案人证以凭讯追事差票》：“住福德场，离城一百里。”①

相比于差票对此项的重视，签在对地址的处理上显得随意、灵活。大多数时候，在签同样的位置，看不到办差地址，而更多的是在签文内容中提到，只是没有差票的表述精确。如光绪九年（1883）六月二十七日，《南部县正堂张为签拘灶户李德璠赴分县听候吩示事签》称“签仰该役前去，速拘盘龙驿私煎盐井之灶户李德璠，刻即随签押送分县，听后吩示”，②只言明办差地点为“盘龙驿”，而没有表明具体“离城 ×× 里”。在个别时候，签从头到尾都未曾提及办差地址。例如光绪九年二月初七日，《南部县正堂张为签唤曾德元具告宋德辅擅用缴项案内人证候讯事签》，③全签均无办差地址的表述。这大概是由两个方面的原因造成：一是由于签这种文书自身的灵活性，书写时可以尽量简略；二是书役们已经知道该去哪里办差，因此没有必要在文书中言明。这在一定程度上反映出签作为正式的文书，有失严谨、规范。

（六）签在对办差期限的规定上不似差票明确。为了提高办事效率、防止胥吏借文书需索等，差票上皆注明了办差期限。在差票中，目的地与衙门距离的远近关系着持票书役完成任务的期限，如“任何未在规定期限内将被传之人带到衙门的衙役，将被查究并笞惩”。④清代黄六鸿《福惠全书》对限期的一般衡量标准作了详细描述：“上司公文牌票，非催攒案件，即拘提人犯，各该经承须严立限期完结。如空文可覆者限三日。催起解钱粮、批审词状者，先具文申覆宽限，俟即解报，亦限三日。其皂快等承票下乡，量离城远近立限，大约三十里限次日，六十里限三日，九十里限四日或五日。遇有机密紧事，另差马快，星驰回缴，不在此限。其限期既立，必须照限查比。逾限不销，

① 南部档案，13-79-2，光绪二十二年二月十三日，四川省南充市档案馆藏。
② 南部档案，8-873-7，光绪九年六月二十七日，四川省南充市档案馆藏。
③ 南部档案，8-861-7，光绪九年二月初七日，四川省南充市档案馆藏。
④ 瞿同祖著，范忠信、晏锋译：《清代地方政府》，北京：法律出版社，2011 年，第 112 页。

必须照逾限久近责惩，使彼有所儆惧而不敢怠玩。”[①] 严格的规定以及一定的惩处，在一定程度上约束了书役的渎职行为。但此项规定也并不适用于所有情况。在特殊情况下，限期销号的规定具有通融性。“然又有地虽近而事难立销者，若逾限不责，是自爽其法。故于近地，又当酌事之难易以少宽之，未可过于拘泥也。”[②] 为了防止书役过限不报，官府也有专门的措施，即定期清号。“其清号日期，一月六次，择定空日查比。早堂事毕，责成该吏唤各房及差役听比。如比日，该吏不禀，即以延捱作弊重责。其销过废牌，即勾抹存署内，以备查考。”[③] 官府不仅在差票上对书役的办差时间作了明确限制，而且还要求书役等在办差完毕后将票上交衙门销号，“其销差之时，该差同原承行持号簿，当堂照号回销”。[④]

相较于差票的严定期限而言，签就显得宽松得多，虽然也会要求书役快速、高效地完成任务，但并不明确，更多地只是公式性的套语，如前文提到的“慎速 / 火速，须签”等。

综合而言，差票和签都是正式文书，是由官府发出、书役执行的下行文；其行文格式相似，从事由、目的到结语部分等都是公式性套语；在功能上，都可用于查勘、传唤、拘提等事务。但相比于差票，签的行文更为随意，内容更为简洁，使用也更具灵活性。因此，在一定时期内，签同差票一道，同时作为地方官府常用的下行文书。

二、差票与存查的关系

在南部档案中，有一种比较特别的文种，被称为“附卷存查”或“存查”。[⑤]

---

① （清）黄六鸿：《福惠全书》，《官箴书集成》编纂委员会编：《官箴书集成》第 3 册，合肥：黄山书社，1997 年影印本，第 264 页。

② 同上。

③ 同上。

④ 同上书，第 239 页。

⑤ 按：本文所论“存查”，仅为在案件纠纷中作为差票副本而留存的“附卷存查”，其他票据的副本不在本文讨论范围之内。

一般所言的“存查”是一种档案管理制度，即存以备查，保留簿籍登记之类以备查验。[①]《清会典事例 · 户部 · 积储 · 社仓积储》载：“其簿籍之登记，每社设立用印官簿，一样二本，一本社长收执，一本缴州县存查，登记数目，毋得互异。”[②] 作为一种文书种类，存查作为差票的副本，其作用在于留存备查。

经初步筛查，南部档案中第一件存查出现的时间是光绪三十四年（1908）六月初三日，[③] 最后一件是宣统三年（1911）九月初九日。[④] 在这期间，差票发生了一些形制上的变化，从原来笼统的差票文书，转变为更具体的差唤票、查勘票、传召票等，其格式更为规范（分计开人员、正文及附加章程三部分），类型更加明确（直接在文书上写明差票的具体种类“××票”）。在当时印制的附卷存查中，就明确印有：“传人用传召票，缉贼用缉捕票，查勘用勘验票，追款用饬追票，谕饬用饬遵票，关传用关协票。”[⑤] 据笔者初步统计，在光绪三十四年六月初三日至宣统三年九月初九日间，南部档案中所见存查共565件，与光绪三十四年以前形制相同的差票虽有出现，但数量很少，仅30件，且时间相对集中在宣统三年。由此可以看出，南部县在光绪三十四年六月开始施行新的差票体制，并基本取代了此前的体制，成为之后常用的差票形制。作为文书种类的“附卷存查”也随着差票的这种变化而出现在南部档案中。

在南部档案中，光绪三十四年六月以后，往往只能见到附卷存查，很少再看到差票。其实，差票与附卷存查原本联在一起，共有三联，第一联当为号簿（内号簿），第二联为“附卷存查”，第三联为“××票”，雕版印制，有固定的版式（图4、图5）。

---

① 李伟民主编：《法学辞源》，哈尔滨：黑龙江人民出版社，2002年，第1162页。

② 《清会典事例》卷一九三《户部 · 积储》，北京：中华书局，1991年影印本，第3册，第208页下。

③ 南部档案，18-1011-7，光绪三十四年六月初三日，四川省南充市档案馆藏。

④ 南部档案，22-368-6，宣统三年九月初九日，四川省南充市档案馆藏。

⑤ 南部档案，18-1094-5，光绪三十四年六月，四川省南充市档案馆藏。

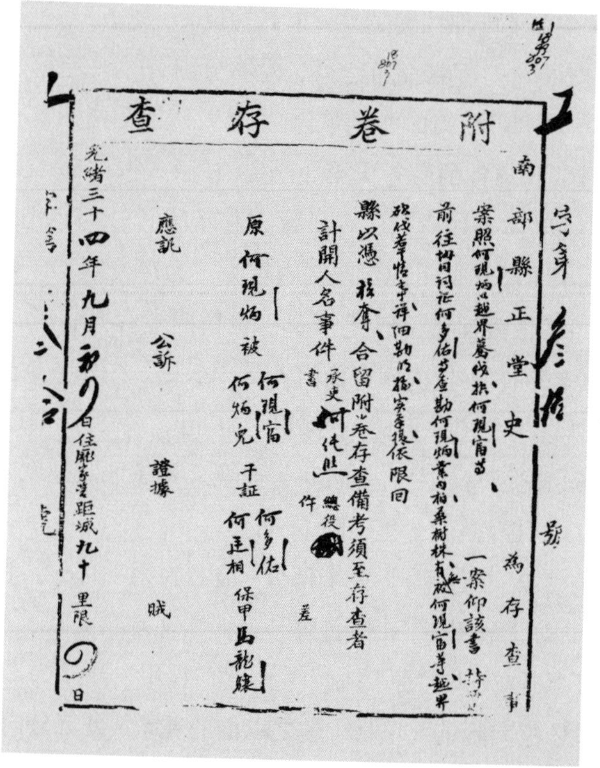

图 4　清光绪三十四年九月初四日南部县正堂史为何现炳具告何现富等越界蓦伐柏树逞刁行凶事存查（南部档案 18-807-3）

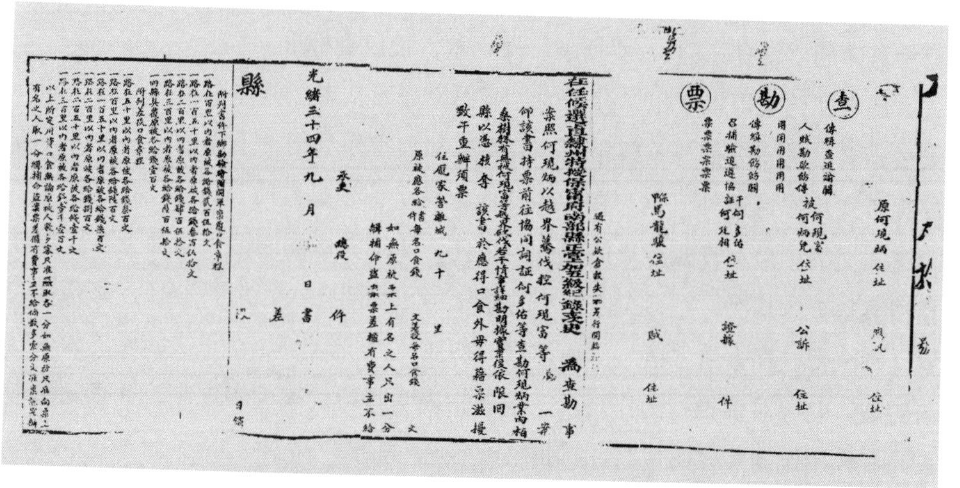

图 5　清光绪三十四年九月初四日南部县正堂史为查勘何现炳具告何现富等越界蓦伐柏树逞刁行凶事查勘票（南部档案 18-807-5）

第一联，在现存《南部档案》中，未有发现。

第二联“附卷存查”的版式框之外，左右分别有“× 字第 × 号”的编号，与第一联、第三联相联属。如“工字第叁拾号”，“工”指档案所属房别为“工房”，“第叁拾号”为该件的编号为第 30 号。在版式框内部，上面横列有“附卷存查”4 字，表明文书性质。从右开始，为存查正文，印制内容为“南部县正堂 × 为 × × 事（光绪三十四年印制内容为“为存查事”），案照……，仰该 × 持票前往……，依限回县，以凭 × ×。合留附卷存查备考，须至存查者”。其后列“计开人名事件”，依次印有衙门人员“承吏”“书”“总役”“件”“差”，以及涉案人员“原”“被”“干证”“保甲”“应讯”“公诉”“证据”“贼”等，使用时依据实际情况填写。左边是时间、被唤人等住址及办差期限，“× 年 × 月 × 日，住 × ×，距城 × × 里，限 × 日”。

第三联即为差票。版面分为三个部分：最右为第一部分，顶部横列“× × 票”，表明文种，如“查勘票”“传召票”等，体现差票类型，主要内容即开列涉案人员姓名及其住址，如“原”“被”“干证”“保甲”“应讯”“公诉”“贼”“证据”等，使用时依据实际情况填写。较之以前的差票，此部分内容所处的位置，由文末改题于文首，更为直接清晰。第二部分为差票正文，主要内容与附卷存查相同，后面对书役的“藉票需索”作了明文规定，确切注明应给口食银数额。这事实上将以前的陋规规费变成正式的制度性费用，并将数量明确化。第三部分为具体的“口食章程”，罗列书、件、差、役口食标准。

从上述档案可以看出，存查的主要内容如发文者、具体事由、目的、计开人员姓名、时间等都与差票相同。但差票和存查作为两种不同的文书种类，除外观版式不作讨论外，也存在一些其他差异。首先是性质与作用不同：差票作为正式文书，是书役执行具体事务的凭证，使用完毕需回销，而存查直接留存作档案备查。其次，在行文内容上的差异：在署衔上，差票求“全”，完整标明发文者全衔，存查求“精”，简明扼要地表明发文者身份；在正文结尾的公式性语句上，差票对书役行为作规劝、限制，表明官府的态度和规定，存查则是对去向和作用作简要说明，“合留附卷，存查备考”。

各种差票文书如传召票、传唤票、差唤票等，都有着与其对应的附卷存查。大多数时候，档案中只能见到差票或存查中的一种，两者皆存的情况比较少见，但仍可从存查或差票中窥见彼此的真实面貌。

三、结语

档案文书种类繁多，功能各异，体式有别，但也有些文种在内容、形式和功能等方面差异不明显，容易混淆。一般的读者难于细究其中的差别，认清其内涵，即便是研究档案的学者，也有不少人对此头痛不已，甚至专门的档案整理者，在标注时也偶有混淆文种的情况。

州县官处理刑名、钱谷等公事，免不了用传达和执行州县官意志的文书，差票、签、存查便是其中较为常见的文书，其重要性不言而喻。对比分析三种文书，不仅可以帮助我们认识其形式、内容和功能，快速、准确地判断其文种，还能从它们的发展变化中解析其特殊的历史意义，更有利于清代档案的整理与研究，也对办公规范化具有一定的现实借鉴意义。

综合来看，差票和签多被用于查勘案情、传唤人员、拘押人犯等，在文书形式、内容和功能等方面有相似之处。但二者又明显有异，特别是被唤人员名单，前者多单独开列于正文之后，数量较多，而后者多夹叙于正文之中，人员数量较少。在署衔、事由以及办差地址和期限等方面，签较差票简略。虽然签在形式上没有差票规范严谨，但更为简捷，使用也更为方便。存查作为一种文书，出现时间较晚，是作为差票的副本留存备查的，与差票的进一步规范化有着密不可分的关系。

其实，差票与签、存查的内涵及相互关系极其复杂，其间仍存在很多疑问待解。例如较之差票的严谨呆板而言，签更简捷方便，更易于操作，但却在防弊等方面有明显不足，又为何能够与差票一起沿用到最后？差票体制发生变化的原因究竟是什么？作为制度使用的动词性的存查又如何转变为一种文种形式？如此等等，有待深入研究。

明清卫所六房初探

王 涛*

明清史料中，卫所与州县往往是平行叙述的单位，清人在编纂《明史·地理志》时，甚至把部分卫所与州县并列，在凡例中特别交代“卫所有实土者附见，无实土者不载”，①后世研究者据此推演出的“实土卫所”概念，在卫所研究中广泛使用。②然而，一个关键性的问题尚待回答，即实土卫所与州县行政区在何种程度上相似，以至于研究者把两者等同看待。要进一步清晰地认知实土卫所与州县的共性，除了管理民户这一笼统认知外，还需要在制度层面上加以理解。作为州县和实土卫所共有的制度安排，六房制无疑为理解两者的相似性提供了观察点。明清史研究中，对六房制和卫所制均有关注。然六房制的探讨集中在州县六房，对卫所六房虽有触及，但却缺乏专门的探讨。③造成这种情况的主要原因在于相关史料的缺乏，笔者在阅读明清档案时，发现明代辽东档案和冕宁清代档案涉及卫所房科及其吏役的相关记载，其中辽东档案中的六

---

* 王涛，江西省社会科学院助理研究员。本文为国家社会科学基金青年项目“从卫所到州县——清代卫所裁撤与政区形成研究”（批准号：13CZS021）阶段性成果。

① （清）张廷玉等纂：《明史》卷四〇《地理一》，北京：中华书局，1974年，第884页。

② 关于实土卫所学术史概念的梳理与使用情况，参见郭红、于翠艳：《明代都司卫所制度与军管型政区》，《军事历史研究》2004年第4期；周振鹤主编，郭红、靳润成著：《中国行政区划通史·明代卷》，上海：复旦大学出版社，2007年，第259—260页；彭勇：《学术分野与方法整合——近三十年中国大陆明代卫所制度研究评述》，（日本）《中国史学》2014年10月。

③ 关于卫所房科，尚无专门研究，仅曹树基在阐述人口史相关问题时和张金奎在研究经历司制度时有涉及，参看葛剑雄主编，曹树基著：《中国人口史·明时期》，上海：复旦大学出版社，2000年，第153—154页；张金奎：《明代卫所经历司制度浅析》，《故宫博物院院刊》2007年第2期；张金奎：《明代卫所军户研究》，北京：线装书局，2007年，第151—161页。

房信息已为学界所注意，但利用尚不充分，而冕宁档案中的六房资料虽在一些资料集和著作中偶见涉及，不过因关注问题不同，未见用之于讨论卫所六房。基于此，本文拟以上述两种档案为中心，在学界现有研究基础上，探讨明清卫所六房相关问题。抛砖引玉，敬请方家批评指正。

一、明代的卫所六房

曹树基先生阐述军卫系统也管辖有民籍人口的观点时，曾作如下论证：

> 由军卫系统管辖的民籍人口，本身不是军人，也不是军籍系统中的“军余”或“舍丁”。表现在行政管理上，就出现军籍管理系统与民籍管理系统的混杂。证据之一，以学校为例，辽东各卫都设有卫学，军人子弟及“舍丁”“军余”等军籍人口的子弟均就读于卫学。卫学之外，各卫还设有“社学”。卫为军，社为民，社学即民籍人口就读的学校。这说明各卫均有一批不属于军籍的人口。在宣府镇和宁夏，也存在同样的社学。证据之二，辽东各卫设置管理民籍的行政官员，如设置吏、户、礼、兵、刑、工六房，也称六科。各房配有令吏、令典、典吏等1—2人或3—5人不等。卫之较小者，则或并吏、户、礼为一房，或并兵、刑、工为一房，或并兵、刑为一房。它们所管理的就是各卫所辖的民籍人口。在纯粹的边卫地区中仍然有民籍人口，这在其他地区也有所见，如下文所述，宁夏的民籍人口由宁夏卫经历司带管。可见，军卫设置专门的民籍管理部门，也并非只是辽东之孤例。①

张金奎先生针对曹先生的论述发表了自己的看法：

> 在曹先生看来，吏、户、礼等六房是边方军卫设置的“专门的民

① 葛剑雄主编，曹树基著：《中国人口史·明时期》，上海：复旦大学出版社，2000年，第153—154页。

籍管理部门”，是军卫系统管辖部分民籍人口的一个有力证据。但事实是否如此呢？翻检史志会发现，六房并非仅仅设置在边境卫所，亦广泛设置在腹里卫所。如江西赣州卫，湖广黄州卫、蕲州卫，浙江海宁卫，南直隶宣州卫，等等。这些卫所周围都有完整的州县行政机构，显然不会有带管的民籍人口。可见，卫所中的六房并非专门的民籍管理部门。

另外，曹先生称六房即是六科，显然也是误解。所谓的“科”，实际上是“房”的下级机构。如惠州知府李玘在给上司呈文，谈及碣石卫六房吏典佥拨时说：“合无申乞布政司，查拨吏农，发该卫挨参顶补见缺房科……役满者，掌印官同吏房将各房科文卷揭查起送。”不过，由于科的级别非常低，所以在政书类史籍中根本找不到对他们的明确记载，只能从散见的文书档案中去寻觅它们的影子。笔者目前只发现兵房下设有恩军科，对其他科的设置暂时还不清楚。①

这里张先生对曹先生的观点提出了两点质疑，其一是曹先生认为卫所六房是专门的民籍管理机构，以此来作为明代军籍系统和民籍系统混杂的一个重要证据，针对此，张先生以江西赣州卫，湖广黄州卫、蕲州卫，浙江海宁卫，南直隶宣州卫也存在卫所六房，而这些卫所属于腹里卫所，不可能带管民籍人口为由予以反驳。其二，针对曹先生认为的六房即是六科，张先生引用惠州知府李玘的呈文，认为科为房的下级机构。尽管笔者觉得张先生的论证还可再进一步补充细化，但认同科是房的下级机构和卫所六房非专门管理民籍机构的结论。

曹、张两位先生是最早关注卫所六房的研究者，他们的研究对我们认知卫所六房有重要的启发意义，使我们对卫所六房有了初步了解，进而意识到卫所六房在明代广泛存在于各卫中。实际上，卫所六房广泛存在这一认知，在其他学者的研究所引用的卫所资料中，也能得到进一步的印证。如于志嘉对江西卫所的研究中，除张金奎先生提到的赣州卫设有六房外，在引用的万历《南昌府志》中，也明确提到了南昌卫六房，九江卫和袁州卫虽未明确看到卫六房的

① 张金奎：《明代卫所军户研究》，北京：线装书局，2007年，第151—152页。

表达，但出现了六房吏——令史和典吏，说明九江卫与袁州卫是设置有卫六房的。[①]万历《明会典》不仅详细开列了两京各卫所令史、典吏和司吏的设置情况，还进一步指出各卫设有令史、典吏，千户所、守御所、镇抚司设有司吏，[②]这说明了明代在各卫所设置六房应是一种制度性安排。需要指出的是，曹树基先生提到的“令典”，应是令史和典吏的合称，并不是一个独立的吏役名称。

曹、张两位先生在论述卫所六房时，均引用了辽东档案，由于两位先生并非专文研究卫所房科，故点到为止。循其征引的辽东档案，结合其他史料，我们还可对卫所房科进行一些补充。其一，关于房名，除了吏、户、礼、兵、刑、工外，我们还看到有些卫设有粮房。[③]这与明代府州县房的设置非常接近。[④]目前的研究中，架阁库也被归入六房范畴，在明代卫所里，也设置有这类机构。关于科名，张先生言只是在兵房下发现恩军科，其他科不清楚，我们读辽东档案可以发现，房下还有兵马科、[⑤]马科、[⑥]承发科[⑦]等名目。其二，关于并房问题，曹树基先生认为：“卫之较小者，则或并吏、户、礼为一房，或并兵、刑、工为一房，或并兵、刑为一房。”张金奎先生在上引专著里对此未表明意见，但在论文中基本接受此看法，言“在经历司之下设有吏、户、礼、兵、刑、工六房，由于各卫所的事务繁简有别，很多卫所的六房往往合并，或并吏、户、礼为一房，或并兵、刑、工为一房，或并兵、刑为一房，等等”。[⑧]笔者阅读辽

---

① 于志嘉：《明代江西卫所军役的演变》，《卫所、军户与军役——以明清江西地区为中心的研究》，北京：北京大学出版社，2010 年，第 152—199 页。

② （明）申时行等修：《明会典》卷七《吏部六 · 吏员》，北京：中华书局，1989 年影印本，第 34—50 页。

③ 辽宁省档案馆、辽宁省社会科学院历史研究所编：《明代辽东档案汇编》上册，沈阳：辽沈书社，1985 年，第 272、297 页。

④ 明清六房研究中，一般多言州县六房，至多注意到顺天府的六房，但实际上，其他地区的府也设置有六房，如广信府即设置有吏、户、礼、兵、刑、工及承发房，详见（明）张士镐修，江汝璧等纂：嘉靖《广信府志》卷五《食货志 · 徭役》，载《天一阁藏明代方志选刊续编》第 45 册，上海：上海书店，1990 年影印本，第 294 页。

⑤ 辽宁省档案馆、辽宁省社会科学院历史研究所编：《明代辽东档案汇编》上册，沈阳：辽沈书社，1985 年，第 271、275 页。

⑥ 同上书，第 272 页。

⑦ 同上书，第 261 页。

⑧ 张金奎：《明代卫所经历司制度浅析》，《故宫博物院院刊》2007 年第 2 期。

东档案时发现，除了吏户礼、兵刑工、兵刑出现在一起连称外，还有吏礼、[①]户粮[②]合称的情况。这种合称是否表示合并为一房？是值得思考的。如辽东档案中吏典名册有如下记述："本卫缺令典七名。令史二名：吏户礼房一名，兵刑工房一名……。典吏五名：吏礼房一名，户房一名，兵房一名，工刑房一名，架阁库一名。"[③]若把吏户礼、兵刑工分别视为吏、户、礼三房和兵、刑、工三房合并后的一房，则很难理解下面单独出现的户房和兵房，很大可能是，吏户礼三房共设一名令史管理，兵刑工三房共设一名令史管理，令史属于级别比较高的吏役，管理若干房是合理的。张先生也指出令史在诸吏中的地位："卫所吏员主要分四等：最低的是攒典，一般负责管理仓库；攒典服役满三年，'驳查无碍'，可升为司吏；司吏之上是典吏；最高为令史。"[④]笔者注意到，《明代卫所经历司制度浅析》中所引天启《海盐县图经》中明确说"吏户礼三房、兵刑工三房各令史一名"，[⑤]说明只是两名令史各自管理三房，而非并为一房。为什么是吏户礼共设令史，兵刑工共设令史，而不是其他的组合？郭润涛指出六房"一般是东面吏、户、礼三房，西面兵、刑、工三房。这种排列的次序与格局，与京师的'六部'格局相同。所有方志的记载，也无一例外"。[⑥]卫所六房的布局应与之类似，这种两名令史分别管理吏户礼、兵刑工的设置，很可能是出于办公便利的考虑。同样地，这里出现的吏礼、工刑、户粮并称也是指吏役兼领。崇祯年间，李应升曾建议京畿地区七十七卫"卫所六房吏役可以吏兼礼，以户兼工，以兵兼刑，则并裁礼刑二缺总计一百五十余人"。[⑦]说明卫所事务减少和出于节约行政经费的考虑，吏役兼房的情形是存在的，同时这也进一步证明了卫所设置六房的普遍性。

辽东都司卫所虽为实土卫所，与州县有类似之功能，但毕竟不似州县事务

---

① 辽宁省档案馆、辽宁省社会科学院历史研究所编：《明代辽东档案汇编》上册，沈阳：辽沈书社，1985 年，第 245、250、254、275、277 页。

② 同上书，第 270、271、275 页。

③ 同上书，第 253—254 页。

④ 张金奎：《明代卫所军户研究》，北京：线装书局，2007 年，第 154 页。

⑤ 张金奎：《明代卫所经历司制度浅析》，《故宫博物院院刊》2007 年第 2 期。

⑥ 郭润涛：《明清州县衙门的格局与体制》，《文史知识》2008 年第 5 期。

⑦ （明）李应升：《落落斋遗集》卷一《敬循职掌广察吏恤民之议以裨万一疏》，明崇祯刻本。

繁忙，故多房共设一吏，亦可以理解。从史料看，吏户礼、兵刑工共设一名令史，[①]吏礼房共用一名典吏，[②]工刑共用一名典吏，[③]在辽东都司是相当普遍的事。与吏礼、工刑吏役兼职类似的，还有户粮房。[④]目前能明确判断施行多房合设一吏的卫所，计有：吏户礼设一名令史管理的有铁岭卫、[⑤]辽海卫、[⑥]定辽中卫，[⑦]兵刑工设置一名令史管理的有广宁卫、[⑧]金州卫、[⑨]东宁卫，[⑩]吏礼房共用一名典吏的有东宁卫、[⑪]广宁卫、[⑫]盖州卫、[⑬]定辽前卫、[⑭]定辽右卫、[⑮]广宁中卫、[⑯]定辽右卫，[⑰]工刑房共用一名典吏的有广宁卫。[⑱]多房合用吏役，在明代卫所中应是一种特定的制度安排，在一份关于广宁中卫吏礼房典吏江凤补役的档案中，我们看到有这样的表述："查得陆房额设令史二名，典吏四名"，[⑲]崇祯年间的题本里也说"三卫六房原有六名"。[⑳]此不仅印证了多房合用一吏的判断，也说明卫经历司下设置六房是一种制度规定，在实际的吏役设置中，一般情况是一卫设置

---

① 辽宁省档案馆、辽宁省社会科学院历史研究所编：《明代辽东档案汇编》上册，沈阳：辽沈书社，1985年，第252、258、259、268、270、272页。
② 同上书，第250、259、270、272、277、286页。
③ 同上书，第286页。
④ 同上书，第270、271、275页。
⑤ 同上书，第252页。
⑥ 同上书，第258页。
⑦ 同上书，第268页。
⑧ 同上书，第288页。
⑨ 同上书，第306页。
⑩ 同上书，第272页。
⑪ 同上书，第272、302页。
⑫ 同上书，第287页。
⑬ 同上书，第286页。
⑭ 同上书，第293页。
⑮ 同上。
⑯ 同上书，第305页。
⑰ 同上书，第301页。
⑱ 同上书，第288页。
⑲ 同上书，第303页。
⑳ （明）毕自严：《度支奏议》卷五，《续修四库全书》第483册，上海：上海古籍出版社，1996年，第202页下。

两名令史，分别管理吏、户、礼三房和兵、刑、工三房，而四名典吏的分配是：吏礼共用一名，兵刑共用一名，户、工各用一名。不过，这只是一般情形，各地可能有所不同，且可能随着时间推移而有所变化，如崇祯年间京卫除极个别卫保留四名吏役外，绝大部分只留三名。[①] 张金奎先生引辽东档案中的“查得陆房额设令史二名，典吏四名”，认为卫六房有固定的编制，并以宣州卫、海宁卫、赣州卫的例子加以印证，但同时也指出海南卫由于兵力众多，设有六名令史，十二名典吏的例外情况。[②] 明代同时设有六名令史、十二名典吏之卫，并不多见。黄州卫、蕲州卫典吏数额与海南卫同，但令史依然是两名。[③] 实际上，海南卫隶属的广东都司，其吏户兵刑工房及声息科总共也只有六名令史、十二名典吏。嘉靖《广东通志初稿》：“都司，吏户兵刑工房声息科令史各一名，共六名，典吏各二名，共十二名。”[④]

不仅卫设有房科，都司也设置有六房。以辽东都司为例，现存档案中出现有户房、[⑤] 刑房、[⑥] 吏房、[⑦] 礼房、[⑧] 粮房。[⑨] 关于所，一般设有司吏一员，各方志中称呼有所不同，一般称“司吏”，但也有称“所吏”“所司吏”，或径称“吏”“吏员”者，[⑩] 至于所中是否设有六房，迄今尚未见能说明此一问题的史料，一时不能遽断。

---

① （明）毕自严：《度支奏议》卷五，《续修四库全书》第 483 册，上海：上海古籍出版社，1996 年，第 202 页下。

② 张金奎：《明代卫所经历司制度浅析》，《故宫博物院院刊》2007 年第 2 期。

③ （明）卢希哲纂修：弘治《黄州府志》卷三《官制》，明弘治十四年（1501）刻本。

④ （明）戴璟、张岳等纂修：嘉靖《广东通志初稿》卷十《公署・吏原》，《北京图书馆古籍珍本丛刊》第 38 册，北京：书目文献出版社，2000 年，第 214 页。

⑤ 辽宁省档案馆、辽宁省社会科学院历史研究所编：《明代辽东档案汇编》上册，沈阳：辽沈书社，1985 年，第 279 页。

⑥ 同上书，第 304 页。

⑦ 同上。

⑧ 同上书，第 304、422—423 页。

⑨ 同上书，第 422 页。

⑩ （明）张士镐修，（明）江汝壁等纂：嘉靖《广信府志》卷五《食货志・徭役》，《天一阁藏明代方志选刊续编》第 45 册，上海：上海书店，1990 年影印本，第 294 页；（明）曾显纂修：弘治《直隶凤阳府宿州志》上卷《职役》，《天一阁藏明代方志选刊续编》第 35 册，上海：上海书店，1990 年影印本，第 271 页；（明）李默、黄养蒙等删定：《吏部职掌》，《四库全书存目丛书》史部第 258 册，济南：齐鲁书社，1996 年影印本，第 16 页。

二、卫所六房在清代的情况

卫所不仅在明代存在，亦与清代相伴始终。入清以后，卫所进入不断裁撤的状态，六房的上级机构卫经历亦是如此。关于卫经历的裁撤，《清实录》有系统记载，以顺治朝为例，其裁撤情况如下：顺治八年（1651）十二月辛酉，裁山西威远卫经历一员，平鲁卫经历一员，朔州卫经历一员，安东卫经历一员；[①]顺治十二年（1655）十月庚午，裁山东济南等卫经历二十员；[②]顺治十三年（1656）二月辛未，裁宁夏镇左、右、前、中屯并中卫经历各一员；[③]顺治十三年三月丙申，裁山西振武卫、潞州卫经历各一员，[④]丁酉裁洮州、岷州、庄浪、山丹四卫经历；[⑤]顺治十三年五月己卯，裁湖广武昌卫、武昌左卫、黄州卫、蕲州卫、安陆卫、沔阳卫、荆州卫、荆州右卫、襄阳卫、岳州卫、九溪卫、永定卫、长沙卫、茶陵卫、衡州卫、永州卫、宁远卫、宝庆卫、常德卫、辰州卫经历各一员；[⑥]顺治十三年六月丁酉，裁浙江宁波、台州、温州、绍兴、处州、海宁、昌国、松门、海门、金乡、定海、临山、观海、磐石各卫经历；[⑦]顺治十三年八月癸未，裁广西桂林中卫、右卫经历；[⑧]顺治十三年八月甲午，裁广东广州左卫、右卫、前卫、后卫以及广海卫、惠州卫、碣石卫、肇庆卫、神电卫、南海卫、清远卫、潮州卫、雷州卫、廉州卫、海南卫经历；[⑨]顺治十四年（1657）九月丁未，裁陕西潼关卫经历；[⑩]顺治十五年（1658）十一月辛亥，裁河南、

---

① 《清世祖实录》卷六一，顺治八年十二月辛酉，《清实录》第3册，北京：中华书局，1985年影印本，第482页下。

② 《清世祖实录》卷九四，顺治十二年十月庚午，同上书，第741页上。

③ 《清世祖实录》卷九八，顺治十三年二月辛未，同上书，第763页上。

④ 《清世祖实录》卷九九，顺治十三年三月丙申，同上书，第770页下。

⑤ 《清世祖实录》卷九九，顺治十三年三月丁酉，同上书，第770页下。

⑥ 《清世祖实录》卷一〇一，顺治十三年五月己卯，同上书，第779页上。

⑦ 《清世祖实录》卷一〇二，顺治十三年六月丁酉，同上书，第791页上。

⑧ 《清世祖实录》卷一〇三，顺治十三年八月癸未，《清实录》第3册，北京：中华书局，1985年影印本，第799页下。

⑨ 《清世祖实录》卷一〇三，顺治十三年八月甲午，同上书，第801页上。

⑩ 《清世祖实录》卷一一一，顺治十四年九月丁未，同上书，第872页上。

宣武、陈州、颍川、归德、睢阳、彰德、怀庆、弘农、南阳、信阳、汝州等卫，颍上、林县、磁州、卫辉、唐县、邓州、汝宁等所掌印都司、守备、千总、经历、都事、正副断事三十八员；[①] 顺治十五年十二月癸亥，裁西安左、前、后三卫及兰州卫经历各一员；[②] 顺治十五年十二月丁卯，裁河南睢阳、怀庆二卫经历；[③] 顺治十六年（1659）闰三月壬午，裁湖广沅州、靖州、铜鼓、五开、施州、瞿塘各卫经历；[④] 顺治十六年四月壬辰，裁涿州、蓟州、开平、河间四卫经历；[⑤] 顺治十六年四月己酉，裁直隶真定卫、定州卫经历；[⑥] 顺治十六年五月戊寅，裁直隶宁山卫经历一员；[⑦] 顺治十六年五月乙酉，裁四川广元、利州、松潘、青州等卫经历各一员；[⑧] 顺治十六年六月癸巳，裁宣州卫、庐州卫、六安卫、泗州卫经历；[⑨] 顺治十六年八月己亥，裁广西柳州卫、南丹卫、庆远卫经历；[⑩] 顺治十六年八月戊申，裁山东灵山卫、鳌山卫经历；[⑪] 顺治十七年（1660）正月壬戌，裁江南苏州、镇江、徐州、太仓、镇海各卫经历。[⑫]

以上经历的裁撤，意味着经历司的裁撤，相应地，卫所六房及其承袭明代的令史、典吏吏役名目也应一并裁撤。实际上，迫于财政压力，卫所吏役在明末即遭到不断裁撤，如天启三年（1623）正月兵部覆四川道御史张应辰疏，共计裁省卫吏三百三十六名；崇祯二年（1629）京卫裁吏役七百余名。[⑬] 入清以后，令史、典吏这类明代吏役名称不再使用，而是代之以书办等名目，如《天津卫

① 《清世祖实录》卷一二一，顺治十五年十一月辛亥，同上书，第 941 页上。
② 《清世祖实录》卷一二二，顺治十五年十二月癸亥，同上书，第 943 页下。
③ 《清世祖实录》卷一二二，顺治十五年十二月丁卯，同上书，第 944 页下。
④ 《清世祖实录》卷一二五，顺治十六年闰三月壬午，同上书，第 968 页上。
⑤ 《清世祖实录》卷一二五，顺治十六年四月壬辰，同上书，第 969 页下。
⑥ 《清世祖实录》卷一二五，顺治十六年四月己酉，同上书，第 972 页上。
⑦ 《清世祖实录》卷一二六，顺治十六年五月戊寅，同上书，第 977 页下。
⑧ 《清世祖实录》卷一二六，顺治十六年五月乙酉，同上书，第 979 页上。
⑨ 《清世祖实录》卷一二六，顺治十六年六月癸巳，同上书，第 980 页上。
⑩ 《清世祖实录》卷一二七，顺治十六年八月己亥，同上书，第 988 页下。
⑪ 《清世祖实录》卷一二七，顺治十六年八月戊申，同上书，第 989 页下。
⑫ 《清世祖实录》卷一三一，顺治十七年正月壬戌，同上书，第 1011 页下。
⑬ （明）毕自严：《度支奏议》卷五，《续修四库全书》第 483 册，上海：上海古籍出版社，1996 年，第 202 页下、第 203 页上。

志》记载该卫设置经历一员，差役名目有书办、门子、步快、牢役、伞夫等，却不见令史、典吏等六房吏。[①] 清代史料中，卫所房科的史料相当少见，甚至专门的卫所志和赋役全书里也难觅踪影，笔者翻阅了《新校天津卫志》《威海卫志》《延庆卫志略》《庐州卫志》《靖海卫志》《镇海卫志》等专门志和《宣府赋役全书》，仅《庐州卫志》卫衙图上可以看出吏、户、礼、兵、刑、工六房信息，但并无文字介绍，使得我们对清代卫所六房的认知处于模糊状态。不过，幸运的是，在四川冕宁清代档案中，我们可以看到不少六房的记录，兹就笔者所见，略举几例如下：

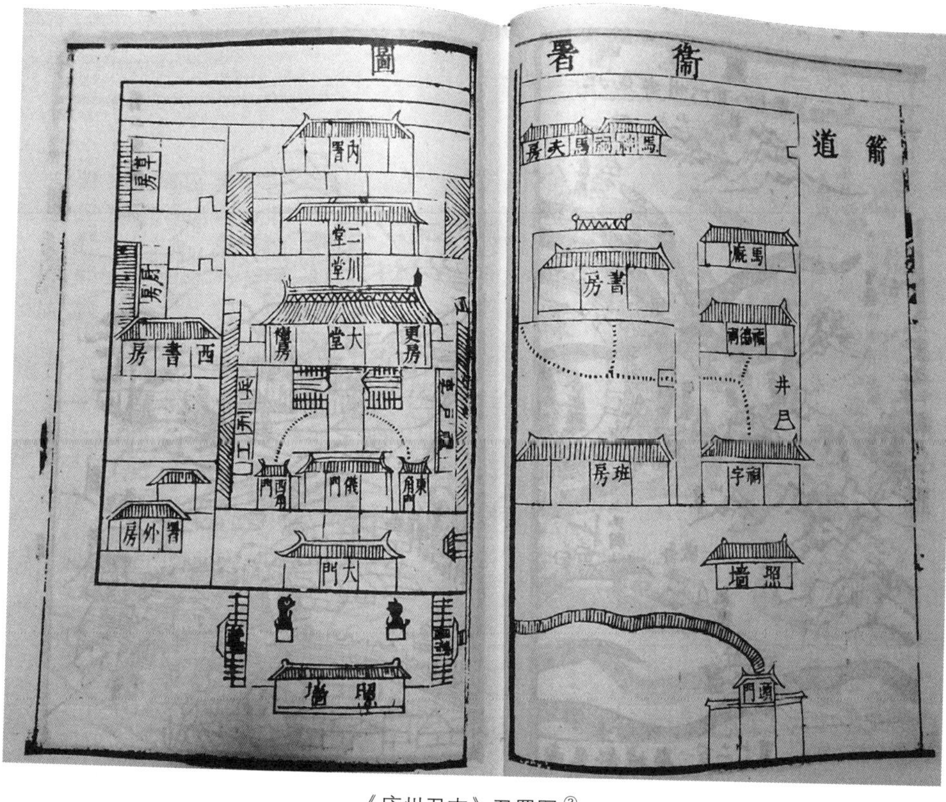

《庐州卫志》卫署图[②]

① （清）薛柱斗纂修：《新校天津卫志》卷二《赋役·官俸食役》，《中国方志丛书·华北地方》第141号，台北：成文出版社，1968年影印本，第83—93页。

② （清）尹焕纂修：乾隆《庐州卫志》卷一《图考》，《中国方志丛书·华中地方》第727号，台北：成文出版社，1985年影印本。

1. 卫正堂刑房一件，报明失落骡匹恳恩追究事。雍正六年十月二十九日据普咱渡邓枝宣报驻粮□核失骡，不知汉彝盗取一案。（档号：19–43）

2. 宁番卫刑房一件，为差催事。监理府王信牌差催缉逃犯备案由。（档号：19–2）

3. 宁番卫兵房一件，为移解丁棍偷挖等事。雍正七年七月二十一日准泸沽司历陈移会将凹乌拿出偷挖犯人撒咱坡、蒋文才等四人收审一案。（档号：19–21）

4. 宁番卫工房一宗，呈报提获偷挖矿厂事。雍正四年九月十九日蒙工署府常信牌将唐思贤等五名偷挖矿情形研讯确供详报卷。十月廿一日回讫。（档号：19–61）

5. 宁番卫工房一宗，为钦奉恩诏事。雍正五年九月十五日蒙监理府宋信牌，山东巡抚塞楞额题销建立忠义节孝祠宇碑坊用过二孝廉疏知照文。（档号：20–30）

6. 卫正堂礼房一件，祈求盛典获免差徭等事。雍正六年七月二十二日据陆门王氏诉孀居诉小甲一案。批尔子孙既未成名，仍向乡邻公论详报。贴黄。王氏守节题准转详。（档号：20–41）

7. 宁番卫刑房一件，为申饬遵宪审结重案事。雍正四年三月十五日奉按察司移宪牌遵照回遵照回遵依由。五月十八日署府行文在内。有下行稿。不回。（档号：23–1）

8. 卫正堂兵房一宗，报明顽彝等事。雍正六年七月初六日，据酥州千户据报苗出彝人生事缘由。（档号：23–29）。

9. 宁番卫吏房一宗，为除监生考职之弊等事。雍正七年四月初六日蒙代理宁远府事宋信牌将缘事斥革及病故监生原领印照追缴文。四月十日讫。（档号：24–11）

以上关于宁番卫的档案藏于四川省冕宁县档案馆，因系清代冕宁县衙所藏，且多为诉讼档案，故被法律史研究者称为冕宁清代司法档案。[①] 冕宁县的前身是宁番卫，该卫雍正六年（1728）由岳钟琪奏改为冕宁县，[②] 雍正七年（1729）正式裁撤。在所存档案的康熙四十年（1701）至雍正七年里，属于宁番卫管辖，这是目前所知现存清代地方档案中的唯一一份卫所档案，从中我们可以看到清代卫下房的设置情况。在宁番卫档案里，刑房出现的次数相对较多；因这阶段属于清军征苗时期，军务往来不断，故兵房出现亦多，但吏、工、礼出现次数极少，尚未看到宁番卫的户房信息。不过，这并不表明该卫无户房设置，也可能是档案保留缺失的缘故。当地编纂的县志为说明"额设典史八名"，以按语的形式进一步解释："原卫所时止设吏户礼三房，嗣改设县，增工刑兵三房，又役少事繁，案内复设仓、承发二房，各设典吏一名。五年役满，造人顶，赴司承领执照。"[③] 这里所言原设卫所时止设吏户礼三房，验之档案，显然是不符合事实的，但这句话提示我们，宁番卫是设有户房的。清代卫下设有六房，显然不只宁番卫如此，在宁番卫档案中保留的一份公文里，我们看到如下一份禀文："建昌卫户房书办龙番具禀，署宁番卫主老爷台前，兹禀者，原奉太老爷到任行委恩主前往盘查卫主存仓谷石，以便出结呈报。但恩主公务浩繁，未便亲往，特差办至宁，不意老爷公出越嶲军务，办在冕有病，难以过山，只得禀明老爷，出赐文结，差送办主，以便加结转报须至禀者。雍正四年拾月拾伍日禀。"[④] 宁番卫因与附近卫所有公文往来，不时出现越嶲、会理等卫信息，但只是看到一例关于户房的信息，迄今为止尚未看到房下机构科的资料。

三、余论

目前学界关于实土卫所的判断，依据有所差异，有的依据《明史·地理志》，

① 张晓蓓：《冕宁清代司法档案研究》，北京：中国政法大学出版社，2010年。

② 《清世宗实录》卷六六，雍正六年二月壬午，《清实录》第7册，北京：中华书局，1985年影印本，第1003—1004页上。

③ （清）李英粲修，（清）林骏元续修：光绪《冕宁县志》卷六《职官·官制》，清光绪十七年（1891）刻本，第2页a。

④ 冕宁档案，14–16，雍正四年十月，四川省冕宁县档案馆藏。

有的则是把地理志与《明一统志》相结合，但无论何种依据，宁番卫都应归于实土卫所一类。傅林祥在讨论实土卫所的概念史时，已经意识到“实土”一词系由侨州郡县的实土概念发端而来，[①] 然未能解释为何清人会使用这一概念。笔者以为，正是卫所六房的设置，使得其行政结构与州县非常类似，加之卫所不仅拥有司法功能，还管理有一定的屯地和屯丁，给清人造成了深刻的印象，使得地理志纂修中将之与历史上的侨州郡县相类比，借用侨州郡县“实土”含义，滋生出了“实土卫所”概念。我们知道，《明史·地理志》是清人所编纂，反映的是清代人的观念——准确地说是清前期的认知，在这样的背景下，《明史·地理志》中出现的卫所的实土与无实土概念，很可能是基于当时卫所实情提出的。

① 傅林祥：《“实土卫所”含义探析》，“新时代的历史地理学暨东北历史地理研究——2016 年中国历史地理学术研讨会”论文，中国长春，2016 年，第 336—340 页。

清末审判厅之设置与州县官的审判权

刘 伟*

司法改革，在省设立各级审判厅和检察厅是清末预备立宪的重要内容。以往学界对清末审判厅的研究，大都集中在省高等审判厅的制度和运作方面，[①] 而对这一改革对州县司法的影响则往往语焉不详。实际上，虽然此时大多数州县的审判旧制没有变化，但审判厅的出现，已经在一定程度和一定范围内影响了旧有的州县官司法审判职权。本文试图从这一角度，探讨在司法改革的背景下，各省审判厅的设立及其对州县官司法审判职权的影响。

一、关于州县司法独立的争议

光绪三十二年（1906）七月，出使各国考察政治大臣戴鸿慈等在奏请改定全国官制以为预备立宪折中提出："司法与行政两权分峙独立，不容相混，此世界近百余年来之公理，而各国奉为准则者也。"并指出，中国州县"向以听讼为重要之图，往往案牍劳形，不暇究心利病，而庶政之不举，固其宜矣"。要

* 刘伟：华中师范大学历史文化学院教授。

① 相关研究著作有李启成：《晚清各级审判厅研究》，北京：北京大学出版社，2004 年。这是中国法制史研究中第一本专门研究清末审判厅的著作，对清末各级审判厅的成立过程、相关制度和运作等作了较为全面的研究，但没有涉及对州县官审判职权的影响。相关论文有柳岳武、赵鉴军：《清末奉天新式审判制度的社会运作及评价》，《唐都学刊》2005 年第 3 期；俞江：《清末奉天各级审判厅考论》，《华东政法学院学报》2006 年第 1 期；娜鹤雅：《清朝末年的刑事审判程序——以审级制度为视角》，《中州学刊》2014 年第 4 期。其中娜文涉及州县审判，但主要研究顺天府和直隶，并认为未设审判厅地方"审判程序并无变化"，只是解审次数有所减少。但也指出这是"旧有的行政兼理司法和新式的四级三审制的并用"。

改变这种状况，就必须采取各国公例，“将全国司法事务离而独立，不与行政官相丽”。他们提出的办法，是将全国各县划为四区，各区设一裁判所，区以上则为县裁判所、省裁判所，最高为全国之都裁判厅，“级级相统，而并隶于法部”。同时，各裁判所皆附设检事局，掌刑事之公诉，“凡民间民事、刑事，小者各诉于其区，大者得诉于其县，其不甘服判决者，自区裁判所以至都裁判厅，均得层层递诉，而以都裁判厅为一国最高之裁判”。①

该年九月，奕劻等奏厘定中央官制折，确定“首分权以定限”，即立法、行政、司法分立，“司法之权则专属之法部，以大理院任审判，而法部监督之，均与行政官相对峙，而不为所节制”。② 很快，刑部改为法部，大理寺改为大理院，中央司法与审判机关既已设立，外省审判机关也提上日程。

奕劻等上中央官制折三天后，厘定官制大臣拿出了外省官制改革的两层方案，通电各省督抚征求意见。其关于府厅州县改革中，除提出设置各官分掌财赋、巡警、教育、监狱、农工商务并同署办公外，还提出“别设地方审判厅，置审判官，受理诉讼，并画府厅州县各分数区，每区设谳局一所，置审判官，受理细故诉讼，不服者方准上控于地方审判厅”。另外，“每省各设高等审判厅，置省审判官，受理上控案件”。③

各省督抚答复中，多数对设置审判厅以使司法独立之事语焉不详，只强调人才不齐，经费难筹，改革难以实现。然反对之声也很强大，河南巡抚张人骏说：“州县不司裁判，则与民日疏；疆吏不管刑名，则政权不一。”还担心设立审判厅会增添民间上控困难。④ 四川总督锡良说，地方官不兼司法和设议会虽然体现了官民一体之精神，但中国“惟至今日法政之教育未溥，国民之程度犹低，而审判之刑事、民事、诉讼法尚未颁定，虽东南各省风气早开，苛求多数

① 《出使各国考察政治大臣戴鸿慈等奏请改定全国官制以为立宪预备折》，故宫博物院明清档案部编：《清末筹备立宪档案史料》上册，北京：中华书局，1979 年，第 379—380 页。

② 《庆亲王奕劻等奏厘定中央各衙门官制缮单进呈折》，同上书，第 464 页。

③ 《厘定官制大臣致各省督抚通电》，侯宜杰整理：《清末督抚答复厘定地方官制电稿》，中国社会科学院近代史研究所近代史资料编辑部编：《近代史资料》总第 76 号，北京：中国社会科学出版社，1989 年，第 52 页。

④ 《河南巡抚来电》，同上书，第 62 页。

审判、议事、董事之人，亦恐猝难备选”，所以“设审判、议事、董事之员不可急”。[①] 其中反对最力、言辞最为激烈者当属湖广总督张之洞，他说：

> 闻官制局现议设高等审判厅、地方审判厅两项人员，系司法独立，一切案件直接法部、大理院，不由臬司督抚核转，凡行政官均不受理诉讼等语，不胜骇异。此乃出自东洋学生二三人偏见，袭取日本成式，不问中国情形，故坚持司法独立之议。果如此说，大局危矣。

他强调中国与外国不同，不仅沿江沿海伏莽繁多，而且“乱党甚多”，假如裁判官果有独立之权，州县臬司督抚概不与闻，而“裁判各员中难保无学术不纯、心思不端者”，反而会“暗助革命之逆谋”[②]。

然而部分督抚的顾虑和反对并没有阻止朝廷推进行政司法分立的决心。朝廷之所以决意推进行政司法分立，除基于宪政的需要外，还有两点原因：一是旧有制度中地方审判向兼之于州县，而州县作为行政官，“一人何能兼理词讼”，于是不得不依靠胥吏，或者将司法权滥用到行政事务之中，带来一系列吏治问题；二是中国审判之法向为各国诟病，并以此作为设立领事裁判权的理由。中国欲收回此项法权，应预立司法独立之基础。[③] 光绪三十三年（1907）公布直省官制通则时，总司核定官制大臣奕劻等在奏折中称：

> 至于此次厘定直省官制，注重之处，则仍不外两端。一曰分设审判各厅以为司法独立之基础。古者执法之官，事权本不相假，三代之士师，两汉之廷尉，皆奉天子之法，以为天下之平，权既不分，法无所枉。国家因仍明制，分设布政、按察两司，亦复各有专官，截然不

① 《四川总督来电》，侯宜杰整理：《清末督抚答复厘定地方官制电稿》，中国社会科学院近代史研究所近代史资料编辑部编：《近代史资料》总第76号，北京：中国社会科学出版社，1989年，第64页。

② 《湖广总督来电》，同上书，第86页。

③ 《附编纂官制大臣泽公等原拟行政司法分立办法说帖》，《东方杂志》1907年第8期，第418—419页。

> 紊。自州县身兼其事，始不免凭恃以为威福，今日为外人藉口，而自失其权者，正坐于此。若使不相牵混，自能整饬纪纲，由此而收回治外法权，初非难事。……现在法部、大理院，既经分设，外省审判之事，自应由此划分权限，别立专司，俾内外均归一律。①

通则最后一条规定："各省应就地方情形，分期设立高等审判厅、地方审判厅、初级审判厅（即原拟乡谳局，以命名尚未妥洽拟改），分别受理各项诉讼及上控事件。"② 设置各级审判厅以使行政与司法分立成为各直省官制改革的基本内容。

在编纂官制大臣载泽的说帖中，考虑到中国幅员之广，不能同时并设，遂将审判厅分立办法分为五期，以三年为一期，期以十五年而后全国之裁判制度以备。首善之区京师和交通较便、风气较开的直隶、江苏、奉天为第一期；湖南、湖北、江西、安徽、浙江为第二期；山东、广东、广西、福建列为第三期；四川、河南、山西列为第四期；云南、贵州、新疆、陕西、甘肃、吉林、黑龙江列为第五期。并说"此其大较也，至各省之中有欲提先试办或须展期缓办，均由各该省督抚体察情形斟酌办理"。③ 编纂官制大臣最初的想法是分期办理，并将各省分别先后确定举办期限，"第一期各省办有成效者可分其办理熟悉之人以办第二期"，以此逐步推广。这个分期分地举办的计划不仅举办起来时间很紧，而且在实践中也很难落实。

光绪三十四年（1908）清政府颁发逐年筹备事宜清单，规定从该年算起，第二年（宣统元年）筹办各省省城及商埠各级审判厅，第三年（宣统二年）一律成立，第四年筹办府厅州县城治各级审判厅，第五年粗具规模，第六年一律成立，同时筹办乡镇初级审判厅，至第七年粗具规模，第八年一律成立。④ 这

① 《总司核定官制大臣奕劻等奏续订各直省官制情形折》，故宫博物院明清档案部编：《清末筹备立宪档案史料》上册，北京：中华书局，1979 年，第 504 页。

② 同上，第 510 页。

③ 《附编纂官制大臣泽公等原拟行政司法分立办法说帖》，《东方杂志》1907 年第 8 期，第 421 页。

④ 《逐年筹备事宜清单》，故宫博物院明清档案部编：《清末筹备立宪档案史料》上册，北京：中华书局，1979 年，第 61—67 页。

个方案纠正了编纂官制大臣分省分期的原定计划，采取了各省同时逐步推进的方法，由上而下，从繁盛推及偏远，先商埠城治，后州县地方，虽然时间也很紧迫，但对各级审判厅设立设计了一个比较明确的步骤。

二、各省筹办审判厅

司法独立的原则和筹办各级审判厅的日程已定，各省筹办工作就此展开。宣统元年（1909），各省审判厅筹办处先后设立，多数设于臬司署内。筹办处"遴选通晓裁判、构成法规及深明治理之员，委令经理其事，即责成臬司督率各员分年计画，按限督责"。[①] 安徽审判厅筹办处以臬司为总办，设总务、编制、审查、设备四科。[②] 广东审判厅筹备处开办后，编制了省埠拟成立的审判厅数目、建筑经费和司法人员培养办法，准备省城和商埠各级审判厅的开设。[③]

筹办各级审判厅，首要任务是培养审判人才。由于时间紧，许多省为加快培养速度，均设立了司法讲习所、研究所之类的机构。如湖南就长沙府衙门设立司法研究所，遴选法政学堂兼通中外法律教员为之教授。学员分甲、乙两班，两学期毕业后分别等级注册委用，并将该所讲义印发各府厅州县研习，以使各官"咸知审判检查之法理"。[④] 在安徽，政府一面令法政学堂各科注重司法加授中外法律课程，一面饬臬司开设审判研究所，招收法政毕业学员及现充发审巡警各差人员，先开简易科一班。在一年的学习时间内，先学课程一学期，之后赴省城各问刑部门参观陪审、草拟判词。[⑤] 河南于法政学堂内附设司法研究科

① 《湖南巡抚岑春蓂奏筹办审判厅情形折》，《政治官报》第 691 号，宣统元年八月十六日，第 7 页。

② 《安徽巡抚朱家宝奏筹备皖省省城及芜湖商埠各级审判厅折》，《政治官报》第 732 号，宣统元年九月二十七日，第 14 页。

③ 《署两广总督袁树勋奏粤省筹办审判厅大概情形折》，《政治官报》第 881 号，宣统二年三月初五日，第 9 页。

④ 《湖南巡抚岑春蓂奏筹办审判厅情形折》，《政治官报》第 691 号，宣统元年八月十六日，第 8 页。

⑤ 《安徽巡抚朱家宝奏筹备皖省省城及芜湖商埠各级审判厅折》，《政治官报》第 732 号，宣统元年九月二十七日，第 17 页。

一班，有官、绅两班。[①] 云南则在法政学堂内增设司法讲习科，考选本省官吏及有职人员百名入学。[②] 浙江省鉴于全省各级审判厅成立后，需要司法审判人员众多，采取两条途径同时并举加快培养审判人才：一是在筹办处内附设了审判研究所，招考法政毕业人员入所研究；另开设甲、乙两班，招收人员入学；二是在法政学堂分设法律别科，专攻法律各学。[③] 四川也是两层办法，一方面扩充法政学堂，以培养完全审判人才；另一方面在审判厅筹办处设审判员讲习所，"凡通省官吏中不分实缺候补暨外省候补人员，但于听断颇著能名或法律夙有研究者"，皆广行延访，调至讲习所学习。[④]

按照清廷规定的时间，宣统元年筹办省城商埠各级审判厅，宣统二年（1910）一律成立，同时筹办府厅州县审判厅。依据《法院编制法》，各级审判衙门要分别配置检察厅，附设于审判厅内。因光绪三十三年五月二十七日有一道上谕：各省按察使改为提法使，分设审判厅，著由东三省先行试办。[⑤] 所以东三省起步较早。奉天于光绪三十三年底先期设立省城各级审判厅、检察厅，还开办了承德、兴仁两县初级审判厅六厅。后为节省经费，次年将承德裁改为三个初级审判厅，兴仁县移驻抚顺，设抚顺地方审判厅和第一初级审判厅。[⑥] 吉林自建省后即创办省城高等审判厅，光绪三十四年吉林府亦开办地方审判厅一所，初级审判厅二所。[⑦] 黑龙江省城各级审判厅则于宣统元年十月十八日正式

---

① 《河南巡抚吴重憙奏筹办省城各级审判厅情形折》，《政治官报》第 791 号，宣统元年十一月二十六日，第 9 页。

② 《护理云贵总督沈秉堃奏遵章筹办各级审判厅折》，《政治官报》第 631 号，宣统元年六月十五日，第 10 页。

③ 《浙江巡抚增韫奏筹办审判厅情形折》，《政治官报》第 658 号，宣统元年七月十二日，第 8 页。

④ 《四川总督赵尔巽奏筹办省城及重庆商埠各级审判厅情形折》，《政治官报》第 676 号，宣统元年八月初一日，第 9 页。

⑤ 《东三省总督徐世昌等奏开办各级审判厅情形折》，《政治官报》第 97 号，光绪三十三年十二月二十七日，第 11 页。

⑥ 《东三省总督徐世昌等奏开办各级审判厅情形折》，《政治官报》第 97 号，光绪三十三年十二月二十七日，第 11 页；《东三省总督徐世昌奏归并各级审判厅并改拟厅名员缺折》，《政治官报》第 450 号，宣统元年正月初十日，第 14—15 页。

⑦ 《东三省总督徐世昌吉林巡抚朱家宝奏吉省开办各级审判厅遴员试署折》，《政治官报》第 335 号，光绪三十四年九月初七日，第 6 页。

开庭。[1]

至于各省府厅州县审判厅的安排与规划，依据光绪三十四年清廷公布的逐年筹备事宜清单，每府州县至少要设地方审判厅和初级审判厅各一所，乡镇初级审判厅若干所，设置的工作量相当大。但到宣统二年年初，宪政编查馆核订《司法区域分划暂行章程》时却进行了调整：定各省省城设高等审判厅一所，距省会辽远之繁盛商埠得设高等审判分厅；各省府、直隶州各设地方审判厅一所；各厅州县设地方审判分厅，并各设初级审判厅一所以上，其著名繁盛乡镇亦可设初级审判厅，[2]形成了如下架构：

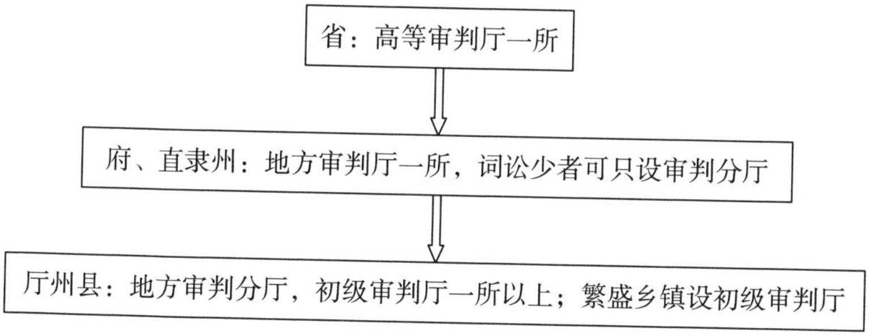

与光绪三十四年筹备清单的规划相比，并没有强调府与直隶州都必设一所地方审判厅，而是允许词讼简少者可由邻近府、直隶州地方审判厅设地方审判分厅，设于该府直辖地面或首县及该州初级审判厅内。各厅州县应设地方审判分厅，其词讼简少者亦可合邻近州县共设。

之所以改为设置地方审判分厅，主要原因是经费和司法人员不足。正如山东巡抚袁树勋所说：如按原计划，初级审判厅须置一员或二员以上之推事，初级检察厅须置一员或二员以上之检察官，是每一厅州县之初级审判厅须设官二十员左右，民刑两庭的庭长、推事和检察厅检察官十员以上，每员俸薪年六百两，总计每年每个厅州县负担的总数就达到二万两左右。如果再加上典簿、录事、书记、承发吏、庭丁、检验吏各项俸薪和其他办公费用，更是达到三万两左右。以全国二十二行省计算，岁费约达五千万两，“国家无此人才，抑亦

① 《黑龙江巡抚周树模附奏审判检察厅经常各款请作正开销折》，《江南警务杂志》1910年第5期，第26页。

② 《宪政编查馆奏核订法院编制法并另拟各项暂行章程折并单》，上海商务印书馆编译所编纂：《大清新法令（1901—1911）》（点校本）第7卷，北京：商务印书馆，2010年，第347—348页。

断无此财力”。[①] 而地方审判分厅则可设于初级审判厅内，仅置民事一庭、刑事一庭，置一至二名独任推事即可。[②] 这样不仅不必另建房屋，而且可以减少人员设置，从而节省经费。

宣统二年9月至10月，法部主持举行了全国性的法官考试。其中四川、云南、贵州、广西、甘肃、新疆在其本省举行，由法部派员主持考试，其余各省赴京师考试。这次考试共有三千五六百人报名，560余人通过考试，[③] 他们分别被授以正七品推事和检察官，分发各省各厅学习。[④] 与此同时，各省督抚和提法使预保的高等审检厅的厅丞和检察长先后奏请饬部存记，由法部请简试署。[⑤] 但分发到各省的部考法官均不敷用，而各级审判厅又要限期开庭，在这种情况下，各省大都采取变通办法，在各省曾习法政，或者曾任州县或供差谳局，于治狱素有经验之员中遴委，而典簿、录事等员则以法政学堂及司法讲习所毕业人员中考验委用。[⑥]

各直省中，除东三省提前设立外，大部分省均于宣统二年下半年宣布成立省城商埠各级审判厅，广东省拖至宣统三年（1911）上半年成立，而湖南省由于“灾变迭乘”，奏请暂缓。据宣统三年年初的一项统计，直省省城商埠已成立或即将成立的高等审判检察厅共22厅，高等审判检察分厅2厅，地方审判检察厅共计56厅，地方审判检察分厅共5厅，初级审判检察厅88厅。[⑦] 其中

---

① 《宪政编查馆会奏遵议变通府厅州县地方审判厅办法折》，《政治官报》第947号，宣统二年五月十三日，第7页。

② 《法院编制法》，上海商务印书馆编译所编纂：《大清新法令（1901—1911）》（点校本）第7卷，北京：商务印书馆，2010年，第327页。

③ 参见李启成：《晚清各级审判厅研究》，北京：北京大学出版社，2004年，第99、114页。

④ 《法部奏贵州考试法官录取各员拟请授职任用折》，《吉林司法官报》1911年第3期，第2页。

⑤ 本来依据法部定章，各省高等审检两厅的厅丞和检察长由部择员预保临时请简，也可由各省遴选预保咨部考核。但根据各省的材料来看，基本都是由各省预保咨部考核，再由部奏请简放试署的。

⑥ 这一办法首先由江苏巡抚程德全提出，后来很多省都援引办理。见《江苏巡抚程奏筹办省城各级审判厅开庭日期折》，《吉林司法官报》1911年第1期，第13页。

⑦ 这是依据规划数据统计的，其中包括当时已奏明展缓、还未正式开庭的审检厅，如湖南省，吉林之滨江厅、绥芬府，新疆三处商埠。见《直省省城商埠各级厅厅数表》，《吉林司法官报》1911年第1期，第105页；《宪政编查馆奏考核京外各衙门第三年第二届筹备宪政成绩折》，《法政杂志》1911年第5期。

地方和初级审判厅的分布情况如下：

表五　直省省城商埠地方和初级审判厅分布情况[①]

省份	地方审判厅	初级审判厅
奉天	奉天府，营口商埠，新民府商埠，安东县商埠，辽阳州商埠，铁岭县商埠，抚顺县分厅	承德县第一，承德县第二，承德县第三，营口商埠，新民府商埠，安东县商埠，辽阳州商埠，铁岭县商埠，抚顺县
吉林	吉林府，长春府商埠，延吉府商埠，宾州府，农安县，滨江府，绥芬府，依兰府	吉林府第一，吉林府第二，长春府商埠，延吉府局子街商埠，六道沟，外六道沟，头道沟商埠，汪清沟商埠，和龙县，珲春厅，宾州府，农安县，滨江府，依兰府，绥芬府
黑龙江	龙江府	龙江府
直隶	保定府，天津府，承德府，张家口商埠分厅	清苑县，天津县第一，天津县第二，天津县第三，天津县第四，承德府，张家口商埠
江苏	苏州府，江宁府，镇江府商埠，上海县商埠	长洲县，元和县，吴县，上元县，江宁县，丹徒县商埠，上海县商埠
安徽	安庆府，芜湖县商埠	怀宁县，芜湖县商埠
山东	济南府，烟台商埠	历城县，济南城外商埠，烟台商埠
山西	太原府	阳曲县
河南	开封府	祥符县
陕西	西安府	长安县，咸宁县
甘肃	兰州府	皋兰县第一，皋兰县第二
新疆	迪化府，塔城商埠，宁县商埠，疏附县商埠	迪化县，塔城商埠，宁远县商埠，疏附县商埠
福建	福州府，南台商埠分厅，厦门厅商埠	闽县，侯官县，南台商埠，厦门商埠
浙江	杭州府，宁波府商埠，温州府商埠	仁和县，钱塘县，拱宸桥商埠，鄞县商埠，永嘉县商埠

① 此表依据《直省省城商埠地方审判检察厅员额表》《直省省城商埠初级审判检察厅员额表》制作，见汪庆祺编，李启成点校：《各省审判厅判牍》，北京：北京大学出版社，2007 年，第 442—447 页。当时各级检察厅均附设在审判厅内。

续表

省份	地方审判厅	初级审判厅
江西	南昌府，九江府商埠	南昌县，新建县，德化县商埠
湖北	武昌府，汉口商埠，宜昌府商埠，沙市商埠	江夏县，汉口商埠，东湖县商埠，沙市商埠
湖南	长沙府	长沙县，善化县
四川	成都府，重庆府商埠	成都县，华阳县，巴县商埠
广东	广州府，新会县商埠分厅，三水县商埠分厅，澄海县商埠，合浦县商埠，琼山县商埠	南海县，番禺县，新会县商埠，三水县省埠，澄海县商埠，合浦县商埠，琼山县商埠
广西	桂林府，梧州府商埠	临桂县第一，临桂县第二，苍梧县商埠
云南	云南府	昆明县
贵州	贵州府	贵筑县第一，贵筑县第二

从清末已经设立的审判厅的分布情况来看，各省高等审判厅均设置于省城，地方审判厅主要设置在位于省城以及商埠所在地的府、县，初级审判厅大都设置在位于省城的首县和商埠所在地。而省城商埠以外其他州县的地方审判分厅和初级审判厅的筹备工作，除东三省有若干地方提前设立外，[①] 其余各地主要停留在划分司法区域、规划布局、准备司法人才阶段。

三、审判厅与州县官的审判权

省城商埠首府与首县地方和初级审判厅的建立，使这些地方的地方官的司法职责分离了出去，产生了适应现代审判制度的司法机构。如山西阳曲县设有地方审判厅一厅，管辖该县全境民刑起诉、控诉案件，设民、刑各一庭，各设合议推事三员，下设典簿、主簿各一员，所官一员，而以推事为之长。该县初

① 如吉林省阿城县、新城府两处，在当地官绅的积极努力下提前开办。据吉林巡抚陈昭常宣统三年十月的奏报，该省已设立地方厅8所，分厅2所，初级厅16所。见《东三省总督赵尔巽吉林巡抚陈昭常奏报第六届筹备宪政成绩折》,《内阁官报》第99号，宣统三年十月初七日，第4页。

级审判厅原准备分设两厅，嗣因限于财力，先开一厅，管阖县民刑轻微案件，亦分民、刑两庭，各设单独推事一员，书记生二人。另外初级检察厅附设于审判厅，设检察官一员，书记二人，各厅还有承发吏、检验吏、庭丁等若干名。[①]检察厅独立行其职务，承担提起公诉、接收诉状、指挥司法警察逮捕人犯、调查事实收集证据、检察审判、监视判决执行等职责。

不过值得注意的是，不少地方审判厅设立之初是由地方官兼任负责人。湖广总督陈夔龙认为："今分职未定，地方官无司法之权以济行政之穷，遇事必多扞格，转生阻力。现当筹设伊始，不能不使府县任其责成。"[②]武昌地方审判厅因审判专门人才未毕业，暂名审判见习所，由武昌知府充任所长；另一施南府知府为高等检察见习所所长；江夏县令任武昌地方审判厅见习所长，还任命了通判和其他熟悉司法人员26人为地方审判厅见习所推事。[③]实际上，在经费困难、司法人员准备不及的情况下，地方审判厅法官由地方官兼任不是个别现象。如福建，闽、侯两县地方审判厅均暂附设于县署，以两县知县分别担任推事长。初级审判厅分别附设于城内警务一局、二局，由警务总巡官任推事。闽浙总督松寿称此举目的是"意在使各员实地练习，不至临时失措"。[④]被宪政编查馆批为"殊非司法独立本意"，要求另行组织改良办法。[⑤]山东巡抚也奏请变通部章，以州县官兼充检察，"公署不烦另筹，而旧有庭堂即可改为审判之地"。[⑥]

尽管已经设立审判厅的只是省城商埠所在地的首县，尽管审判厅初设时与

---

① 《山西巡抚丁宝铨奏筹设省城各级审判厅折》，《政治官报》第823号，宣统元年十二月二十九日，第11页。

② 《湖广总督陈夔龙奏筹备各级审判厅议办情形折》，《政治官报》第527号，宣统元年闰二月二十八日，第18页。

③ 《筹办审判厅之开幕》，《北洋官报》1909年第2200册，《新政纪闻》，第11页。

④ 《闽浙总督松寿奏筹设省城商埠各级审判厅办理情形折》，《政治官报》第699号，宣统元年八月二十四日，第7页。

⑤ 《宪政编查馆大臣奕劻奏报各省筹办宪政情形折》，故宫博物院明清档案部编：《清末筹备立宪档案史料》下册，北京：中华书局，1979年，第798页。

⑥ 《山东巡抚孙奏东省普筹城治各审判厅请变通部章以州县官兼充检察折》，《吉林司法官报》1911年第10期，第10页。

地方官府还有着种种联系，但各级审判厅的建立，仍部分地改变了州县的审判制度。

首先，在已经设立审判厅的首县，地方官不再有承审之权，但仍有承缉之责。在这些地方，高等审判厅掌管全省民刑上诉案件，地方审判厅管辖区内民刑起诉控诉案件，初等审判厅审理民刑轻微案件。高等审判厅自厅丞以下，地方审判厅自推事长以下皆用合议判事之制，初等审判厅采用单独判事之制。[①]法部咨行各省各级审判厅筹办事宜，规定省城商埠已设初级审判厅之辖境，"凡界内诉讼事件，地方官不得受理。有投告错误，或发现犯罪之时，当指令自赴该厅，或移送该检察厅起诉。"[②]直隶清苑县初级审判厅成立后，曾发布一告示，声明地方官不再处理诉讼：

> 为出示晓谕事，照得审判厅业已开办，本县系行政衙门，无司法民事执行之权，所有命盗杂案并户婚房地钱债一切等件，照章应归审判厅办理。合行出示晓谕为此示，仰县属绅民人等一体知悉，如有控诉事件，应赴审判厅呈告可也。特示。[③]

山东济南地方、初级审判厅成立后，首县"历城县即不预听讼，境内民刑案件即由各该厅分别管理，济南外州县距省较远赴诉不便，仍由该管地方官审判"。[④]湖北江夏县初级审判厅正式成立后，县令遵章遣散差役，停止理讼，只办行政事务，"所有县属案件均令赴初级审判厅起诉"。[⑤]

这些都说明，在已设立审判厅的首县，州县官开始不理讼事。

---

① 《陕西巡抚恩寿奏筹办省城审判厅情形折》，《政治官报》第823号，宣统元年十二月二十九日，第19页。

② 《法部奏筹办外省省城商埠各级审判厅补订章程办法折》，《政治官报》第666号，宣统元年七月二十日，第12页。

③ 《清苑县告示》，《北洋官报》1911年第2686册，《文告录要》，第8页。

④ 《山东巡抚孙宝琦奏拟设省城商埠各级审判厅并酌计各项经费折》，《政治官报》第877号，宣统二年三月初一日，第9页。

⑤ 《鄂官厅宣布不理词讼》，《申报》1911年1月19日，第1张后幅第3版。

为划分司法与行政界限，一些省份也作了一些具体规定。如安徽省规定在已设审判厅的怀宁、芜湖两县，将已结未结之诉讼悉归各该地方、初级审判厅接收，“不得再由县听断。如在安庆府上控、系属怀宁县者，亦归地方审判厅接收；其非属该县者，归高等审判厅接收。”同时确定地方、初级审判厅的审判范围，即笞杖罪以下者，归初级审判厅审判，笞杖罪以上者归地方审判厅审判。上控案件中，已经地方官讯结及应提审者，均归高等审判厅审理；而未经讯结及不应提讯者，仍由臬司批令各该地方官审办。①

但首县州县官不理讼事仅指不再承审案件而已，并不等于没有司法责任。宣统二年湖广总督曾致电法部，对法部规定“未设审判厅地方寻常招解到省之案，不论翻供与否，均由高等厅勘转报司”一条提出质疑。原因是如果由审判厅勘转报司，“其如何定谳，督抚无权过问”。法部议覆认为，解勘旧制业经变通，审判事宜行政长官自未便照前管理，“但承缉命盗重案，事关司法警察，仍属行政范围，府厅州县官应负缉捕之责，逐案仍须详报督抚，所有承缉处分，无论已、未设审判厅地方，均照旧由督抚办理。”原因是州县官有地方重责，巡警概归其管理，所以无论已、未设审判厅地方，凡命盗重案及一切刑事人犯，州县官仍有缉捕之责，并逐案详报督抚。②即州县官仍拥有对所管辖境内重要命案、盗案的缉捕权，负有“保卫治安”之责。③

不过这样划分，在实践中仍频频出现司法与行政之间的冲突。如在杭州府仁和、钱江两县，因频发盗案，人犯逃逸，民众认为是检察厅执行不力，发生殴打检察官之事。地方检察厅上详宪台，认为“本厅以行使科刑权为目的，及缉捕之事，本厅未便越俎代庖”。仁和县令指责检察厅并禀请抚宪划清行政、司法权限。检察厅则称该令误将承辑与搜查、缉捕与逮捕混为一事，“缉捕之事为地方印捕各官专责”，本厅只负责“移缉案件”，即必须在掌握证据的情况

① 《安徽巡抚朱家宝奏筹备皖省省城及芜湖商埠各级审判厅折》，《政治官报》第732号，宣统元年九月二十七日，第16页。

② 《又咨复湖广总督解释审判厅章程文》，汪庆祺编，李启成点校：《各省审判厅判牍》，北京：北京大学出版社，2007年，第278页。

③ 《民政部会奏行政司法分权声明地方官责任折》，《内阁官报》第7号，宣统三年七月初七日，第1页。

下实行逮捕。[①] 这个案例表面上是州县官与检察厅之间关于职权的推诿，但也反映出新旧制度共处之际的权限不明和利益纠葛。

然而在清政府看来，行政官虽然不理案件审理，但还应负有司法行政之责。针对各地时时出现的行政司法权限之争执，宣统三年七月，民政部出台了行政司法分权章程，称由于巡警归州县官管理，所以“其分权于司法官吏者，仅承审一端，非并承缉之责而亦不属于州县也”，重申“就刑事案件而言，承审则属于司法，承缉则属于行政”，一旦发生刑事案件，州县官应督饬巡警，并协同地方营汛兵弁进行查缉，捕获后移送该管检察厅起诉，由该管审判厅按律讯办。[②] 在清季直省的司法改革中，一方面在省一级设置提法使，使之行使司法监督的行政之责，[③] 另一方面保留州县官的承缉之权，既反映了这一改革的特色，也反映了这一改革的不彻底。

其次，在未设审判厅的州县，地方官仍有承审之权，但以审判厅为上诉机关。其中有二种情况：

一是在已设地方审判厅的府与直隶州，因其属县未设初级审判厅，故初审案件仍归地方官审理，但由地方审判厅覆审。如有上诉，一般民事案件以地方审判厅为第二审；刑事案件由该厅查明后移交高等检察厅，以高等审判厅为第

---

① 该厅引用《法院编制法》《审判厅试办章程》有关条文时认为，着手搜查必有一定之证据，一定之人犯，或一定之证据、犯人之所在地。仁、钱两县盗犯逃逸，证据全无，无法办理搜查手续，不能承担承缉之责。而逮捕需在确知犯人之姓名、住址，然后由检察厅发票，由司法警察执行。见《杭州府地方检察厅为转饬仁和县遇本厅移缉案件实力缉捕事详请抚法宪文》，载汪庆祺编、李启成点校《各省审判厅判牍》第269—270页。

② 《民政部会奏行政司法分权声明地方官责任折》，《内阁官报》第7号，宣统三年七月初七日，第1页。

③ 在清末直省官制改革中，提法使司由提刑按察使司改设，但提法使和按察使的职能有所不同。在既往省的司法体系中，按察使为一省刑名总汇，凡徒罪以上审转案件要经其复审后报督抚复核。而提法使则“承法部及本省督抚之命，管理全省司法之行政事务”，对各级审判厅所判案件有核定权，如认其错误，可行令该管检察厅分别提起非常上告或再审，即只有司法行政权而没有复勘审判权。见《宪政编查馆奏考核提法使官制折》，《政治官报》第751号，宣统元年十月十六日，第8—19页；《法部编订提法司办事画一章程折并单》，上海商务印书馆编译所编纂：《大清新法令（1901—1911）》（点校本）第11卷，北京：商务印书馆，2010年，第54页。

二审。[1]

二是省内其他未设审判厅的州县，无论案情重大与否，均由该管地方官按律断结。作为过渡办法，法部于宣统二年十二月（1911 年 1 月）提出变通州县招解死罪人犯办法：

> 各府、厅、州、县未设审判厅，地方所有各州县问拟徒、流、遣罪，寻常命、盗并一切死罪人犯，均解本管府及直隶厅、州覆审，距府直隶厅州窎远者，由府及直隶厅州遴委妥员前往覆审。如覆审无异，即录供定谳，详司核办。其由府初审及直隶厅、州案件，解该管道覆审，距道窎远者，由道委员前往覆审，如覆审无异，详司核办。倘有鸣冤翻异及案情实有可疑者，仍准由司行令高等检察厅分别提省，移送高等审判厅办理。此项提审案件，即作为该厅第二审案件，一应报司、报部之法，均遵照臣馆前奏《死罪施行详细办法》折内所定“已设审判厅地方办法”办理。[2]

法部还规定：

> 直省高等审判厅成立后，各该省未设审判厅地方，所有原审未结例须提省各案暨已结各案，遇有情节可疑，或罪名未协例得发局另审者，并与寻常招解到省之案，不论原供有无翻异，均应统归各该高等审判厅审勘，分别报司照章办理。[3]

依据上述规定，未设审判厅的府厅州县官虽然保留司法审判权，但有三个

---

① 《宪政编查馆奏规定州县地方审判厅管辖区域并上诉事宜折》,《北洋官报》1911 年第 2769 册，第 4 页。

② 《法部会奏议复赣抚等奏咨变通州县招解死罪人犯折》，上海商务印书馆编译所编纂:《大清新法令（1901—1911）》（点校本）第 10 卷，北京：商务印书馆，第 216—217 页。

③ 《宪政编查馆大臣奕劻等覆奏查核锡良所奏解释法令纷歧并窒碍情形折》，故宫博物院明清档案部编:《清末筹备立宪档案史料》下册，北京：中华书局，1979 年，第 899 页。

方面的变化，一是“凡问拟刑事案件，不惟徒罪毋庸解省，即遣流以上人犯亦均以经道府直隶州覆审而止”。也就是遣流以上人犯不必解省，只须解勘到道或府州覆审。二是道或府州覆审后，以书面材料详提法司，移送高等审判厅审勘后由司报部。三是如有翻供及审理可疑者，则由司行令高等检察厅将犯人提省交高等审判厅覆审，专案报部。[①] 均以地方官断结为第一审，以高等审判厅为第二审。[②]

高等审判厅的建立，不仅影响未设审判厅地方州县官审判的覆勘程序，也直接触及各省督抚的司法权，故而他们纷纷电奏法部，对高等审判厅的审勘之权提出质疑。[③] 东三省总督锡良认为，“高等厅之于州县，既非上级官吏，即无监督之权，各州县遇案送厅，纵原判极偏，亦复无从驳正”；并认为“高等未设分厅，遽责以处理全省之事，审判虑有不当”。[④] 宪政编查馆议覆时一一驳回，只认可在“未设审判厅地方”，并且只是在“遣流以下案件例应咨候部覆”的范围内，才由督抚咨报大理院核定，然后由大理院咨法部，由法部转咨施行。[⑤]

凡州县招解到省及上诉之案均由高等审判厅审勘，如判决不当，高等审检厅可“依法驳正”。其实质也就意味着，未设审判厅的州县的司法审断要受审判厅、检察厅的监察。具体如安徽提法司札饬各未设审判厅的州县称：“本司既不受理民词”，凡上诉民刑案件应照章由审判厅审理。并具体规定：如果州县民事案件延不审理者，原被告呈述到审判厅，由厅批示该州县从速审讯；如刑事案件原被告呈诉到厅，则由高等检察厅接受呈词后起诉，交由审判厅照会该州

---

① 《宪政编查馆谨奏为遵旨查核具奏恭折》，《京报》第163册，第275页；《苏法司左奉督宪札准法部咨嗣后先行正法及立决之犯遵照馆部新章办理文》，《南洋五日官报》1911年第168期，第9页。

② 《宪政编查馆收复各省督抚电·复鄂督电》，《政治官报》第1294号，宣统三年五月十二日，第8页。

③ 《湖广总督瑞电法部请解释解勘事宜文》《陕西提法使电法部请示解勘办法文》《四川护督王电法部据提法使详请示解勘办法文》，《吉林司法官报》，1911年第4期，第2—3页。

④ 《宪政编查馆大臣奕劻等复奏查核锡良所奏解释法令纷歧并窒碍情形折》，故宫博物院明清档案部编：《清末筹备立宪档案史料》下册，北京：中华书局，1979年，第898—902页。

⑤ 《宪政编查馆奏核议法部奏酌拟死罪施行详细办法折》，上海商务印书馆编译所编纂：《大清新法令（1901—1911）》（点校本）第8卷，北京：商务印书馆，2010年，第128页。

县官从速审理。如州县延搁不办，由审判厅开具职名咨提法司予以相应处分。[①]

《清末各省审判厅判牍》收有高等审判厅、检察厅对一些上诉的批词：

（云南高等审判厅）批民人郑纯诚上诉郑定邦串捏伪契等情一案

此项田亩既经该民家管业百年之久，又有契据可证，何至郑定邦捏契朦控，南宁县不究虚实，竟断归郑定邦管业，反将该民子佐先、承先管押凌虐，所呈已不近情。嗣据该民不服县断，控府控道，果被冤抑，岂有近在同城不为伸雪之理，尤难保其非砌词耸听。仰候移请迤东道饬查明确具覆，再行核示。

（陕西高等检察厅）批山阳县牒覆民人周兴榜上诉黄永学一案

查此案出于本年正月初一日，系在本厅成立之后，该县既未报明尸格供结，又未缮送查备，倘事实有端极错诬或引律未能允协，本厅有提起再审、提起非常上告之责，无凭稽核。该县疏漏竟至如斯，殊属不成事体。前据周兴榜控诉到厅，词称改易尸伤，虚实均应彻查。曾照会录案核夺，乃多日竟不牒覆。该民复来具诉，核其情节，不无可矜，当经批州提讯，应候州讯移覆至时再行销案。本厅系高等检察，全省刑事案件均为本厅职分内事，嗣后无论命案、盗案，仰随时具报，倘仍前疏略，定照新章办理，勿谓言之不早也。该县其凛之戒之，此檄。[②]

在前案中，高等审判厅将上诉案件移请迤东道饬查明确具覆，并对县令“不究虚实”直接提出批评。后一案例中检察厅更是严厉指责了该县令“既未报明尸格供结，又未缮送查备”，仍批回所属州覆审。

上述两个案例均反映了此时州县官的司法审判职权要受审检机关监察的实情，同时也说明，随着各省省城商埠各级审判厅的设立，无论已设审判厅的首

---

① 《安徽提法司札饬各属准高等审判厅咨未设审判厅地方未结案件赴厅上诉分别批示照催延搁不办者咨司处分文》，《吉林司法官报》1911 年第 9 期，第 5 页。

② 汪庆祺编，李启成点校：《各省审判厅判牍》，北京：北京大学出版社，第 26、22 页。

县，还是没有设立审判厅的州县，州县官的司法审判职权都在或多或少地发生变化。从全国范围而言，这是州县司法制度中新制初创、旧制仍存，但又发生相应变化的一段过渡时间。

清末的司法改革是以“预备立宪”为目标的，因此，司法独立和新的法律体系的建立，应是改革的基础和条件。然而，当时新的刑律直至宣统二年才覆奏订定；设置各级审判厅的工作直到光绪三十四年筹备立宪清单公布后才逐年展开，直至清朝灭亡，也只有省城和商埠地方的首县建立了地方和初级审判厅、检察厅。所以，州县司法改革只能在现有体制中局部推进。在新的体制还没有建立的情况下，这种局部性的改革由于无法得到有效的制度保障而只能更多地依赖办事之人。由于各级官员态度不一，加上受经费困难和旧的执法人员的牵制，从而使改革不仅在各地进展不一，落实情况很不理想，而且弊端丛生，“新瓶装旧酒”现象比比皆是。

利益、治安与风水
——清代巴县档案中的采矿纠纷

王晓飞　张朝阳*

清代矿产的开和禁是一个上至中央下至地方的全国性问题。风水最早见于晋代郭璞所撰《葬经》；古人认为风向、水流等形势，能招致祸福，是中国特有的一种文化现象。① 近来，清代矿业研究中，矿产与风水的关系受到了重视。例如，梁诸英通过对皖南地区地方志的研究，认为由于宗族意识的影响，民众非常重视对坟墓及龙脉等风水的保护。开矿影响了当地人所理解的风水，因此引发了强烈的反对，导致禁矿。② 然而吴建新通过对广东各种方志的研究，却认为士绅阶层、家族势力往往利用所掌握的风水知识，争夺并控制有限的地方资源，维护家族和地方的利益；他们利用风水划定生存边界，引起不同社会群体对资源的争夺。③

在风水与禁矿的关系上，学界可谓莫衷一是。尽管一些观点相左，但都是依据地方志的记载得出的结论。这里存在一个陷阱：地方志在古代是由当地士

---

* 王晓飞，上海交通大学历史系硕士；张朝阳，上海交通大学人文学院历史系副教授。

① 《葬经》中提到："气乘风则散，界水则止，古人聚之使不散，行之使有止，故谓之风水。""风水"在《辞海》中被解释为："风水，也叫堪舆，旧中国的一种迷信，认为住宅基地或坟地周围的风向水流等形势，能招致住者或葬者一家的祸福。也指相宅、相墓之法。"参见魏顺光：《从清代坟山风水争讼透视中国法律文化之殊相》，《江西社会科学》2013 年第 3 期。

② 梁诸英：《风水观念与基层秩序——对明清皖南禁矿事件的考察》，《中国矿业大学学报》（社会科学版）2011 年第 4 期。

③ 吴建新、衷海燕：《明清广东人的风水观：地方利益与社会纠纷》，《学术研究》2007 年第 2 期。

大夫修订，难免会带有修纂者个人意识。皖南与广东的不同，很可能是方志修纂者个人的不同，而不是历史真相的不同。要得出令人信服的结论，必须突破地方志文献的局限。为了突破局限，本文将注意力放到了清代四川巴县基层诉讼档案。这些未经士人润饰剪裁的原始档案，使得我们可以直接还原当时所发生事件的场景，了解清代社会矿产纠纷的实际情况，进而梳理在矿产纠纷当中开矿者、地方绅民和官府衙门之间的利益关系。

分析案例之前，我们先了解一下巴县的建县历史和矿产的开采状况。巴县建县已有 2300 多年的历史，是全国建县最早的地区之一，并历为郡、州、府、路附廓首县。巴县是重庆主城区的古称，北周武成三年（561）始称巴县，一直延续至民国。1912 年，改巴县为重庆府。1958 年 11 月至 1994 年属重庆市。①1982 年资源调查，全县煤总储量 2000 余万吨，集中分布于青木、白市、界石、大垭口、泉山垭、姜家场和丰盛场 7 个矿区。但由于巴县采煤历史久远，上山及浅表煤层近于枯竭。② 这也是巴县档案中矿产开采产生纠纷的原因所在。

通过对相关档案资料的分析，我们发现：在巴县，风水信仰对开矿的阻碍作用较弱。事实上，起到主导作用的是开矿者、当地民众与官府之间的利益博弈。开矿者通过国家法规和地方习惯法争取开矿的权利来维护自己的经济利益；地方绅民或支持、或反对开矿来维护自己的利益；官府为了维护自己的利益通常强调的是社会秩序。③

一、县域各方利益的角逐：与庙宇有关的采矿纠纷

巴县多山，煤炭资源丰富，开矿可以给当地民众带来财富，同时也带来

---

① 四川省巴县志编纂委员会编：《巴县志》，重庆：重庆出版社，1994 年，第 1 页。

② 同上书，第 71 页。

③ 笔者选取的都是矿业纠纷档案中最复杂、最具迷惑性且涉及风水的案例。这些案例发生在乾隆、嘉庆和道光年间，比较有代表性。这些案例使我们可以探讨：1. 在对风水最讲究的庙宇、坟墓旁开矿，风水信仰是否是阻碍开矿的主要因素；2. 中央官员和地方官员对开矿的态度的背后形成机制是什么；3. 开矿造成冲突后，风水、秩序和利益哪个因素在事态发展中起到决定性的作用。这里所说的“利益”对于开矿者和地方群众一般指产权；对于官府一般指税收。

了大量纠纷。首先，挖炭影响了当地的山川环境，给当地的生态造成破坏，绅民通常以危害当地的风水将开挖者控于县衙。其次，挖矿还造成了经济纠纷，挖矿者、当地绅民和官府三者围绕矿的禁和驰进行博弈。最后，挖矿还给当地的治安秩序带来一定的影响。巴县档案中的案例可以很清楚地看到这三点问题。

（一）开矿者的利益：永不停止地挖矿

缙云寺的案例很清楚地向我们展现开矿者是如何维护自己利益的。[①] 原告邓朝翰和张代昶与被告万裕三各自陈诉了他们的观点，县衙也派出工书李如兰进行现场勘查。最后县衙判决万裕三胜诉，并对败诉方进行了处罚。

原告邓朝翰讲："该寺系原九丰八境仙山，有关本邑、壁邑两属文风。现遭万裕三挖炭，毁沉庙宇，神圣不安。"因此他希望县衙严禁万裕三凿挖，以保全古刹基业。[②] 据笔者查知，缙云山在巴县西，接永川、璧山界，是远近士民祭祀之所，[③] 十分讲究风水。

邓朝翰认为，万裕三雇工匠多人凿挖外山有碍庙地，而且住持僧智福与甲约朋自贤等都徇隐不禀。[④] 在他看来，万裕三开矿影响了缙云寺的风水。同时他还提到寺僧智福与甲约朋自贤隐瞒不报，因此推测此二人在矿产的开采中可能获得了万裕三的好处。自嘉庆年间已故之僧将该寺常业黄泥咀的上段水码门炭山一股，出佃给万裕三开挖，至今二十余载，在此期间，开矿一直未受阻碍。如果万裕三挖炭真的影响了当地风水，早就会阻止，为何偏偏在此时提起此事。因此，此时邓朝翰以风水为由状告万裕三很可能是别有目的，笔者推测很可能是因为产权问题。在与张代昶的纠纷中，很清楚地看到双方纠纷的原因就是产

① 《道光十八年邓朝翰等禀状》，巴县档案，6-15-17133，四川省档案馆藏。

② 同上。

③ （清）霍为棻、王宫午修，（清）熊家彦纂：同治《巴县志》卷一《疆域志·山》，清同治六年（1867）刻本。其他相关记载有：《四川通志》载"巴县西，接永川、璧山界"；《太平寰宇记》载"在县西一百三十七里，其山高耸，林木郁茂，下有泉水，东西分流"；《元一统志》载"作分流之水，温冷各异。有九峰，二峰最秀，一名香炉，一名狮子，左接鱼鹿峡，入碚江，右入江津界。华盖峰达于岷江，横亘二百余里。明万历间建寺于上，名曰缙云寺"。

④ 《道光十八年邓朝翰等禀状》，巴县档案，6-15-17133，四川省档案馆藏。

权归属问题，同时这也是县衙判决的依据。

道光十八年（1838），被告万裕三为他自己作了辩诉。他说，嘉庆二十一年（1816）有缙云寺僧智福将山地放给他开挖煤炭，总共费银三千余金，道光十四年（1834）始行见炭，之后张代昶便来寻找他的麻烦，阻挠他挖炭。[①] 张代昶控告万裕三挖凿当地先前的封洞。当时，车、杨两任县令将万裕三所挖之上洞饬封，同时断张代昶等永不滋非，但任万裕三开挖下洞。[②] 从两人的判决中可以看到：官府只是注重先前禁令的权威。万裕三在官府的许可下仍获得了开挖下洞的权利。张代昶不服，于是在四月他又控裕三复挖封洞。

道光十八年四月，工书李如兰受县衙指派到乡，协同干证周兴邀集原被两造勘查封洞。李如兰查得：万裕三现挖炭洞在封洞之下，与张代昶的炭洞相隔十余丈，并未侵犯到张代昶的炭洞。[③] 因此，李如兰认为代昶先前具告万裕三一事并不属实。万裕三也在禀状中为自己作了充分的辩护：

> 沐赏工书勘明，封洞在上，蚁费银凿洞在现下，绘图禀复，蚁已诉明在卷。代昶知伊翻挖之咎难掩，旋串智福捏诉蚁越挖，有碍庙地，并称蚁与代昶争洞构讼等慌抵塞，批候质讯，合再禀明。切蚁所挖炭山系智福亲笔约放，隔庙很远，实与庙地无碍，工书勘明不虚。代昶妄争蚁洞，两次断案属实，今智福捏情狡诉，串弊扛讼显然，禀肯宪电查讯攸分。[④]

同年五月，在僧智福和张代昶的结状中记载有事情的原委：嘉庆二十年（1815）代昶故父与凌嘉贵佃缙云山业开挖煤炭。道光十五年僧智福佃给裕三业地开挖煤炭，代昶控前车主，车主令将裕三佃放山字约涂销。杨主到任后，代昶复控裕三，杨主令裕三出钱二十千文给予代昶，且将洞封闭。今查明裕三

① 《道光十八年万裕三等禀状》，巴县档案，6-15-17133，四川省档案馆藏。

② 同上。

③ 《工书李如兰为查勘绘图禀明事》，巴县档案，6-15-17133，四川省档案馆藏。

④ 《道光十八年万裕三等禀状》，巴县档案，6-15-17133，四川省档案馆藏。

挖洞并非封洞，代昶与僧智福叠次捏控。[①] 最后，县衙断将智福逐出庙外，不许在庙焚献，并将前任涂销放山字约给予裕三，代昶回乡，日后不得滋扰。[②] 可以看出裕三佃挖该地煤炭是合法的，从文中也很清楚地看到代昶以裕三复挖封洞控案并不属实。

县衙最后判词支持了万裕三，原告邓朝翰、张代昶和智福以败诉而告终。邓朝翰虽以风水作为诉讼策略，但县衙却更加重视是否封洞和产权归属。从嘉庆二十一年一直到道光十八年，裕三在此挖炭多年。从代昶与裕三的两次争讼，可以很明显看出，这是开矿产生的产权纠纷，而不是风水问题。该地区的煤炭也是一直在挖，从未停止，只是从一个地方换到了另一个地方。由于开采矿产时，可能会侵犯地方绅民的利益。地方绅民为了维护自己的利益，通常利用庙宇风水这个民间信仰作为申诉的手段，看似是风水问题，其实背后是利益纠纷。

（二）地方群众的利益：开矿对乡村庙宇的经济支持

乾隆年间白云寺的矿产纠纷案说明：有时，地方群众为了维系庙宇运作，力主开矿以便筹款。[③] 以原告郭廷藩为首的当地寺邻控诉被告万玉洁霸挖煤炭。县衙最后支持了地方群众的利益诉求。

乾隆五十五年（1790）十一月十二日，郭廷藩在诉状中陈诉了当地寺邻开矿的原因："白云寺所在地山多田少，无从开垦，每年仅收租二十余担，不敷寺用。"[④] 郭廷藩等联合甲内寺邻曾在九月十二日，向官府"恳示以杜滋扰，荷蒙赏示，蚁等向僧修齐出立佃约，每年纳租钱三百千培补神庙，现交钱一百千，修齐立给放约，随蚁等挖煤"。[⑤] 十月二十日，对郭廷藩等人的呈词，县官批示：

---

① 《僧智福与张代昶的结状》，巴县档案，6-15-17133，四川省档案馆藏。

② 同上。

③ （清）王尔鉴修，（清）王世沿等纂：乾隆《巴县志》卷二《建制》，清嘉庆二十五年（1820）刻本。白云寺，在六甲龙泉山，洪武初，里人周继斌施田地为僧舍，掘土得石，有"白云寺"三字，嘉靖二十五年重修。

④ 《乾隆五十五年十一月十二日郭廷藩告状》，巴县档案，6-1-871，四川省档案馆藏。

⑤ 同上。

"田地山场生财原资民用，据称该寺地处高山峻岭，无隙可耕，邻近之业，挖煤生息，与地理并无关碍。请照民业，一体报开前来。自应俯如所请……出具备结备案，以免争讼。"①从县官的批示中清晰可见，县官并不认为开矿有碍地理风水，反而可以维系庙宇，资民用。寺邻为了维持庙宇的正常运转，决定以开矿来获利，县衙是支持的。

如果事情到此为止，就可以得出：开矿是为了维护地方的风水。然而开矿不久，万玉洁便与郭廷藩产生了纠纷。郭廷藩陈述了纠纷发生的原因：

> 突有柯必九串久惯不法革约万玉洁，率子万永义并恶黄荣吉，纠革扑张汉相、地棍杨汉清等，前月二十八九，多人前来估占霸挖蚁佃挖煤洞三口，永义等持凶夺洞，势不敢阻。本月内叠凭甲内约邻冯登甲、朱赞章、僧修齐等理斥，莫如凶何。切蚁等佃挖煤洞，棍等纠党，以痞为势，凶恶霸夺，全无王法。迫恳拘究，以杜凶害。②

县衙堂断：万玉洁等如敢统众估挖煤洞，殊属目无法纪，准拘究。③可见官府绝对不允许一方侵犯令一方的产权。县官有时也会维护地方大多数群众的利益。

案件中主要的矛盾双方：一方是僧修齐、当地寺邻，另一方是柯必九、万玉洁等人。其实内在的矛盾也是产权纠纷。当地绅民利用开矿得来的收益维持古刹庙宇的日常用度。当有人切断这条经济来源时，村民就会采取法律的手段来维护他们的利益。在甲内约邻冯登甲、朱赞章调解无效后，当地寺邻将柯必九、万玉洁诉诸于公堂。④最后县官支持村民的利益诉求。陈明华也认为在中国传统社会中，寺庙是一个社区重要的活动空间，它与周围百姓的生活紧密相连。民众往往会捐集一定数量的房屋、田地、山林等不动产，并对之有一定的

---

① 《乾隆五十五年十一月十二日郭廷藩等词的初批》，巴县档案，6-1-871，四川省档案馆藏。

② 《乾隆五十五年十一月十二日郭廷藩告状》，巴县档案，6-1-871，四川省档案馆藏。

③ 《乾隆五十五年十一月十二日郭廷藩等词的初批》，巴县档案，6-1-871，四川省档案馆藏。

④ 陆娓：《必也使无讼乎：清代乡里调解的理性与经验——以巴县档案为素材》，《原道》2015 年第 1 期。陆娓认为乡里调解为官方所认可的对民间纠纷进行调处的一种基层解纷方式。

控制力。[1] 当有势力危害到这些产权时，这些百姓一定会维护自己的利益将之控于县衙。

二、县域各方利益的角逐：与祖坟有关的采矿纠纷

（一）县官的利益：维护禁令的权威

乾隆四十六年（1781）周智安等开挖煤炭案体现了风水因素在官府的眼中并不重要——官府在意的是维护地方禁令的权威。

乾隆四十六年五月十六日，原告正里三甲民人周珩将他的从堂兄周智安控上县衙。雍正元年（1723），周珩祖应珑和周智安祖应建将地舍与龙车寺。雍正五年（1727），智安将他祖上的舍业从龙车寺要回一股耕种，后于乾隆二十年（1755）变卖与人。乾隆三十九年（1774），智安与僧本悟将周珩祖坟后山坪与其侄继刚开挖煤炭，周珩曾因此事上诉至当时的曾姓县令，官府发出禁令，要求封平矿洞，不许开挖。然而周珩说智安之子思聪、思用今“不顾祖冢、寺僧有无局弊”，又违令将矿洞开挖。[2] 可见，矿洞在智安子思聪、思用开挖前已经被封禁。周珩还认为周智安之子开挖此洞有碍祖冢、寺僧。第一条理由说明了智安之子破坏了官府的封禁条令；第二条理由说明了智安之子开矿有碍风水。周珩控前，曾于当月初十托请族人周付乡等从中调解，但智安之子不听族人的劝说，于是周珩只能诉诸公堂。[3]

县衙堂批：“久经官断严禁之处，周思聪等胆敢复行开挖，殊属顽梗。准究逐。”[4] 县令的态度很明确，他认为在封禁处开矿就是触犯了法规，就是破坏了秩序。

然而事情并没有结束，不久，周智安将其堂弟周珩控于公堂。周智安在诉

① 陈明华：《从私契到国法——民间寺庙产权习惯及其制度化（1722—1927）》，《文史》2014 年第 2 辑。

② 《乾隆四十六年五月十六日正里三甲民周珩具首状》，巴县档案，6-1-787，四川省档案馆藏。

③ 同上。

④ 同上。

状中讲到，其大山历来开挖煤炭，离祖坟二里余。其子周思聪弟兄见周济安、周玉安、申仕荣俱在山挖煤，因此其子在老洞掘挖，"殊堂弟周珩逞刁，欺蚁老子朴，独霸射利"。[①] 周智安认为自己开挖煤炭的地方并不有碍祖坟。周济安、周玉安、申仕荣也在此山挖炭，周珩想独霸射利。周智安讲，"本年四月内，周珩唆僧本悟凭族邻周付乡、李怀安等令其子出约止挖煤，四月约系本悟执据。讵周珩又听济安等唆摆，五月十六日以违案诓挖控其子周思聪等在案"。[②] 可见，周智安认为是周珩在诬告自己。最后他说："此山系蚁祖舍出，若有碍祖坟，蚁何敢犯。此山煤孔六个，蚁子仅开有一，明系唆控独霸，诉拘讯究，恳封六洞，蚁亦不开。伏乞太爷台前俯准施行。"[③] 周智安以唆控独霸的名义将周珩等控于县衙。在周智安的反驳中，可以看到双方都在开挖煤炭。从双方的诉状中也能够很清楚地发现，风水在此只不过是双方利益角逐的筹码。周智安在诉状的最后写到，希望让县令封禁六洞，可见他已经作了最坏的打算。

县正堂批："封禁煤洞，私行开挖，罪有应得，静候讯究，毋渎。"[④] 县令在此只是强调原封禁的煤洞不许开挖，然而其他五口煤洞并没有封禁。看来县官并不想停掉所有矿洞，只是将先前封禁的煤洞停掉。那么我们可以看到风水在县衙看来也并非那么重要。

此事到此还没有结束，经过调解，族邻周远仁在闰五月时向县衙上呈息状：

为吁恩赏息，以全和睦事。前月十六，周珩以违案诓挖首侄周思聪等在案。开挖煤洞在龙车寺常业内，寺僧本悟同日亦以祸捷燃眉具禀。蒙准差唤，蚁等仰体仁宪爱民息讼德意，邀集理剖。实因周思聪系周珩堂侄，思聪贫穷无聊，违前曾主断案，搬住寺内，开挖封填煤洞，以至周珩有此控案。蚁等剖令思聪将洞仍旧封塞，勿再开挖，着与周珩服理，仍全叔侄，永敦和好。彼此均悦，愿甘息讼，各愿具永

① 《乾隆四十六年五月周志安具诉状》，巴县档案，6-1-787，四川省档案馆藏。
② 同上。
③ 同上。
④ 同上。

不滋事结状备卷。今思聪已经封洞搬移，蚁等是以哀吁仁宪赏准息销，以全和睦。均沾。伏乞太爷台前俯准施行。①

从族邻周远仁的息状中可以看出，当周智安的诉状以失败而告终时，他邀请了族邻进行调解。虽然两家在族邻的调解下和解，但是为时已晚。

县正堂批："官禁煤洞，私行开挖，殊属不法。尔等何得混渎和息？愿差即拘齐人证报审，以凭究处。"② 在周思聪的结状中，看到在族邻的调解下，两造和解，但周思聪必须"遵断填硐搬迁"，且永远不得"滋非"。③ 看来，县衙更加重视对原有禁令的维护，并不在意是否有碍风水，以及以风水作外衣的双方利益。

（二）产权很重要：风水的让位

道光十九年（1839）的谢鸣英案体现了产权在判决中的重要性。关于祖坟，人们容易首先想到风水，可是在此案中，官府并没有为了保护祖坟直接禁矿，反而让原告谢鸣英与被告冯国珍解决产权的问题，让谢鸣英承买冯国珍之业。可以得知风水与产权，县衙重视的是后者。

案情梗概如下：谢鸣英老祖谢翼于雍正五年买谢国泰大山阴地，葬老祖母陈氏，契注约界不得侵犯。后被谢朝相、李国林、李维顺等开挖煤炭，他曾控至前吴主、叶主、董主，均经讯断后封洞禁止。④ 今谢文仲业卖冯国珍，国珍听冯自慎嗦摆，违禁开挖。去年六月鸣英等禀国珍等于恩案。怎料冯自慎与谢开敏谊属郎舅，弊串开敏等于八月初六伪造合约两张。九月十一官府讯明开挖属实，谕令鸣英等承买国珍之业，以保祖冢。⑤

冯国珍违禁开挖煤炭，并且与谢开敏伪造了两张合约。当谢鸣英将冯国珍

① 《乾隆四十六年润五月族邻周远仁等具息状》，巴县档案，6-1-787，四川省档案馆藏。
② 同上。
③ 《乾隆四十六年五月十二日正三甲民周思聪今于未归堂前结状事》，巴县档案，6-1-787，四川省档案馆藏。
④ 《道光十九年谢鸣英等禀状》，巴县档案，6-15-17138，四川省档案馆藏。
⑤ 同上。

控告到县衙的时候，官方并没有马上讯断封洞，而是让谢鸣英承买冯国珍之业。让人不能理解的是，既然有禁洞的先例，为何现在官府并没有马上禁洞，而是让谢鸣英承买。官府似乎是已经承认了伪造的那两张合约。之后，谢鸣英等于十五日具禀无力承买，并说国珍奸刁异常，日夜加工越挖封禁洞内煤炭。

官府批示："姑俟开期另禀呈请覆讯断结可也。"[①] 从雍正五年到道光十九年，时间久远，估计原始契约已经不存在了。官方并不能判断那份合约的真假，因此只能让谢鸣英买下冯国珍之业。因为开矿不仅仅妨碍祖坟风水，又涉及合约问题，所以官方并没有直接作出禁矿的决定。一份合约加剧了这次纠纷的复杂性，官方处理谨慎。吴欣认为寺庙是人们的信仰之地，但其关系僧俗之间的利益，在纠纷中最突出的问题就是产权问题。[②] 祖坟问题也有相似之处。我们虽然无法得知谢鸣英续禀后县衙的态度，但是我们可以猜到，产权归属应该是县衙最终的解决方式。风水在这个案例中并没有被当成主要的问题，官府更看重产权的归属。

通过以上分析可知，对纠纷当事人而言，矿产"开"和"禁"的主要影响因素并不是风水，而是经济利益和社会秩序。

三、各级官府对开矿的态度

（一）清中央内阁对开矿的态度

乾隆年间，清内阁上演了一幕关于矿产"驰"和"禁"的讨论。引起这场讨论的核心人物是大学士兼礼部尚书赵国麟。他强调，开矿是天地之利，是民众生存的来源，强烈支持开矿。

乾隆五年（1740）二月初六日，大学士兼礼部尚书赵国麟以开矿利国利民上奏皇帝。赵国麟认为北方是旱田，民众生活艰难，且北方煤炭丰富，禁矿也

① 《道光十九年谢鸣英等禀状》，巴县档案，6-15-17138，四川省档案馆藏。

② 吴欣：《清代寺庙产业纠纷中的国家与社会——以档案与判牍资料为例》，常建华主编：《中国社会历史评论》第七卷，天津：天津古籍出版社，2006年，第235—246页。

会使民失其利。赵国麟还举了西山的例子，说京师百万户都依靠西山供给。最后他提到，产煤的地方不能妨碍城池龙脉及古昔帝王圣贤陵墓。皇帝朱批："大学士赵国麟此奏，著各省督抚酌量情形详议具奏。"① 此后，"直省各督抚陆续题报，经工部议覆，江南、江西、浙江、四川等省，间有产煤处所，或久经纳税，或系纳粮民地，例免抽税，均应照旧办理，无庸另议。"② 得旨后，不同地方的官员针对本地区的特殊性纷纷上疏，但大都支持开矿。

清代前期，即从康熙朝中叶到乾隆朝早期，具体说，就是从康熙二十一年（1682），以时任云贵总督的蔡毓荣上疏建议普遍开发滇省矿产资源发其端，中经六十余年反复的激烈争论，到乾隆十四（1749）、十五年（1750）间，终于确定在全国范围内开放采矿业的政策。③ 可以看出清政府在建国初期就非常重视开矿，让利于民，这也有益于国家的财政收入。以赵国麟为核心人物的这次讨论正是在这一历史背景下进行的。

据《清史稿·食货志五·矿政》，清政府鉴于明代竞言矿利，"中使四出，暴敛病民，于是听民采取，输税于官，皆有常率。若有碍禁山风水、民田庐墓及聚众扰民，或岁歉谷踊，辄用封禁。"④ 康熙十四年（1675）定《开采铜铅之例》，在"委官监管"的条件下，民间可自行开采。⑤ 然而清中央政府也强调开矿不能妨碍地方风水、庐墓与地方的治安，否则就要封禁。虽然这条没有写进《大清律例》，但在整个清王朝统治的过程中它确是维护地方秩序的手段。清中央政府强调风水，但更强调开矿之利。其实清中央政府关心的并不是风水问题，而是背后的地方秩序和税收，注重保护地方风水仅仅是一种表象。

（二）四川省巡抚的态度

四川巡抚宪德在上奏朝廷的奏章中强调了开矿的重要性。同时也解释了如

---

① 中国人民大学清史研究所、中国人民大学档案系中国政治制度史教研室合编：《清代的矿业》，北京：中华书局，1983 年，第 8 页。

② 同上，第 9 页。

③ 韦庆远、鲁素：《清代前期矿业政策的演变》（上），《中国社会经济史研究》1983 年第 3 期。

④ 转引自傅英主编：《中国矿业法制史》，北京：中国大地出版社，2001 年，第 17 页。

⑤ 《清朝文献通考》第一册卷三〇，杭州：浙江古籍出版社，2000 年，第 5130—5131 页。

何开矿可以使利益最大化，以及如何保证矿区地方的治安。四川位于中国的南方，是一个矿产丰富的大省。下面是雍正八年（1730）三月二十一日，大学士管户部尚书事张廷玉针对四川巡抚宪德的题本提出的处理意见：

> 但从前厂客多系四方之人，伊等素习其业，若止许本省商人，恐不善挖矿，应请通融，四方殷实商人自备资本赴厂开采，先交铜斤，后领价值，铜价银六、七两不等，每百斤照例加三抽课，余铜全数交官……今该抚既称本省商人不善挖矿，应准其招募四方殷实商人，许其自备资本，赴厂开采。[①]

宪德要求允许外省殷实商人带本赴厂开采，是为了保障国家的税收。乾隆十一年（1746），四川巡抚纪山疏称："覆查沙沟、紫古哵二铜厂，矿内夹产银星，采炼维艰，与全出金银者不同，已委员试验，详计实亏商本，难以照会典四六之例抽课，请照前议，以二八抽收，用纾商力。应如所请。"[②] 乾隆二十八年（1763），屏山县"每矿三千四百斤，煎铜三百斤，每铜百斤内，抽课铜二十斤"[③]。咸丰年间，"冕宁县属旧有紫古哵铜厂，自乾隆四十九年（1784）领铜本，仍照老厂章程，金牛厂商民采获铜一百斤，抽课铜二十斤"，[④] 清政府对川省地区的矿税管理一般采取二八抽课的制度，并且这一制度在清统治时期基本保持稳定。清政府对矿产税的规定也说明开矿成为了国家的一项收入。可见，清政府十分重视税收。

社会秩序也是宪德所关心的事，正如张廷玉对此地社会治安的关注：

---

① 转引自中国人民大学清史研究所、中国人民大学档案系中国政治制度史教研室合编：《清代的矿业》，北京：中华书局，1983 年，第 207 页。

② 《清高宗实录》卷二五九，乾隆十一年二月壬戌，《清实录》第 12 册，北京：中华书局 1985 年影印本，第 352 页上。

③ （清）张曾敏修，（清）陈琦纂：乾隆《屏山县志》卷二，（清）乾隆四十三年（1778）刻本，第 35 页。

④ （清）李英粲修，（清）李昭纂：咸丰《冕宁县志》卷五，（清）咸丰七年（1857）刻本，第 13—14 页。

查川省建昌所属会川之迤北、兴隆二厂，宁番之紫古哵、沙基二厂并九龙厂，出产红白铜矿一案，先经建昌总兵官赵儒奏请于添设营汛之后，驰禁开采……查建昌等处，向多苗彝，兼有各省匪类往来混杂，是以臣部议覆赵儒案内，将开采矿厂许令招募本省商人。今川省荷蒙皇上特派科臣清丈地亩，现今具题报竣，而各处营汛，又已添设分防，凡属兵民，莫不安土乐业，是各厂自应准其开采。①

宪德在上疏中称："迤北、兴隆等厂，并不有碍田园庐墓，营汛已经安设，自应招商开采。"② 这也说明宪德已经认识到开矿对社会秩序的破坏，因此，他在营汛设立之后，社会治安得到保证之后，才提出招商开采。乾隆七年（1742），四川巡抚硕色奏言："建昌道所属之迤北、沙沟、紫古哵三铜厂……并无妨碍田园庐舍。"③ 宪德、硕色二人均十分关注开矿是否有碍田园、庐墓，这是清地方政府对民众私有产权的保护。可见，地方巡抚更关心当地的税收利益和社会秩序。

（三）基层衙门的态度

中国上千年的传统社会运行机制中，朝廷直接任命的官吏最低只到达县级。在幅员辽阔、自然和社会状况千差万别、信息传递不便的基层社会，有其自身的秩序和规范。④ 重庆府璧山县和巴县这两则告示就体现了其中的一种秩序和规范：基层县衙对庙宇地区秩序和税收的重视。下面是嘉庆十五年（1810）四月初十日重庆府璧山县告示：

为恳禁封等事。案据绅约张锟、曾斌、罗星熙、朱浩、李永建等禀恳封禁：虎峰仙庙宇系前朝古刹，各县士民朝拜守教之所，前有众

---

① 转引自中国人民大学清史研究所、中国人民大学档案系中国政治制度史教研室合编：《清代的矿业》，北京：中华书局，1983 年，第 207 页。

② 同上。

③《清朝文献通考》第一册卷三〇，杭州：浙江古籍出版社，2000 年，第 5130—5131 页。

④ 参见黄平主编：《乡土中国与文化自觉》，北京：生活·读书·新知三联书店，2007 年，第 178 页。

> 厂等在山坡开挖煤炭，崩漏税粮，经僧月汇禀请封禁在案。讵今春又有不法之徒，在山门下挖洞，难免酿祸，绅等系近邻，是以禀恳示禁，并饬差前往封塞等情。除饬差查封外，合行出示严禁。为此示谕该处挖煤人等知悉，嗣后不许希图微利，在地擅开煤洞，倘敢藐违，该寺绅协寺邻绅约，立即指名具禀送案，严惩不贷。毋违。特示。[①]

“虎峰山，城西七十里。自慈里走马岗逶迤东向，岿峨峭立。”[②] 山上有万历十四年石坊。[③] 重庆府璧山县的县令封禁此山的原因有二：其一，“在山门下挖洞，难免酿祸”，开矿会影响当地虎峰仙庙宇地区的秩序；其二，“在山坡开挖煤矿，崩漏税粮”，影响税收。此条璧山县告示显示了基层县衙既重视庙宇地区秩序，也重视国家的税收。这也说明风水并非县衙禁止开矿的主要因素。

嘉庆二十四年（1819）十一月初十日，巴县一条告示对在虎峰仙庙宇开矿之事作出了相同的规定。虽然时间上已经相差九年，但是却体现了该地方对此事在政策上的连续性和一致性。该告示题目为“培庙安良，恳尔严禁密”。具体内容如下：

> 案据直里七甲团邻练兴顺等禀称：缘蚁等甲内虎峰仙庙宇，系属古迹，志注名山，内蕴煤炭，外蓄竹树，其庙左近，蚁等种行粮食小菜，屡被贼窃。兼有无聊之辈，恃横估伐。至于山中煤炭，亦有刁棍诓估僧人，开洞擅挖，以致炭洞人众，叠酣祸端，今始止挖休息。蚁等奉前宪示谕，齐团稽查，……至山中煤炭，不许僧人招佃开挖，恐防山空庙颓，蚁等虽已议明，不敢擅专，理合禀请赏示严禁，等情。据此，除禀批示外，合行出示严禁，为此示谕该处军民人等知悉，嗣后遇有前项不法之徒，许该团邻等指各具禀本县，以凭拘案惩治，决不宽贷。

① 《重庆府璧山县为绅约张昆禀恳禁封事示谕不准在虎峰山擅开煤硐卷》，巴县档案，6-3-171。

② （清）霍为棻、王宫午修，（清）熊家彦纂：同治《巴县志》卷一《疆域志・山》，清同治六年（1867）刻本。

③ （清）王尔鉴修，（清）王世沿等纂：乾隆《巴县志》卷二《建制》，清嘉庆二十五年（1820）刻本。

尔等亦不得藉端滋事，挟嫌妄禀，致干并究，各宜凛遵务毋违。特示。[①]

从这条告示中我们可以看到，巴县也在严禁虎峰仙庙宇开矿。璧山县贴出告示九年后，从巴县的告示中依然可以看到还有人开矿。虽然县衙屡次强调，但是也并不能杜绝。巴县的告示还要求当地团邻维护当地的治安秩序。陈亚平认为“团首是团练的首领，保正是保甲制度中的地方负责人，团练和保甲都是地方治安组织，其责任在于‘弥盗匪而靖地方’”。[②]在巴县这条告示中，直里七甲练兴顺是稽查当地治安的团邻，确保当地秩序的稳定。在白云寺，开矿会给庙宇相关人带来一些利益，因此当地寺邻都在极力维护开矿这件事，开矿反而有利于庙宇。而对于虎峰仙庙宇，开矿有可能导致当地秩序的破坏，所以当地团邻和县衙极力反对开矿。无论在官方还是在民间，风水的背后都是利益与秩序。官府、开矿者和庙宇、坟墓的相关人都是为了自己的利益。他们是在利用国家的法律政策和地方的风水信仰来维护自己的利益。事情往往比我们看到的表面现象要复杂得多。

从中央、地方巡抚、地方县衙对开矿的态度可以看出，风水问题从来都不是阻碍开矿的主要因素，而维护地方的秩序和国家的税收才是最主要的。矿产开发并不是国家所能严禁的，私矿一直存在着，且不利于官府对地方的管控，如此必然会让当地损失税收，秩序混乱，而庙宇这个敏感的地方不过加剧了矿产纠纷的冲突而已。所以当国家弛禁之时，一定强调不许有碍庙宇、庐墓等。国家还要在开矿的地方建立营汛，加强对当地治安秩序的维护。当矿厂运作后，还有一套稳定的税收制度。清中央政府在和地方大员针对驰禁的讨论中最关心的是地方的经济发展和社会秩序的稳定，而相关的民众很大程度上在意的是他们自身的利益。这些矿产纠纷的背后是政府、开矿者和当地绅民利益的角逐。

---

① 四川省档案馆、四川大学历史系主编：《清代乾嘉道巴县档案选编》，成都：四川大学出版社，1989年，第280页。

② 陈亚平：《清代巴县的乡保客长与地方秩序——以巴县档案史料为中心的考察》，《太原师范学院学报》（社会科学版）2007年第5期。

四、结论

风水因素在巴县地方矿产的开发中没有起到太大的作用，起主导作用的是开矿者、当地民众与官府之间的利益博弈。时人纷纷以风水作为维护自己利益的手段。在基层县衙不轻易受理民间细故纠纷的状况下，民事诉讼如何才能引起衙门的重视与受理？[①]清政府曾经多次强调“若有碍禁山风水，民间庐墓及聚众扰民，或岁欠谷踊，辄用封禁”，[②]这条不成文的规定授予了各方通过风水来达到自己目的的尚方宝剑。词讼者们将其作为一种策略写入讼状，以此使地方政府受理并重视自己的案件。

各方以维护自己的利益为目的，主要有如下表现：首先，从官府的立场看，官府关心的是社会秩序，包括开矿是否违背禁令、是否有碍税收，以及是否危害当地治安；其次，从开矿者的立场看，他们维护的是自己的开采利益，一般都会以无碍当地庙宇、坟墓为辩护依据，有时还用风水作为借口，开矿在经济上支持寺庙，间接地保护风水；最后，即便是当地绅民，他们专注的也是治安环境，“开矿有碍风水”仅仅是反对开矿的说辞而已。

所以，虽然地方风水、治安秩序、经济利益都影响着巴县地方矿产资源的开发，但是起最终决定性作用的是经济利益和社会秩序，而非风水；风水仅仅是当事人用来维护社会秩序和经济利益的一种手段。整个清王朝矿产开采弛而不禁，私矿开采泛滥，缘于人们追逐利益的本性。

---

① 吴佩林：《清代县域民事纠纷与法律秩序考察》，北京：中华书局，2013 年，第 180 页。

② 中国人民大学清史研究所、中国人民大学档案系中国政治制度史教研室合编：《清代的矿业》，北京：中华书局，1983 年，第 1 页。

传统法律教育中的法官培训举隅

——《樊山政书》所见布政使批阅州县判册研究

张田田*

一、问题的提出：清代州县官员习律的常规途径

清代州县司法官员虽身处“万事胚胎”的基层司法一线，但律例知识不见得精熟。尤其对初任官职即被赋予判案专责的州县官员而言，审理案件竟是其探索践行律例的实习过程，如何保证办案质量？另一方面，户婚、田土、钱债等亦是百姓利益所在，地方官自理词讼质量良莠不齐，而月报册等常规查核手段既难以落实又不够深入，更何况文牍监督与事后处分都是治标，确保官员能够胜任司法职责才是根本。本文即着眼于后者，探讨一类旨在提升州县官司法水准的“法官培训”。① 而在探讨州县官员司法能力如何提升之前，有必要先分析其一般应具备何种法律素质。

* 张田田，中南财经政法大学博士后在站，沈阳师范大学法学院讲师。

① 所谓“法官培训”，本文中将樊增祥等所作的对负有司法职能的州县官员的办案指导，归为“法官培训”。虽然州县官员不同于当今法官，培训方式也不同于国家法官学院网站《法官培训》栏目中的定期、集体培训学习等，但依照提升官员法律素质和办案技能的实质标准来看，批阅州县判册行为确有“法官培训”的功效。

试判一度是明清选官的常设科目。[①] “制科用判，非取一日词章，实征将来吏治，故断罪处，必奉大清律文。” [②] 然而，试判在设置上，并无益于对法律知识的深入考察：就“律目”而作骈判的要求，本意是督促应试者了解律典结构与内容，但为应试而虚拟骈判，往往偏离律意。更何况，试判的“考试范围”也远窄于“全律”。结合受众多是未及研读律典的考生的拟判合集（如《合例判庆云集》）来看，编者曰“但帖括家究心八股，既不能览全律，遂尔虚辞，是集悉取六曹定例，分晰注明，庶读者了若指掌”，是以编选“律目”依下列“考试大纲”：1. 不涉《名例律》，原因是“闱中取士，题分五道，部备六曹，字句各以类从，《名例》未经标列，故集中于《名例》内，不敢虚载”。2. 不吉利、不合时宜的不收，原因是取士系朝廷庆典，“凡题稍有不合于时者，如二字中‘失火’，四字中如‘谋反大逆’，五字中如‘盗园陵树木’，六字中如‘收留迷失子女’之类，皆不开列”。3. 打散门类，按字数归类，“至由二字以及九字，全目无遗，非无三字与十字可标题者，以不过一二条而止，既无合于功令，焉敢混入”。[③] 经此“苦心”编辑，考题仅涉及治官之法（吏律等）、礼仪（礼律）、钱粮征收（户律）等，而刑律中“贼盗”“人命”“斗讼”“犯奸”等门类的“律目”皆未入选。[④] 由此可见，依“律目”试判，侧重记诵之功与对仗之才，所作之骈语与律条“貌

① 对唐判的分析，参见霍存福：《张鷟〈龙筋凤髓判〉与白居易〈甲乙判〉异同论》，《法制与社会发展》1997 年第 2 期；陈锐：《唐代判词中的法意、逻辑与修辞——以〈文苑英华·刑狱门〉为中心的考察》，《现代法学》2013 年 4 期。唐宋与明清的试判差异略举两端：其一，所处环节不同，如顾炎武批评“今国朝之制，以吏部选人之法，而施之贡举，欲使一经之士，皆通吏事，其意甚美，又不用假设甲乙，止据律文，尤为正大得体。但以五尺之童能强记者，旬日之力，便可尽答而无难，亦何以定人才之高下哉！盖此法止可施于选人引试俄顷之间，而不可行之通场广众竟日之久。宜乎各记一曹，互相倒换。朝廷之制，有名行而实废者，此类是矣”。[（清）顾炎武著，陈垣校注：《日知录校注》卷十六《判》，合肥：安徽大学出版社，2007 年，第 922—923 页] 其二，唐宋有常科、制科之别；明清选举则尊崇科举一途，取士重首场八股，从命题到判卷，削足适履，千篇一律，亟需专业人才的刑部、大理寺等法司却声音无闻。

② （清）周梦熊辑：《合例判庆云集》，杨一凡主编：《历代珍稀司法文献》第 3 册，北京：社会科学文献出版社，2012 年，第 1007 页。

③ 同上。

④ 至于此类“合律判语”的内容是否符合、有多符合律意，见张田田：《〈大清律例〉律目研究》，北京：法律出版社，2017 年。

合神离”，所读之律文仅是浮光掠影，流于形式，[①] 存在漏洞，[②] 不外乎为官的敲门砖，充其量是读律的引子，而这却是选官中为数不多的与法律知识相关的测试了。乾隆二十二年（1757）起，乡试、会试科目中，试判均被逐步剔除。[③]

当然，科举非唯一选官途径，备考亦不能涵盖全部的教与学。[④] 但知识背景最相似，因而也最典型的这一类科举出身的州县官员修习法律的惯常路径选择，仍最值得关注。如上所述，科举中关乎法律的环节，易于考生蒙混过关，难以考察真才实学，到司法实践场合，法律素养的高下，就是个难以蒙混的问题了。如刘衡在《蜀僚问答》中回顾，“奉檄试令广东时，律未熟，未得要领，苦无胆力，是以在粤七年三任，自愧有忝厥官，己卯冬以忧归，乃更悉心读律，凡八阅月方得微窥圣人制律之精意”，“律例既熟，胆力已壮”，此后再任知县，准驳得心应手，案结不复翻控。

---

① 乾隆九年（1744），兵部侍郎舒赫德批评科举“不足得人”之积弊，“表、判可以预拟而得，答策就题敷衍，无所发明”，鄂文端公为首相则力争，此非制度之过，而是实施中名不副实：“即经义、表、判、策、论等，苟求其实，亦岂易副？经文虽与《四书》并重，而积习相沿，慢忽既久，士子不肯专心肄习，诚有如舒赫德所云‘数月为之而有余’者。今若著为令甲，非工不录，则服习讲求，为益匪浅。表、判、策、论，皆加核实……通晓乎律令，而后可以为判。”见（清）梁章钜：《浪迹丛谈》卷五《科目》，关蒙点校：《浪迹丛谈、续谈、三谈》，上海：上海古籍出版社，2012 年，第 59—60 页。考判之制虽因此论拖延时日，终被废。

② 张伟仁先生归纳：篇幅较长，难以完稿；格式较严，动辄犯错；题目有限，易于揣摩。最后一点是“诏、诰、表、判”四项考试共同的缺点，曾经乾隆上谕一再指出。后来“判”也被废了，但未见特别说明，大约理由就在于此。见张伟仁：《磨镜——法学教育论文集》，北京：清华大学出版社，2012 年，第 20 页。

③ 乾隆二十一年（1756），“嗣后乡试第一场止试以书文三篇，第二场经文四篇，第三场策五道，其论表判概行删省……以乾隆己卯科为始”，“至会试则既以名列贤书，且将拔其尤者备明廷制作之选淹长尔雅斯为通才，其第二场经文之外，加试表文一道，即以明春会试为始”，二十二年又下旨，“嗣后会试第二场表文，可易以五言八韵唐律一首……即以本年丁丑科会试为始”。《清朝文献通考》卷五一《选举考五・举士》，王云五主编：《万有文库》，商务印书馆，1936 年，第 5331 页。而在此之前，“表判”之利弊已见于有关科目存废的论争中，试判为清承明制，明沿唐宋选官考判之意，而顾炎武早有批评。

④ “清代没有专门的中央法律教育机构，官员的法律教育也不是制度化的，能够找到的法律教育机构也是屈指可数，只是学律馆和课吏馆的有关材料能帮我们一窥当时的法律教育。”载曾宪义等主编：《律学与法学：中国法律教育与法律学术的传统及其现代发展》，北京：中国人民大学出版社，2012 年，第 49—53 页。

官员初任，既要办案，也要读律，官箴有言，新官上任前及就任中定要熟悉《刑律》“贼盗”等篇，其原因显而易见——应试不考而临事须用。但因有佐官为治的幕友出现，刑名事务幕友专修、专营，[①]所以官之读律似不必急于求成、面面俱到，可与其司法历练融为一体。[②]汪辉祖在《学治说赘·律例不可不读》中指出：

> 官之读律与幕不同：幕须全部熟贯；官则庶务纷乘，势有不暇，凡律例之不关听讼者，原可任之幕友，若田宅、婚姻、钱债、贼盗、人命、斗殴、诉讼、诈伪、犯奸、杂犯、断狱诸条，非了然于心，则两造对簿，猝难质诸幕友者，势必游移莫决，为讼师之所窥测。熟之，可以因事傅例，讼端百变，不难立时折断，使讼师慑服，诳状自少，即获讼简刑清之益。

在读律的循序渐进方面，刘衡在《蜀僚问答》中的见解与汪辉祖相似，如“或于审案之前一二日，检取本案之律例，悉心细读，并与幕友虚衷商榷，迟

① 以刑名幕友为代表的循序渐进读律、全面把握律典之法，恰可与试判者的局限对照。陈天锡学幕：1.“兄命先读《大清律例》，律为常经，例则因时而定，尤须熟背其目录”；2.“律例中首应细读《名例》，其余各律，则须按需用之多寡，为研读之先后。如《刑律》计有十一目，《户律》计有七目，为办理刑名钱谷者首先所触及，适用为最多，故读毕《名例》，即须及之。以次读《吏》《礼》《兵》《工》四律，以窥其全。此四律除《兵律》计有五目外，其余三律各只二目”；3.“在读《刑律》时，一面即须研究律文中例分‘以准皆各其及即若’之八字”等。见陈天锡：《迟庄回忆录》（第一、二合编）第七章第五节《十六岁至二十岁》之《十二、吾从三兄弟学幕兼县署西席与从事幕学之经过》，沈云龙主编：《近代中国史料丛刊续编》第三辑，台北：文海出版社，1974年影印本，第34页。

② “明经进士出身者，临民决事，取办胥吏之口，而有能政者，又短于词判。举业之不切实用，能吏之不善文词，自唐已然”，许同莘讽古喻今，为幕友辈正名：幕友“论文章则不如著作承明，论经济则不尽茂材异等，然而明习律令，灼知情伪，机牙足以应变，智计足以解纷。其贤者能驭吏而不为吏所愚，其不肖者则与吏联为一气，而犹能弥缝无迹，为主人规避处分”。见许同莘著，王毓、孔德文点校：《公牍学史》，北京：档案出版社，1989年，第98、233页。亦可参见叶晓川：《清代科举法律文化研究》，北京：知识产权出版社，2008年，第115—117页。

之又久，临事既多，自然通贯”，[①] 是将听讼与读律结合为一体的实习方法。但汪辉祖乃是刑幕起家，自有其拜师学艺之法，所著官箴则以简便易行为主；而刘衡读律则多赖自学，在介绍自身经验时，对初仕者“读书万卷不读律”的痛处领悟得更深，于是对下属现身说法，提出综合要求，即不但要熟读重点并通读全律，还要结合案例，辨明“似是而非”等难点，不但要读律典，还要了解处分则例，免遭处分，亦免受他人蒙蔽。[②]

“策论表判”取士的命题范围，不及《名例律》，且大量删减常用类目，至官员履职后读律，则多从有关户婚、田土与命盗重案的具体规则入手，有官员建议后读《名例律》；[③] 而幕友读律首重《名例》，充分利用“八字”“律眼”的律学传承，[④] 就《名例律》大做文章，其余则“按需用之多寡，为研读之先后”。三年读律非易事，千人学幕百人成，刑幕所学即所用；而科场成败，关键并不在读律，为做官而试判，为试判而读律，是“所学非所用”，科举出身者，听讼临民，焉能不用幕？另一方面，清代学幕，时谚有“多读一年书，少读十年

① （清）徐栋辑：《牧令书》卷十七《刑名上》，官箴书集成编纂委员会编：《官箴书集成》第 7 册，合肥，黄山书社，1997 年影印本，第 372—373 页。

② 刘衡首陈律典要旨为“保全良民，禁制棍蠹诬扰”，读律心得是“司牧者于刑律内诉讼断狱两门共四十一条，果能潜心熟读，则能于收呈时即发觉棍蠹，于未出票之先而禁止之，尤为息事安人之要”，其余如《刑律》中“人命”“贼盗”“斗殴”“杂犯”“受赃”“诈伪”门，以及《户》《礼》《工》等篇，也须细读，但《名例》则不宜先读。见（清）刘衡：《蜀僚问答》，《官箴书集成》编纂委员会编：《官箴书集成》第 6 册，合肥，黄山书社，1997 年影印本，第 149 页。

③ 从刘衡的理由来看，无非怕官员对法律知识掌握不牢、基础不够，先读则难解：“至《名例律》，乃全律之总也，枢纽也。全部律例各条均不能出其范围。譬如满屋散钱，一条索子穿得，尤宜细心推究，但须各律既熟后方读之，勿先读也，先读则无所依傍，茫然不解矣。”见（清）刘衡：《蜀僚问答》，《官箴书集成》编纂委员会编：《官箴书集成》第 6 册，合肥，黄山书社，1997 年影印本，第 150 页。

④ 笔者曾尝试以“八字”解析唐律（参见张田田：《唐律疏议中的“及”字例析——传统中国立法技术的一瞥》，《法学家》2014 年第 5 期）；陈锐教授考释、归纳法理，有《“例分八字”考释》（《政法论坛》2015 年第 2 期）等系列研究；吴欢博士则从明清律典与律学的角度阐释其意义，在《明清律典“例分八字”源流述略——兼及传统律学的知识化转型》（《法律科学》2017 年第 3 期）一文中指出，“例分八字”宋元明清的播迁，反映出明清时期刑事立法技术提高和律学学术发展，以及立法语言的规范化和法律知识传播的广泛化。

律”，因“法律虽系专门，学此亦视诗书根底为何如。根底深者，不惟易成，成后词理亦必充沛。若仅识之无，即令学成，亦多贻浅俗之诮”，[①]由州县至臬藩的樊增祥则称“听讼与作文同是一理”，[②]户婚、田土、诈伪欺愚等案听讼“贵在酌理准情，片言立断，不但不能照西法，亦并不必用中律……世尝有读书万卷而坐衙不能一言，治律专家而做官不了一案者”，[③]这又涉及如何活学活用，从律例专门知识到办案实际效果的问题。

与学徒式的对刑名幕友的训练不同，州县司法官如无家传等资源，读律多数靠自学摸索，难以接触到对其因材施教、言传身教式的培训和引领。除前述刘衡通过《蜀僚问答》等教导属官外，樊增祥于陕藩任内要求下属州县官员“将自理词讼每月摘录数起呈核”，亦是特例。《樊山政书》中，樊增祥在陕西布政使任内所作各类公牍有九百余篇，其批阅州县官员自理判册的百篇批语，体现其对下属州县官员自理案件的办案指导，本文即以此为例，探讨传统法律教育中面向基层司法官员的一种特殊“法官培训”。

二、布政使不拘一格批阅州县自理判册的原由

在《樊山政书》卷十五《批咸宁县词讼册》中，樊增祥明确提出要求：“但造判册，凡所谓六项月报，徒费纸墨，毫无取义，一律免造。”樊增祥为何要舍弃例行“月报”制度而另辟蹊径利用“判册”？这还要从“月报”之弊说起。

（一）常规月报制度的缺陷

樊增祥在《樊山政书》卷六《批凤翔府傅守禀》中陈说“六项月报”之弊：

> 但云上控若干，自理若干，未到者仅标事由，已到已结者但注曲、

---

① （清）周询：《蜀海丛谈》卷二《幕友》，沈云龙主编：《近代中国史料丛刊》第一辑，台北：文海出版社，1973年影印本，第385—386页。

② 樊增祥：《樊山政书》卷十八《批蒲城县曾令士刚词讼册》，北京：中华书局，2007年。以下对《樊山政书》的著录皆与此条相同。

③ 《樊山政书》卷二〇《批拣选知县马象雍等禀》。

直二字，清讼局各员持册校勘。正如房考阅卷，但有题目而无文章，亦何从判其优劣哉？

“月报”制度因何产生，如何运作？《大清律例・刑律・诉讼・告状不受理》条例规定：

各省州、县及有刑名之厅、卫等官，将每月自理事件作何审断，与准理拘提完节之月日，逐件登记，按月造册，申送该府、道、司、抚、督查考。其有隐漏、装饰，按其干犯，别其轻重，轻则记过，重则题参。如该地方官自理词讼有任意拖延，使民朝夕听候，以致废时失业，牵连无辜小事，累及妇女抛头露面，甚至卖妻鬻子者，该管上司各官徇庇，概不参处，或被人首告，或被科道纠参，将该管上司各官一并，交与该部，从重议处。①

州、县自行审理一切户婚、田土等项。照在京衙门按月注销之例，设立循还簿，将一月内事件填注簿内，开明已、未结缘由，其有应行展限及覆审者，亦即于册内注明，于每月底送该管知府、直隶州知州查核，循还轮流注销。其有迟延不结，朦混遗漏者，详报督、抚咨参，各照例分别议处。②

① 雍正三年续增现行例，（清）吴坤修编撰：《大清律例根原》卷九一《刑律・诉讼》，上海：上海辞书出版社，2012 年，第 3 册，第 1464 页。据清代吴坛著《大清律例通考》（马建石、杨育棠主编：《大清律例通考校注》，北京：中国政法大学出版社，1992 年，第 880 页），此条系雍正元年十一月内刑部议准定例，雍正三年律例馆奏准附律。乾隆五年例，为“牵连无辜小民，累及妇女，甚至卖妻鬻子者，该管上司即行题参。若上司徇庇不参，或被人首告，或被科道纠参，将该管各上司一并交与该部，从重议处”。

② 雍正十二年定例，（清）吴坤修编撰：《大清律例根原》卷九一《刑律・诉讼》，上海：上海辞书出版社，2012 年，第 1465 页。清代吴坛著《大清律例通考》案语称，条内“照在京衙门按月注销之例”在吏律公式篇照刷文卷律后，即“各部院衙门，每月将已结、未结科抄事件，造册分送六科。科抄并见理事件，造册分送各道，勘对限期。其各部注销会稿事件，即于注销册内，将会稿衙门，定议日期逐一详开移会科道查核。倘有迟延、违误者，察参”。此条系康熙年间现行则例，雍正三年律例馆奏准附律。见马建石、杨育棠主编：《大清律例通考校注》，北京：中国政法大学出版社，1992 年，第 391 页。

以上两条，月报册与循环簿均交由州县官的上司，即该府道司抚督，尤其是知府一级接收与查核，[①] 同时又注重“巡道”对州县的稽核：

州、县自行审理及一切户婚、田土事件，责成该管巡道巡历所至，即提该州、县词讼号簿，逐一稽核。如有未完，勒限催审，一面开单移司报院，仍令该州、县将某人告某人、某事于某日审结，造册报销。如有迟延，即行揭参。如有关系积贼、刁棍、衙蠹及胥役弊匿等情，即令巡道亲提究治。知府、直隶州自理词讼，亦如之。如巡道奉行不力，或任意操纵、颠倒是非者，该督抚亦即据实察参，分别议处。[②]

巡道查核州、县词讼号簿，如有告到未完之案号簿未经造入，即系州、县匿不造入，任意迁延不结，先提书吏责处，并将州、县揭报督、抚，分别严参。其有事虽审结，所告断理不公，该道核其情节可疑者，立提案卷查核改正。如审断已属公平，刁民诬控反告者，亦即量予究惩。[③]

在州县“自理事件”“自理词讼”“自行审理一切户婚、田土事项”方面，[④] 对官员造册“蒙混遗漏”“隐漏、装饰”造成拖延不公的惩罚主要是“议处”，

---

① 薛允升认为，这两条应归并为一。“照在京衙门按月注销之例”应改为“俱令”二字。见（清）薛允升著，胡星桥、邓又天主编：《读例存疑点注》，北京：中国人民公安大学出版社，1994 年，第 685 页。

② 乾隆十九年十月内，吏部议覆陕西巡抚陈宏谋条奏定例，（清）吴坤修编撰：《大清律例根原》卷九一《刑律 · 诉讼》，上海：上海辞书出版社，2012 年，第 3 册，第 1465—1466 页。乾隆二十一年馆修入律，马建石、杨育棠主编：《大清律例通考校注》，北京：中国政法大学出版社，1992 年，第 881 页。

③ 乾隆二十九年九月内，湖广总督李侍尧条奏定例，（清）吴坤修编撰：《大清律例根原》卷九一《刑律 · 诉讼》，上海：上海辞书出版社 2012 年，第 3 册，第 1466 页。乾隆三十二年馆修入律，马建石、杨育棠主编：《大清律例通考校注》，北京：中国政法大学出版社，1992 年，第 881—882 页。

④ 陈长宁博士则指出“‘自理案件’并不专属于掌管民政的州县”，理由是“近代法制中的审级制度目的在于平衡司法公正与效率；而清代诉讼中无论是‘上报查考’还是‘强制审转’都更接近官僚体制内部的管理规范”。参见陈长宁：《清代诉讼概念框架中的“民事刑事”》，《学术交流》2017 年第 4 期。

其落实依赖吏部与刑部职能的分工与衔接，前者所掌处分与后者所据刑律“相为表里”。然而，薛允升在《读例存疑》中考证，《吏部处分则例》中对州县自理案件违限不结，分一月以上、半年以上及一年以上罚俸降留之例；州县所立号簿有将自理词讼遗漏未载者，罚俸一年，不明白开载案由者，降一级调用（俱公罪），系有心隐匿不入号簿或将未结之案捏报已结者，革职（私罪）；至“任意拖延”等作何议处并无明文。[①]

具体到查核职权的担负者身上，刑律条例本身亦纷杂难遵，或要求州县官按月造册申送府道司抚督，或令州县官按月报该管府州，或由巡道开单，移司报院。薛允升认为上述现有条例“俱不画一，总缘随时添纂，并未通身修改也”。更严重的是，“巡道”一职已有名无实，薛允升辨明法意，“告状不受理”一门条例“责成巡道者四条，以巡道巡历所至，稽查甚便也。现在巡道均系有巡历之名，并无巡历之实，亦具文耳，而此官不几成虚设乎”。[②]

造册上报、文牍查核的设计思路是从文书上考察自理案件的审理情况是否合格，并试图从中寻找那些能够展露官员玩忽职守、弄虚作假等行为的线索，重点是要求州县官员如实填写内容并按时上报，以督促其及时审结和公平而适当地裁判案件，实现个案公正。然而，这种依赖州县官员自审自报的层级查核机制，其功能的发挥存在局限。譬如按月造册的循环簿，要求州县官员填写的事项从简，也就难以探究具体案件是否存在迟迟不结、判决不公等现象，容易因循敷衍，短期内也许于清讼、清理积案有所裨益，但长远看来不利于全面客观评价案件的审判质量和官员的听讼能力。

（二）布政使批阅州县判册的特性

《樊山政书》载樊增祥批阅州县自理词讼判决的文章约百篇，篇幅有长有短，内容相对广泛，多数是针对案情的叙述、判决的写作等与案件审理相关的事务提出意见，亦时有借题发挥，阐发关于官员提高文学素养、行政能力、道

---

① （清）薛允升著，胡星桥、邓又天主编：《读例存疑点注》，北京：中国人民公安大学出版社，1994年，第685页。

② 同上书，第686页。

德修养等方面的见解。樊增祥所圈点细阅的州县判词，与国家法制要求登记、更新案件收结情况的簿册，同为月报，但审阅者即上司的目的不同，报送的内容也有差别，本文因此将樊增祥所批阅的判决选录统称为"判册"。[①]

樊增祥批阅判册的行为，将对州县办案质量的掌握与品评重点，从以笼统"表格"即月报册中的"数目"为中心，转向更具体也相对更真实的以个案"判词"为中心。布政使主持批阅州县判册，不仅是对一定时间内州县官员按时结案、引起上控等情况从数量上作抽象关注，更是从判词着眼，对官员的司法质量及其体现出的综合性行政能力作具体考察，用意乃是兼顾自理词讼的监督与办案指导，"通民隐而显贤能"。[②] 与要求州县月报循环簿以备查核等制度类似，樊增祥要求其报送判册供长官批阅，其用意当然是要监督州县司法，防止百姓蒙冤。学界已关注这一举措的监督效果。[③] 本文则着眼于后一方面，即布政使在对州县自理判册的批阅中致力于增进判者的法律素养、提升下属的办案能力。在官员考察和人才培养上，樊增祥认为其批阅判册的独到之处是，"既可觇牧令之断才，而每册加批又可增局员之识见。其不合者，以管见商之，窃附直谅之意，似觉彼此有益"，"觇同寅之断才，查百姓之冤否"，[④]"其能者揄扬之，可以资观感；不能者教导之，亦所以示祖绳"。[⑤]

樊增祥此类批语，点评的是州县自行审结、已经生效的案件判词。虽然题目中均带有"批"字，但对州县自理案件判册的批语不同于针对州县未结个案所作的批禀、批详、批呈等。

---

① 樊增祥在《樊山政书》卷十五《批洛川县孙令词讼册》《批山阳县刘令赓年词讼册》《批长武县李令焕墀词讼册》《批咸宁县词讼册》《批扶风县谭令词讼册》，卷十六《批咸阳县词讼册》，卷十八《批蒲城县曾令士刚词讼册》中，均称州县所报、自己所批的为"判册"。

② 《樊山政书》卷六《批凤翔府傅守禀》。

③ 胡谦：《从〈樊山政书〉词讼册批语看清代州县讼案审断监督》，《兰台世界》2014年第11期。作者指出，通过词讼册，上级衙门可以对州县讼案的审鞫、判决情况实施监督，从而保障州县审断质量以及考察州县官员才能，不过，受到诸多因素的影响，上级衙门通过词讼册对州县词讼审理监督的效果比较有限。又如白阳博士在《讼师秘本成为清代诉状蓝本之原因探析》（载孙笑侠主编：《复旦大学法律评论》第三辑，北京：法律出版社，2016年）一文中，也辨析了樊增祥此举作为监督手段的效果。

④ 《樊山政书》卷十二《批石泉县词讼册》。

⑤ 《樊山政书》卷六《批凤翔府傅守禀》。

第一，从权限来看，樊增祥评阅判册，固然包含体察民情、维护公平、考察官员、培养人才等意图，但一般不修改具体判决、不推翻原判效力。这是因为，州县自理判册的报送是受长官提倡、同僚感召及自我展现才华等意愿所驱动，① 并非强制，② 布政使也不宜越俎代庖侵夺州县官员断案之权。

第二，从文体来看，樊增祥给判册的批语，虽也系属上级批阅州县官员报送材料的官府公文范畴，但此类批语不但内容丰富，而且相比其他内容确定和单一的公牍，风格也较为灵活和自由。首先是篇幅有长有短，既有对报送判词逐一分析、细细品味的长文，也有简单明了、只言片语的短文。其次，批语在态度上区别于其他公文用到的上级领导答复下级请示汇报时一丝不苟的严肃口吻。如樊增祥在《樊山政书》卷十《批朝邑县曾令自理词讼月报清册》中讲到，“吾属同官一省，如同在一舟，官职大小，偶然事耳。我既以直谅待人，亦愿人以直谅待我。所以丙夜篝灯，批牍不倦者，正以蚓投鱼之意也”，摆出同舟共济的姿态，以诚动人。再次，部分批语的结构相对松散，从批阅的判词又引申出其他内容，如卷十八《批韩城县张令瑞玑词讼册》，针对具体案件中官员的裁判表达不同见解，之后谈到官员以仁心判案的效果要受百姓道德水平的制约，又举例说明刑部以罚金代笞刑的弊端，结尾则“久别聊以笔谈，不当作批牍观也”。

第三，从主笔者看，樊增祥亲自批阅这些判册，谢绝幕友帮工。之所以如此，因为判词的水平参差不齐，反映的问题不一而足，需要批阅者具有学问见识等多方面的丰厚功底，以及付出“不惮烦劳，随到随阅，随阅随批”的努力，否则无法有效地考察官员：“若阅者漫无分别，举七十余属长短高下平奇难易种种不同之判册尽以‘尚属平允’”四字了之，则吏治不必问也。” ③ 总之，此类批语介于公文与私信之间，少打“尚属平允”官腔与“等因奉此”套话，风格较为亲切真诚，倾向于表现对州县官员的关爱教导。

---

① 如《樊山政书》卷十四《批咸长两县词讼册》中樊增祥分析咸宁县、长安县报送判册的原因是“不惟为各属之倡，亦‘酒逢知己饮，诗对会家吟’之意也”。

② 如樊增祥在《樊山政书》卷十二《批石泉县词讼册》所言，“各牧令如果为本司信心之人，虽一案不报亦可。其迫欲考察者，正在期其做得好”。

③ 《樊山政书》卷十二《批石泉县词讼册》。

三、个别品评与登报示范的判册批阅方式

樊增祥评阅判册的方式，依其受众可分为两类：首先是品评判词并对判决者提供个案完善与综合素质提升方面的个别指导；其次，在此基础上，借助《秦报》平台，将典型判词登报示范，面向更广大的读者群体发挥效应。

（一）品评判词、个别指导

樊增祥批评州县自理词讼判决的批语形式灵活、内容多样，归纳起来有两个层次。

第一层是根据判词中案件的事实，从情理角度讨论如何妥善处理具体民间纠纷，即评析个案之理，褒贬办案官员。

这又分为两个侧面，一是指点应用于审判过程中的各种方法，二是以惩恶扬善、准情酌理的原则评价判决的质量与效果，不同的批语或者强调其中之一，或者二者兼顾。如《樊山政书》卷十二《批雒南县词讼册》描写雒南县令“能判断极轇轕之案，并善于叙述极缴绕之情，判断公允，则受者心服，叙述清晰，则阅者眼明”，肯定雒南县令“能说难说之话，能达难达之情”的审案、断案才能。又如山阳县刘县令“每案依律准理，执法原情。问之民，自谓不冤，即达诸部，断无可驳”，樊增祥将刘县令这种符合情理，遵照法律，因此受到当事人认可、能够通过上级检验的判决称为“能品”。[①] 对认真办案、判决平允的官员，樊增祥在批语中不吝给予鼓励和表扬，如《樊山政书》卷十《批临潼县李令自理词讼月报清册》称“此册类列六案，大半头绪纠纷，曲直互见，而一一分朋劈理，斧以斯之，断者公明，讼者悦服，阅者惬心贵当”；卷十一《批三原县倪令度自理词讼月报清册》称“六案皆胶葛荒幻，自非老手莫能得其要领。而批郤导窍，使无情者不能尽其辞。阅之，既惬心又解颐也”，对理清复杂案情并作出公允判决的官员进行赞赏。对懒惰粗疏、判决不公的现象，樊增祥也提出警告和批评，如在《樊山政书》卷六《批咸宁县刘令自理词讼月报清册》中告诫咸宁县令，“以后再有此种谬断，定行查取委员职名，记过停

---

① 《樊山政书》卷十五《批山阳县刘令赓年词讼册》。

委不贷”。

第二层则是从判词写作展开，督促官员提高行政与司法技能，即提供综合指导，提升整体素质。

整体工作上，樊增祥从官员的听讼活动延伸开来，论说从“文学”到“政事”各项工作的开展；具体到个人，他又从官员的文学功底和实践经验入手，注重培养素质全面的优秀人才。如《樊山政书》卷十八《批蒲城县曾令士刚词讼册》中，樊增祥仔细分析，判词要想写得精彩，在审理过程中一定要认真仔细，通过调查讯问了解事实和事实背后的情理，做到心中有数，才能“胸中雪亮，舌本翻澜”，判决得当；卷十二《批雒南县词讼册》中，樊增祥论述了判词写作要结合文采与实用，使“文学”“政事”相互促进，“判断公允，则受者心服，叙述清晰，则阅者眼明。尝谓言语、文学、政事本是一串，不会说话、不能作文之人，其政事虽妥当，而决难出色。听讼者，政事之一端，坐堂要口才，禀详要文笔”，体现对培养官员的综合素质的重视。

（二）选取典型、登报示范

樊增祥不仅品评州县官的判词，还决定将典型判词登报发表，即将自理词讼的判决书登载于《秦报》，[①] 供官员传阅。《甲辰年变通秦报章程十一条》规定州县判决案件登报判词的种类及登报原因：

> 州县判决词讼，有案涉奇异，审断公明者，冤狱平反者，大谬无理被撤参者，一概登报。盖公允者可以示劝，过于糊涂荒谬者告之通省并传诸邻省，不但可以示惩，且使现任各官各有戒心，从此不敢荒率任性，则所全者多矣。若寻常词讼，案情平平无奇，判词又简率鄙俚，概勿登报。

---

① 《樊山政书》卷六的《秦中官报序》记述了《秦报》1903 年的设置，“于省城设课吏馆，乃附官报局于内，而以馆员司选录校刊事，月得三册，分发各州、县、学堂，俾资观览”。办报机构为官报局，附属于培训预备官吏的课吏馆，用意是“使我同寅诸君子周知本省政要，兼知中外时局，用以扩其闻见，培成有用之才。”

可见登报判词的类型，排除了没有显著特点的“寻常词讼”，[①]倾向于选择审判难度大、判决水平高的案件，或具有平反冤狱等显著影响和效果的案件，或是草率办案、无理判决的反面典型案件。优秀判词登报是对官员的表扬，鼓励其进步；不佳判词登报是对官员的谴责，刺激其改正。

章程中规定的登报类型，具体到《樊山政书》批阅的判册时，对登报判词的选择一般具备几个特征：一是判决写作富有文采，二是判决结果准情酌理，二者结合则尤为出色。同时，又考虑登报判词须具有便于学习实践、激发理论探讨、介绍反面典型等实用功能。结合判词评语中的登报理由进行归纳，大致有如下几类：

一类登报判词的选择并非基于扑朔迷离的案情或复杂艰难的审理，而是着眼于官员对寻常案情的出色审判，因为这类判词可以作为还未熟悉司法工作的新任官员的学习材料，使他们了解、掌握和学习运用法律知识，学习“老手”“老吏”的技能和经验。[②]这些判词案情清楚便于理解，方法普遍可资借鉴，关注和强调审理案件的常规手段。《樊山政书》卷十《批蒲城县李令自理词讼月报清册》中，樊增祥简要概括了上报的六个案件的案情及决断，认为“以上各案，看似平平无奇，然身坐堂皇，一问即明，一明即断，一断即了，是非曲直，较然明白，亦甚不易矣。特为拈出登报，俾初登仕版者考镜焉”，这些较为寻常的户婚、田土案件，从判决中可以寻找如何查清事实、明白断案、了结争议的线索，登报发表可以为初次从事司法工作的官员提供参考。卷十九《批薄城县徐令普词讼册》中，樊增祥认为“审案以得情为难，心知其情，而能当堂道破则尤难”，徐县令的判词成功地做到了这一点，因此“前两案登报，以为初学矜式”，供初涉审判的官员参考学习。

一类登报判词的选择则是从判词对情理的探求、律意的把握等方面寻找优秀的作品，对司法提出更高要求，培养和发现审判人才。《樊山政书》卷十二《批

① 如《樊山政书》卷十《札官报馆》，由于官报馆登载了一篇书办照例拟批的详文，樊增祥有感而发，认为这种文章不但文字枯燥无味，而且沾染书办习气，重申“自《秦报》刊刻公牍、批判，办公所司钞录，官报馆司选刻，要必有异于寻常通稿者，始足令阅者醒目”。

② 兰州大学康建胜教授在其研究樊增祥与《樊山政书》的近作中，分析了“老手”与“好手”的办案评价标准。

雒南县词讼册》中，樊增祥表示“月报册多矣，能断案者亦正不乏，能说难说之话，能达难达之情，则莫临潼、雒南若也。此册前两案登报，以示共赏之意”。州县官员不仅能了结案件，还将错综复杂的案情叙述得清楚畅达，樊增祥在批阅这样的判词时表达了对其出色才能的赞赏之情和登报供读者赏鉴之意。樊增祥在《樊山政书》卷十三《批华阴县词讼册》开篇，即点明“天下事专论情理，尽人皆知。至情理中又有情理，则非天资高才识敏者不知也”，在分析了判词后，又重申“心灵手敏，深知律意，此所谓情理中之情理，非聪明人见不到也。此案登报”。说明樊增祥认识到，情理于判案是必须遵循的原则，但情理是多元的，律令是深刻的，能够在一团乱麻的事实和各执己见的争议中把握关键，则极为聪敏，判决登报，为其余州县官员展示一个“情理中又有情理”的更高境界。

此外，还有少数案件登报的原因则是判决不合情理，致使百姓蒙冤，成为官员应尽量避免的反面典型，表示对官员不当行为的督促、批评。樊增祥在《樊山政书》卷十一《批扶风县自理词讼月报清册》中要求将“前任有过，后任补之，达之上司，百姓之冤抑可伸，前任之谬误亦可自儆，并可使同寅共儆”的平反前案的判词登报，“即如刘令见事不明，知过不改，诚为可恨。然今之作令者大抵不学而仕，身坐堂皇，知明处当者，七十余州县不过得半而已。但使肯受直言，肯学好，肯改过，即当观后效而贷前愆”。他批评了审判不公的官员，希望引起其他官员的注意，避免错误、知错能改。又如樊增祥要求登报批评赵知州懒惰、听讼不勤的行为：“人皆谓该牧懒于坐堂，并懒于相验。今观来册，尽冬月一月仅得此稀松平常之一案，足见人言非无因矣。此批登报，俾知愧励。”①

总之，在自理判册上，樊增祥的批语既尊重州县对自理案件的决定权，尽量不对其中的判决结果作实质性的修改，而是商讨与督促结合，从判词写作的文采和内涵等方面进行方式灵活的评价，使得其收效独特，不限于一案，不急于一时。

① 《樊山政书》卷十二《批宁羌州赵牧自理词讼月报清册》。

四、结论

《樊山政书》中，樊增祥在陕西布政使任内所作各类公牍有九百余篇，其批阅州县官员自理判册的百篇批语可以为官员提供一种特殊的法律培训，这有别于清代士人应试、初仕与习幕的常规法律学习途径，它以长官在尊重州县自理判册既判力为基础上，以个案褒贬、综合指导与登报为核心内容，从听讼、作判技术及传统司法理念层面提升下属办案质量。

（一）樊增祥批阅州县判册的基础

樊增祥批阅州县判册活动的推行，一言以蔽之，是其作为布政使依托权限而发挥特长，以取得州县官员的配合。

第一，判册的批语来自樊增祥的经验之谈，其既有文才，又有阅历，在官场中长期历练。樊增祥曾担任张之洞的幕僚，张之洞曾称誉他“云门智过数人，真幕府才”。[①] 王森然所作《樊增祥先生评传》则记载了他在地方处理政事，尤其是在司法方面的表现，“听讼明决，片言折狱，闻者悦服。所为判词，庄谐并茂，敏妙中窍，远近争传颂，脍炙人口。其公牍尤有名，法家咸奉为圭臬。受知鹿传霖，调补渭南，大邑也，历权诸烦剧，皆有能名，重儒劝学，嫉恶爱民，屡膺卓荐。”[②] 出色的表现来自卓越的学识和丰富的经验，余诚格在《樊樊山集叙》中分析樊增祥行政的经验从何处得来，认为其“贫贱日久，阅历世故三十余年，其于物态诡随，情伪百变，无不揣摩已熟。又上自节镇，下至令长，出入宾幕，更事最多，故尤达于吏治”。[③] 总之，批阅者是经验丰富的“过来人”与办案的行家里手，保证了此项活动得以开展。

第二，作为非强制性的活动，要争取州县官员的配合，就要注重示范与指

---

① 钱海岳:《樊樊山方伯事状》，樊增祥著，涂晓马、陈宇俊校点:《樊樊山诗集》下册，上海：上海古籍出版社，2004 年，第 2052 页。

② 王森然:《樊增祥先生评传》，同上书，第 2036 页。

③ 余诚格:《樊樊山集叙》，同上书，第 2029 页。

导，“抓两头带中间”。[①] 州县上报自理判册属自觉自愿，内容自选，选摘办过的几案或十几案，有别于例行公事、敷衍了事的登记造册。樊增祥的批语则“褒多于贬”，百篇中除 11 篇明确提出批评警告的，其余都以肯定为主。这是因为，藩司之尊的身份虽为樊增祥贯彻主张提供便利，但此举也要争取下属的配合，以鼓励为主，有利于提高州县官员的积极性。1. 樊增祥的批阅强调其视属员为门生，指导性重于领导性，经常循循善诱州县官员，讨论好的判决应当符合哪些标准，如“准情酌理”、[②]“例案、文章两擅其胜”，[③] 往往据此指出州县判决不合自己心意或不尽如人意之处，或作出应当如何判决的设想，但不轻易进行改动。尊重州县判案权能，能不改便不改，但也不讳言其已办之案尚有可提升空间，这便是《樊山政书》卷十四《批华州褚牧词讼册》中樊增祥所说的“案已断结，无复翻之理，本司特论其理耳”，又如卷十六《批城固县周令楠词讼册》中樊增祥直言“断案自有见解，于吾意不甚合也，然亦不能谓之不是”，则是虽然其与周县令意见相左，但仍对原判予以保留。纵使樊增祥极不满意、逐一驳斥的判册，还是称“此案往矣”，仅提醒判者今后不要重蹈覆辙。[④] 2. 樊增祥在批阅自理判册过程中可更好地了解下属的情况，对其中能吏的要求精益求精，因为“酒逢知己饮，诗对会家吟”，下属办案水平越高，进步越快，樊增祥传授司法经验的自信和积极性也越高，从“教学相长”的角度，这对其自身办案的精进，不无裨益，这也就是为什么他的“情理中又有情理”“情理外无法律”等名言会出现在对判册的批阅中。

---

① 魏淑民在《清代乾隆朝省级司法实践研究》（北京：中国人民大学出版社，2013 年，第 61 页）中指出：“《樊山政书》后十卷出现了不少对州县月报自理词讼清册的积极评价，可以这样理解：从数量统计上看，陕西省有州县七十多个，批结清册涉及的州县约有四十五个，多数只是出现一两次，反复出现的州县仅有八九个，如临潼、朝邑、城固、洛南、山阳、扶风、咸阳、石泉、澄城和蒲城等。他们的守令给藩臬的印象多是判案持平公允文笔老到，并选择典型案件登人邸报以彰断才。个别懒于断案或审断糊涂者，也特别指出以示惩戒。这样奖勤罚懒，颇有以两头带中间的寓意。”从报送判册的州县数量来看，实则没底气没能力的属官，大抵不敢也不肯“自投罗网”上交办案纪录。

② 《樊山政书》卷十五《批凤翔县彭令词讼册》。

③ 《樊山政书》卷十八《批富平李令经江词讼册》。

④ 《樊山政书》卷十二《批留壩厅词讼册》。或有州县官员对批语所说进行辩解或参考批语修改判决，但仍由其自主决定。

第三，在“报送——批阅”的活动中，行政权力“隐而不发”但不可或缺，换言之，这属于布政使“分内事”的延伸[①]：樊增祥的批阅当然也是个人化的，并未固化为制度，但其点评及择优登报等做法，是因其在陕藩任内着力推行、坚持不懈，才得以延续。

樊增祥批阅时虽然极少改动州县判决，但对州县官员才能的臧否直言不讳：能力出众的精心培养、委以重任；能力欠缺的悉心教导、耐心帮助；不思进取者警告批评乃至处罚。《樊山政书》卷十八《批蒲城县曾令士刚词讼册》中，樊增祥指出，州县官员“不能者难于尽行更易，其能者亦不过空言嘉奖”，但仍晓以利害，“唯恐其做得不好之人果能按月册报，其好者可以释本司之疑，其不好者亦可规该员之过，若避而不出，则功过皆无由知，而疑将滋甚矣”，即州县官在与藩司此种互动中的表现，关乎其仕途得失。譬如，被樊增祥严重警告并责备为“存私心，昧公道，何以为民父母？如不改过，危矣哉”的白河县令，见到批语后随即解释说明所办案件判决情况，叙述前任判决的原委，以求得上级的改观。[②]

总体而言，樊增祥有信心，有能力，有意愿来指导州县办案，亦煞费苦心采取了非强制、鼓励性“报——批”的形式，并依托其布政使的地位来开展活动。一方面，长官的司法职能与监督职权，要求其确有必要设法了解州县官自理词讼的质量，及时发现下属不胜任、不公正等情况，另一方面，州县有其独立性，要期待其办好案，相比事后惩戒，培训更能治本。作为“过来人”的布政使樊增祥向州县官员传授经验、指点迷津，难能可贵，两面兼美：在樊增祥州县出身的阅历，长于听讼的能力，以文字为友朋的技艺，以及藩司留心民事、考察官员的立场等因素的共同作用下，一时间判册的报送和批阅——体现下属积极自觉选报，上司因材施教细评——成为当地当时州县官员法律培训的特殊一环。

---

① “布政使掌宣化承流，帅府、州、县官，廉其录职能否，上下其考，报督、抚上达吏部。三年宾兴，提调考试事，升贤能，上达礼部。十年会户版，均税役，登民数、田数，上达户部。凡诸政务，会督、抚议行。”《清史稿》卷一一六《志九一・职官三・布政使》，北京：中华书局，1976年，第12册，第3346页。

② 《樊山政书》卷十五《批白河县词讼册》。

（二）对樊增祥批阅州县判册的评价

如果说清代官员的自修和历练是其获取必要的法律知识的主要途径，[①]批阅判册则是樊增祥对州县官员审理案件和判词写作工作的特殊指导。樊增祥试图通过州县判册报送、批阅以传授法律技能的法官培训方式，虽不多见，本质仍可以归于中国传统的法律教育。

首先，樊增祥通过批语培训州县官员办案技能，着眼于判词，但未片面强调法律专业技能，还是追求与“经义取士”和“天理国法人情”等传统社会文化背景相契。

一则，通过何种途径做官，关系到官员受过何种教育或训练，具有怎样的基础知识和社会基础，科举取士为“正途”的传统观念，以及樊增祥自身的经历及现实的观察，决定其侧重培养受过传统儒学教育的读书人。

如《樊山政书》卷十九《批韩城县词讼册》所言：“大凡有学问人，虽初任而即能了事。若胸无墨水，虽官服数年，历任七八州县，而冥顽如故。”然而事实上却他在《樊山政书》卷十一《批扶风县自理词讼月报清册》中也不得不承认，“然今之作令者大抵不学而仕，身坐堂皇，知明处当者，七十余州县不过得半而已”。现实如此，他不得不一视同仁，对非“正途”出身者亦不带偏见，如《樊山政书》卷六《批商州尹牧昌龄禀》所言，“盖催科折狱，勿论军功捐纳，但有才具，便可做一好官，不专在读书人也”，即是说收税和司法这两项地方行政的基本工作，官员不分读书与否，都有潜力胜任。[②]不过，所谓“正途”的观念日益受现实改制的冲击，樊增祥有时还是忍不住表明心迹：“吾谓凡做官者皆须用读书人。即如现在科举改章，学堂经始，捐纳军功诸子正如盲人即路，

---

① 张伟仁教授这样评析清代的法律教育：“清代正规学校教育和科举考试都不重视法学，当时直接从事法制工作的官吏、书役等人所需的法律知识，大致都由自修、历练而得。这种方法因人而异，不成制度，因而成果也难预测，所以中下层官司都要依赖幕友。他们是从师受业的，其法学教育比较制度化，成绩也显然不错，所以成了清代法制运作的筋脉。”张伟仁：《清代的法学教育》，贺卫方编：《中国法律教育之路》，北京：中国政法大学出版社，1997年，第238页。

② 其重点则在于“独至学堂一事，则断非读书人不办”。

聋俗求声，不辨西东，安知清浊？”①

樊增祥指导判词写作批语，往往以应试写作为例，这也暗含以“学而优则仕”者为中心的取向：

> 听讼与作文同是一理，不能文者，尽气毕力作不满三百字，能者一题数艺仍沛然有余。每阅无用捐班之判册，有一案三行即了者，衍至十数行，则自觉气充词沛非凡得意矣。此岂所审之案皆无情节，无意味，三言两语即了乎？由其本人胸中本无道理，既不会说话，又不能动笔，官既如此，幕亦似之，求其叙述详明，如画如话，岂可得乎？若贤而有文之吏，当倾听时早已息气凝神，驳诘时真能掐筋擢肺，及断结时又复准情酌理，遇事持平，是每问一案，具有无限精神、无限心思在内，故出而质于人也。务将此案之层累曲折及公堂判决之苦心一一叙出，以质于真知此中甘苦者。所谓言不足，又长言之，诚有不得已于言者在也。②

樊增祥批阅判册，注重判词的文笔优劣，其指导偏爱将判词写作与举业作文对照，指出审案者只有聚精会神倾听、将案情了然于心，问案时才能把握关键，写作时才能有话可说，更要用心使叙事脉络清晰，从判决中体现社会的人情常理和官员的矜恤精神；具备这些能力，判词才能出彩；否则便如“无用捐班之判册”，淡而无味，无可观之处。《樊山政书》卷十八《批泾阳县蔡令宝善词讼册》和卷十九《批定远厅汪丞时悫词讼册》，樊增祥在前一篇中点评“断固允协，词尤雅令，文章粉泽，吏治增晖。做官须读书人，正在此等处标其儁异”，后一篇中称赞：“及观此册胪列四案，公允固不待言。而撰述详雅，出以骈俪，事理曲尽，文采斐然，是轩鹤之清而宜以威凤之彩也。能不佩服？”可见蔡、汪两官作判的优美文字不但体现作者的学识，更为判词增光添彩，以相得益彰的内容和形式在同类作品中脱颖而出，获得樊增祥的青睐。

---

① 《樊山政书》卷三《批大荔县张令禀》。

② 《樊山政书》卷十八《批蒲城县曾令士刚词讼册》。

二则，作为施教者，樊增祥认为“情理外无法律”[1]，依托个案，其传授的是司法的普遍知识和原理，其指点技巧，意在使官员用心写出高水平的判词，其坚持原则，力图使官员的司法活动合乎情理和道德，其擅长从儒家司法“惩恶扬善”“准情酌理”等原则层面指点法律的适用，要求判决不仅符合律例，而且平允妥当，发挥良好的社会影响。

传统的法律教育本不限于就法律言法律的“刑名之学”，儒家圣贤之书乃是其依归。《樊山政书》卷十八《批长武县李令焕墀词讼册》中，樊增祥点评李县令判词“多方设难，澜翻不穷，亦与瓯北长歌相似，稍稍费辞矣，然于理、于例、于人情无不推求至当，夫岂俗吏所能耶？应登《秦报》，以志欣赏”，其沿用了儒家一贯的俗吏、循吏的区分，辨别判决的不同境界。又如《樊山政书》卷十六《批城固县词讼册》中，樊增祥肯定了判者的“仁人之心，长者之言”，又谆谆教导城固县令“凡问案有必应穷追者，有不可深究者。而于有玷门风、有关名节之事，总以宁宽勿刻为主，此非阴骘之谈，乃存心之要也”，如此才是担负起儒家“存人心，正风化”任务的循吏。

对州县官员司法，樊增祥指出判决应当具有的深度，即不但合法，而且合情合理，发挥良好的社会效果。如其在《樊山政书》卷十四《批临潼县词讼册》中称赞临潼县令“惩治刁顽，切心贵当”，认为“治民无他，择其可恶者而痛棰之，人心快而民遂其生矣”，其在《樊山政书》卷十四《批华州褚牧词讼册》中更是从情理角度分析原审官员认为“情理两得”的判决，宣称“老实人断案，至平妥而止。若天分高者，于平民则用巽语法言，于刁绅必施权谲手段”，意即审理词讼的结果，是老实人仅能做到“平妥”，尚有不足；若能深刻理解情理，权衡利害关系，可以作出有良好社会效应的判决。这种从情理角度透视案件本身、透视社会生活的眼光，使得樊增祥所批判册，从指导听讼扩展到指导政事，从实现现实的仁政到修习内在的仁心，将儒家思想渗透各个方面，个案、律例只是其中一环，办案要统一于施政整体才能彰显其意义。

由此可见，州县官员对法律知识的学习基于处理政事的需要，多从实践中

---

[1] 《樊山政书》卷十八《批蒲城县曾令士刚词讼册》。

积累经验，难得进行系统且有针对性的学习。而判词写作的“文理优长”，要求律意的提炼和情理的斟酌等，都不能一蹴而就。作为判册的批阅者，樊增祥着意从官员的判词中发现问题并指点迷津，督促判者研读律令、体察情理，其批语力求实用，面向广泛的州县官群体，[①]尤其切合科举出身者所需。州县官员阅读樊增祥的批语可获取知识、增长经验，是其学习和提高法律技能的一个途径，不失为一种有益法律工作的历练。当然，也要看到，樊增祥所批的自理判册，未必均属实，批阅者也就未必总能“对症下药”，[②]且其技艺之传授、理念之灌输，还是需要州县官员自行揣摩，培训的最终效果也终究有赖于州县官员的接受程度，“师傅领进门，修行在个人”的境况比比皆是，对这一不拘一格增设的批阅自理判册活动的效果也许不应过分苛求。

其次，樊增祥批阅判册之举兴废，反映出传统法律教育所面临的挑战，背后是传统教育所培养的法律人所遭遇特殊的历史情境。

表面上是法官的教育和选拔方式的转换。法官日趋专业化，传统的州县行政长官负责司法的模式受到质疑，如“后世政刑丛于一人之身，虽兼人之资，常有不及之势，况乎人各有能有不能。长于政教者未必能深通法律，长于治狱者未必为政事之才，一心兼营，转致两无成就”。[③]

就趋新的法政之学，樊增祥在《樊山政书》卷十八《批泾阳县蔡令宝善禀》中表白苦心：

> 吾非不以宪法为是，特以时未至而强为之，犹饭未熟而加餐，必为脏腑之患，兵未练而浪战，必贻军国之灾，此吾所以学堂、工艺、

---

① 一部分学习者为判词的作者，即上交判册的州县官员，更广泛的还包括《秦报》刊载的判词的读者中，有意研读判词、提高法律水平的官员。

② 批阅判册在很大程度上表现出行政、司法对文书的依赖和重视。判断某一案件判决是否合理要以判词叙述的情况为依据，当批阅州县自理案件时，因为不需要进行提审，没有亲自讯问涉案人的环节，很难保证能够排除判词对案件事实进行的“加工”。更何况在上级眼中，判词成为作者学识阅历、聪明智慧等职官考课所重点关注的能力的集中体现，更有粉饰的必要。虽然，《樊山政书》中可见，亦确实有州县官员所报之判册极为拙劣。

③（清）沈家本撰，邓经元、骈宇骞点校：《历代刑法考》第4册，北京：中华书局，1985年，第1962页。

巡警、路况以及常备新军无一不实力举行，而法政独从其后也。惟课吏馆本有法政一科，来牍谓延请精通法政之教员来秦讲授，乃应有尽有之议。

樊增祥断定推行新式法政制度需要很多条件，条件不完善就急于求成，必将酿成不利后果，法政之学要举办，无非要借课吏馆培训候补官员的契机延请法律专家，而已就任的州县官员在自理词讼方面充其量还是接受藩司批阅判册时“准情酌理”标准的陶冶，二者能否合辙？

内里仍是法律制度与观念的新旧更替。这一巨变使司法活动经常要面临新法与旧法、固有法与移植法的冲突。对此，樊增祥坦承自己“弗娴西学”，[1]但对传统法律有深刻把握，对从西方引入的各种制度，态度审慎而略显保守，认为外来法律适用范围有限，甚至本国律令也常常要参合情理方能作用于现实，他在《樊山政书》卷二十《批拣选知县马象雍等禀》中指出：

法政诚不可不学，中律亦不可尽弃。将来审判既设，对外人当用公法，对于吾民谁敢废？《大清律例》者既不可废，则须兼习矣。且州县终年听讼，其按律详办之案至多不过十余起，中简州县有终年不办一案者，其所听之讼皆户婚田土、诈伪欺愚，贵在酌理准情，片言立断，不但不能照西法，亦并不能用中律。

他深信“为政在人”，重视官员的综合素质，又对传统方式培养的人才之能力抱有信心，在中西比较中不妄自菲薄，如在《樊山政书》卷十三的《批雒南县丁令词讼册》中勉励州县官员：“吾陕州县中问案好手高出外国律师奚啻万倍，固不必事事推逊，以为中不如西也。”这样的自信，也许是其乐此不疲在判册批语中点评的动力。

---

① 余诚格：《樊樊山集权》，樊增祥著，涂晓马、陈宇俊校点：《樊樊山诗集》下册，上海：上海古籍出版社，2004年，第2029页。

然而，樊增祥所处的时代在剧变，[①]其批阅判册的行为虽依托传统但并未制度化，其人在任，其多年力行批阅判册或为一项突出政绩，其人调职，此种培训自然也就不了了之。而随着西方司法独立思想的传入，[②]此类依托地方行政层级展开的司法官员培训，终归昙花一现，随旧体制凋零。

① "清季迄今，变迁之大，无过于法制。综其大本，则由德治而趋法治，由官治而趋民治，漩澓激荡，日在蜕变之中。而世界潮流，亦以此十数年中变动为最剧。吾民竭蹶以趋，既弃吾之旧法以从欧美之旧法，又欲弃欧美之旧法而从彼之新法，思想之剧变，正日进而未有艾。"柳诒徵：《中国文化史》下册，北京：中国大百科全书出版社，1988年，第831页。转引自公丕祥：《司法人道主义的历史进步——晚清司法改革的价值变向》，《法制与社会发展》2012年第4期。

② 李贵连的《现代法治——沈家本的改革梦》有专章探讨沈家本试图"融合中西，推行审判独立"的理念与实践，指出晚清立宪风潮中也包含了司法独立思想，如沈家本《调查日本裁判监狱情形折》指出：1. 州县"学无专精，由于官无专职"；2. "行政官易，司法官难"，官员避难就易，审判权旁落于"奸胥劣幕"之手；3. 勘转有"稽延、株累"等弊；4. "领事裁判权"的屈辱，这四条是清廷有必要实施司法独立的理据。但"当进入实际的制度改革时，那就不是一件简单的事情了"。李先生评价："上述沈家本所追求的司法独立，主要是司法的外部独立，即司法不受外部，特别是行政权的干预。这是他的追求，一个过了一个世纪仍然没有实现的理想，中国法治解不开的死结。"见李贵连：《现代法治——沈家本的改革梦》，北京：法律出版社，2017年，第133—147页。

乡保制与地方治理

——以乾嘉道时期巴县为中心

严新宇　曹树基*

一、引言

光绪二十七年（1901）四月十七日，慈禧太后在下发的一道懿旨中痛斥吏胥之害，下令各级衙门将吏役严加裁汰。六月九日，重庆府知府鄂芳将这道命令札发同处一城的下级衙门巴县。同年八至九月，巴县知县张铎将全县吏役姓名、人数清册先后两次申送重庆府。有趣的是，前后两份报告，无论语气，还是内容，均完全不同。

第一份是拟由府、道、司、总督逐级转送朝廷的正禀，内容极简略。其中称，巴县额设吏役仅41名，分别为：九房典吏13名、粮差8名、捕役6名、民壮14名；此外，县丞、巡检司等佐杂衙门额设书差亦仅敷用，实难裁汰。第二份是仅呈给知府一人的附禀夹单，叙述备极详实。其中不仅说明了报部数不实之原因，还开列了各房班经书、散役具体数目，总计各房经书229名、粮捕两班散役649名。其后并写道，因奉文饬裁，拟请“酌留”九房经书100名、粮捕两班400名，“设有不敷，临时再准照旧案雇帮”。①

---

*　严新宇：中南财经政法大学法学院讲师；曹树基：上海交通大学历史系教授。本文原载《史林》2017年第4期，收入本书时略有改动。

①　巴县档案，6-6-111-2、6、12（全宗号－目录号－卷号－页号），光绪二十七年六月九日、八月廿七日、九月廿三日，四川省档案馆藏。该馆现藏清代巴县档案全宗号编为清6，内含乾隆及乾隆之前、嘉庆、道光、咸丰、同治、光绪、宣统七大总目，分编为1—7号。

上面这则史料曾为白德瑞（Bradly W. Reed）所引用。他据此指出清代地方的实际政治运行与一成不变的官方政典规定往往大相径庭，因此他转以更为真实的县衙档案入手，最终描绘出一种高度秩序化、职业化的晚清巴县“爪牙群体”形象。[①] 与白氏注意点不同，笔者感兴趣的是这份史料所透露的一个晚清商业大县的真实吏胥数。在今天留存的该卷档案中，保留了多处有关后一报告形成过程的原始痕迹，由之不仅可一窥清代公文制作的奥秘，也可确定其所载吏役数的真实性。

例如，在“清册各二本”后紧接有一行小注——“即系要去汇申道宪，由咨藩司，详院咨部，我们可以不必补，免得重复”。这段口语化的文字下方随盖有一方椭圆形朱色篆章，文字或系书吏所写，印章则很可能是幕友或县官本人核阅文稿后所钤。[②] 又如，书差清单中列有三里粮快役 260 名、民壮 20 名、门役 5 名、捕役九门三轮 120 名。其中，“门役五名”特别用方框圈出，旁注：“此五名应附入别班内，不能写门役名目”。[③]

综合上述信息可知，后一报告定系县官上禀草稿，其中所载吏役数当是最接近实际之数。也就是说，光绪二十七年巴县书吏、差役包括：额设吏役 41 名、经书 229 名、民壮 20 名、门役 5 名、粮班快役 260 名、捕役 120 名、粮捕两班散役 649 名，以及各佐杂衙门共约 200 名以内的经制吏役、散役，总计共

---

① Bradly W. Reed, *Talons and Teeth*: *County Clerks and Runners in the Qing Dynasty*, Stanford: Stanford University Press, 2000, pp.31—33, 246—266. 书中将知县张铎误作“张锋”，所载各上下往来公文行文时间与档案原件记录也颇有出入。

② 清代公文中，呈稿被阅之后，各行文字下方多随盖有各种印章。参见蔡申之：《清代州县故事》(二),《中和月刊》1941 年第 2 卷第 10 期，第 92—93 页。

③ 清代许多州县官为标榜清廉，均称其任官时少用或不用门丁，地方督抚也一再通饬所属禁用门丁。见（清）刘衡：《州县须知》,《官箴书集成》编纂委员会编：《官箴书集成》第 6 册，合肥：黄山书社，1997 年影印本，第 98—100 页；（清）潘彬：《天彭治略》卷一，清光绪二十年（1894）序刊本，第 28 页 a；《四川提刑按察使司饬发官吏修身要则札》，光绪二十九年七月二十二日,《清代巴县档案选编——关于吏治整顿》,《四川档案史料》1983 年第 1 期；《川督赵尔巽通行整顿吏治三十条札》，光绪三十四年六月二十三日,《清代巴县档案选编——关于吏治整顿》,《四川档案史料》1983 年第 1 期。

1514 名。① 需要指出的是，以上是巴县县官及其僚属手下的全部吏胥数。

清代吏役系分季、分班轮流上班。巴县刑房、户房书吏均分清、慎、勤三班，各班按春夏秋冬轮流办公各三个月，挨次轮换，捕班差役亦分为三轮，粮班则分单、双月，且各月之内又分左、右班；县丞、巡检、典史、教官各佐杂衙门职权十分有限，额设吏役通计 33 名，② 加上散役，总计当也不超过 200 名。照此估算，光绪二十七年巴县每天从事公务的县属吏役数当不到 1514 名之半，即至多 757 名。

相比之下，同时期巴县人口则在吏役数 1000 倍以上。据宣统年间四川第一次户口调查，宣统二年（1910）巴县城乡共 191394 户、990474 口，人口数居全川 144 厅州县之首。③ 这一数字尚不包括流动人口。光绪十七年（1891）重庆开埠，作为川东首邑的巴县，商务、洋务随之激增，外来商民大量涌入。据海关报告估计，1901 年全城人口约 30 万。④ 光绪末的调查显示，城厢人口

① 道光五年（1825）任巴县知县的刘衡称，"巴县衙役七千，予莅任一年后……退散六千七八百人"。这些数据如何得出，他并未说明。道光四年巴县共 386472 人，其中男丁 215858 人（见巴县档案，6-3-163）。衙役基本为 16 岁以上成年男丁，以该年龄段男性占全部男性人口 60% 计（据 1953 年中国人口统计，18 岁以上者占总人口 58.92%；1964 年统计，16 岁以上者占总人口 54.67%），则此时成丁 129514 人。按清末统计，该地人民中力役、游惰者共占十分之一。如果衙役达 7000 人，则其占当时全部成丁的 5.4%，力役、无业人口的 54%，显然夸大过甚。详见（清）刘衡：《蜀僚问答》，清道光十六年（1836）刻本，第 10 页；巴县劝学所编：光绪《巴县乡土志》上卷，清光绪三十三年（1907）刊本，第 25 页；中国国家统计局：《全国人口普查公报》，http://www.stats.gov.cn/tjsj/tjgb/rkpcgb/，http://wupeilin.fyfz.cn/b/839780，最后访问日期：2017 年 2 月 28 日。另，光绪二十九年（1903）四川总督岑春煊在一份札文中提到，"巴县差役，三里粮、壮、快、捕各班约五六千人"，其数可能仅为大略估计，详见《重庆府奉川督通饬吏治腐败务必整顿札》，光绪二十九年闰五月六日，《清代巴县档案选编——关于吏治整顿》，《四川档案史料》1983 年第 1 期。

② （清）霍为棻、王宫午修，（清）熊家彦纂，同治《巴县志》卷二《政事志》，清同治六年（1867）刻本，第 11—12 页。

③ 施居父编：《四川人口数字研究之新资料》，成都：民间意识社，1936 年，第 9—14 页。另据民国《巴县志》载，此次人口统计数为 980474 口，详见朱之洪等修，向楚等纂：民国《巴县志》卷十七《自治》，民国二十八年（1939）刻本，第 1 页 b。

④ 周勇、刘景修译编：《近代重庆经济与社会发展（1876—1949）》，成都：四川大学出版社，1987 年，第 131 页。

11.2 万。[①] 也就是说，城内外来流动人口几为本地人口的两倍。对此，我们不禁要问：仅有数百吏役的巴县政府，在没有现代化交通、通讯手段的条件下，如何管理一个人口约百万、面积逾三千平方公里的通衢大邑？[②]

二、半官方的地方管理者——乡保

政治学学者麦瑞姆（Charles E. Merriam）认为，政府分正式与非正式两种，"所有参与统治过程但非正式政府成员者均属于后一种"。[③] 按照这一看法，清代州县政府除了正式的州县官及其领导下的佐杂官员和吏役群体外，还包括那些非正式但实际参与地方管理的人。这些人主要有士绅、各行帮首事以及为数众多的里甲、保甲人员。[④]

在现存巴县档案中，自始至终均有大量关于乡约、保长等人的任免、选举纠纷及此类人向县官报告地方事务的禀状。在其他清代地方档案，如淡水厅、新竹县、宝坻县、南部县、冕宁县、吐鲁番厅等地的档案中，也是如此。清代文献中对乡约、保长（正）等人最习见的称呼是乡保，其次是乡地，乡地之称主要见于北方地区。在巴县及四川其他地区，乡约、保长往往被合称为乡保或约保，约保的使用频率较乡保更高。因乡保不仅包括乡约、保长（正），还包

---

① 巴县劝学所编：光绪《巴县乡土志》上卷，清光绪三十三年（1907）刊本，第 22 页。

② 清代巴县为重庆府附廓首邑，县、府、川东道署均在今重庆市渝中半岛东南部。乾隆二十四年（1759）至清末之巴县范围大致包括 1988 年时的巴县及市中、大渡口、沙坪坝、九龙坡、南岸、北碚等区，总面积 3441.8km^2。清初至乾隆二十四年疆域析分前的巴县还包括 1988 年时的江北县、江北区及璧山县部分，总面积逾 5472.53 km^2，见重庆市农业区划委员会等编：《重庆市地图集》，成都：成都地图出版社，1990 年，第 4 页。

③ Charles E. Merriam, *Systematic Politics*, Chicago: University of Chicago Press, p.213. 瞿同祖引用该段时，附注页码及理解均与原书有出入。详见 T'ung-Tsu Ch'ü, *Local Government in China under the Ch'ing*, Cambridge: Harvard University Press, 1962, p.xii。以下简称 Ch'ü, *Local Government*。

④ 瞿同祖认为，在中国，非正式政府操于士绅（或称地方精英）之手；里甲、保甲长和地保地位低下，只是县官在地方之代理人。他似未注意到实际状况中这几种人迅速合一，集诸多地方管理权于一身之情形。此外，在地方商业中，大量并非士绅的行帮首事也深度参与市场管理。详见 Ch'ü, *Local Government*, pp.2-4, 168—169.

括乡长、社长、里长（正）、庄长（正）、图正、排年、客长、场头、场总、小甲、澳甲、总甲、地保、地方、坊长、街约、城约、总理、老人、纠首等多种名目，而约保很多时候仅指乡约、保长，为叙述方便，本文仍使用乡保一词来作为这一类人的统称。

在淡水厅、新竹县，乡保包括总理、保正等，其人由县官发给谕贴和戳记，戳记上刻其姓名和所管乡庄。[①] 在西宁府循化厅，乡约认充时亦被给予戳记。[②] 在巴县和南部县，县官准予乡保承充后，会发给执照或腰牌。在宝坻县及吐鲁番厅，充当乡保者也均由官方谕贴任命。从这些遍及东西南北的档案记录来看，清代州县官对地方社会的管理在相当程度上系依靠这类半官方乡保人员来进行。这种地方管理方式远可溯自唐宋，近则承袭前明。

清建立后，沿袭了明代的里甲、保甲制，以之分别管理税收和治安；在教化上，则采用宋明以来曾在部分地区实行的乡约制，将之推行全国。其中规定，各地举年高德劭者，每月朔望集合乡民，宣讲圣谕。其主持者称约首或乡约正、副，也可径称乡约。[③] 在生产组织上，清初仿行金、元时期的社制。[④] 顺治十七年（1660），“设立里社，令民或二三十家、四五十家聚居，每遇农时，有死丧疾病者，协力助耕”，[⑤] 也就是在乡间以一定户数之居民共立一社，劝课农桑、互助生产。有清一代，社主要见于北方地区，后逐渐演变为兼具赋役供纳、生产互助和春祈秋报等功能的乡间组织。实践中，一村可分立多社，多村亦可共立一社。[⑥]

除里甲、保甲、乡约、社制外，清代基层还设有常平仓、社仓、义仓等仓储组织，以平粜谷米、应备灾荒，这几种制度便是清代官方对地方社会的

① 淡新档案，17312-2，咸丰十一年五月□日，台湾大学图书馆藏。

② 循化厅档案，07-254-12，光绪八年十二月三日，青海省档案馆藏。

③《钦定大清会典事例（嘉庆朝）》卷三一八，台北：文海出版社，1991年影印本，第4047—4066页。

④ 杨讷：《元代农村社制研究》，《历史研究》1965年第4期。

⑤《大清会典（雍正朝）》卷二七，台北：文海出版社，1994年影印本，第1347页。

⑥《三清庵三社合一碑记》，刘泽民、李玉明、常书铭编：《三晋石刻大全——晋城市高平市》卷上，太原：三晋出版社，2011年，第629页；Martin C. Yang, *A Chinese Village: Taitou, Shantung Province*, New York: Columbia University Press, 1945, p.173.

基本管理机制。[①] 萧公权对这几项制度详加考察后指出，至十九世纪，随着内忧外患增多及频年自然灾害之影响，其最终基本一一失效。[②] 萧氏的观察及判断系就全国情形综合而言，其依据主要为官方政典及方志、笔记等资料中的零星记载。近数十年来，这种整体史观受到越来越多的质疑和挑战。尤其是随着大量州县档案和民间文书的出现，这类缺乏详细个案支撑的研究颇有修正之必要。

具体到巴县，乾隆以降的大量乡保类档案显示，该地里甲、保甲、乡约、仓储各制并非如萧公权所说至十九世纪时均已失效，而是经历各种演变，其演变后的形式一直延续至清终，甚至到民国中后期仍在发挥一定作用。关于里甲制在巴县的施行情况，因现存档案中乾隆以前档卷基本全部缺失，从中已无法获知。不过，从乾隆年间知县王尔鉴纂修的《巴县志》中仍可窥知一二。

该志中写道，"征粮之役，向用里长，飞洒诡寄，舞弊多端。嗣定例用五户滚单……但庄不顺则用滚单难……遂变为用甲催"。但甲催制行用不久，又因催收之际甲催处在县官和绅士、胥役之间两面为难，人多不愿充当。于是撰者接着写道，"用甲催不如用乡保"，"盖甲催一年一换，而乡保可连年不换……计每岁无签报之繁，比甲催有督办之力。复有畏充乡保，图谋挂役规避者……该管官察其役冗，汰之，究其冒免，惩之"。[③]

甲催制在巴县很快变为乡保制，[④] 王尔鉴对之称赞有加。然而，就性质而言，乡保与甲催均为"征粮之役"，并无二致。官虽利其"可连年不换"，"比甲催有督办之力"，但对乡保本人而言又是何种感受，不愿充当者是否也得行贿求免？当有人以挂名差役来避充乡保时，县官是否确将之逐出并施以惩诫？此外，自清初至乾隆时期，巴县钱粮征收机制由里甲制一再变迁，始变为乡保制，乾

---

① Kung-Chuan Hsiao, *Rural China*: *Imperial Control in the Nineteenth Century*, Seattle: University of Washington Press, 1960, pp.25—45, 144—145, 184—186. 以下简称 Hsiao, *Rural China*。

② Hsiao, *Rural China*, pp.262—321.

③（清）王尔鉴修，（清）王世沿等纂：乾隆《巴县志》卷三《赋役 · 丁粮》，清嘉庆二十五年（1820）刻本，第 29—31 页。

④ 现存巴县档案中，乾隆三十二年（1767）仍见有签报甲催一例，或系甲催制之遗存，见巴县档案，6-1-106-1，乾隆三十二年四月二日。

隆以后乡保制是否又经历过变化？除担任税收之责外，乡保是否还承担其他责任？这些方志中没有记载的问题，不妨通过档案来加以求证。

档案显示，从乾隆前期开始，直至清末，巴县的一应地方公务，如治安管理、税粮催征、纠纷调处、案情查复、命盗报告等，最终多由乡约、保长一类人来承担和落实。在官方眼中，乡保系“在官人役”，有从公之责。在另一面，因受官任命而管理地方，乡保又被称为“首人”“头人”“地方人”。这种既是差役，又是首人的矛盾双面体身份，一方面使乡保成为各种冲突之焦点，另一方面也正因其身份暧昧、多面，使其在一定条件下可吸引多种不同身份者侧身其中。对于巴县乡保，这种人员结构的变化大致发生在咸丰朝，以此为界，乾隆以降的巴县乡保可分为前后两段。本文集中探讨前一阶段，即乾嘉道时期的巴县乡保。

此外，需要说明的是，无论在县城，还是乡村、场市，官方在很大程度上均是通过乡保来实现对地方社会的管理和控制，但县城和乡村分别代表的是商业和农业两种完全不同职业结构和生活形态的社会。这种不同的社会背景导致城内乡保和乡村乡保不仅所管理事务多有不同，在行为特征上也有不少显著差异。以下所论，仅为乾嘉道时期巴县乡村社会之乡保。

三、乾嘉道时期巴县乡保——约保、客长、场头、小甲、团首

进入具体探讨前，有必要介绍一下巴县的相关地理、人文区划。清初巴县大致涵盖今重庆市主城九区，全境由自西北至正东流向的嘉陵江和自西南流向东北的长江分隔为三块：嘉陵江北面的江北，嘉陵江和长江之间的渝中半岛及其腹地，长江东面、南面的南岸等区。这三块在行政上又被分为城厢和四里，即嘉陵江以北的江北里、两江之间的城厢及西城里，长江以东、以南的怀石、居义里。渝中半岛形如一段向东伸展的鹅颈和鹅头，在“鹅喙”即朝天门码头地方，嘉陵江和长江相汇，其后东流而下。半岛西高东低、北高南低，其正东约半岛四分之一大小的城墙环绕之区即巴县县城，斜亘岛东，呈西南——东北走向的大梁子山脊将全城分为上、下半城。下半城西起南纪门、东北至朝天门，这一濒江新月形区域为清代全城最繁华之地，巴县、重庆府及川东道署自南而

北坐落其内，面望长江（见图 1）。[①]

图 1　2017 年重庆市渝中半岛附近影像图

图片来源：http://www.cqmap.com/Home.html?type=zhuc，最后访问日期：2017 年 7 月 3 日。

康熙四十六年（1707），知县孔毓忠将城厢以外改编为忠、孝、廉、节、仁、义、礼、智、慈、祥、正、直十二里，每里十甲；同时，将城厢编为二十九坊、二十一厢，其中城内二十九坊，城外十五厢，江北六厢。[②]乾隆二十四年（1759），江北从巴县划出，置江北厅，十二里中地处江北的礼、义二里及仁里第一至六甲归入江北厅管辖。同时，又划县西祥里依来乡归入璧山县。[③]此后至光绪末，

① 《新测重庆城全图》，重庆合记肇明石印公司，1925 年第 5 版；《重庆乡土志》，民国初年稿本；吴波主编：《重庆地域历史文献·选编》下册，成都：四川大学出版社，2011 年，第 1804 页；彭伯通：《重庆的街道》“上下半城的划分”；邓少琴等编著：《重庆简史和沿革》，重庆：重庆地方史资料组，1981 年，第 124 页。

② （清）王尔鉴修，（清）王世沿等纂：乾隆《巴县志》卷二《乡里》《坊厢》，清嘉庆二十五年（1820）刻本，第 26—27、21—22 页。

③ （清）寇用平修，（清）陈锦堂等纂：同治《璧山县志》卷一《舆地·疆域》，第 4 页，《中国地方志集成》编纂委员会编：《中国地方志集成·四川府县志辑》第 45 册，成都：巴蜀书社，1992 年影印本，第 249 页。依来乡系沿用宋代旧名，乾隆二十四年以后的巴县档案中很少再出现有关祥里的案卷，由此可知，祥里依来乡基本涵盖了该里全部范围。

巴县乡里大致保持八里半、八十四甲之格局，[①] 县城坊厢数则时有省并。在巴县档案中，三里（即西城、居义、怀石）和九里八十四甲均为常见的行政、地理区划称呼，并无严格区分，只是后者的使用频率相对更高。

现存巴县档案中，有关乡保的最早记录可追溯至乾隆十七年（1752），该档稍后另予分析。乾隆三十九年（1774）八月七日，廉里一甲乡约龚万选以“照一张、红册一本”到甲内熊公廷家，令公廷之兄公朝充当乡约。九月九日，熊公廷投县称，其兄已于本年正月去贵州正安州铁厂工作，何况其伯曾充当乡约多年，此外，其堂叔熊现章现充保长，因此他以“一门何堪两充头人”请求免充。县官批令乡约龚万选查核后回复。[②] 该份禀状没有下文，从中仅可知乡约、保长签替之际，新任乡保须领取执照及红册。至于执照具体内容为何，禀状中未能反映。以下不妨看几件实例。

（一）乡约、保长

乾隆十七年，知县王尔鉴发给县民王星一保长执照一张，其文如下：

> 乾隆十七年三月二十五日，据孝里四甲王星一认充保长前来，据此合行给照。为此，照给王星一收执。凡有甲内事理，催督粮务，并外来［咽］噜匪类，酗酒赌博，以及私宰，一切不法之徒，许尔扭禀本县，以凭究治。不得受贿容隐。如一经本县查出，或被人首告，一体重究，凛遵，慎之毋违，须至执照者。[③]

从这张执照来看，保长主要承担治安及督催粮务之责。在充当手续上，新任保长到县衙认充，县官颁给其盖有朱色县印的执照，以此作为其执役的依据

---

① 朱之洪等修，向楚等纂：民国《巴县志》卷二《建置》，民国二十八年（1939）刻本，第12页b；实践中亦称三乡（西城里乡、居义里乡、怀石里乡）、九里、八十四甲，见巴县档案，6-3-163-8、9，道光四年六月十五日。

② 巴县档案，6-1-34-1，乾隆三十九年九月九日，四川省档案馆藏。该档目录所填年份误作乾隆九年。

③ 巴县档案，6-1-35-14，乾隆十七年三月二十六日，四川省档案馆藏。

和凭证。

乡约执照与保长执照基本类似。乾隆二十四年四月的一张乡约执照中写道：

> 嗣后每逢朔望，齐集公所，宣讲圣谕，化导愚顽，务使知礼识义，敦伦睦族。凡所管甲内钱粮，亦宜依限督催完纳，不得延缓，如遇公事，实力办理，毋致违误。至于盗贼端公邪教，窝娼窝赌，私宰私铸打架，一切不法之徒，许尔密禀本县，以凭拿治。毋得受贿容隐，狥情纵放，亦不得借端诬捏滋事……[①]

其中提到的乡约职责与保长的基本重合，只是多了宣讲圣谕一点。不过，实践中巴县乡约并不宣讲圣谕，该执照中提到的这一点充其量只能反映乡约这一名称的原初功能。此外，上述保长、乡约执照中所载，均是从县官一面对乡保之职的阐释和要求。那么，从乡约、保长角度而言，其职责又包括哪些，其签替又须有何种条件呢？不妨再来看以下档案。

> 具签呈孝里四甲保长王星一为恳准签替事，情蚁乾隆十七年蒙准给照，应再承办公事，奈蚁年老，六十余岁，举步维艰，实难督办粮务。在蚁领买仓谷，久经告竣。是以邀集合甲公议，惟有王文仲殷实谙练，秉公端方，堪充。此合甲输服，文仲无诿。今文仲同赴辕下，为此蚁将印照粘呈恩案，恳除蚁名，赏给文仲印照，公事有专……
>
> 乾隆二十四年十月初八日具签呈　王星一　十[②]

此案中，王星一已充当保长七年，按理从公时间已不短，但其辞职理由只是年老、精力衰退，而不是服务已久。可以推知，其甲内并没有公认的保长服务年限规定。此外，保长还须领买仓谷。这说明此时巴县的社仓也是由乡约、保长具体负责，每年仓谷的出陈易新和买谷还仓等事皆由乡保办理。除此之外，乡约、保长还须承担其他事务。

---

① 巴县档案，6-1-36-74，乾隆二十四年四月四日，四川省档案馆藏。
② 巴县档案，6-1-35-15，乾隆二十四年十月八日，四川省档案馆藏。

乾隆二十三年（1758）十月，孝里三甲乡约龚楚白禀称，他“本年新充乡约，事务等件尚未娴熟”，而甲内旧保正许泰林等“常办理大差，悉知奇弊”，且“老册并众花名均在伊等手中掌理，又未交卸”，因此请求县官令彼等与其同办差务，其请求获得批准。[①] 由该禀可知，乡约、保正（即保长）还得承办官方不时派给的大差。在巴县，大差通常是指承办过往军队夫马、捐助军需粮饷等。在承平之年，地方各种流差、常差亦皆由乡保办理。稍有不慎，笞责随之。因此，乡保并不是个易当的差使，许多人纷纷避充，以致老弱者被一再举充该职。

乾隆二十四年，孝里七甲乡约胡华安私窃快役陈文魁之父陈元龙之名，认充乡约。文魁随后在禀状中称，其父“愚朴，目不识丁，屡患痼疾，举步维艰”。同年，正里七甲孀妇呈称，其独子冯尚臣年仅十五岁，突遭“夙有嫌隙之保长梁凤羽”举充保长。[②] 乾隆三十五年（1770），正里七甲岑元吉禀称，“年逾六十，兼染耳聋”“举步维艰”，该甲现任保长马臣文不令其知，私举其充当保长。[③]

乡保更替之际，除窃他人之名具认以图卸责外，另一种屡见不鲜的规避之法即钻充书役。乾隆二十三年，直里八甲李国仕、赵世遵被现任乡保举充乡约、保长，但李国仕“奸计躲公，钻充刑书，世尊钻充快役，捏禀卸责”。对此，县官仅批示道：“签替约保原应议明具报，尔等曾否与李国仕等议妥，致被钻充推卸，并不声明，率渎，不准。”[④] 值得注意的是，此时的县官仍是王尔鉴，他于乾隆二十一年（1756）复任巴县，直至二十六年（1761）去任。[⑤] 他曾称，对畏充乡保、挂役规避者将予以斥退，但实践中他并未如此。

因县官的放任不问，巴县乡保始终未形成明确有序的充任规则，每次乡保更替均有大量此推彼卸之争。尽管有些禀状中提到其甲乡保“三年一换”“六年一换”，但纠纷频发的现实表明，此类规则极少被遵循。其结果便是，承充乡保者集中于两类人：一是老弱朴实者，一是惯于借公肥私的贪利之辈。从乾

① 巴县档案，6-1-35-19，乾隆二十三年十月十七日，四川省档案馆藏。

② 巴县档案，6-1-35-37、6-1-36-25，乾隆二十四年四月廿三日、四月九日，四川省档案馆藏。

③ 巴县档案，6-1-40-25，乾隆三十五年闰五月廿九日，四川省档案馆藏。

④ 巴县档案，6-1-36-14，乾隆二十三年十一月廿三日，四川省档案馆藏。

⑤ （清）王尔鉴修，（清）王世沿纂：乾隆《巴县志》卷六《职官·文员》，清嘉庆二十五年（1820）刻本，第26—27页。

隆中叶以后巴县乡保渐有任职长期化之势来看，充当该职者更多是后一种人，这种人多为善于与官差打交道兼有一定手腕的强梁无赖。一般善良朴弱者尽管难免被举充当，但不可能长期胜任。对于这一点，下文第四节还将进一步分析。

（二）客长、场头、厂头、小甲

清初四川系移民社会，对客籍人群，政府采取了一种专门的管理机制，这便是客长制。在乾隆以后的巴县乡间，客长主要见于移民集中的场市。客长之举充及职责与乡约、保长类似，其人亦常被称为约客。下为乾隆三十四年（1769）的一件客长执照。

> 为给照事，本年二月十七日据廉里二甲跳石场民刘青黎认充客长前来，合行给照。为此，照给客长刘青黎收执。嗣后凡遇场内公事，务须勤慎办理，仍不时稽查啯匪，赌博娼妓，私宰私铸，剪绺擢白，端公邪教，以及外来面生可疑之人，许尔密禀本县，以凭拿究。倘敢受贿容隐，一经查出，决不姑宽。凛之，慎之，须至执照者。[1]

从该执照来看，客长职责基本与保长相同。其充任者为场内铺户，一般各省铺户均会选出一位本省籍贯的客长。如铺户来自多省，则选多名客长。如嘉庆十九年（1814）慈里二甲彭家场有江西、福建、湖广、广东四省铺户七十余家，“历来举充客长数名”。客长认充时自官方领有腰牌，至退任时须将腰牌缴还。[2]道光二年（1822）十一月，直里九甲虎溪场绅耆、铺户禀称，其场路当孔道、铺户四百余家，“为县属第一繁要之区，原设约客六名”，现仅有两人充当，因此再禀举四名。不过，县官最后只同意增添两名，以免“扰累”。[3]客长与乡约、保长一样，其职司除了地方社会的日常管理外，还须承办差务。

乾隆五十三年（1788）四月，川东道令所属修理沿途递解犯人之卡房，巴县知县即令各约保、场头、客长等人执行。其所需经费由县官捐给一半，“场

---

① 巴县档案，6-1-107-21，乾隆三十四年三月二日，四川省档案馆藏。
② 巴县档案，6-2-61-4，乾隆十九年六月四日，四川省档案馆藏。
③ 巴县档案，6-3-94-1，道光二年十一月廿六日，四川省档案馆藏。

内派帮一半”。[①] 在更多时候，乡约、保长等奉命搭桥、修路，县官并不给予任何费用。[②] 因乡约、保长、客长性质相近，实践中这类人常被并称为“约客”“客约”。嘉庆二十年（1815）九月，巴县土主场客约周伯爵等四人逢大差过境，“昼夜伺候办公”。[③] 道光二十八年（1848）四月，白市驿马夫朱顺禀称，“白市驿站马号喂养驿马谷草，历系直里全甲乡约轮月上纳，供应无误”，各甲每位乡约须按月缴纳谷草三百个。当马房破旧朽坏时，也是由乡约负责“补修坚固”。这些事务由乡约负责，久而久之，这成为一种官民共认的地方成规，相沿多年不改。[④]

除客长外，一场之内常常并设场头，其职务与客长相同，均为管理一场之事，因此县官颁给执照时甚至将给场头、客长的执照合书在一起。[⑤] 实践中，很多时候客长、场头、场约根本就是同一身份，在其自称和他称中这些称呼常可互换。例如，嘉庆十七年（1812）十月，兴隆场场约称其承充“约客”已有数载，现有何正义“堪充场约”，请县官批准。[⑥] 嘉庆十年（1805）十二月，直里一甲龙隐镇约客曾大魁在前后两份禀状中分别自称系该镇约客、乡约。[⑦] 道光二十年（1840），智里三甲义兴场发生客长充任纠纷，各方禀状和供词中提到客长一职时分别称之为客长、场约、客约。[⑧] 可见客长、场约、场头、客约、约客、乡约只是同一身份的不同叫法而已。

在巴县乡村，还有一些进行手工业生产的炭厂、炉厂、木厂等。这类厂往往规模数百户，其内除工匠外，遍布其他各行从业者。其厂内事务由厂头、客长或乡约综理。如嘉庆十八年（1813）廉里红炉老厂烟户册显示，该厂共 209

① 巴县档案，6-1-33-6，乾隆五十三年四月九日，四川省档案馆藏。
② 巴县档案，6-2-363，嘉庆四年正月廿日，四川省档案馆藏。
③ 巴县档案，6-2-8596-2，嘉庆二十年九月廿三日，四川省档案馆藏。
④ 巴县档案，6-4-1079-3、4、6、10，道光二十八年四月十日至咸丰二年五月十五日，四川省档案馆藏。另，瞿同祖提到，清代一些地区马夫须自购马草，在巴县并非如此。详见 Ch’ü, *Local Government*, p.64。
⑤ 巴县档案，6-1-42-7，乾隆三十八年三月十四日，四川省档案馆藏。
⑥ 巴县档案，6-2-59-1，嘉庆十七年十月十一日，四川省档案馆藏。
⑦ 巴县档案，6-2-53-1、2，嘉庆十年十二月二日、十二月廿二日，四川省档案馆藏。
⑧ 巴县档案，6-3-130，道光二十年七月廿二日至九月二日，四川省档案馆藏。

户，居民所从事职业达 33 种之多，除打铁 97 户、铁铺 5 户、卖铁 6 户等系与铁业相关外，余下的一半住户之生计包括栈房、酒房、油房、帮工、种土、炭厂、皮匠、画匠、医生、裁缝、药铺、唱戏、道士，甚至还有官方明令禁止的端公、娼妓、宰牛、招贼等，可谓一个规模齐全、错综复杂的小型工商业社会。[①]

除约保、客长、场头、厂头外，办理地方公务者还有小甲。[②]乾隆三十三年（1768）郭岐山禀称，“情约鞠现彩等去年六月在段主案下公举蚁为小甲……谕查海棠、黄葛、龙门古渡……不许夤夜渡贼渡赃，以渡啯匪，一更时分各归停泊本岸”。[③]充任小甲，亦须县官给予执照和腰牌，[④]其人类似乡约、保长、客长之副手。嘉庆十年八月，廉里九甲长生桥场客长黄志清、陈云鹏以公务乏人，禀举场内铺民李俊、陈荣正充当小甲。[⑤]约客、场头、厂头、小甲之职均与乡约、保长类似，其性质亦同，可以统视之为乡保。

（三）团首

清中叶后的巴县档案中还常见有“团保”“团约”等名称，其中的团便是指团首。照字面义，团首即团练组织中的一团之首。嘉庆元年（1796），白莲教起义接连在鄂、蜀爆发，其后四川各地开始纷纷举办团练，保卫乡里。巴县团首最早约见于嘉庆二年（1797）。[⑥]

就内容而言，巴县团练主要是将保甲体系的一保、商业场市的一场立为一个或多个团，各团在其境内险要处修建哨楼寨堡，并在交通要隘设置卡防，由甲内住户轮流坐守、巡查。同时，团首、乡约等人定期组织团内青壮年齐团操练。[⑦]办团经费由乡约、团首在团民中摊派。嘉庆三年（1798），智里六甲团费

---

① 巴县档案，6-2-83，嘉庆十八年五月十九日，四川省档案馆藏。

② 巴县档案，6-1-37-5，乾隆二十八年四月十三日，四川省档案馆藏。

③ 巴县档案，6-1-160-1，乾隆三十三年八月八日，四川省档案馆藏。

④ 巴县档案，6-2-63-9，嘉庆二十年十月廿四日，四川省档案馆藏；四川大学历史系、四川省档案馆主编：《清代乾嘉道巴县档案选编》下册，成都：四川大学出版社，1996 年，第 301 页。

⑤ 巴县档案，6-2-51-1，嘉庆十年八月廿一日，四川省档案馆藏。

⑥ 巴县档案，6-2-104，嘉庆二年十一月十三日，四川省档案馆藏。

⑦ 巴县档案，6-2-65-1，嘉庆二十一年闰六月廿九日，四川省档案馆藏。

按粮户租谷派收，每租谷百石取米八斗，担任卡防者每日给米一升。[①] 充任团首由县官给札，其内容与约保、客长执照基本相同，只是团首无须催收钱粮正供。团首之人选一般由乡约、现任团首禀举。如嘉庆二十年三月，直里一甲龙隐镇程国樑等十名团首禀称，“镇内铺户六百余家，轮流承办”，因程等已充当两载，现举铺民王和顺等六人接充。[②] 道光二十六年（1846）闰五月，北背场约保、客长共举铺户冯俊杰等八人充当团首。[③]

在组织形式上，团练与保甲基本一致。团首之下设甲长、牌首（或称十长），完全系从保甲体系而来。团首奉官之命举办团练，须向地方居民摊收经费，由此常常引发矛盾。[④] 因此，该职与乡保一样，对一般百姓并非一个具有太大吸引力的职位。乾嘉道时期巴县团首绝少有士绅充当，这与咸丰以后的情形截然不同。

目前关于团练的诸多著述中，孔飞力的研究无疑为最具影响力的代表作之一。其书认为，随着白莲教起义及其后太平天国起义的爆发，各地出现由士绅主办、用以对抗叛军的团练武装，这不仅让士绅势力迅速崛起，也大大加速了地方社会的军事化；在这一过程中，士绅领导的团转变为地方政府的正式机构，对此后直至民国时期的县级行政造成深刻影响。[⑤] 这一观点自 1970 年代提出以来，在中西学界获得广泛赞同与认可。

在一手档案尚不能被充分利用时，孔飞力依据官方典志和地方团练章程等所作的这些探索和论断无疑具有重要价值。但其考察系以太平天国主战场的湘、桂、鄂、赣等省的前线地区为基础，且主要以几位晚清士绅所写的团练章程为依据，其分析和结论不免有诸多片面性和局限。例如，嘉庆时期的团练和太平军起义时的团练有无差别，两次起义间 40 余年的相对和平期内团练是否也如

① 巴县档案，6-2-73-2、7，嘉庆三年二月廿七日，四川省档案馆藏。

② 巴县档案，6-2-57-2，嘉庆二十年三月四日，四川省档案馆藏。

③ 巴县档案，6-3-141-1，道光二十六年闰五月八日，四川省档案馆藏。清中期北碚场多写作“北背场”或“白背场”。

④ 巴县档案，6-2-74-1，嘉庆五年十月廿四日，四川省档案馆藏。

⑤ Philip A. Kuhn, *Rebellion and Its Enemies in Late Imperial China: Militarization and Social Structure, 1796—1864*, Cambridge: Harvard University Press, 1980, pp.211—223.

战争时期那样始终持续，非主战区的团练和主战区的团练是否完全一致，非主战区的团练规模如何，其举办是否也大大加深了地方的军事化，在团练中担任领导者的是否均是士绅，团练组织与原有的地方管理机制是何种关系，彼此如何衔接、互动，等等，这些问题在孔著中均未提及。所幸的是，作为这两次战争中均非主战区的巴县，正好可以其档案记录为我们补充此类信息。

总体而言，白莲教起义期间巴县士绅在团练组织中的作用并不明显。此后直至咸丰以前，这一状况也基本未有改变。在起义军窜扰川东北期间，巴县于嘉庆二年曾招募过一些壮勇，令其与正式营兵一道操练、守卫，壮勇中分总头、散头，但档案中无一处提到这些人即是士绅或者其中包括士绅。[①] 随着战争初期紧张形势的迅速解除，这些来自各县的临时雇勇很可能被立即遣散。[②] 整个起义期间，战争从未蔓延至巴县。从其间知县的示谕来看，也无明显借助士绅处。如在乡间，团首只是被令每天早饭后鸣锣集众点团；在城厢，各团也仅限于每夜派壮健者持刀矛巡防守夜。尽管县官曾要求各团公举士绅出任团首，但随即发现有不少乡约兼任团首、假公济私者，因此下令“乡约原管里甲，各有专司，不应兼充”，“若无绅士，即举公正晓事老成之人，给札承充”。[③] 不过，实践中团首罕有士绅出任者。

在白莲教起义期间，县官还令“各城乡市镇，一经设立义团，制备枪炮”，[④] 但因战火始终未延烧至巴县，民间对这种需费较高的武装并无迫切需要，其间即使有某些团曾制备枪炮，但无一档案显示这种军事化措施曾持久实行。对于该时期频繁骚扰乡场的普通盗匪，民间应对装备也多止于棍棒、梆锣一类，与此前保甲所行并无分别。在报案时，民众往往称“贼多势大，不能抵敌，各自跑逃”，[⑤] 由此亦可反证此时地方防御装备和力量十分有限。

---

① 巴县档案，6-2-104-3，嘉庆二年十一月十七日，四川省档案馆藏。

② 巴县档案，6-2-46-1，嘉庆四年七月十四日，四川省档案馆藏。

③ 巴县档案，6-2-104-12、13，嘉庆二年十二月廿六日、嘉庆三年正月十一日，四川省档案馆藏。

④ 巴县档案，6-2-104-9，嘉庆二年十一月廿五日，四川省档案馆藏。

⑤ 四川大学历史系、四川省档案馆主编：《清代乾嘉道巴县档案选编》下册，成都：四川大学出版社，1996年，第362页。

在白莲教起义后至咸同之际战争再起之前，巴县团练与此前保甲也无实质分别。对此，可以其间奉行此事最力的四位知县之例来证明。这四位县官分别是董淳、刘衡、王如瑨和觉罗祥庆。他们任内均颁布过详细的团练、保甲章程，并均大力倡行。嘉庆十八年三月，董淳为“团练牌甲”事详定科条二十四款。其中提到，“十牌联为一甲，或五六牌联为一甲，每甲设立团首一二名”，“甲内越礼犯分，酗酒打降，以及强横滋事者”由团众劝解。此外，各水卡夜到船只及腰店等处，乡保、团首严加稽查。[①]从这些条款来看，董淳所行团练法即保甲法，其所称团首与保长职责无异，主要稽查地方治安、调解民间纷争。

道光二年（1822），王如瑨到任巴县。该年六月，他向团首等也颁发条规二十四条，其主旨仍不外稽查治安，禀究私宰、假银、讼棍，报告命盗，排解“钱债口角细故”。[②]道光五年（1825），刘衡自川东梁平县调任巴县。他在梁平任内给上级的报告中说，“团练之法，其弊在打造军器、私藏违禁刀械，行之不善，流弊原多”，因此只将之与保甲相辅而行。他到巴县后，颁行保甲法十七条，其内容主要为如何编户、填写门牌和循环册等。在次年的《办理春荒章程》中，他多次写道“保即团也”。[③]这说明此时的团已成为与保一样的保甲单位，且二者本身无甚分别。

道光二十九年（1849）四月，知县觉罗祥庆在示谕中明确说：“保甲即团练也。”他在随谕颁发的《弭盗章程》中写道：“以十家为一牌，立一牌头，十牌为一甲，立一甲长，仍相度地方之广狭，道路之远近，无论十甲八甲，或三五甲为一保，设一保正。”[④]其全部十七条依旧是稽查治安、防御盗匪、排解“甲内户婚田土、钱债口角等项细故”。如按其所说保甲即团练的话，那么此时的团练所行均为民事细务，军事化色彩甚少。与其说其特征为军事性，不如说其特征为民事性。

① 巴县档案，6-2-41-3、6、9，嘉庆十八年三月廿六日，四川省档案馆藏。

② 巴县档案，6-3-92，道光二年六月一日，四川省档案馆藏。

③（清）刘衡：《州县须知》，《官箴书集成》编纂委员会编：《官箴书集成》第6册，合肥：黄山书社，1997年影印本，第129、131页。

④ 巴县档案，6-3-148-1、2，道光二十九年四月九日，四川省档案馆藏。

另外，需要指出的是，各县官的团练、保甲章程中均对乡约毫未提及，似乎完全忘了其给乡约执照时强调的一应地方之责。这或许是因囿于官方政典中的刻板化规定，即里甲主税收、保甲管治安、乡约司教化，而视而不见，或许是刻意不提，以示其谨守成规。但无论如何，实践中乡约始终是乾嘉道时期巴县地方公务中的核心角色之一，在团册、保甲册中乡约名字均出现在最显著位置。在齐团操练及团费征收上，团首也均是与乡约一同执行。

通过上述分析，可以说嘉道时期的巴县之实际情况并不符合孔飞力的论断，即白莲教起义导致士绅兴办团练，随后带来士绅地位上升及地方社会军事化等。与之相反，白莲教起义后直至咸丰以前，巴县团练并不由士绅主办，也未加深该地军事化，而是长期保持突出的民事性。该起义带来的只是团作为一种新的保甲单位名称进入地方社会，从此团首与乡约、保正、客长等人一道成为乡保中的一员，管理地方公务。因此时团首基本皆由乡保禀举，故其到来尽管系在原有地方权力格局中增添一员，但尚不至于造成彼此间的严重冲突。至于士绅此时为何未出任团首，主要是因团刚出现不久，团首地位低下；同时，邻近地区的动荡尚未对巴县造成直接影响，团练举行及团费征收均十分有限，尚未严重触及士绅利益，士绅对之尚无强烈兴趣。当至咸丰以后，团内分化出更为复杂的组织和权力结构，即复合团和地位更高的监正之普遍出现时，[①] 士绅便开始争相竞逐其间了。

---

① 关于清代巴县地方政治实际情形，梁勇已作了极为深入的考察。不过，在论述巴县团首、监正时，他将其统称为“团正”，并认为清中期尤其白莲教起义后的巴县团练实践较符合孔飞力的论断。但在咸丰以前，巴县档案中似并未出现团正名称，监正之名称也仅在道光时期偶见出现，如6-3-10795、6-3-12805。梁著中所举咸丰以前的“团正”数例，即6-2-57-6、6-2-62-1、6-2-70-2、6-2-526-2、6-3-263、6-3-276-1，笔者检核原档，发现其中无一例有团正或监正之称，而是均直接称为团首、客长、约客。他采用咸丰后出现的“团正”一词概称清中期的团练首领，并以咸丰、同治、光绪时期的团练实际情形归纳“清中期”的团练特征，似与档案不符；且统以清中期之泛称，致未能很好地区分嘉庆、道光时期的团练与咸丰以后的团练在领导者、组织结构、所管事务等方面的一系列差异。详见梁勇：《移民、国家与地方权势——以清代巴县为例》，北京：中华书局，2014年，第199、204、205、217、218页。

四、乡保的营利空间与地方治理实效

以上讨论已大致揭示乡保的组成人员及职责范围，充当斯役须接应官差，管理地方一应公务，可谓极其繁重。不过，有趣的是，现实中所呈现的却是一幅矛盾式的画面。一方面，大量乡民避充乡保，另一方面，也有许多人连续充当该职六七年，甚至十年以上。[①] 充当乡保者须频繁往返于县衙与乡场之间。从奔走其间的食宿、车马，到递交县衙的呈状、禀复等，非但费时费力，且无一不需费用。许多乡保连续任职数年，不可能对民间一无所取。虽然现存档案中没有留下任何有关乡保酬劳的直接记载，但可由一些间接记录来略加窥测。

（一）乡保的营利空间

乾隆二十二年（1757）六月，孝里十甲郭瑞先签赵茂连继充乡约。一年后，茂连向瑞先索钱一千五百文，并书面约定此后凡有差务，均由其一人承当，与瑞先无涉。但茂连得钱后，随即又举瑞先为乡约。其后差役令瑞先领钱买办仓谷，瑞先遂将茂连告上县衙。[②] 该案表明，承充乡约须担负承办公务、督催粮务之劳，因此现任乡约可以向不愿充当该职者索取帮办费用，而后者为免充该役，也愿花这笔钱。

不过，像这种公然签订代役合同的例子颇为罕见，各时期的其他乡保签替中也未提到类似做法。因此，尚不能说这是乡保充任中的惯常现象。但由这则史料可以进一步确定的是，乡保的举充多凭现任乡保单独决定，并非保举状中所说的“阖甲公举”。正因为如此，更替之际的乡保可以藉此勒索被提名者。在平时办公中，乡保的收入来源主要有节礼钱、充当中证谢礼，以及额外的诈索、摊派等。嘉庆十六年（1811）的一宗控案可充分反映这一点。

呈为藉公苛嚼、协叩严究事，情蚁等系土主场地主、铺户，苦贸活生。殊遭该场约客丁大有、黄斌、费东汉、周伯爵仗充首人，藉公

① 四川大学历史系、四川省档案馆主编：《清代乾嘉道巴县档案选编》下册，成都：四川大学出版社，1996年，第296页。

② 巴县档案，6-1-35-7，乾隆二十三年六月三十日，四川省档案馆藏。

为名，每每苛派铺户，勒收钱文，俵分肥囊……今蠹等乘督宪过境，仁天并未示谕蚁等铺家派夫，蠹等勒蚁等□□□□六百余名。蚁等遵办外，又勒蚁等每户出钱三十文，不知作何支用。且蠹等自充首人以来，一年三节，每节每户勒收蚁等节礼钱一百文。又因本年正月十四尹心臣殴毙吴德数，伊等来渝候讯，回乡每户勒派钱三四百、一千文不等。宪恩发给门牌，不派民间分文，伊等每户勒收钱二十四文，种种苛索，蚁等受害难堪……①

这则控状中提到的约客借差索诈事，后经讯明属实，随后乡约费东汉、客长黄斌被革职。遗憾的是，状词中提到的其他信息县官并未过问，从而无法得知约客的勒收细目。不过，从铺户所举的数条中仍可知其大略。一年三节的节礼钱，当是乡民默认给予约客的规费。地方发生命案后出庭作证及分发门牌收取的费用，可以视作乡保的辛力钱。但乡保的从公服劳，官方仅视之为一种无偿劳役，因此其收取报酬时，往往也最易引发争议。

如将充当乡保看作是一种无偿服役，其自然不应收取报酬，而若易位而处，将之视为一项公共管理工作的话，则其因公付出大量时间、精力乃至费用，理应获得回报。问题恰在于，实践中乡保始终介于这两种身份之间，没有明晰的界定，因而造成公正朴实者不愿充当，奸民、无赖、则胥视之为利薮之情形。正如这份控状中所显示，当遭逢大差时，一般百姓多苦于支应，而乡保中的贪利之辈，则视之为敛财良机，甚至未等县官示谕，即主动开始向铺户派夫收钱。可以说，此类乡保几乎无时无刻不希望地方有事，以便从中获利。在地方平静时，他们甚至不惜制造事端。乡约黄联元便是显例。

嘉庆二十年四月，快役吴金隆在对虎溪场乡约黄联元的诉状中指出，黄联元开设栈房，“惯串各衙差役踞店滥食，每人每餐浮挂钱数百文”。在随附的黄联元父子恶迹单中，其搕诈乡民、统凶打人之事达二十三款之多。县官在给乡保的执照中，令其稽查地方、禀报盗匪等事。实践中出现此类事时，乡约黄联元仅是一再向案犯勒搕钱文，得钱后便将其私放，并不报告县官。当地方发生

① 巴县档案，6-2-76-1，嘉庆十六年八月十八日，四川省档案馆藏。

命案时，他则串差住寓其店，“滥食六日，浮挂口岸钱三十二千文”。[①] 在巴县档案中，许多约保、客长均以开客栈为业，不难推想其中当也有不少像黄联元这样，以客栈为据点，勾结差役，揢诈一方。

对于乡村乡保，其收入多来自代花户垫纳税粮后收取的利息，以及执行公务中的各种浮收、贪污和勒索等。乾隆四十五年（1780），江北厅户吏蒙声远等浮收粮银，并串通乡约出钱抬垫。此案层层上控，最终重庆知府下令此后“乡约、书役不得早为抬垫”。[②] 此事虽发生于已从巴县分出的江北，但在一江之隔的巴县，乡约串差抬垫获利亦为惯例。嘉庆三年（1798），节里十甲何廷亮称，其兄弟二人“共载条粮一钱四分，去年五□军需，应该银二钱八分”，遭革约杨德华以垫纳为由，索银二两，他最终“隐忍楚给”。[③] 乾隆四十六年（1781），节里十甲前任乡约蹇珍远、张蒂典控称，现任乡约王安常等于乾隆四十四年（1779）盗卖社谷，其征收夫马钱亦超出额定数倍。[④]

上述事例表明，乡保在办理地方公务中因无工薪，常常无法做到洁己奉公，其未被正当化的因公取利致其屡涉讼争。但从另一面来看，在这近百年的地方实践中，乡保制又始终作为最基本的地方管理机制发挥作用。其间尽管有因白莲教起义而出现新的管理者——团首，但其到来并未改变既有的乡保体系，也未造成乡保人员结构的变化，而是为乡保所吸收。这种制度上异乎寻常的稳定性与包容性，背后原因究竟何在，其实行下的地方治理实态又如何？以下对之略作探究。

（二）乡保制下的地方治理实效

乡保制之功能主要包括税收、司法和治安三大项，此外，还兼管部分社仓事务。就巴县自乾隆至道光这百余年的实践来看，在前三方面该制所显示的功效不一。

---

① 四川大学历史系、四川省档案馆主编：《清代乾嘉道巴县档案选编》下册，成都：四川大学出版社，1996 年，第 241—242 页。

② （清）福珠朗阿修，（清）宋煊等纂：道光《江北厅志》卷三《食货 · 税课》，清道光二十四年（1844）序刊本，第 5 页。

③ 巴县档案，6-2-334-1，嘉庆三年三月十九日，四川省档案馆藏。

④ 巴县档案，6-1-1874-2，乾隆四十六年十一月廿六日，四川省档案馆藏。

在税收上，总体而言，乡保制比里甲制有效。与里甲制广受诟病不同，乡保制一方面继承了里甲之征税功能，一方面又集合了乡约之教化、保甲之治安与社仓之救济等功能，或许是其全方位职能与长期化任职态势使乡保比此前一年一换的里甲长具有更大的权威性、支配力和便民性，其催征税粮较之后者要远为顺利。正因为此，其能作为稳定不变的税收机制长期延续。尽管实践中亦时有因乡保与粮差浮收、抬垫而致纷争，但正如上文一些案例显示，许多被乡保多派者，仍会"隐忍楚给"。这是因为，乡保与粮差借垫完粮、收取利息的做法久而久之成为一种牢不可破的地方积习，官、吏、民对之均已形成相当程度的依赖。

在县官一面，因及时完粮解库攸关考成，对乡保在一定限度的抬垫取利基本予以默认。在该事上，其与乡保、粮差类似利益共同体，彼此均需相互借助、支持方能各遂所愿。清中叶后，抬垫之法通行全川。上到总督、藩司，无不深悉此点，但往往仅是要求"明定抬垫取息章程"。据光绪末巴县档案载，该地官民共认的抬垫之息为月利三分。[①] 此虽为清末记载，所反映的实是沿习多年之成规。此外，抬垫之所以成为习惯，与花户亲身赴纳时往往遭户书等勒取种种规费不无关系。[②] 很多人两害相权，宁愿让乡保、粮差等人垫纳、加收利息。[③] 对于常与官、差打交道的乡保来说，其与粮差一同垫纳钱粮，遭指索之几率较一般乡民要小得多。因此，可以说乡民、乡保、吏胥与县官各自之所图共同促成了此种不法收税机制之合理化，使其自取代里甲制后长盛不衰。

在司法事务上，乡保之职能主要为调解纷争、报告命盗与查复案情等。乡保有官方授予的执照、腰牌等官符及细事调解权，因此，民间发生纠纷后往往第一时间向其投告，甚至争讼双方均系生员，也是如此。[④] 对于乡民而言，这种解决方式迅捷、便利，且成本低，无须像投告县衙那样花费大量时间、精力和费用。不过，乡保调处因无足够权威，现实中一再出现一方投鸣约邻、团首

---

① 鲁子健:《清代四川财政史料》上，成都：四川省社会科学院，1984 年，第 622、628 页。

② 同上书，第 635 页。

③ 巴县钱粮除由乡约、粮差抬垫完纳外，许多花户亦将粮税交与城内钱铺代缴。

④ 巴县档案，6-3-2962，道光八年一月□日，四川省档案馆藏。

后，另一方抗不到场或不遵调处，最终不得不控县之情形。[①] 这说明乡保在调处纠纷、减少诉讼上有一定作用，但其毕竟非官，作用也有限。

对于县官而言，乡保“比衙役为可信”，且“能济公事”，户婚讼案皆可发之调处。[②] 乾隆五十一年（1786）任四川长宁县知县的叶世倬忆称：“山中乡约，民间称为官府，词讼必先经其判断，然而闻于官……予署长宁，凡听讼，先令乡约具供状，按供词诣两造。有不符，逮乡约杖之，甚则斥革。”[③] 民间称乡约为官府，发生纠纷即请其裁断，可见乡约在一般百姓眼中确有类似“官府”之权威。只有当调处失败，乡民才会赴县呈控。而即使告上县衙，县官也是先令乡约陈述案情，益说明其角色之关键。在县官赴乡检验命案时，乡保亦须到场“搭盖棚厂、预备棺木……齐集尸所伺候”。[④] 从这些方面来说，其人无异于一个无偿服劳的调解员、证人和仆役，对于县官办案，可谓须臾不可缺之助手。

在治安管理上，兼任保甲之责的乡保，在稽查私盐、私宰、私铸，禀送偷摸小窃，传达县官告示，维持场市日常秩序等方面，常可以起到一定作用。不过，从上文展示的乡保藉公索诈之例来看，实践中很多贪渎乡保在收取费用后，往往将违规者私放，并不报县。因此，乡保在日常治安上固可补官治之不足，但不能说作用十分重大。在清中叶四川最突出的治安难题——啯噜问题上，乡保的作用就更为有限。

所谓“啯噜”，即偷窃、抢掠者，其得名历来说法不一。[⑤] 笔者认为经赵世瑜揭示的川籍学者刘文源的解释最近其实。刘氏认为，“啯噜”当读作 gu-lu-zi，即“跍路子”，四川方言中称“蹲着”为“跍倒”，跍路子“即蹲在路边打劫的人，

① 四川大学历史系、四川省档案馆主编：《清代乾嘉道巴县档案选编》上册，成都：四川大学出版社，1989 年，第 2、9、27、59、65、151、153、201、222、223、224、231、281 页。

② （清）黄可润：《乡练头役》，（清）徐栋辑：《牧令书》卷四，清道光二十八年（1848）刻本，第 36、37 页。

③ （清）叶世倬：《乡约官府》，（清）徐栋辑：《牧令书》卷八，清道光二十八年（1848）刻本，第 44、45 页。叶世倬就任长宁时间据李桓辑《国朝耆献类征初编》卷一九〇《疆臣》四二。（清）李桓辑：《国朝耆献类征》第 10 册，扬州：广陵书社，2007 年影印本，第 6247 页。

④ 巴县档案，6-3-263-2，道光二十六年闰五月十一日，四川省档案馆藏。

⑤ 详见胡昭曦、霍大同、杨光：《“啯噜”考析》，四川省史学会著：《四川省史学会史学论文集》，成都：四川人民出版社，1982 年，第 254—257 页。

与古语‘剪径’异曲同工”。[①] 因啯与国字相近，易误读，乾隆五十三年（1788）谕令将其右半部改写为“固”。此后虽有遵改者，[②] 但仍以“啯”字更常见用。[③] 乾隆时四川罗江县著名学者李调元称：“蜀人呼赌钱者，通曰啯噜，皆作平声，如曰辜奴，行常带刀……或三五成群，或百千成党，少则劫夺孤旅，多则抗拒官兵”，“半系革捕，此县犯案，逃充彼县，类与各捕声息相通，因缘为奸”。[④]

尽管在县官给予乡保的执照中，均一再强调“稽查外来啯噜匪类”，但此种常纠众数百、聚散无常的带刀匪徒，即使正规营兵亦难对付，普通乡保自然更加无能为力。何况此辈游移不定，“白日在箐林藏躲，遇人抢夺，夜宿岩洞”，[⑤] 歇店循环簿等措施对其根本不起作用。乾隆四十六年，啯噜在川、陕、黔、楚大肆窜扰，年底刑部为此专定“川省啯匪”条例，并于次年初下发全川各级衙门遵行。其中规定：

> 在场市抢劫者，凡五人以上，不论得财、不得财，为首斩决，为从绞监候。若拒捕夺犯伤人者，为首斩决，枭示在场，加功者俱绞决，同谋未在场者绞监候。在旷野拦抢，未经伤人之案，除数在三人以下者，发烟瘴充军；四人以上至九人者，不分首从，俱改发伊犁，给厄鲁特为奴，均面刺外遣二字，如有脱逃，拿获即行正法，但伤人者，即将伤人之犯拟绞监候，入于秋审情实；数至十人以上，无论伤人与否，为首拟斩立决，为从拟绞监候，仍入秋审情实，被胁同行者，发遣为奴，其中倘有杀人夺犯伤差等事，有一人于此，即照场市抢劫之例，将首伙各犯，分别斩枭绞决监候。[⑥]

---

① 赵世瑜：《序》第 3 页，梁勇：《移民、国家与地方权势——以清代巴县为例》，北京：中华书局，2014 年。

② （清）翁祖烈：《宦游随笔》卷三，清光绪七年（1881）序刊本，第 11 页。

③ 常建华：《清代啯噜新研》，《清史论丛》编委会编：《清史论丛（1993）》，沈阳：辽宁古籍出版社，1993 年，第 180 页。

④ （清）李调元撰：《啯噜曲并序》，《童山诗集》卷一，清道光五年（1825）刻本，第 6 页；（清）李调元撰：《与严署州论蜀啯噜书》，《童山文集》卷十，清道光五年（1825）刻本，第 21—26 页。

⑤ 王澈：《乾隆四十六年清政府镇压啯噜史料选编》（下），《历史档案》1991 年第 2 期。

⑥ 巴县档案，6-1-79，乾隆四十七年二月二十日，四川省档案馆藏。

这一新例可谓极严，不过此后四川啯噜依然猖獗如故。嘉庆八年（1803）四月，刘永福等聚匪六人抢劫巴县虎溪场客商货物，被当场拿获。最终县官对其仅处枷号，[①] 并未按刑部之例判处。这是因抢劫等重案极大影响县官考绩，故后者往往对之从轻处理。嘉庆十年八月，正里四甲兴隆场场约禀称，该场每逢三、六、九场期屡有啯匪“肆行擢窃”。嘉庆十一年（1806）十二月，孝里三、四、五甲绅耆呈称，土硚、温泉等场每逢场期多匪入场，肆行劫夺。嘉庆十四年（1809）五月，孝里二甲鱼洞镇约客禀称，啯匪混迹该场。对此，县官均仅出告示禁止而已。[②] 至道光时，啯匪依旧肆扰全川。[③]

道光十一年（1831）正月，正里九甲北背场铁匠“打造二面口黄瓜米尖刀二十四把”，后供称系温姓拿刀十把，请其照样打造二三十把。[④] 一人订制如此多禁刀，显系为匪无疑。道光二十六年（1846）闰五月，璧山县官厅追赶15名痞匪至虎溪场，场众协官将匪拿获。五天后之深夜，匪党将一纸战书贴于场内，内云：

英雄出世不可挡，要把虎溪作战场。先拿首人来祭旗，后拿肥猪来祭枪。

万宝太平团为首，松柏清平休动枪。三教水口团太小，蝼蚁之辈敢伤王。

余剩团儿孤不怕，各自躲被免受伤。纵有十团难阻党，下力穷民孤不伤。

本月十一辰早降，杀孤弟兄十七□。逃脱十人走岗上，大败虎溪未回乡。

不日孤要领兵将，杀尔旧子见阎王。要学当年太公望，杀得十团血成江。

① 巴县档案，6-2-110，嘉庆八年七月八日，四川省档案馆藏。
② 巴县档案，6-2-113-2、6-2-116、6-2-120，嘉庆十年八月二十六日、嘉庆十一年十二月十八日、嘉庆十四年五月一日，四川省档案馆藏。
③（清）张集馨撰：《道咸宦海见闻录》，北京：中华书局，1981年，第91—92页。
④ 巴县档案，6-3-230-1，道光十一年正月十九日，四川省档案馆藏。

若要孤王罢休了，天下官员唱高咂。

下书人白虎大将军　柳三枝

顺天王札御晓谕跪读[①]

该战书中，啯噜公然称孤道寡，非但不以杀人越货为耻，反而自诩“英雄出世”。在其眼中，乡民不过“蝼蚁之辈”，凡敢与其作对者，均将受到打击报复。在这种威势下，乡保对啯匪自然不敢轻易禀官。现实中，被禀送的贼匪多仅为势单力孤的偷摸小窃。在官方一面，尽管朝廷针对啯匪特立严刑峻法，但各级地方官为宣扬政绩，往往对盗匪案讳匿不报，对啯匪也不依例惩处。例如，时任四川按察使张集馨提到，道光二十五年（1845），“简州一属劫案至三百余起之多，皆未通报，此简州牧濮瑗亲为余言者”。[②] 地方官之所以不愿实报，是因为一旦报盗，如不能定期破案，其将自陷行政处分之风险，且命盗案之发生率攸关考成，一般官员自然不愿据实上报。其如此行径，反过来只会进一步助长啯噜之猖獗。

表 1　道光四年（1824）巴县城乡户口数

所属	地名	保正	甲长	牌首	户数	男丁	女口	人口
城内	28 坊	15	152	1421	14214	30311	24837	55148
城外	14 厢	4	36	364	3636	5737	4401	10138
怀石里乡共 26 场	忠里	6	58	580	5774	16692	9030	25722
	孝里	6	67	567	6669	17049	14497	31546
	廉里	10	98	968	9683	25493	21422	46915
居义里乡共 22 场	节里	10	110	1100	10997	26040	22376	48416
	仁里	6	61	646	6465	15146	12328	27474
	智里	6	60	603	6035	21233	17797	39030
西城里乡共 26 场	慈里	6	60	603	6033	21699	18879	40578
	正里	6	59	580	5879	17179	9572	26751
	直里	7	67	660	6566	19279	15475	34754
	总计	82	828	8092	81951	215858	170614	386472

资料来源：巴县档案，6-3-163，四川省档案馆藏。

① 巴县档案，6-3-263，道光二十六年闰五月十八日，四川省档案馆藏。

② （清）张集馨撰：《道咸宦海见闻录》，北京：中华书局，1981 年，第 112 页。

就本质而言，啯噜之屡禁不绝，根本原因在于人口的快速增长及大量游民之出现。[①] 嘉庆元年，巴县共 218779 人。[②] 至道光四年，增至 386472 人（见上表 1）。[③] 短短 29 年间人口几近翻倍，平均每年增加 5783 人，年均增长率高达 19.81‰。若再加上数量庞大的啯噜、水手等移动性人群，地方事务自必更为繁剧。在这种情形下，乡保在税收、司法等上的作用无疑让县官更为倚重。对于一般性治安问题，其亦可起到一定作用，但对啯噜这种重大治安顽疾，乡保之作用注定十分有限。

五、小结

对于清代地方治理，应置诸具体治理过程来加以考察。如本文开篇所展示，尽管朝廷关于吏役人数的规定严重僵化、脱离现实，但实践中县官采取了瞒上不瞒下的务实策略。如要探究一地实情，自应从这种实际做法入手。通过以上对清代乾嘉道时期巴县地方政治实践的剖析，可以清楚地看到，在实际官吏数量仍严重不敷的情形下，地方治理很大程度上由乡保人员来落实和完成。这种

① （清）严如熤辑：《三省边防备览》卷五，清道光二年（1822）刻本，第 15—16 页；（清）张集馨撰：《道咸宦海见闻录》，北京：中华书局，1981 年，第 92 页。

② （清）王梦庚修，（清）寇宗纂：道光《重庆府志》卷三《食货·户口》，清道光二十三年（1843）刻本，第 9 页 b。另据乾隆六十年（1795）上报朝廷的《四川通省民数册》载，该年巴县共 32970 户、133056 口。该数与府志所载嘉庆元年巴县 75743 户、218779 口相差悬殊，论者对此意见分歧。笔者综合巴县档案所载乾隆六十年城内仅铺户即达 4625 户（6-2-228-26、27、28）及道光四年城乡 82041 户、386472 口（6-3-163），认为乾隆六十年民数册中所载巴县人口远低于实际。否则，如按该民数册所载，乾隆六十年至道光四年 30 年中年均人口增长率高达 36.18‰，而此时大规模的省际移民早已停止，人口不可能保持如此高增速。参见 G. William Skinner，Sichuan’s Population in the Nineteenth Century：Lessons from Disaggregated Data，*Late Imperial China*，Vol.7，No.2.（Dec.1986）：1—79；刘铮云：《清乾隆朝四川人口资料检讨：史语所藏〈乾隆六十年分四川通省民数册〉的几点观察》，“中研院”历史语言研究所出版品编辑委员会主编：《中国近世家族与社会学术研讨会论文集》，台北，1998 年，第 322 页；曹树基：《清代中期四川分府人口——以 1812 年数据为中心》，《中国经济史研究》2003 年第 1 期。

③ 巴县档案，6-3-163，道光四年六月十五日，四川省档案馆藏。原档中人口总数为 386478 人，其计算略有误，本处为核正数。

半官方乡保制不仅整合了法定的乡约、里甲、保甲、仓储制，还将移民社会的客长制以及白莲教起义后的团首制相继纳入其中，使乡保成为民间社会的全方位管理者。从这一意义上说，成千上百的乡保人员如同一只只延长的政府之手，政府通过他们不仅将一切政令和意识形态灌输到民间，也将地方社会较有效地控制于手掌中。

既往关于清代地方政治的研究，尤其是长时段、全局性的宏观研究，往往只看到了官设地方管理机制逐渐失效，与此同时士绅在地方社会日趋活跃，便自然而然得出士绅控制论之结论。然而，这些论著多忽视了官设地方管理机制在实践中的不断调适与演变。此外，其分析和结论尽管逻辑上看似自洽、顺理成章，却是将不同时间、地域之记载拼合在一起立论，既与一时一地之具体实践不符，也大大简化了历史过程本身的复杂性、多样性。事实上，巴县之实际情况显示，乾嘉道时期即使在总体政局日非的情形下，乡保亦始终是地方一应公务的管理者和执役者，并未让位于士绅。在奉办公务中，乡保也非完全听命于官。

尽管在地方官和士绅眼中，乡保不过卑贱之役，但不得不承认，这些人因全方位插手地方公务，事实上成为地方权力格局中的重要一级。档案记录中的诸多实例，如生员投鸣乡保调处纷争，乡保与士绅针锋相对互控等，提醒我们：长期以来流行的官绅共治论、士绅控制论等理论模式并不足以展现地方社会之复杂性，其对士绅作用之片面强调，不仅忽视了士绅以外的其他群体，也忽视了士绅崛起的时空差异。

本文就白莲教起义后至道光时期的巴县团练分析表明，此时的士绅在地方政治中的参与及作用均十分有限，即使在县官期待由士绅领导的团练事务上，充当团首者也基本不是士绅。这些现象背后，莫不与特定的时空环境和社会背景相关。在乾嘉道时期，乡保地位的卑贱、朝廷税征的有限以及邻近地区的短时期战乱未给本地造成直接冲击等，均是巴县士绅无意过多置身地方事务之原因。此前关于清代地方之研究，往往从整体着眼，只看到了士绅在地方之重要性，却未充分注意其作用的时代和地域差异，也未充分注意到作为地方治理机制的半官方乡保制之作用。在这些方面，以上就巴县的研究，或可提供一个有别于以往认识的例证。

南部档案所见晚清州县社仓及其运作

翟兴龙*

一、引言

《管子·牧民》有言“仓廪实则知礼节”，[①] 仓储实为历代政府安民之重点——钱粮与刑名是地方政府特别是州县的工作重心，仓储则为钱粮之重要工作内容。社仓即为仓储之一种，历代研究成果颇丰，然而多作制度性考察，对其运作机制则鲜有涉及。[②]

清代南部县衙档案（以下简称“南部档案”）系目前发现年代跨度最广、数量仅次于巴县档案的地方档案，起于顺治十三年（1656），讫于宣统三年（1911），总计 18186 卷、84010 件，分为吏、户、礼、兵、刑、工、盐七房。其内容除包括清代南部县管理活动的档案文献外，还有朝廷的诏旨、南部县与上级官府、同级官署的往来文书。由于其重要的历史价值，2003 年 10 月被选入第二批《中国档案文献遗产名录》，2004 年 12 月被列入清史纂修工程项目。

现存的南部档案中，特别是户房中保留了大量有关社仓的档案。这批档案可早至嘉庆年间，但绝大部分集中在光绪年间，从这批档案中可以窥探有清一代特别是晚清地方州县社仓的运行机制。

关于南部档案中社仓的研究，目前仅有刘光雨《清代南部县的社仓管理与

* 翟兴龙，首都师范大学历史学院博士研究生。

① 黎翔凤撰，梁运华整理：《管子校注》，北京：中华书局，2004 年，第 2 页。

② 穆鉴臣：《近百年来社仓研究的回顾与展望》，《中国农史》2011 年第 3 期。

寺僧关系》一文，[①]讨论寺僧在南部县社仓管理过程中的作用，但未涉及社仓的整体运行机制。本文试图从运行机制入手，以南部县社仓为例，探究晚清州县社仓的日常运行。

二、社仓溯源

社仓，有明确的设置年代，因为有明确的应用目的，且成效显著，历代政府都非常重视，因此，至清代社仓制度也愈加丰富完善。

（一）社仓之置

社仓，源自隋代开皇五年（585）之义仓，[②]其设于乡间，以救饥馑。然而不久之后，义仓移于县城，[③]唐沿其法。北宋建隆四年（963）三月，循隋唐旧例，诏诸州各县设义仓，至乾德四年（966）罢。终北宋一朝，义仓时置时罢，然其法久行不辍。[④]南宋淳熙八年（1181），朱熹上言以常平米建社仓，[⑤]产生重大影响。由此社仓之法大行天下，“皆以熹之已行者为定式”。[⑥]明嘉靖八年（1529），兵部侍郎王廷提出社仓建置之法，社仓大兴，当在明中叶以后，以黄佐社仓之法最为完备。清代顺治年间开始建立社仓，至康熙年间，清政府就社仓的管理多次发布命令，[⑦]雍正二年（1724）议定社仓之法，明确社仓的运行机制。[⑧]

---

① 刘光雨：《清代南部县的社仓管理与寺僧关系》，吴佩林：《地方文献与档案研究》（第二辑），北京：社会科学文献出版社，2016年，第345—352页。

② （隋）王通：《元经》卷九，《文渊阁四库全书》第303册，台北：台湾商务印书馆，1983年影印本，第951页。

③ （唐）杜佑撰，王文锦等点校：《通典（校点本）》，北京：中华书局，1988年，第290页。

④ 陈宝良：《中国的社与会》，北京：中国人民大学出版社，2011年，第140—143页。

⑤ （宋）董煟：《救荒活民书》，《文渊阁四库全书》第662册，台北：台湾商务印书馆，1983年影印本，第307页。

⑥ （元）马端临：《文献通考》，北京：中华书局，1986年，第213页。

⑦ 陈宝良：《中国的社与会》，北京：中国人民大学出版社，2011年，第140—143页。

⑧ 白丽萍：《试论清代社仓制度的演变》，《中南民族大学学报》（人文社会科学版）2007年第1期。

清代四川社仓的建立，当在乾隆三年（1738），[①] 至于南部县社仓之建立时间，则不见诸方志记载。虽然如此，南部档案保留了大量南部县社仓运作的相关档案，管中窥豹，可以探究晚清地方州县社仓的运作机制。

（二）社仓之作用及意义

社仓成立之始，就有明确的目的性，“若时或不熟，当社有饥馑者，即以此谷振给”。[②] 换言之，即赈灾备荒。这一原则被历代政府完全继承下来，仓谷只能用于赈灾备荒，不得挪用他途。无论社仓制度在后来怎么变化，这一点始终没有变，而且以中央政府的名义确定下来。

社仓置于乡间，若有灾荒，第一，可以就近开仓赈济，政府操作起来十分便宜；第二，可以迅速反应，将损失降至最低；第三，可以防止平民百姓为度荒典当家业，防止兼并，利于民生；第四，可以稳定民心，维持社会秩序，便于维护统治。历代有识之士对此看得非常明确。大力倡导社仓制度并使之风行的朱熹就曾明言“此在今日言之，虽无济于目前之急，然实公私储蓄预备久远之计，人必愿从者”；[③] 南宋董煟编撰《救荒活民书》，总结历代赈灾备荒之经验得失，非常重视社仓的作用，比朱熹说得更加透彻明了：“社仓乃公私储积、救济小民，使兼并者无所肆其侵渔之心。倘天下郡邑诸乡皆能行之，为例甚薄。”[④]

三、南部县社仓运作

社仓，以救饥馑，首先要有粮食，其次要对贮存在仓的粮食进行日常管理，防止仓谷霉烂、被盗，最重要的是发挥其赈济作用。

① 南部县方志办公室、西华师范大学区域文化研究中心整理：《同治增修南部县志》，成都：巴蜀书社，2014 年，第 113—114 页。

② （唐）杜佑撰，王文锦等点校：《通典（校点本）》，北京：中华书局，1988 年，第 290 页。

③ （宋）董煟：《救荒活民书》，《文渊阁四库全书》第 662 册，台北：台湾商务印书馆，1983 年影印本，第 307 页。

④ 同上书，第 303 页。

（一）仓谷之来源

社仓之粮食何来？隋开皇十六年（596），“又诏，社仓准上中下三等税，上户不过一石，中户不过七斗，下户不过四斗”，[①]由政府统一征收。唐永徽二年（651），“宜令率户出粟，上上户五石，余各有差”，[②]由政府按户等统一征收。北宋建隆四年置义仓时，规定“官所收二税每石别输一斗”，[③]是从春夏二税中每石额外征收一斗，将这一斗存入义仓，仓谷是官方税收的一部分。朱熹的建议是用常平米建社仓，所以仓谷应是常平米。需要注意的是，“如有富家情愿出米本者，亦从其便。息米及数亦与拨还”。[④]即接受民间私米参与社仓赈济。明兵部侍郎王廷相的建议是“别户上中下，出米四斗至一斗有差，斗加耗五合”，[⑤]也是按户等由政府统一征收。

清代社仓仓谷的筹集，与前代不同。其法有二：一是政府出钱购买，而不再是由政府统一征收；其二，接受民间捐赠，根据捐赠数额的多寡，给予相应的奖励。第二种方法与朱熹接受富家出米是不同的。前者不再归还捐米，只由政府给予赠匾、给官身等奖励，后者没有此类奖励，而是赈济结束后归还本米，但有给一定的粮食作为利息。但是，捐谷本应是自愿的事情，后来却有征收的意味：“遵照定章，家能产谷一石，捐谷一升。”[⑥]

清代南部县衙社仓仓谷也是买米与捐米两种。县志中就有明确的记载：“初，四川粜卖常平仓谷，价银除买补正项外，令将余银均买作社粮，以为民倡。寻士民相率乐捐。”[⑦]

---

① （唐）杜佑撰，王文锦等点校：《通典（校点本）》，北京：中华书局，1988年，第290页。
② 同上书，第291页。
③ （宋）高承：《事物纪原》，《文渊阁四库全书》第920册，台北：台湾商务印书馆，1983年影印本，第28页。
④ （宋）董煟：《救荒活民书》，《文渊阁四库全书》第662册，台北：台湾商务印书馆，1983年影印本，第307页。
⑤ （清）张廷玉等：《明史》卷七九《食货三》，北京：中华书局，1974年，第1926页。
⑥ 南部档案，8-639-2，光绪八年二月初八日，四川省南充市档案馆藏。
⑦ 南部县方志办公室、西华师范大学区域文化研究中心整理：《同治增修南部县志》，成都：巴蜀书社，2014年，第113页。

（二）社首之遴选与任期

社仓社首，又称社司、社长。隋义仓称社司，“执账检校”仓谷。朱熹社仓之法，州县“责与本都上、富等户主执”，[①] 虽不见社首、社司、社长之称，但朱熹在日常处理有关社仓之政务时，使用过“社首”这一称呼。[②] 明王廷相以“择家殷实而有行义者一人为社首，处事公平者一人为社正，能书算者一人为社副”。[③]

1. 社首选任

清代社仓社首之选任，中央政府有明令的条文，如“其每社设正副社长，择端方立品、家道殷实者二人”。[④] 可知充任社首之人，一需要品行好，二需要家境好。而在具体选任中，却似乎只满足其一者，便可充当。

以南部档案所见为例，光绪十二年（1886），南部县临江乡普兆（照）寺社仓需要更换社首，由原社首汪现连、李邦扬会同廪生、武生、粮户等“筹议”，择得阳廷仁“谙练老成”、孙绍金“家道殷实”，可勘接任。[⑤] 阳廷仁与孙绍金一为品行、一为家境得选社首，似与中央明令打了一个“擦边球”。而光绪年间四川新津县兴义乡更换社首，更加注重候选人的家境。[⑥]

社首的选任，虽为公举“筹议”，但还需要地方长官的任命。前揭南部县临江乡普兆（照）寺更换社首，先由原社首将“筹议”结果报知县令，再由县令签协书役前往社仓处，会同公议之人、新旧社首，共同查验有无亏短，[⑦] 书役

---

① （宋）董煟：《救荒活民书》，《文渊阁四库全书》第662册，台北：台湾商务印书馆，1983年影印本，第307页。

② （宋）朱熹：《晦庵集》，《文渊阁四库全书》第1143册，台北：台湾商务印书馆，1983年影印本，第537页。

③ （清）龙文彬：《明会要》下册，北京：中华书局，1956年，第1077页。

④ 《清会典事例》卷一九三《户部·积储》，北京：中华书局，1991年影印本，第3册，第208页下。

⑤ 南部档案，9-487-1，光绪十二年十一月二十七日，四川省南充市档案馆藏。

⑥ 李德英、冯帆：《清末社仓经首选任与乡村社会——以四川新津县社济仓为例》，《四川大学学报》（哲学社会科学报），2014年第4期。

⑦ 南部档案，9-487-2，光绪十二年十二月初三日，四川省南充市档案馆藏。

将勘察结果报知县令，[①] 若无亏短，新旧社首需要再到县衙当堂交接结状备案，新社首才可以经管社仓。从这一流程可以看出地方长官在新旧社首交接中起到一定的作用。

简言之，南部档案所见晚清社仓社首选任的具体流程是：原社首会同社内人员公推——公推结果报送县衙——县衙差员检查原社首任内仓谷等情——衙役报告原社首经管情况——新旧社首赴县衙交接。

2. 社首任期

社首的任期，未见清以前有具体规定，即便是清代，社首的任期也没有一个全国的统一标准，各地规定比较灵活；另外，也无可连任与否的规定。就《钦定大清会典事例》及地方志的规定看，有一年一换、有三年一换。任内无差错，任期超过一定年限，政府还有相应的奖励政策。至于清代四川社首的任期，嘉庆时的规定是"一年一换"，[②] 但并未规定总的任职年限。

晚清南部县社首基本是轮换制，但是任期则不尽准守"一年一换"的规定。光绪十二年杨芳瑞等社首向南部县衙具呈结状，称其在光绪六年（1880）、八年（1882）经管社仓时，仓谷并无亏短霉烂等事。[③] 从杨芳瑞等人的结状来看，他们只经管光绪六年、八年的社仓，并未在光绪七年（1881）管理，合乎一年一换的规定。但是前揭阳廷仁、孙绍金于光绪十二年十二月接任社首，按理应当在光绪十三年（1887）十二月卸任，然而阳、孙二人在光绪十四年（1888）还是社首，任期已有两年，已经不合规定了。[④] 再有，汪现连、李邦扬二人向南部县衙申请更换社首的理由是"充当社首，经管仓谷多年"，可以发现汪、李二人的连续任期很有可能也不是一年。即便是杨芳瑞等遵守一年一换的规定，仅隔一年再度出任社首，似乎也说明很大的问题。更有甚者任职长达三十余年。[⑤]

---

① 南部档案，9-487-3，光绪十二年十二月二十六日，四川省南充市档案馆藏。

② （清）赵炳然、陈廷玉纂修：嘉庆《纳溪县志》卷四《社仓》，《中国地方志集成》编委会编：《中国地方志集成·四川府县志辑》第32册，成都：巴蜀书社，1992年影印本，第208页。

③ 南部档案，9-485-5，光绪十二年十月初四日，四川省南充市档案馆藏。

④ 南部档案，10-153-16，光绪十四年四月二十九日，四川省南充市档案馆藏。

⑤ 南部档案，7-599-3，光绪四年二月十六日，四川省南充市档案馆藏。

以上，我们可以发现，社首由社内公推，由县衙任命；社首实行轮换制，但社首任职年限一般较长。

（三）社仓之日常经管

社仓自隋代出现以来，就有专门人员负责经管，而且有具体的章程。除了国家层面如前揭雍正二年上谕外，地方各级都有相关的规章，特别是县一级的规定要具体、详实、灵活得多，这在古籍中很容易找到相应的记载。[①]

以南部档案所见晚清社仓的日常经管为例，社仓平时由社首经管，地方官府不定时检查，令社首将经管仓谷情况上报。如前揭南部档案 9-485-5、10-153-16 即为各社仓社首向县衙报告经管社仓的存粮之多寡、有无霉变等事。

除了社首要定时向州县政府汇报所经管社仓事宜外，有时还有省级机关检查，各州县地方将辖内积谷照实造册上报。[②] 若有短损，则由社首垫赔。[③] 当然，有惩就有奖，如经管十年而无差错，还有可能获得官身。[④]

需要说明的是，社仓社首虽有经管之权，但只是对仓谷的日常管理，如登记造册、防止虫蛀霉坏等，却无对仓谷私自处理之权。仓谷的处理，必须上报县令，得到批准之后，方可照县令批示处理。如光绪二十一年（1895），敬朝顺等人经管的仓谷因为年久霉烂，加之鼠耗，先邀集绅粮筹议，再报请县令，将仓内积谷发放给该乡民户，当年秋收之后，再照数归仓。县令对此批示"邀各首士等酌量开放，从交殷实花户承领，一俟新谷登场，即行照数收齐还仓"。[⑤] 得到批示之后，各社首方才执行。从县令批示看，领到仓谷之家是"殷实"花户，避免以后无法还仓，对贫艰人家而言，此法并不能使他们获利。

---

① 以《救荒活民书》为例，其中就收录了大量县级社仓管理规章，这在地方方志中有大量的记录。

② 南部档案，9-486-1，光绪十二年十一月二十二日，四川省南充市档案馆藏。

③ 南部档案，12-859-3，光绪二十一年六月初二日，四川省南充市档案馆藏。

④ 《清会典事例》卷一九三《户部·积储》，北京：中华书局，1991 年影印本，第 3 册，第 208 页下。

⑤ 南部档案，12-859-3，光绪二十一年六月初二日，四川省南充市档案馆藏。

（四）社仓之赈济

社仓设置初衷，自隋代以来没有变过，即赈灾备荒。历代对仓谷的用途都是有严格规定的，不得私自挪用，如唐代就规定“义仓不许杂用”，[①] 仓谷只能用来赈灾备荒。而且，需要开仓赈灾时，也要严格按照相应的流程来处理。

以南部县社仓为例，需要赈济时，社首亦无私自处理之权，仍需报请县令，得到允许之后才可以放粮赈灾。光绪二十一年南部县遭旱灾，致使第二年春耕无粮，所以社首杜荣盛等人上报县令，恳请开仓放粮，以作籽种之需，得到县令批准之后，方才施行。[②]

但是发放原则是什么，每人每户发放多少，应该是有一定章程可循的，而且应该会有相应的登记。赈灾之后，领到仓谷的花户是要在一定时间内归还仓谷的，而且还要支付额外的粮食作为利息，即所谓的息谷，一般是二分利。如此以来，息谷也成为仓谷的重要来源之一。至于还谷的时间，现有档案记载都是笼统的规定为“秋后”。但是从其他地方社仓管理规章看，仓谷还仓是有一定期限的。[③] 归仓仓谷也要按户及最后的仓谷数登记造册，上报州县。

从社仓的日常经管及赈济来看，社仓虽有社首负责管理，但是州县在社仓日常管理中处在支配地位，仓谷的一应开支，必须取得州县官的同意。社首必须定期向州县官汇报所管仓谷的实际情况，州县官以此登记造册，再上报府、省等上级机关。若仓谷出现亏短霉烂等事，应由社首照数赔偿。

四、南部县社仓之纠纷

社仓的运作，上至中央，下至州县，都有严格的规章制度，但在现实当中，种种规定是否被严格执行呢？实则不然，毕竟财帛动人心。从南部档案当中我

---

① （唐）杜佑撰，王文锦等点校：《通典（校点本）》，北京：中华书局，1988 年，第 291 页。

② 南部档案，13-375-3，光绪二十二年二月二十二日，四川省南充市档案馆藏。

③ （宋）董煟：《救荒活民书》，《文渊阁四库全书》第 662 册，台北：台湾商务印书馆，1983 年影印本，第 308 页。

们可以看到许多违规现象，产生纠纷。实际上南部档案所见社仓档案大多数就是因为处理纠纷而保存下来。综合档案材料，社仓纠纷可以简要梳理为以下几种：

（一）管理纰漏

上文已经说明社仓日常经管是由社首负责，州县会不定时检查。检查结果有好有坏，管理得好会如何，不见档案记载。但是管理过程中出现纰漏，是要作出相应处理的。

光绪十一年（1885），南部县崇教乡保正等人呈文南部县，具禀社首秦尚德等人经管社仓期间，发生了“毁仓亏谷”的事情，[①] 南部县接到报告之后，派遣南部县仓书程芝平前往勘察是否确有其事，[②] 程芝平将勘察结果上报，[③] 根据勘察结果，南部县开庭审理此事，[④] 此案因为档案缺失，最后如何处理并不知晓。但是根据其他类似事件的处理方式来看，秦尚德等人经管期间确实发生了纰漏，如果有明确的责任人，损失由责任人偿还，秦尚德等人也要偿还；若无责任人，那么，损失的仓谷要由社首秦尚德等人全部偿还。

（二）借谷不还

社仓在赈灾时将发放的仓谷登记造册，秋收还谷时要以此为据征收。但并不是所有人都能够按时归还仓谷。仓谷不能还仓，有的是因为家贫，确实还不上，有的却是故意不还。

确实还不上的，由借谷之人如实上报南部县，一般会延期归还，或者是减免，抑或是由他人如社首偿还，要视情况而定。南部县对此的处理一般比较人性化，不会有强制措施。

对于故意借谷不还的现象，由地方州县派遣差役前往催促借谷之人如数加

① 南部档案，9-221-4，光绪十一年年八月初一日，四川省南充市档案馆藏。
② 南部档案，9-221-3，光绪十一年年八月初二日，四川省南充市档案馆藏。
③ 南部档案，9-221-1，光绪十一年年八月十二日，四川省南充市档案馆藏。
④ 南部档案，9-221-2，光绪十一年八月十四日，四川省南充市档案馆藏。

息填还。嘉庆六年（1801）张文运等人借谷不还，社首伏大用等人催谷不得，上报南部县令，[①]南部县令即遣差役前往催促张文运等还粮，然经迭次催促，张文运等仍旧未还，[②]其后如何，因档案缺失，结果不得而知。无非有两种处理方式：一是找到张文运，让其填还仓谷，甚至于将其拘押，限期偿还；二是由社首负责偿还。

（三）监守自盗

社首监守自盗的情况时有发生，更有私吞仓谷之后畏罪潜逃的。光绪二十六年（1900），安岳县（与南部县同属川北兵备道）社首何汝皋私吞仓谷，事发之后畏罪潜逃。四川兵备道发文缉捕何汝皋归案受审，南部县接到保宁府转发川北道之札文，要求南部县即刻在辖内稽查何汝皋，拿到后移交安岳县。[③]

在南部档案中，社首监守自盗的情况不多，更多的是保正、甲长、牌头等人的监守自盗。各乡社仓虽由社首实际管理，但在开仓放粮时，需要掌握每户丁口、贫富等情况的保正等人配合，按照名册发放，这就给了保正等人从中渔利、监守自盗的机会。

光绪二十八年（1902）保正何朝觐串通甲长程文周等人将社仓积谷伙吞，被程献文等人告发。[④]南部县令要求原被告双方开出发谷账目之后再行讯断。[⑤]

可见，关于南部县社仓的运作，州县政府在社仓运作中起着决定性的作用。其具体表现：一是社仓社首的选任，最后需要州县官的认定。二是社仓的日常管理由社首负责，但社首需要定期向州县官汇报经管社仓的情况。将仓谷之多寡、有无霉烂等事造册，上呈州县官，州县官再以此为根据，呈报上级机关。在社首管理期间，仓谷如有亏短，应由社首负责。三是社首虽负责社仓的管理，

---

① 南部档案，3-59-2，嘉庆六年十一月初九日，四川省南充市档案馆藏。

② 南部档案，3-60-1，嘉庆六年十一月十四日；3-60-2，嘉庆七年二月初八日；3-60-3，嘉庆七年八月二十八日，四川省南充市档案馆藏。按：3-59-2 实与 3-60 卷宗所载为同一案。最初整理档案时将此案分为两个卷宗。

③ 南部档案，15-241-1，光绪二十六年六月十七日，四川省南充市档案馆藏。

④ 南部档案，15-892-1，光绪二十八年二月初七日，四川省南充市档案馆藏。

⑤ 南部档案，15-892-8，光绪二十八年四月初一日，四川省南充市档案馆藏。

却并无对仓谷的处置之权。社首需要报请州县官，得到允许后，在各方监督之下，对仓谷进行处置。四是在回收仓谷过程中，社首若有无法处理的事项，如抗还仓谷之事，由社首呈报州县官，州县官根据实际情况，或差役催还，或直接采取强制措施。在这四种情况下州县官始终存在，并有最后的决定权。所以毋庸置疑，州县地方政府在社仓运作中有最终决策权。

五、结语

本文以南部档案为材料，试图探究晚清州县社仓的运作机制，虽有取材偏隘之嫌，但是以社仓具体的运作来关照相对抽象的各种规定，似可使社仓更加形象地展现在世人面前。通过对社仓及其运作的探究，可以得到以下结论：

1. 社仓源于隋代，直至晚清，在地方社会事务特别是赈灾备荒中发挥极大的作用，历代政府都予以高度重视，对社仓的各个方面都有详尽的规章。

2. 社仓由专人经管，主事者多称社首或社长，由民间公推、州县任命。社首的任期没有明确规定，一般而言，任期较长；官方也认可社首长时间任职。

3. 仓谷的筹集，清代以前主要是政府统一征收，间或富家出谷，赈后归还本息；清代仓谷改由政府买谷及私人捐谷，私人捐谷会得到官方的相应奖励。

4. 社仓的日常经管及开仓赈济时，由社首负责，但需在日常管理及赈济过程中登记造册，上报州县，由州县定期逐级上报。

5. 社仓的纠纷需要社首等人处理，处理无果时，由社首等人呈报州县，由州县政府强制执行。

6. 社仓具体运作的各个环节中，州县政府是最后的决策者。

从南部档案所见社仓档案，发现在省、府、州、县与地方乡绅联动的管理模式下，四川南部县的社仓在晚清特别是光绪年间是可以维持的，这种状况一直持续到宣统年间。这与同光时期重整旗鼓的社仓政策是相吻合的。

清代巴县的食盐贸易与盐法变迁

黄凯凯*

食盐贸易是传统社会商品市场的重要组成部分，其特殊之处在于与王朝国家的专卖制度紧密相连。食盐专卖与市场调节之间的关系，一直以来都是学界关注的重要问题。一般认为，清代食盐贸易存在两套相互层叠又互相排斥的市场网络，即政府建立的官盐运销网和与之相对的私盐市场。既有研究或强调官盐的销区划分缺乏市场合理性，或着重分析私盐的种类及其对官盐贸易的破坏性影响。① 这为我们理解清代食盐贸易的整体状况提供了重要的分析框架。但是，官方文本中的“私盐”“私贩”不过是政府对在其控制之外的食盐及其贩运者强加的标签，而地方各类人群如何运用这一标签、实际的食盐贸易到底处于何种状态等仍是值得继续探讨的问题。同时，我们也应更多地关注到清代盐法在时间、空间上存在的较大差别。在四川盐史研究中，不少学者已注意到清代川盐大致有票盐制、引岸制、官运商销制三种运销体制。② 然而，食盐贸易

---

* 黄凯凯，南昌大学人文学院讲师。

① 关于清代官盐销区划分缺乏市场合理性的代表性论述，参见陈锋：《清代盐政与盐税》（第二版），武汉：武汉大学出版社，2013 年，第 110 页；杨久谊：《清代盐专卖制之特点——一个制度面的剖析》，《“中央研究院”近代史研究所集刊》2005 年第 47 期。关于私盐种类及其对官盐贸易破坏性影响的代表性论述，可参考张小也：《清代私盐问题研究》，北京：社会科学文献出版社，2001 年，第 28—41 页。

② 张学君、冉光荣认为，清初到雍正九年（1731）以前，四川以零星商人贩售票盐为主；雍正九年至光绪三年（1877），为商运商销的引岸制时期；光绪三年以后，改为官运商销。这一阶段划分为许多川盐史研究者所接受。张学君、冉光荣：《明清四川井盐史稿》，成都：四川人民出版社，1984 年，第 110—122 页；张洪林：《清代四川盐法研究》，北京：中国政法大学出版社，2012 年，第 131—142 页。

中各市场主体之间的多方博弈往往促成地方盐法制度的不断变迁，看似“静态”的专卖制度在实际运作中显得更为灵活和复杂。清代巴县是四川井盐转运贵州、湖广等市场的集散中心，从康熙朝直至光绪年间，聚集在重庆的盐商、私贩、官员、士绅、普通民众乃至天主教会势力，都广泛参与到川盐贸易当中，因时因势变革的地方盐法制度也正是他们博弈均衡后的结果。本文借助四川省档案馆出版及馆藏的巴县档案中尚未被研究者充分利用的盐法档案，[①] 结合四川盐法志、地方志、文集等资料，试图回应清代某一特定区域内食盐贸易与盐法制度如何互动的问题。

一、以重庆为集散中心的川盐贸易网

清代巴县为川东道重庆府首县，在行政区划上今已不复存在，其地理范围囊括今重庆市主城区的大部分，在文献中“巴县”与“重庆”经常交替使用。邱澎生指出，随着 16 至 18 世纪全国市场的发展，重庆城逐渐成为四川全省货物的转运中心。[②] 井盐运销是其中十分重要的组成部分。据乾隆《巴县志》称：“渝州为三江总汇，商贾辐辏之区，川西、川北各井盐，一水舟车，鳞集江岸，盐之薮也。”[③] 既有盐史研究多将川盐大规模扩张的节点置于咸丰朝“川盐济楚”之后，而对清前中期川盐贵州和湖广市场的开拓、发展与嬗变过程着墨不多。笔者认为，康雍乾时期，经重庆转运的井盐，在贵州、湖广市场呈现此消彼长的态势，至少到乾隆中叶，以重庆为集散中心的川盐贸易网络格局

---

① 本文在征引四川省档案馆馆藏的巴县档案时，使用的四位数字分别代表“全宗号－目录号－卷号－页码”：全宗号为巴县档案代码，目录号为时间代码（顺治、康熙、雍正、乾隆朝编为 1，嘉庆朝为 2，道光朝为 3，咸丰朝为 4，同治朝为 5，光绪朝为 6），卷号为该卷档案在某朝的序列号，页码是指该处引文在该卷档案中的页码，本文详注至“页码”的地方主要是卷内文件张数较多、以缩微胶卷为载体的光绪朝档案。

② 邱澎生：《国法与帮规：清代前期重庆城的船运纠纷解决机制》，邱澎生、陈熙远主编：《明清法律运作中的权力与文化》，台北：联经出版社，2009 年，第 277—278 页。

③ （清）王尔鉴修，（清）王世沿等纂：乾隆《巴县志》卷三《赋役 · 盐法》，清嘉庆二十五年（1820）刻本，第 48 页 b。

最终形成。

川盐贵州市场的开拓，是在康熙中叶以后。由于川盐在价格、运输、税额等方面的优势，淮盐、滇盐逐渐被排挤出贵州市场。[①] 到康熙五十六年（1717），贵州省除黎平一府仍消费淮盐外，全省市场几乎被川盐垄断。[②] 这一时期贩运入黔的川盐，大部分来自川北潼川、射洪、蓬溪、中江四县，沿涪江、嘉陵江顺流直下汇集重庆盐码头后，或由四川客商“自运黔省”，或由贵州“流商、土商每年轮流前往四川所属之重庆府买盐”。[③] 这一时期川盐自由贩运和贵州市场的开发，可能直接促成了康熙年间巴县盐行的成立。从事食盐贸易的商人在川北购盐后，“运至千斯门外，设立盐行，任民买食”，[④] 巴县盐行成为本地居民和贵州流商、土商主要的食盐交易场所。由于史料阙如，盐行的具体组织形态和运作模式我们难知其详。范金民指出，“清代重庆各行各业均须承应官府的公事差事”，[⑤] 并以承差为名垄断经营、把持价格。张渝也认为，“清代重庆的部分行帮在一定程度上与官府的差务派摊有很大关系”。[⑥] 或可猜测，此时组织盐行的商人可能也是通过承担官府差役，把持了本地和运黔的食盐贸易。由于康熙朝数据的缺乏，我们尚不清楚此时从重庆贩运至贵州的食盐总量。根据雍正朝“计口授盐案”内的数据，四川每年额行贵州的官盐总量达3720余万斤，其中必须经过重庆转运的官盐比重约占

---

① 马琦：《清代贵州盐政述论——以川盐、淮盐、滇盐、粤盐贵州市场争夺战为中心》，《盐业史研究》2006年第1期。

② 李俊甲：《太平天国时期川盐在湖南湖北市场的进出与银流通》，《盐业史研究》2006年第1期。

③（清）丁宝桢：《四川盐法志》卷十《转运》，《续修四库全书》第842册，上海：上海古籍出版社，2002年影印本，第198页。

④（清）王尔鉴修，（清）王世沿纂：乾隆《巴县志·盐法》卷三《赋役》，清嘉庆二十五年（1820）刻本，第45页a。

⑤ 范金民：《把持与应差：从巴县诉讼档案看清代重庆的商贸行为》，《历史研究》2009年第3期。

⑥ 张渝：《清代中期重庆的商业规则与秩序——以巴县档案为中心的研究》，北京：中国政法大学出版社，2010年，第64页。

48%。[1]或可猜测，这一数据很大程度上反映的是政府对康熙中叶以来逐渐发育成熟的运销格局加以承认与制度化。

乾隆中期以后，聚集在巴县盐码头的井盐越来越少地流入贵州，代之而起的是湖广私盐市场。乾隆初年，湖广行省只有鹤峰、长乐、恩施、宣恩、来凤、咸丰、利川等七州县，配行川东夔州府云安县等地井盐。[2]但自乾隆中期以后，越来越多的川北、川南盐开始进入湖广。据称，此时“蜀中私盐船只偷行下楚者，不可胜计”：一方面，在巴县从事“贵州边岸”转运贸易的商人，冲破引岸的限制大规模走私湖广，“至渝赴本地发卖者十之三，贩运下楚者十之七”；另一方面，本省计岸各州县的商人也因陆路运输成本高昂，纷纷改配川南盐厂，沿川江顺流而下向湖广渗透，“计口之发卖无多，下楚之私贩

① 雍正年间“计口授盐案”规定了川盐每年额行贵州市场的官盐总量，康熙中叶以来逐渐发育成熟的运销格局得到承认与制度化，称“黔岸”或“贵州边岸”。下表根据雍正《四川通志》卷十四《盐法》的数据制作而成，其中“官盐数量”一栏，根据四川“水引例配正盐五千斤，陆引例配正盐四百斤，每百斤为一包，水陆二引，每百斤均准带耗盐十五斤”计算得出。通过下表可知，经过重庆转运贵州的官盐数量约占总量的48%。

	盐产地	原额水引（张）	原额陆引（张）	官盐数量（斤）	备　注
川北	潼川州	263	0	1512250	48%需经重庆转运 运道：沿涪江、嘉陵江顺流而下经巴县转长江水道
	射洪县	2204	0	12673000	
	中江县	149	0	856750	
	蓬溪县	518	0	2978500	
	小　计	3134	0	18020500	
川南	富顺县	1759	0	10114250	52%不需经重庆转运 运道：川江和陆运
	荣　县	1450	0	8337500	
	犍为县	11	100	109250	
	乐至县	12	0	69000	
	资　州	27	0	155250	
	内江县	70	0	402500	
	小　计	3329	100	19187750	
合计		6463	100	37208250	

② （清）黄廷桂修，（清）张晋生纂：雍正《四川通志》卷十四《盐法》，《景印文渊阁四库全书》第559册，台北：台湾商务印书馆，1986年影印本，第604—607页。

实夥”。[①]笔者认为，这一转变大致由以下几方面的因素促成。一是四川盐产中心由川北向川南的转移，[②]主要配行川北盐的贵州不得不更加依赖产盐旺盛的川南犍为、富顺、荣县等地。加之乾隆十四年（1749）“贵州巡抚爱必达咨四川，议以黔商改赴犍厂纳课领引配盐，至永宁缴引换票”。[③]如此一来，黔商直接在川南犍为县等地配盐、在永宁县完成交易，大部分井盐可不经过嘉陵江运道和重庆直接转运贵州。二是“改配”制度的滥用。井盐生产格局的变化，瓦解了雍正年间确立的“定厂配盐”制度，产区与销区的对应关系遭到严重破坏。但是，大量盐引并没有因原厂无盐可配而被户部豁除，地方政府为顾考成遂不得不默许大批商人持川北盐引到产盐旺盛的川南地方“改配”。[④]三是川江（长江宜昌到宜宾段）运道的疏通。乾隆五年（1740）至十三年（1748）间，云南巡抚张允随为滇铜京运整顿川江河道，几乎将整段长江上游河道打通。[⑤]在有利运输条件的助力之下，许多盐商借用行“边引”的名义从重庆顺流而下大规模向湖广透漏，湖广边远地区的食盐市场大部分为川私盐所占据。直至咸丰以后，“川盐济楚”才打破了这一长期以来基本相安无事的格局。

综上所述，随着清前中期川盐贵州、湖广市场的相继开拓，拥有优越水文条件的重庆逐渐成为川盐贸易网络的集散中心，这一局面使巴县盐码头始终充斥着大量食盐。尽管专卖制度对官、私盐有着严格的区分，但在食盐转运贸易繁荣的重庆，官与私的界限实际上十分模糊，政府对食盐市场的控制除税收手段之外显得极为有限，而更多的是通过改变制度来承认食盐市场的既有格局。在介绍完清前中期川盐贸易网络的形成过程后，接下来笔者将研究对象聚焦于处在网络中心的巴县，继续探讨盐法制度与食盐市场的互动过程。

---

① （清）王尔鉴修，（清）王世沿纂：乾隆《巴县志》卷三《赋役·盐法》，清嘉庆二十五年（1820）刻本，第 49 页 b。

② 鲁子健：《试论林儁的盐务改革》，《盐业史研究》1994 年第 3 期。

③ （清）丁宝桢：《四川盐法志》卷十《转运》，《续修四库全书》第 842 册，上海：上海古籍出版社，2002 年影印本，第 199 页。

④ （清）严如熤：《三省边防备览》卷九《山货》，蓝勇编注：《稀见重庆地方文献汇点》上册，重庆：重庆大学出版社，2013 年，第 353 页。

⑤ 罗传栋主编：《长江航运史（古代部分）》，北京：人民交通出版社，1991 年，第 305—310 页。

二、清代巴县县域内官盐贸易网的建立与崩溃

清代巴县的食盐供应主要来自川北盐产区。在雍正年间全面整顿四川盐政的背景之下，巴县于雍正八年（1730）“禁革盐行，计口招商”，在千斯门外签商六名（称“老埠商”）；乾隆五年，又在临江门外新增盐商六名（称“新埠商”），认销射洪、蓬溪、三台县水引共526道，每年缴纳定额盐课银4570.59两。[①]专商引岸制度确立后，原来“盐行”中资本较多的部分商人成为领引纳课的“专商”，其他人则被排除在合法的食盐贸易之外。盐商不再以“承差”的形式垄断食盐市场，而是通过缴纳定额盐课获得本销区食盐贸易的独占权。然而，在地处川盐集散中心的巴县，官盐贸易网建立不久便在与私盐的竞争中趋于崩溃，地方盐法制度也相应地随着市场格局的变化而多次改变。

雍正年间建立起来的巴县官盐市场运作模式，是由盐商持引到指定盐厂配盐，运至巴县盐码头，除满足县城需求外于“四乡分立子店十二处”。[②]“四乡”指巴县城外的西城里、居义里、怀石里、江北里，子盐店设在其中的十二个“场镇”[③]中，或由盐商直接经营，或由盐商雇佣他人经营。各场盐店将部分官盐就地零售，部分转运到其他没有设立盐店的基层市场，各地居民必须买食官盐。与两淮等地盐商动辄由一人垄断数十州县的食盐贸易不同，巴县由十二名商人“朋领盐引”的方式直接触发了盐商对县域内部销售地盘的争夺，新老埠商之间围绕“争界争岸”展开了长时间的斗争。“至乾隆四十年（1775）裁新埠商，而老埠商仍争执如故，致酿命案。嘉庆初减盐商额，归并一姓纳税”，[④]其中细节已无从查考。不过，根据巴县档案可知，嘉庆朝以后，官商由“原籍射洪”的秦姓世代担任。[⑤]

---

① （清）王尔鉴修，（清）王世沿纂：乾隆《巴县志》卷三《赋役·盐法》，清嘉庆二十五年（1820）刻本，第45页b。

② 同上，第45页a。

③ 巴县“场镇”是周围乡民进行土特产品、日用生活必需品交易的场所，参见梁勇：《移民、国家与地方权势——以清代巴县为例》，北京：中华书局，2014年，第162—177页。

④ 朱之洪等修，向楚等纂：民国《巴县志》卷四《赋役上·盐法》，《中国地方志集成》编委会编：《中国地方志集成·四川府县志辑》第6册，成都：巴蜀书社，1992年影印本，第130页。

⑤ 巴县档案，6-3-9987，道光六年十二月廿三日，四川省档案馆藏。

在施坚雅建构的农村市场结构模型中，商人分为在“中心集镇”拥有货栈的最高级批发商、在中间集镇“兼具批发、零售两种功能”的商人、在“基层集镇”经营小店铺的商人，以及在各级市场中巡回转运的“行商”，农民需要的商品通过这个体系向下分散到所有层级的市场。[①]但是，引岸制度规范下的巴县盐商，既是“运商”又是“零售商”，必须对整个食盐贸易体系中几乎所有环节负责。除非盐商有足够的资本、政府有强大的缉私力量将官盐贸易网完全封闭起来，否则这种情形在实际食盐贸易中不可能长久维持。乾隆中期以后，随着川盐湖广市场的扩张，作为集散中心的巴县聚集着大量食盐和以贩盐为生的人群，严重冲击了巴县的官盐贸易网络，其主要表现是盐商的分化、消亡和官方文本中被称为“私贩”的人群在各级市场的食盐流通中扮演着越来越重要的角色。

乾隆六十年(1795)，盐商秦仁田禀称，巴县“引盐堆积如山，包斤不动”。[②]有缴纳盐税重责的盐商，为维持经营采取了两种手段。一是将盐引出租给外省客商行销，分散官盐运销环节的责任。盐商分化为正商、运商。正商，又称坐商、引商，是巴县领引纳课的官商，嘉庆初年以后归由秦姓世代充认；运商，又称行商、号商，是向正商租引、实际从事食盐贸易的外省客商。[③]值得注意的是，盐商分化不是巴县特有的现象，乾隆末年以来四川许多资本不富、无力行盐的官商，皆纷纷将盐引“出典与山陕客民行销”，获取租金收入以缴纳课税。[④]二是雇募“盐巡”，在本城与各场镇严缉私贩。盐巡，又称商巡、盐丁、巡丁，受雇于“平日在渝千斯门经营事务”、[⑤]并不下乡的盐商，每月到各场镇查拿私

---

① [美]施坚雅著，史建云、徐秀丽译:《中国农村的市场和社会结构》，北京：中国社会科学出版社，1998年，第37—38页。

② 四川大学历史系、四川省档案馆编:《清代乾嘉道巴县档案选编》下册，成都：四川大学出版社，1996年，第258页。

③ 嘉庆朝至同治年间，巴县运商一直由张姓开设的“泰来”盐号充任，巴县档案中但凡涉及盐商事务的档案，“具禀人”一栏皆题为“正商秦某某、运商张泰来”。

④ (清)丁宝桢:《四川盐法志》卷二二《征榷》,《续修四库全书》第842册，上海：上海古籍出版社，2002年影印本，第399页。

⑤ 四川大学历史系、四川省档案馆编:《清代乾嘉道巴县档案选编》下册，北京：四川大学出版社，1996年，第262页。

盐。盐巡直接听命于盐商或在各场镇开设盐店的盐商代理人，是缉私的主要力量。巴县档案中保存了大量乾隆末年以后商雇盐巡与私贩之间的讼争案件，其过程一般是私贩挑盐在某场贩卖，与该场官盐店盐丁发生冲突，本场约客作为见证人对簿公堂。此类案件，自乾隆末年起，历嘉庆、道光、咸丰朝，呈不断上升的态势。①

巴县私盐案件多发生在各场镇中。被指称为"私贩"的群体，其身份构成十分复杂。一是在场镇中开设栈房、铺面的商人。如嘉庆六年（1801）十二月，白市驿廖花胡子、曾正彪等人"系该地土著富豪，各开铺面"，雇脚夫张必珍等四十四名到甕坝沱挑盐回来贩卖，遇盐商秦裕成所雇巡丁廖元川阻拿构讼。②二是在各场镇中从事转场贸易的小商小贩。如嘉庆二十二年（1817）九月，北碚场"贩卖烟叶生理"的傅绵，"到璧山县接龙场把烟卖完，因见那里盐价便宜，家乡卖盐的不识姓名年老妇女收买零盐五十四斤，挑回转卖"，被在北碚场秦森盐店充当巡丁的雷顺等人砍死。③三是误买私盐的普通百姓。如嘉庆十七年（1812）三月，在石龙场开饭店生理的黄泽佑，因"误买綦盐十二斤"，被盐商秦森在该场的经理人岑南斗及所雇巡丁指为私贩。④四是明火执仗"抢毁盐店，不法已极"的大伙盐枭、啯匪。如道光二十三年（1843）十二月运商张泰来禀称，巴县"私枭拥众，率领啯匪，各执枪炮数百余人，大伙兴贩霸踞引岸，敢与弁兵迎敌，全无顾忌"。⑤这些不同种类的"私贩"，其实就是施坚雅理论中活跃

① 据笔者目前检阅的"巴县档案全宗"，嘉庆朝以后商雇盐巡与私贩构讼案件数分布如下：嘉庆朝6-2-304，6-2-305，6-2-306，6-2-307，6-2-309，6-2-330，6-2-5340，6-2-6786；道光朝6-3-531，6-3-537，6-3-538，6-3-541，6-3-551，6-3-552，6-3-555，6-3-560，6-3-561，6-3-572，6-3-786，6-3-1115，6-3-1116，6-3-7848，6-3-10246，6-3-10273，6-3-10456，6-3-10560，6-3-10674，6-3-10783，6-3-10783，6-3-10805，6-3-11052，6-3-12063；咸丰朝：6-4-300，6-4-316，6-4-894，6-4-895，6-4-910，6-4-911，6-4-934，6-4-1291，6-4-3369，6-4-3378，6-4-4157，6-4-5955，6-4-6315，等等。案件数量总体呈上升态势。

② 巴县档案，6-2-330，嘉庆六年十二月初一日，四川省档案馆藏。

③ 巴县档案，6-2-307，嘉庆二十三年七月一日，四川省档案馆藏。

④ 巴县档案，6-2-5340，嘉庆十七年二月十六日，四川省档案馆藏。

⑤ 四川大学历史系、四川省档案馆编：《清代乾嘉道巴县档案选编》下册，成都：四川大学出版社，1996年，第263页。

在各级市场中的商人，食盐通过这一私盐市场系统向下流动，而误买私盐的老百姓也只不过是这一体系中的普通消费者。

盐商分化和雇募盐巡缉私几乎损害了其他所有群体的利益。一是盐商分化使地方政府盐税征收困难，“号商既出租于引商，而所完课羡，又须交引商自行封纳，引商往往私自挪用，延不交库”。[①] 二是官盐店、盐巡与私贩之间冲突不断，严重扰乱了地方社会秩序。构讼案件中被盐巡拿获的大伙私枭很少，很多都是盐巡借缉私之名报私仇、勒索钱财而抓获的小商贩与普通百姓。如嘉庆十二年（1807）四月，经营石龙场盐店的岑南斗，“藉与商人（秦森）卖盐名色，雇募巡丁，以泻泄忿之阶，凡属同伊稍有仇隙者，即诬卖私盐大题，纵令巡丁纠结多人，或拦路估夺，或入室搜寻，受害之家，男号女涕，惨不胜言；又有一等无业痞徒，冒充巡丁，滋扰害众”。[②] 三是本有缉私之责的各场镇乡约、客长，面对私盐案时往往站在盐商与盐巡的对立面。如乾隆六十年，走马岗场客约刘正科等人对“本场开盐店之王姓为富不仁”以及一些肆意抬价的行为十分不满。[③] 又如嘉庆六年，白市驿约客何廷秀等在盐巡缉私时袖手旁观，“剧霸匿凶”，盐商秦森禀称：“欲得私枭，先拘约客，不惟引岸无私、凶手有着，更得地方宁靖、暴去良安。”[④] 官盐贸易网络濒临瓦解，私盐贸易蓬勃发展，地方政府盐税无征，更出于地方稳定的考虑，倾向于放弃专商引岸制度。嘉庆十七年（1812）十二月，四川总督常明上疏建议在巴县革除官商，食盐自由贸易，即“仿照巴州等处盐课归丁、公同完纳之法”，[⑤] 将盐课摊入地丁征收。虽然此举并未成功，但足以说明巴县盐商的处境已是四面楚歌、摇摇欲坠。值得一提的是，嘉庆到道光年间四川许多州县为解决缉私、完课等问题，都已在未报户部备案的情况下革除官商，截止道光末年已有三十余个州县推行了盐课归丁改革。[⑥]

---

① （清）王守基：《盐法议略》，北京：中华书局，1991 年，第 71 页。

② 巴县档案，6-2-304，嘉庆十二年四月廿九日，四川省档案馆藏。

③ 四川省档案馆编：《清代巴县档案汇编·乾隆卷》，北京：档案出版社，1991 年，第 339 页。

④ 巴县档案，6-2-330，嘉庆六年十二月初一日，四川省档案馆藏。

⑤ （清）丁宝桢：《四川盐法志》卷二二《征榷》，《续修四库全书》第 842 册，上海：上海古籍出版社，2002 年影印本，第 399 页。

⑥ 黄凯凯：《清代四川专商引岸制度下的盐课归丁》，《史学月刊》2016 年第 8 期。

对于对食盐贸易有垄断之权的官商来说，咸丰年间议准的“川盐济楚”政策使其处境雪上加霜，“川盐由原来只能以走私方式销往湖广，变为堂而皇之地进入湖广销售，潜在市场变成为现实市场”。[①]私盐、私贩的标签被政府撕去，盐商缉私几乎得不到地方政府的支持。如咸丰六年（1856）三月，盐商秦懋枝禀称“有私贩刘老四率领夥贩二十余人，船载私盐二只，约有四百余包，直抵县治不远之龙隐镇河岸，各执矛杆火枪上岸”，巴县县令却将此事推给江北厅，批示“江北巡丁盘拿私盐，有无受伤，自能向江北厅禀报，毋庸过虑具禀”。[②]又如咸丰七年（1857）十月，盐商秦甸巡役余贵、高槐“在临江门拿获悍妇私盐二十余斤”，“守城义勇严春林、冯得胜、傅家二等恃势不服，朋将巡役余贵□□在地毒凶打□□颇，血流不止”。[③]孤立无援的盐商秦懋枝、运商张泰来，最终于咸丰八年（1858）告退，得到知县张秉堃的批准。[④]

综上所述，巴县的官盐、私盐市场截然两分是雍正年间确立的专商引岸制度造成的结果，若政府和专商无力完全控制巴县繁荣的食盐转运贸易，官盐贸易网络的崩溃是可以想见的。乾隆末年以来，尽管商人采取了种种措施，试图维系官盐贸易网络的有效运转，但在私贩、地方胥吏广泛参与食盐贸易以及地方政府不配合缉私的情况下一切归于徒劳。咸丰八年以后，巴县终于形成既无“专商”又非官盐“销岸”的食盐自由贸易状态。

三、“摊课归丁”、官运改革与商专卖制的终结

咸丰年间，盐商告退给地方政府留下两个亟待解决的问题：一是部颁的盐引如何处理，一是盐税由谁缴纳。同光年间，巴县地方官、绅粮、商人等群体围绕着这两个问题展开博弈，先后经历了绅粮“卖引救课”、招商领引以及“摊

① 黄国信:《从“川盐济楚”到“淮川分界”——中国近代盐政史的一个侧面》,《中山大学学报》(社会科学版)2001年第2期。

② 巴县档案，6-4-910，咸丰六年四月初一日，四川省档案馆藏。

③ 巴县档案，6-4-911，咸丰七年十月廿八日，四川省档案馆藏。

④ 巴县档案，6-6-3248-5，光绪五年十月廿一日，四川省档案馆藏。

课归丁”的争论，最终于光绪四年（1878）纳入到丁宝桢在全川范围内的官运改革中，巴县被划为官运计岸，由“黔边盐务江巴分局”委员经理，官督商销的专商引岸制度在巴县宣告终结。

光绪四年八月，知县李玉宣回顾了巴县自盐商告退后的盐法变迁过程：

> 敬禀者。案奉宪札，转奉督宪，以盐课是否归丁，或系商人领引承办，承办之商是否实系认真配运行销，饬即逐一详细查明禀复，等因。奉此。遵□卑县盐务，自咸丰八年以后，因无商承办，详明由三里绅粮卖引救课。嗣于同治八年，设□因招商争控，奉各宪访查地方情形，详请将卑县应行盐水引五百四十五张，陆引陆百五十张，每年征税银贰千零叁拾贰两七钱八分五厘，羡截银贰千七百五十贰两一钱四分五厘，由陈秉钧、罗公信等领引配运行销，完纳税羡，试办十年，限满请展。本年五月，据绅粮龚启元等以盐课应行归丁，呈奉督宪批县，查取各绅粮情愿归丁认结，呈□核办，已将各绅粮来县结认姓名造册，禀请宪台察核转禀详咨，迄今未奉批。兹奉前因，所有卑县盐务现据绅粮恳请归丁，业经转禀请示遵办缘由，理合禀覆宪台，俯赐核转示遵。为此，具禀。①

咸丰八年盐商告退之后，盐税不由商纳，改由“三里绅粮卖引救课”。根据山田贤的研究，道光年间登上历史舞台的“绅粮”是绅士和粮户两个社会阶层的统称，“在地域社会发挥着领导作用，作为维护社会秩序的核心，为州县政府所认识”。② 巴县粮户是载入当地粮册的有地民户，获得功名的粮户被称为“绅粮”。由三里绅粮“卖引救课”、代缴盐税是他们在地方公事中发挥重要作用的表现。需要注意的是盐引买卖尽管不合朝廷盐法，但在道光年间已经是十

① 巴县档案，6-6-3241-7，光绪四年八月廿四日，四川省档案馆藏。

② ［日］山田贤著，曲建文译：《移民的秩序——清代四川地域社会史研究》，北京：中央编译出版社，2011 年，第 215—223 页。

分普遍的现象，主要是归丁州县"藉称课税不足，将引转售别县"。[①] 咸丰七年，四川总督吴振棫"请酌拨各属滞引并兼配犍富二厂花盐、巴盐，税厘征收如例，既而各商争趋以积引改代往济"。[②] 也就是说，政府承认各州县滞引可以到犍富二厂配盐直接运销湖广，为数甚多而又无商承领的巴县盐引受到济楚商人的青睐，此时三里绅粮"卖引救课"应该能够保证政府的盐税收入而不误考成。然而，自咸丰十年（1860）起巴县抽收济楚川盐"渝厘"后，"每引巴盐收厘金19.5两，花盐收银25两，其余边计各引运费极重，行销甚绌"。[③] 加之太平天国运动失败后淮盐运道疏通，曾国藩等人推行了一系列"禁川复淮"、规复旧岸的措施。[④] 川盐湖广市场受到很大影响，本省盐引也日行壅滞、贬值，此时巴县三里绅粮"卖引"已经无法"救课"。

盐引积滞，税课无出。同治八年（1869），巴县开始重新招商认引，由本地绅粮陈秉钧、罗公信二人承领水引545张、陆引650张配运行销，缴纳盐税羡截银共计4784.93两；陈、罗二人并非占有引窝的正商，经营方式为"同领夥办"、在县域内"未分引岸"，[⑤] 不会出现乾隆年间盐商之间恶性竞争的情况。为缴纳盐税和保证引盐销路，陈、罗二人采取抬高盐价并重新招募巡丁缉私的措施，以"教民吴昭"为"巡丁头目"，[⑥] 这点则与乾嘉时期秦姓盐商的做法并无二致，故而遭到大多数人的反对。招商试办十年之期结束后，光绪四年五月，绅粮龚启元、石渠等人直接向到巴县巡查的四川总督丁宝桢呈请盐课归丁，丁宝桢当即批示：

① （清）丁宝桢：《四川盐法志》卷十八《引票》，《续修四库全书》第842册，上海：上海古籍出版社，2002年影印本，第352页。

② （清）丁宝桢：《四川盐法志》卷十一《转运》，《续修四库全书》第842册，上海：上海古籍出版社，2002年影印本，第211页。

③ 罗玉东：《中国厘金史》，北京：商务印书馆，2010年，第425页。

④ 黄国信：《从"川盐济楚"到"淮川分界"——中国近代盐政史的一个侧面》，《中山大学学报》（社会科学版）2001年第2期。

⑤ 巴县档案，6-6-3248-2，光绪五年九月二十五日，四川省档案馆藏。

⑥ 巴县档案，6-6-3241-7，光绪四年八月初二日，四川省档案馆藏。

据呈该县盐务积久弊生，请摊课归丁，依照璧山各县章程办理，以挽流弊、遏乱萌各节。本系因地制宜之举，惟按丁摊课，须出地方粮户踊跃输服，乃能办理。仰巴县即行传讯各里绅粮，能否甘愿照办，取具切结，由县切实申详。本部堂酌核办理，毋稍含混为要。[①]

盐课归丁、摊课归丁、按丁摊课，都是指将盐课摊入地丁钱粮中征收，革除专商，废引不行。发起者龚启元为工部郎中，籍隶西城里；石渠为同治十三年（1874）进士，授户部主事，籍隶居义里。二人都是巴县“三里绅粮”中的头面人物。[②]

然而，盐课归丁遭到商人的“百计阻扰”，知县李玉宣也“一心延搁”。光绪四年六月二十四日，“巴县三里各甲粮民”数百人联名向川东道姚觐元具禀，认为盐课归丁势在必行的原因：一是盐商“可于盐中暗藏□□同夫马加价，与其由商转取之民，而每年课只数千，昂价已逾数万，何如民径输之官，而每年价减数万，课仍只数千”；二是革除商人可以“显绝私枭”。[③] 禀状中将盐商抬价类比于夫马加价，而夫马局又是“某些官员捞取好处的场所”和“地方官员贿赂上级的一种机构”，[④] 绅粮可能向道台暗示了商人与巴县地方官员之间存在利害关系。事实上，据继任知县陆葆德称，“该商每年三节，向有规费银两”呈送巴县知县。[⑤] 若行归丁，知县的盐商规费银两落空，巴县地方自然不愿意革除盐商、推行盐课归丁改革。

道台姚觐元接到三里绅粮的禀状后，随即批饬：“仰巴县遵照督宪批示，迅即传集绅粮，毋稍迟疑”。[⑥] 在总督、道台的压力之下，至光绪四年七月，“赴

---

① 巴县档案，6-6-4525-12，光绪四年七月□□日，四川省档案馆藏。

② 就石渠的情况来看，自同治六年（1867）中举后便积极参与地方事务。如同治七年（1868）因巴县“向无门班”导致投刑数人招结匪党扰乱地方，石渠请求知县“协恳裁制”；又如同治八年（1869）巴县三圣庙附近不少居民“入庙骚扰、毒取鱼虾、取党估捕”，石渠请求知县严禁此类行为。

③ 巴县档案，6-6-3238-9，光绪四年六月廿四日，四川省档案馆藏。

④ 邢飞：《丁宝桢与四川夫马局改革》，《中华文化论坛》2015 年第 9 期。

⑤ 巴县档案，6-6-3245-2，光绪四年十月初三日，四川省档案馆藏。

⑥ 巴县档案，6-6-3238-9，光绪四年六月廿四日，四川省档案馆藏。

道□认结绅粮”“来县具认结绅粮”“传集公所面听总结各绅粮”者，已达398名。[①]巴县档案中还保存了大量城乡各“载册粮民”甘愿摊课归丁的具结状，并标明了每一户名下的“应完粮银”；此外，还有忠平团、四义团、玉皇团、复兴团等二十五个团的团首、监正所管民户的具结状。[②]

与此同时，一些与盐商存在利害关系的绅粮，则坚决反对盐课归丁。候选县丞何国衡、候选通判吴昭等人于光绪四年七月十二日向四川盐法道蔡逢年告状，攻击“石渠同伊夥江作孚争充本邑盐商”，争商不遂后蒙蔽道宪请求归丁，各粮户的具结状皆为石渠等人伪造，绅粮雷晋廷、赵仙洲、周韫山等人也都未参与其中，“具结其中难保不无假冒顶替情弊”。[③]八月初二日，三里绅粮又具禀已经调署华阳县事的李玉宣称：

> 具禀。……绅等睹骇，切石渠以进士官户部，例不充商，争于何有，结系道府县当堂亲收，有谁主议盐务大局，归丁即是力顾。查具呈之何国衡，系罗公信姻家，李韡系管公信讼稿，均伊同党。教民吴昭系公信巡丁头目，刘承缙系公信食客，其余控讼人等，均是峡匪冯次舫豢养棍徒。公信等非商非运，恃教霸岸，藉引贩私，昂价病民，招匪酿命，案集如鳞。恩宥咸知地方不堪其扰，盖不能不望妥议具覆于贤父母也。绅等前已具情愿甘结，而该词称雷晋廷系属窃名。闻经道宪委员饬查，已取晋廷亲押，并无递窃结状，可见窃中有窃，悉系公信所为，希图阻公专利。为此禀恳俯顺舆情，访之众论，分别伦类，以靖地方而留德政。[④]

反对归丁的人，不仅与盐商罗公信有着密切关系，而且大部分都是天主教会教徒。不少取得功名的教徒，即所谓的“教绅”阶层。如盐商巡丁头目、候

① 巴县档案，6-6-3236-6，光绪四年七月初九日，四川省档案馆藏。
② 巴县档案，6-6-3237，6-6-3238，6-6-4525，光绪四年七月，四川省档案馆藏。
③ 巴县档案，6-6-3238-6，光绪四年七月初九日，四川省档案馆藏。
④ 巴县档案，6-6-3241-7，光绪四年八月初二日，四川省档案馆藏。

选通判吴昭系教民，而“峡匪冯次舫”则系天主教会爱德堂[①]会首。学界多认为，同治朝以后，重庆“教案”频发主要是由于教会势力与传统绅权展开了激烈的权势竞争，却未深入讨论背后深刻的经济动因。[②]上引材料表明，教案频发更多的是与食盐贸易等具体经济利益的争夺相关。巴县盐商与天主教会上层势力（教绅）的关系十分密切，通过借助天主教会的庇护，“恃教霸岸，藉引贩私，昂价病民，招匪酿命”，试图垄断巴县的食盐贸易，并从事走私活动，在盐课是否归丁的问题上与其他绅粮抗衡。因为涉及教民冲突，地方官不敢贸然处置，知县李玉宣遂将问题抛给总督丁宝桢，答复绅粮“究竟为何办理，督宪自有权衡，非本县所能窥测”。[③]

在三里绅粮与盐商、教绅围绕是否推行归丁的问题争吵不休时，丁宝桢提出了另一套解决方案，就是把巴县纳入到贵州边岸的“官运商销”设计之中，即“由政府直接组织食盐由场至岸的购运批发业务，到岸后招商领盐销售的专卖形式”。[④]光绪四年六月，丁宝桢“委候补道唐炯驰赴泸州设局总理一切事宜，并于犍、富、射三厂设购盐分局，永、綦、合、涪四边岸暨近边之各厅州县设售盐分局，各委实干员分司其事”。[⑤]为防止本省“计商私贩搀越边岸之路”，丁宝桢在与贵州接界的泸州、合江、綦江等十余州县也先后施行官运，是为“官运计岸”，相当于在边岸与计岸之间建立起一个私盐防护带。由

---

① 重庆天主教会爱德堂由教民罗广济等人于咸丰六年（1856）创立，冯次舫于同治二年（1863）入会后“倡首募捐”修建大花厅、经手承买田业并成为会首，到“光绪初年，经冯次舫等□□立义学、病院”。四川省档案馆编：《四川教案与义和拳档案》，成都：四川人民出版社，1985年，第49页。

② 较大规模的“重庆教案”有同治二年第一次重庆教案、光绪二年（1876）重庆江北厅教案、光绪十二年（1886）第二次重庆教案。相关研究参见艾小惠：《重庆教案》，《史学月刊》1957年第5期；曾绍敏：《第二次重庆教案述论》，《社会科学研究》1990年第3期；邓常春：《晚清四川教务教案视野中的官绅民教及其互动（1860—1911）》，四川大学博士学位论文，1999年；梁勇：《重庆教案与八省客长：一个区域史的视角》，《社会科学研究》2007年第1期；李重华：《1876年江北教案研究》，《重庆大学学报》（社会科学版）2011年第1期；等等。

③ 巴县档案，6-6-3241-7，光绪四年八月初二日，四川省档案馆藏。

④ 鲁子健：《试论丁宝桢的盐政改革》，《盐业史研究》2000年第2期。

⑤ 罗文彬编：《丁文诚公（宝桢）遗集》卷十五《黔边盐务情形片》，沈云龙主编：《近代中国史料丛刊》第八辑，台北：文海出版社，1968年影印本，第1717页。

于巴县、江北厅“界在泸、合、涪、綦之中”，私盐易于透漏官运边岸，加之巴县食盐“代销之行号，又多系教民承充，现值教民多事，亦不可不防其渐”，为此，丁宝桢于十一月二十三日上折呈请将巴县、江北厅提归黔边盐务总局江巴分局管理，并定于光绪五年（1879）正月初一日为始“照黔边章程发商行销”。[①] 改行官运后，巴县盐引不再颁给商人，盐课由官运局扣除成本后缴纳并向户部奏销，射厂、富厂购盐分局（厂局）向井灶买盐，交由官运局直接控制的船帮运到江巴分局（岸局），再由江巴分局核算成本，定价卖给巴县“裕济通”、“同仁和”等行号承销，[②] 这些行号由兼营批发和零售业务的商人组成。

官运商销的成功之处在于盐课征收方式的有效性。官运局通过核算成本、定价卖盐的方式，在食盐转运环节就已经预征了盐课，并将其附着在江巴分局卖给巴县行号的卖价当中，行号进一步将其转嫁到消费者身上，最终表现为食盐价格的上升。只要官运还在维持，那么盐课的征收便不成问题。然而，对于普通消费者来说，商运还是官运并没有什么影响，高价的官盐依然不受欢迎，政府对县域内食盐流通的控制依然十分微弱。光绪七年（1881）六月，丁宝桢“访闻近日沿江州县又多贩盐私枭，各处缉捕废弛，实为地方大害”，要求地方严查，巴县政府遂在城厢内外及沿河一带姚公场、石桥场、白市驿、走马岗等五十一处场镇遍贴告示。[③] 光绪年间，巴县的卖盐行号没有像此前专商一样的权力招募盐巡，缉私的主要力量是江巴分局雇募的勇丁，此外地方政府的差役、各场镇首事亦有缉私之责，但是局勇与此前商雇盐巡的遭遇非常相似，“各乡监正、团保并不认真查拿，甚至包庇私贩，希图渔利”，[④] 县域内的食盐贸易又恢复到乾嘉以后官盐与私盐激烈竞争的局面。

① 罗文彬编：《丁文诚公（宝桢）遗集》卷十五《江北厅巴县计引改归官运片》，沈云龙主编：《近代中国史料丛刊》第八辑，台北：文海出版社，1968 年影印本，第 1796 页。
② 巴县档案，6-6-3261-7，光绪八年二月二十日，四川省档案馆藏。
③ 巴县档案，6-6-3251-15，光绪七年七月廿二日，四川省档案馆藏。
④ 巴县档案，6-6-3251-6，光绪七年七月廿二日，四川省档案馆藏。

四、结论

王朝国家食盐专卖制度在地方的表达是盐课征收体系的建立，然而“定额化”的盐税难以根据市场状况及时作出调整，政府对食盐贸易的控制手段显得极为有限，造成的结果是专卖制的崩溃与私盐市场的逐渐发育。如雍正年间巴县虽然确立了规范的专商引岸制度，但是实际上地方政府连最基本的缉私责任都未能承担，乾嘉以后这一专卖制度逐渐沦为具文的过程，便是巴县食盐贸易自由程度不断加深的过程。曾小萍提出“清政府极少干预四川盐业市场，同时也几乎不予扶持”[①]的观点虽然有些笼统，但对食盐贸易持续繁荣的巴县来说大体上是合适的。官、私盐截然两分是国家专卖制度造成的结果，如果政府放弃界定者的身份、放弃对食盐贸易的管控，同样可以征取足额的盐课，那么在实际的食盐贸易中，严格区分官、私盐非但无益而且还会带来无休止的讼案。现存有关清代盐法的史料，虽然汗牛充栋，但大多显得较为支离，要厘清某一地区较长时段内的食盐贸易与盐法制度的互动过程，连续性较强的地方档案史料显得十分珍贵。清代巴县的案例告诉我们，私盐贸易并非纯粹的市场问题，而是始终与政治、社会密切相关。对于盐商等既得利益者来说，滥用“私盐”的标签通常成为其与他人争夺盐利的有力工具，地方各类人群在食盐贸易中争夺“盐利”的博弈过程，便是新旧制度更替的过程。一项新制度的出现，无论是雍正年间确立的专商引岸制度，还是乾嘉年间的盐商分化，抑或咸同年间的革除盐商与绅粮卖引、光绪年间的盐课归丁之议和官运改革，都可以说是制度对某段时间内食盐贸易格局的承认与规范化。

---

① ［美］曾小萍著，董建中译：《自贡商人：近代早期中国的企业家》，南京：江苏人民出版社，2014年，第30页。

清代巴县档案中的抱告探析

张晓霞*

所谓“抱告”，又称为“代告”，指的是某些特殊主体不能独立参与诉讼，需要其他能独立参与诉讼的人代为参与，而这些代为参与诉讼的人一般由诉讼当事人的亲人来担任。徐忠明等认为，设置抱告的主要目的有两个：一是“示矜全”，即维护诉讼当事人的脸面，二是“防诬陷”，即防止老幼、妇女或残疾者等特殊主体利用其司法上的特权进行诬告，而又不用承担诬告的责任。在清代诉讼中，抱告人是告呈人的“替身”，主要作用是：代替告呈人呈状，接受官府的讯问和羁押，代替告呈人承受诉讼所导致的刑罚。[①] 由此可以得知，无论从抱告的设置目的，还是抱告的主要作用来看，抱告都不同于当今社会的诉讼代理人。诉讼代理人是为诉讼当事人提供法律专业帮助和服务的职业人员，他们并不要求是诉讼当事人的亲属，当然也不可能代替当事人接受官府羁押或者承受刑罚。而且，清代社会需要抱告的只是某些特殊主体，当今社会聘请诉讼代理人则是每一个公民都具有的合法权利。

一、与抱告有关的状式条例

到底哪些特殊主体需要抱告才能告状呢？根据巴县档案的记载，清代各朝巴县状式条例中有相关的规定，主要有以下几种表述：

* 张晓霞，成都大学文学与新闻传播学院教授。

① 徐忠明、姚志伟：《清代抱告制度考论》，《中山大学学报》（社会科学版）2008 年第 2 期。

生监、妇女及老幼、废疾人无抱告者，不准；举贡、生监及有职人员、妇女、老幼、废疾状内无抱告者，不准；有职人员及贡监、生员、妇女无抱告者，不准；绅衿、妇女、老幼、废疾无抱告及虽有抱告而年未成丁或年已老惫者，不准；仕官、举贡、生监及年逾七旬之人或妇女出名具词无抱告者，或不应用抱而混用抱告者，不准。

有清一代，巴县有关抱告的规定呈现出一种不断变化的态势，同一朝也会有多种表达，尤其在乾隆朝、道光朝和咸丰朝表现比较明显。而不同朝代之间也会经历先传承、再发展变化的模式。在这些变化中也有一些不变的内容，比如需要抱告的诉讼主体变化不大。无论是清代哪一朝，需要抱告的诉讼主体大多都涵盖了生监、有职人员、老幼、妇女、废疾等几类，只不过在具体表述上略有差别。

相比而言，清代其他地区对抱告有什么样的规定呢？与巴县相比，有何异同呢？笔者所见重庆府咸丰、同治、光绪年间有关抱告的状式条例均为“生监、职员及老幼、废疾、妇女无抱告者，不准”，一直没有发生变化，其他年间不详。所见光绪十六年（1890）调署重庆府江津县事宜宾县正堂所用的状式条例为“绅耆、老幼、残疾、妇女词无抱告，有抱告而年未及岁者，不准”，[①] 其他年间不详。

《黄岩诉讼档案及调查报告》[②]（以下简称“黄岩档案”）共载清代黄岩诉讼档案78宗，时间跨度自同治十三年（1874）到光绪十五年（1889），所载档案状式条例共22条，其中有关抱告的规定一直都没有发生变化，即规定“凡有职及生监、妇女、年老、废疾或未成丁无抱告者，不准”。从内容上看，黄岩档案与巴县档案所载状式条例内容基本相符，需要抱告的主体为有职人员、生监、妇女、老幼、废疾，但是因为其所载档案仅有十几年的时间跨度，对同治十三年之前和光绪十五年之后的状式条例无从知晓，其对抱告的规定到底有无变化，与巴县档案相比有何异同，也就无从探究了。

此外，在黄岩档案诉讼条例中，同样出现了“现有夫男，教以妇女出头混控者，不准”的规定，明确家有夫男的妇女不能出头告状，由此看来各地对妇

① 巴县档案，6-6-24550，光绪十六年七月初十日，四川省档案馆藏。

② 田涛、许传玺、王宏治主编：《黄岩诉讼档案及调查报告》（上卷），北京：法律出版社，2004年。

女告状的限制是比较类似的。清代四川冕宁档案中，还有对妇女诉讼限制的具体陈述。乾隆元年（1736）九月十九日，四川宁远府会理州正堂在给冕宁县的一份信牌中说："乃有一等泼悍之妇，本有夫男，而原有亲属者，俱不全出名，竟敢恃倚女流，法虽遂及，因而罔顾廉耻，抛头露面，匍匐公庭或闹哭叫喊，故为急切之态，及至察其情词，甚无干系。此在本司衙门，每每有之，其在地方有司更可概见，似此颓风亟宜禁止。"[①] 女性借助其身份优势可以撒泼耍横，甚至捏词诬控，给衙门断案带来很大的困扰，这大概就是清代各朝要特别对妇女告状进行限制的原因。

二、抱告的类型及诉讼中的各种实际情况

清代巴县诉讼中，根据当事人在诉讼中所扮演的不同角色，其状可以分为首状、告状、诉状、禀状、喊状、存状、报状、恳状、息状等。如果这些当事人属于需用抱告的特殊主体，那么他们的抱告就分别称为抱首、抱告、抱诉、抱禀、抱喊、抱存、抱报、抱恳、抱息。不管是哪种情况，文中都统称为"抱告"。

一般情况下，告状人为一人，抱告也是一人。但是在巴县档案中，也有一些特殊的情况，主要表现在：一个告状人，多个抱告；多个告状人，一个抱告；多个告状人，多个抱告，每一个告状人都有一个抱告。虽然这些情况是极少数的个案，但为了更好地研究清代抱告制度，有必要将之列出。另外，还有一些不该用抱告而用抱告、应该用抱告而不用抱告的案例，也值得我们研究。

（一）一个告状人，多个抱告

1. 两个抱告。同治年间，孀妇明刘氏（82 岁）告状，有两个抱告，明凤翔，58 岁，明凤□，47 岁，这两个人应该都是她的儿子。孀妇段周氏（50 岁）告状，有两个抱告，一个是家丁陈顺，一个是儿子段焕章。光绪年间，孀妇张詹氏（78 岁）告状，抱告张合兴、张德元。

2. 三个抱告。同治十年（1871）民妇张贺氏（31 岁）告状，以三个未成年

① 张晓蓓：《冕宁清代司法档案研究》，北京：中国政法大学出版社，2010 年，第 55—56 页。

的儿子秦承栋、秦承模、秦承柱为抱，告夫家堂侄秦慎徽图索架绝。知县批示“所呈是否情真，候并票唤讯”，并没有对张贺氏以三个未成年儿子为抱告提出异议。在发出的差票中，传唤之人也有三个抱告的名字。咸丰十一年（1861），孀妇陈黄氏（68 岁）告状，告夫弟陈永顺故后，遗有幼子陈顺麒，弟媳杨氏与淫恶郑元太私通等情。此告状共有三个抱告，分别为陈顺达、陈顺谟、陈顺麒，前两人是陈黄氏的儿子，陈顺麒就是陈黄氏夫弟陈永顺的儿子，即陈黄氏夫侄。

（二）多个告状人，一个抱告

同治年间，冉国荣、尹明哲一起告状，抱告为冉光贵。需要说明的是，两个告状人冉国荣、尹明哲是亲家，冉光贵是冉国荣的儿子、尹明哲的女婿。冉光贵某日外出做活，尹氏一人在家，被恶痞张八欺调。所以，冉国荣、尹明哲两个亲家一起告状，一个是为了自己的媳妇，一个是为了自己的女儿。但是在排序的时候，尹氏公公冉国荣排在前面，尹氏父亲尹明哲排在后面，这也反映出在处理妇女问题上的先后顺序是先夫家后娘家。两个亲家一起告状，因为年龄较大，需要一个抱告，而冉光贵身为尹氏的丈夫、冉国荣的儿子、尹明哲的女婿，由他来做抱，当然是最合适不过了[①]。

光绪元年（1875），孀妇刘贾氏（82 岁）具首状，在抱告一栏里写着“同告子刘煊，年 50 岁，抱状陈遂生，年 32 岁”。[②] 此案也应该算作多个告状人、一个抱告的情况。虽然在告状人栏只有刘贾氏一人，但在抱告栏明确了还有一个同告的儿子。告状人栏只写刘贾氏一人的名字，把同告人刘煊写在下面抱告栏，这样做的目的可能是为了突出刘贾氏的主告地位。在巴县档案中，像这种并不把同告人全部写在告状人栏的情况还比较多见，有的是在告状人栏只写一人，其余同告人写在下面抱告栏，但是写明“同告人某某某”，同告人有可能是一人，也有可能是多人；也有的是在告状人栏已经书写多人名字，下面抱告栏还有多名同告人。前者是为了突出告状人有主次之分，后者是因为同告人太多，无法全部书写在告状人栏，两者有所区别。

---

① 巴县档案，6-5-8030，同治年间，四川省档案馆藏。

② 巴县档案，6-6-23136，光绪年间，四川省档案馆藏。

（三）多个告状人，多个抱告

同治年间，杜陈氏、王林氏为刁拐蓦嫁事告易兆南、钟老大、胡正邦等一案。告状人孀妇杜陈氏（42岁）、王林氏（47岁），抱告陈金樑、王炳南。虽然从案件的记录中看不出告状人与抱告人之间的关系，但是根据姓氏可以判断，两个抱告中陈金樑是杜陈氏的抱告，王炳南则是王林氏的抱告，她们每人都有一个抱告。杜陈氏的女儿自幼抱给王林氏抚养，同治六年（1867）凭媒嫁给周志堂为妻，次年周志堂奉差往京，遗妻王氏在渝，交托给杜陈氏和王林氏照顾。同治十年五月，钟老大、胡正邦乘周志堂不在家，而杜陈氏和王林氏又孀居远隔，将王氏刁拐合邑（即合州县），拐嫁给易兆南为妾。后来周志堂差人来渝，想要接王氏回京，向杜陈氏和王林氏索人无着，滋闹难安，杜陈氏和王林氏才来县衙控案。由告状内容可知，杜陈氏是王氏的生母，王林氏是王氏的养母，女儿被刁拐，女婿要人，无奈之下，生母、养母一起告状，每人一个抱告。[①]

（四）应该用抱告而不用抱告

在清代各朝，状式条例中都有关于抱告的规定，虽然需要抱告的主体有一些小的变化，但无论哪朝都明确了应该用抱而不用抱的告状是不能准予立案的。在巴县，绝大多数的告状人是按照规定执行的，但也有极少数较为特殊的情况。

道光十二年（1832），徐杨氏告婆婆徐秦氏和丈夫徐应选将其逼娼。在徐杨氏的禀状中，并没有抱禀。区知县批“准唤讯”，并没有对其无抱禀之事进行追究。而且在证实徐杨氏是诬告之后，知县也没有对其进行惩罚，只是让她“随徐应选回家，听其管束”而已。道光十五年（1835），仁和坊王氏告其夫李润逼其为娼一案，在王氏的告状中，没有抱告。杨知县批“李润领尔至家，逼令为娼，是否属实，侯唤讯察究，临审该房捡出前卷呈阅”，并没有对王氏没有抱告进行斥责。道光二十二年（1842），杨氏告丈夫梁文斗逼娼一案，没有

① 巴县档案，6-5-8077，同治年间，四川省档案馆藏。

抱告，李知县批“准唤讯查究”，没有对杨氏无抱而告进行追究，判梁文斗与杨氏离异，将杨氏交给总役另行择户。道光二十三年（1843），冯谢氏禀丈夫冯万顺逼娼一案，没有抱禀。叶知县批“候唤讯”，也没有对其无抱禀之事进行追究。咸丰十年（1860），民妇闵陈氏为霸占逼贱事状告自己的丈夫闵上云，抱禀无。巴县正堂批“值日带究”。咸丰十年，孀妇刘周氏具告李吹吹、刘老七、胡占春等人，抱告无。从告状内容得知，刘周氏夫故无倚，而且她是贵州人氏，自然在本地也没有什么亲属，所以没有抱告。巴县正堂批“候验伤唤讯”。咸丰十年，孀妇刘李氏状告蔡福源一案，抱告无。巴县正堂张批“值日带究”。由禀状内容得知，刘李氏虽然是本城人，但是丈夫已故，孀孤子幼，娘婆二家又没有其他人，所以并没有可用之抱，而知县也没有追究此事。

上述案例，告状人都是妇女，按照状式条例的规定，家有夫男，妇女不得出头告状；妇女告状，必须有人抱告，无抱而告的不得准案。但细细分析这几个案例，有五个案例是妻子控告自己的丈夫，而且都涉及逼娼，都没有成年之子，母家情况均不详。另外两个案例，一个是身为贵州人氏的孀妇刘周氏告嫁卖她的李吹吹等人，另外一个是孀孤子幼的刘李氏告霸占财产、阻不容嫁的蔡福源，都属于情有可原。而且在告状中，均已明确说明了缘由，知县一目了然，对她们没有抱告之因非常清楚，也就没有进行斥责。

吴佩林根据对南部档案的研究指出，妇女在夫出外、有疾病、被关押或无任何意外的情况下可亲自出面告状。[①] 巴县档案中，夫在外妇女出面告状，同样会受到知县训斥。熊陶氏因女儿熊姑抱与蓝选达为婀媳之事与蓝家发生纠纷，为退明图索、诉恳作主事具诉状，没有抱诉。[②] 熊陶氏在诉状中说“夫远贸未归”，“今氏子年未成丁”，其实已经向知县表明了自己亲自参与诉讼并且没有抱诉的理由。但是，区知县对此并不认可，批“着即赶唤尔夫熊启洪赴案质讯，毋得恃妇出头砌渎”。“毋得恃妇出头砌渎”表示知县对熊陶氏以夫不在家，儿

① 吴佩林：《清代四川南部县民事诉讼中的妇女与抱告制度——以清代四川〈南部档案〉为中心》，黄宗智主编：《中国乡村研究》（第 8 辑），福州：福建教育出版社，2010 年，第 124 页。

② 巴县档案，6-3-8938，道光十一年十一月十六日，四川省档案馆藏。

子尚未成丁为理由而亲自出面参与诉讼表现出极大的不满，让她赶紧将丈夫熊启洪叫回，赴案参与质讯。

（五）不该用抱告而用抱告

与前述应该用抱告而不用抱告的情况相反，巴县档案中也有不应该用抱告而用抱告的案例。咸丰年间，51 岁的禀状人苟成明以儿子苟开鹏为抱；同治年间，48 岁的禀状人朱光桂以 28 岁的儿子朱大川为抱，40 岁的禀状人王大惠以儿子王光朝为抱。以上案件中的禀状人年龄分别为 51 岁、48 岁、40 岁，并未达到年老的条件，也不属于有职、生监、废疾之人，是完全可以独立诉讼的，根本不需要抱告，但在诉讼中却用了抱告。而知县在审理这几个案件时，也并没有对禀状人不该用抱告而用抱告的违规行为进行斥责。

笔者在黄岩档案中也见到过违规用抱的案例。光绪八年（1882），18 岁的张所寿为匪徒哄扰迫叩提办事具呈，抱告是 40 岁的雇工陈日新。[①] 光绪十一年（1885），58 岁的辛光来具呈，用了“本人之戚”30 岁的王阿三为抱。[②] 这两个案例的告状人都不符合用抱的条件而违规使用抱告，但知县在批词中并没有提到此事。

三、“老幼”的具体呈现

前述状式条例中，大部分状式条例都有老幼不得亲自告状，必须要用抱告的规定。那么何为“老”？何为“幼”？乾隆二十八年（1763）三月十八日，四川省按察使曾经发过一份有关慎刑的文书，其中有“三不打”：年未七十而衰惫龙钟不打，年已十六而形体瘦弱不打，久病初痊及状貌将病不打。[③] 意思就是说，平日里 70 岁以上的老年人、16 岁以下的年轻人本就属于不打的范畴，

---

① 田涛、许传玺、王宏治主编：《黄岩诉讼档案及调查报告》（上卷），北京：法律出版社，2004 年，第 127 页。

② 同上书，第 143 页。

③ 张晓蓓：《冕宁清代司法档案研究》，北京：中国政法大学出版社，2010 年，第 118 页。

此处只是对未满70岁的老年人和已满16岁的年轻人中有特殊情况的进行补充规定。那么是否意味着，70岁以上为老，16岁以下为幼呢？前面提到同治和光绪年间的状式条例中曾经有一条“仕官、举贡、生监及年逾七旬之人或妇女出名具词，无抱告者或不应用抱而混用抱告者，不准”，明确了七旬以上的老年人属于应用抱告的特殊主体，是否再次强调70岁以上为老呢？

关于这一点，沈之奇曾在《大清律例辑注》中对老幼作过如下界定：15岁以下为幼，60岁以上为老，我们按照此说法对清代县衙档案的实际情况进行考察。根据吴佩林的研究，南部档案、黄岩档案抱告均没有超过60岁，但在南部档案、黄岩档案、淡新档案中均有14岁以下男性做抱的情况。[①]那么在巴县档案的实际诉讼状态中，“老幼”又是如何呈现的呢？关于“老”，我们主要考察的是60岁以上的告状人是否都有抱告、能否为他人做抱告；关于“幼”，我们主要考察的是15岁以下的抱告人是否存在。

要考察抱告的年龄，可以根据状纸上抱告栏所载信息获知。比如根据《黄岩诉讼档案及调查报告》，抱告信息栏的固定格式为“抱告 ××，年 ×× 岁，系本人之 ××”，书写状纸的时候，只需按照此格式填写相应信息，实际上也是在强调这些信息的重要性和必要性，提醒书写状纸之人完整填写抱告人的情况。根据此信息，可以清楚地了解到抱告的姓名、年龄、抱告与诉讼当事人之间的关系。根据张晓蓓《冕宁清代司法档案研究》所载的第八图，有一份雍正十三年（1735）八月初三日冕宁县的状纸，在这份状纸上，在年月日信息的左下角有抱告和代书两栏。其中，抱告栏有“抱告　系　年　岁”字样，与黄岩档案比较类似，包含了抱告姓名、与当事人的关系、年龄三个要素，有利于提醒书写状纸之人将这些信息完整填写，从而便于知县清楚掌握抱告人的信息，给案件的审理带来方便。但是在巴县档案的状纸中，并没有这样固定的格式，抱告栏目下面为空白，只有少数状纸在此处填写了完整的抱告信息，绝大多数状纸只写了姓名。如果我们要获得有关抱告年龄、抱告与当事人关系的信息，

---

① 吴佩林：《清代四川南部县民事诉讼中的妇女与抱告制度——以清代四川〈南部档案〉为中心》，黄宗智主编：《中国乡村研究》（第8辑），福州：福建教育出版社，2010年，第124页。

就要深入到案件内容中，从诉状、供状、结状中去挖掘。有时能够获得，但也有时并不能获得，给研究者带来了较大的困扰和不便，对于深入研究巴县档案的抱告实态无疑是极为不利的。

（一）60岁以上的告状人是否都有抱告

60岁以上的告状人用抱告是大多数案例所反映出来的情况，与此同时，在具体实践中，也存在着极少数60岁以上没用抱告的案例。乾隆三十五年（1770），61岁的胡毓秀具诉状，没有抱告。[①]虽然在知县的判词里面提到"查胡毓秀年迈目瞽"，但并没有对此进行斥责。而且胡毓秀明明有两个已成年的儿子胡宾顺、胡东阳，在结状中他们三人还一起具结。

（二）60岁以上能否做抱告

绅衿、老幼、妇女、残疾等不具备独立诉讼能力的人，如要告状，必须用抱，同样，这些人因不具备独立的诉讼能力，所以他们也不能做抱。前面提到，南部档案、黄岩档案中的抱告均没有超过60岁，那么巴县档案中，有无60岁以上做抱告的情况呢？

乾隆四十八年（1783）卢张氏控龚锡禄等图吞产业案，[②]以儿子卢聚奎为抱，此处并没有交待抱告的年龄。以儿子做抱的情况非常普遍，这不会引起我们的特别注意，但是在供状中，原告和抱告二人都对案情进行了详细的陈述，与其他抱告在供状中简要陈述"与某某（原告）供同"有异。此案的焦点在于卢张氏丈夫卢祥麟所遗房产的分割，一边是卢张氏所带前门之子卢聚奎，一边是卢张氏与丈夫卢祥麟所生之女的丈夫龚锡禄。经过审讯，知县主张房产均分，但卢聚奎并不认同知县的处理方法，于九月十三日亲自禀状，具禀龚锡禄等人谋吞其房业。在此禀状中，卢聚奎的个人信息显示为"瞽民卢聚奎，本邑人，年63岁，抱禀男卢荣升"。从中得知，卢聚奎年63岁，没有独立诉讼能力，

---

① 四川省档案馆编：《清代巴县档案整理初编·司法卷·乾隆朝（二）》，成都：西南交通大学出版社，2015年，第134页。

② 同上书，第159—171页。

以其子卢荣升做抱并无异议。但是我们前面看到，卢张氏告状的时候曾经以63岁的卢聚奎做抱，而知县也没有对此予以斥责和批驳。也许是没有注意到，也许是对此不在意，因为卢张氏只有卢聚奎这一个儿子，即使不符合抱告条件，也忽略不计了。

（三）15岁以下能否做抱告

南部档案、黄岩档案、淡新档案中均有15岁以下男性做抱的情况，巴县档案中也有15岁（含15岁）以下做抱的案例。咸丰年间，孀妇唐何氏告状，抱告为次子唐开海，年仅7岁；76岁的孀妇何简氏具禀状，以13岁的外孙叶瑞堂做抱。同治年间，民妇张贺氏（31岁）告状，抱告是三个儿子秦承栋、秦承模、秦承柱；63岁的唐裕罗具诉状，抱诉是15岁的儿子唐九；30岁的谢蓝氏具诉状，抱诉是12岁的儿子谢敢年，已经完婚；50岁的孀妇艾刘氏具告状，抱告是14岁的儿子艾福宽，已经完婚。

上述六个案例，抱告12岁、13岁、14岁、15岁各一人，7岁一人，张贺氏以三个未成年的儿子为抱，三个儿子到底多大年龄并没有交代，应该有15岁以下之人。仔细分析这几个案例，抱告是诉讼当事人儿子的5例，抱告是诉讼当事人外孙的1例，而且诉讼当事人5例为女性，1例为男性。可见，抱告是诉讼当事人儿孙辈的，尽管抱告在年龄上不符合条件，知县也不会予以斥责，抱告只是为了符合状式形式上的需要，并不能对实际断案造成多大影响。

以上对"老幼"的考察可知，尽管状式条例中并没有对老幼的具体界定，但是根据各地清代县衙档案所呈现出来的具体情况，大致可以作如下的总结："老"是指60岁以上，绝大多数60岁以上的告状人使用了抱告，巴县档案中，60岁以上的告状人没有抱告和60岁以上充当抱告，分别只发现1例。相对而言，"幼"的情况较为复杂，巴县档案、南部档案、黄岩档案、淡新档案都有15岁以下充当抱告的案例。巴县档案中所发现的这些案例有其共同的特点，都是晚辈为长辈尤其是母亲做抱告。

四、抱告与诉讼当事人的关系

从黄岩档案的抱告栏中，可以非常清楚地了解到抱告人与诉讼当事人之间的关系，但在巴县档案中，有的在抱告栏写明了与告状人的关系，比如“抱告　子某某某”“抱告　夫弟某某某”“抱告　侄某某某”，也有的抱告写明了抱告人的年龄，如“抱告某某某，年 ×× 岁”，更多的抱告就只有简单的“抱告某某某”“抱诉某某某”，并没有写明与诉讼当事人之间的关系，也没有写明年龄。一般情况下，我们可以根据告状、诉状、供词中的具体内容，了解到他们之间的关系。

关于抱告与诉讼当事人之间的关系，乾隆元年（1736）九月十九日，四川宁远府会理州正堂在给冕宁县的信牌中所说的这段话基本可以概括，即“倘系孤苦孀妇许令夫家之弟侄抱告。夫家无人，则令母家亲属抱告。若夫母两家无抱告之人，许令乡保邻佑代为接递。惟于庭审之日，仍听妇女告质，总不许妇女出头告状”。[①] 由此可见，如果严格按照此规定，家有夫男的妇女不能出头控案，应由夫男出头，所以根本就不应该存在以夫男为抱告的情况；如果孤苦孀妇控案，抱告顺序为：夫家之弟侄、母家亲属、乡保邻佑，抱告人中也不应该有儿子。

但在实际案例中，家有夫男的妇女出头控案者比比皆是，尤其以儿子为抱告的情况蔚然成风，而知县也并没有对此表示异议。关于这一点，学界大都用了“恃妇逞刁”这个词，明明可以由成年儿子出头控案的，却由妇女出头、儿子做抱，这是利用了妇女自身在诉讼中的优势，以赢得知县的宽容和同情，最终获得对自己有利的判决。即使是诬告，知县也会对妇女网开一面，纵然受罚，也仅限于掌责之类，更为多见的是“应责从宽”。正是因为知县在实际执行过程中对女性尤其是孀妇的宽容，才导致妇女以成年儿子为抱告出头控案变得不足为奇。

相比以儿子为抱的蔚然成风，妇女以丈夫为抱的情况确实比较罕见，笔者仅见一例。咸丰十一年（1861），民妇向杜氏告状，以丈夫向正顺为抱。由告

① 张晓蓓:《冕宁清代司法档案研究》，北京：中国政法大学出版社，2010 年，第 55—56 页。

状内容得知，向正顺外出做生意，向杜氏也省亲在外，仅有母亲赵氏和女儿银秀在家，结果女儿银秀被邱吹吹等人嫁卖，因此控案。在堂审时，向正顺没有到案，说明其还未回家。[①]那么，向杜氏以丈夫为抱实际上根本不具备任何现实意义，此抱告既不能代替当事人递交告呈，也不能参加堂审，只是为了让告状符合形式上的要求罢了。

前面提到，抱告的顺序为：夫家之弟侄、母家亲属、乡保邻佑，先亲属而后乡保邻佑。在实际案例中，南部县档案有以雇工为抱的案例，黄岩档案中也有，比如《黄岩诉讼档案及调查报告》第44例："具呈监生石联渠，年四十五岁，抱告徐阿三，年二十二岁，系本人之工。"巴县档案中有以仆人为抱告的情况。乾隆四十八年（1783）龚锡禄具禀状（廪生，70岁），抱禀为仆赵尚智。[②]但在审单中，赵尚智的名字并没有出现，也就是说，衙门根本就没有传唤他，自然他也没有参加堂审，失去了抱告的实际意义。

无论如何，抱告人与诉讼当事人一定要有关系，最好是亲属，如果抱告人与诉讼当事人之间毫无戚谊，抱告人会受到知县的斥责。在张氏告柯运芳等不给其赡银一案中，孀妇张氏被柯廷顺花银八十两买娶为妾，没有生育。柯廷顺去世后，其原配之子柯运芳等将卖地钱存留70两作为其生母李氏和庶母张氏之赡银。后来张氏自愿凭媒再醮给杨光凤为妻，杨光凤听说赡银之事，支使张氏叠控柯运芳等。张氏由毫无亲戚关系的王大贵为抱告，将柯运芳等告案。知县判："杨张氏自愿再醮，与柯运芳们已经毫无名分，不应去向柯运芳们责要膳银，实系张氏诬控，将张氏掌责；杨光凤将妻子领回，并且备文把二人递回涪州保领，安分守法；王大贵与张氏毫无戚谊，却混做抱告，将他责惩。"[③]

某些情况下，知县会对抱告需与诉讼当事人有戚谊关系这一规定非常较真。何王氏夫故，让13岁的女儿何秀英卖娼，因何秀英不愿为娼，买娼者危长庚将其拐逃藏匿，何王氏以姜道明为抱控案。[④]姜道明本是何王氏的夫弟，因母

① 巴县档案，6-4-5737，咸丰年间，四川省档案馆藏。

② 四川省档案馆编：《清代巴县档案整理初编·司法卷·乾隆朝（二）》，成都：西南交通大学出版社，2015年，第160页。

③ 巴县档案，6-3-8818，道光八年十一月十四日，四川省档案馆藏。

④ 巴县档案，6-3-9634，道光二十九年二月十三日，四川省档案馆藏。

亲再醮，将其随带过门，改姓为姜。知县认为，虽然姜道明原本是何王氏的夫弟，但既然已经改姓为姜，就与何王氏没有什么亲戚关系了，所以“姜道明不应异姓做抱”，将其责惩，也变相地证明了抱告与诉讼当事人之间一定要有戚谊关系才行。

五、抱告窃名告状：抱告才是真正的告状人

女性尤其是孀妇生活艰难，其处境令人同情，身为父母官的知县对她们格外宽容。正因为如此，即使她们有已经成年的儿子，完全不必自己出头告状，但为了利用孀妇的优势，她们依然广泛地参与到诉讼活动中，充当着告状人的角色。而她们的儿子，则往往以抱告的身份参与其中。但在某些情况之下，根据案件内容，我们可以判断真正要告状的并不是告状人，而是抱告。前述卢张氏控龚锡禄等图吞产业案已经反映出这种情况，真正要告状的是卢张氏的儿子卢聚奎，但他要充分利用孀母卢张氏的身份为自己争取利益，所以先是卢张氏以卢聚奎为抱而告状，但没有得到卢聚奎想要的结果，卢聚奎马上由抱告人转变成告状人。

同样的情况还见于乾隆四十六年（1781），余毛氏告堂侄余志远将曾祖遗业房估占案。[①] 孀妇余毛氏以儿子余禄吉为抱，控告自己的堂侄余志远。在结状中，只见到了抱告余禄吉的结状，不见原告余毛氏的名字。余禄吉在结状中提到“情蚁以背祖欺吞控余志远在案，蒙恩审讯，将蚁刑责，日后再不得滋事”，被告余志远在结状也提到“实结得余禄吉控蚁在案，蒙恩讯明，蚁等遵依”。明明余毛氏是原告，余禄吉是抱告，为何在以上的两份结状中，都提到是余禄吉控告余志远在案，根本没有提到余毛氏的名字。只能说明一个问题：余禄吉才是真正的控告人。余禄吉已经成年，完全可以自己控案，之所以借助母亲的名义，就是看重了以母亲名义告状对自己有利。在结状中一切真相浮出水面，余禄吉承认是自己控告余志远，而余志远也非常清楚地认识到真正控告自己的

① 四川省档案馆编：《清代巴县档案整理初编·司法卷·乾隆朝（二）》，成都：西南交通大学出版社，2015 年，第 46—60 页。

人其实就是余禄吉。

尽管抱告人卢聚奎、余禄吉才是真正意义上的告状人，但他们在诉讼中还是以抱告的身份出现，他们是躲在后台的操控人，出头的还是母亲本人，母亲是知情者。在巴县档案中，还有儿子根本不让母亲知晓就以母亲名义告状的案例，即名义上的告状人对控案之事并不知情。咸丰十一年（1861），孀妇唐何氏具首状，儿子唐开亮做抱告。但是根据后面的案件记录，才发现此案并不是唐何氏本人具首状，而是案中的抱告唐开亮窃用母亲之名具首。也就是说，唐开亮窃母亲唐何氏之名控案，自己名为抱告，却是实际告状人；唐何氏名为告状人，却对告状之事毫不知情。[①]

以上案例有其共同点：告状人是孀妇，抱告是其儿子。无论是真正意义上的窃名告状，名义上的告状人毫不知情，还是抱告人支使告状人出头参与诉讼，为抱告人谋取利益，抱告人都是实际的告状人，都是利用了妇女告状需要抱告这一点，反其道而行之。而档案中的这些细节，则将各方在诉讼活动中所扮演的角色以及他们内心真正的意图反映得淋漓尽致。

综上所述，抱告制度的初衷是为了限制某些行为主体参与诉讼，一来顾其体面，二来防其诬陷他人。在具体条款上，清代各朝各地状式条例都有不同的规定，这些状式条例虽然一直都在变化，但基本思想和核心内容变化不大。从总体来看，清代巴县的诉讼活动中，抱告制度得到了较好的执行，绝大多数诉讼是按照官府的要求在进行。但是，无论是抱告的类型、抱告在诉讼中所表现出的各种样态，还是有关“老幼”的界定、抱告人与当事人之间的关系，抱告制度在诉讼实践中都呈现出比较复杂的面相，绝不是状式条例一条规定就可以囊括的。尤其是那些在实践中没有完全遵守抱告制度的诉讼参与人，知县表现出对弱者的宽容和同情，大多数情况下并没有追究他们不完全执行的责任。正因为如此，才出现了窃名告状等利用制度漏洞为自己谋取利益的情况。

---

① 巴县档案，6-4-5716，咸丰年间，四川省档案馆藏。

“何忍构讼公庭？”

——清代基层社会绅衿抱告研究

郭宇昕*

绅衿是中国传统社会的一个特殊群体，他们以拥有功名或得到官方委任而有别于普通民众，[①] 作为地方表率，而“具有人们所公认的政治、经济和社会特权以及各种权力”。[②] 由于“均系衣冠士族，何忍构讼公庭”，[③] 故垂范地方、远离公庭的绅衿若不得已而需告呈时，便得遣抱告代为赴官及接受审讯，这也被认为是属于绅衿的司法特权之一。[④]

对于清代绅衿抱告问题，学界已有一定研究。早期学者如瞿同祖、张仲礼、经君健在研究绅衿时均注意到绅衿使用抱告的现象，认为是一种优遇。[⑤] 曹培《清代州县民事诉讼初探》一文亦认为绅衿抱告是“在诉讼活动中体现纲常礼

---

* 郭宇昕，中国人民大学清史研究所博士研究生。

① 瞿同祖著，范忠信、何鹏、晏锋译：《清代地方政府》，北京：法律出版社，2011 年，第 270 页。

② ［美］费兰兹·迈克尔：《导言》第 1 页，张仲礼著，李荣昌译：《中国绅士——关于其在 19 世纪中国社会中作用的研究》，上海：上海社会科学院出版社，1991 年。

③ 樊增祥：《樊山判牍·批雷昌五禀词》，何铭句读、校印：《樊山判牍正编》，上海：新文化书社，1934 年，第 47 页。

④ 除绅衿外，清律规定，妇女、老幼、废疾均系抱告的适用范围，其不同人群使用抱告的考量有所不同。

⑤ 参见瞿同祖：《中国法律与中国社会》，北京：中华书局，1981 年，第 216—217 页，该书于 1947 年由商务印书馆首版；瞿同祖著，范忠信、何鹏、晏锋译：《清代地方政府》，北京：法律出版社，2011 年，第 278 页，该书英文版于 1962 年由哈佛大学出版社首版；张仲礼著，李荣昌译：《中国绅士——关于其在 19 世纪中国社会中作用的研究》，上海：上海科学院出版社，1991 年，第 36—38 页，该书英文版于 1955 年由美国华盛顿大学出版社首版；经君健：《论清代社会的等级结构》，《清朝社会等级制度论》，北京：中国社会科学出版社，2016 年，第 84 页，该文最早发表于 1980 年 8 月南开大学“明清史国际学术讨论会”。

教的精神”以求体面周全。[①] 吴吉远在《清代地方政府的司法职能研究》中也指出州县官对待绅衿需“待之以礼”“周全体面”。[②]

随着研究的深入，学者认识到绅衿抱告不仅仅是出自“特权”，还有一定的“限制”色彩，如吴欣认为士绅虽为“特权阶层”，但使用抱告“不完全是对秩序的破坏，相反它在一定程度上可以被看作维护秩序的安全阀门”。[③] 邓建鹏在《清朝诉讼代理制度研究》中指出，抱告“对官员、生监等人而言，由特权逐渐演变为义务”，即“强化抱告的责任……限制原告进入司法领域”。[④] 徐忠明、姚志伟对抱告进行了全面研究，强调对绅衿而言，抱告除了“基于他们的身份特权和体面”外，还为“避免他们可能干扰司法活动”。[⑤] 抱告在表达中被设计为防止滥用诉讼的“诉讼代替制度”，但由于实践中抱告反而导致了另外的滥用诉讼行为，这一制度最终成为事实上的诉讼代理制度。[⑥]

总之，学界对绅衿抱告的研究经历了由单一视角向多角度发展的过程。在以往研究的基础上，笔者通过对地方司法档案中绅衿抱告类案件的梳理后发现，基层社会的官员、绅衿与民众在对待国家制度中的抱告时，不仅仅是被动的接受，更有能动的利用，使得抱告在基层社会出现了新的面相，反映了当时的社会历史背景。有鉴于此，本文主要利用清代南部县司法档案，并兼及其他地方档案，对绅衿抱告在国家制度和地方司法实践中的状态试作探究。

一、何以构讼——绅衿抱告的制度规定

（一）相关条文

前人考察抱告之源流，往往引用清人袁枚《随园随笔》中“抱告”条的表述，

---

① 曹培：《清代州县民事诉讼初探》，《中国法学》1984 年第 2 期。

② 吴吉远：《清代地方政府的司法职能研究》，北京：中国社会科学出版社，1998 年，第 333 页。

③ 吴欣：《清代民事诉讼与社会秩序》，北京：中华书局，2007 年；吴欣：《社会史视野下的清代“抱告”制度研究》，《吉首大学学报》（社会科学版）2012 年第 1 期。

④ 邓建鹏：《清朝诉讼代理制度研究》，《法制与社会发展》2009 年第 3 期。

⑤ 徐忠明、姚志伟：《清代抱告制度考论》，《中山大学学报》（社会科学版）2008 年第 2 期。

⑥ 姚志伟：《控制与反抗：清代抱告制度的实践》，《北方法学》2015 年第 2 期；姚志伟：《诉讼代理抑或诉讼代替——清代抱告制度的表达与实践》，《湖北社会科学》2016 年第 8 期。

将其追溯到《周礼·小司寇篇》的"凡命夫命妇，不躬坐狱讼"，以"卫侯与元咺讼，宁武子为辅，箴庄子为坐，士荣为大理"为抱告之滥觞。[①]但据徐忠明、姚志伟在《清代抱告制度考论》中的考察，"元代以前，在中国古代律典中没有与抱告直接相关的法律条文"。[②]《元典章》载，大德七年（1303）十月二十一日，因"多有得替闲居官员与百姓争讼，署押公文行移，并不赴官面对，使小民生受不便"，[③]朝廷议定，要求"致仕得代官员，即同见任……其争讼婚姻、田债等事，合令子孙弟侄或家人陈诉"。《元史·刑法志》将其概括为："诸致仕得代官，不得已与齐民讼，许其亲属家人代诉。"[④]其中"代诉"即为绅衿抱告之始。明代将适用范围由元代的"致仕"官员扩大到全体官吏与生员，[⑤]并出现"抱赍奏诉"[⑥]的说法，其"抱赍"即怀抱状纸告呈之意，为"抱告"一词的来源。清代因袭之，规定如下：

> 凡官吏有争论婚姻、钱债、田土等事，听令家人告官对理，不许公文行移。违者，笞四十。[⑦]
>
> 生员当爱身忍性，凡有司官衙门，不可轻入，即有切己之事，止许家人代告，不许干与他人词讼，他人亦不许牵连生员作证。[⑧]

---

① （清）袁枚著，王英志主编：《袁枚全集（五）》卷十五《政条类·抱告》，南京：江苏古籍出版社，1993年，第5册，第257页。

② 徐忠明、姚志伟：《清代抱告制度考论》，《中山大学学报》（社会科学版）2008年第2期。

③ 陈高华等点校：《元典章》卷五三"闲居官与百姓争讼子侄代诉"条，北京：中华书局，2011年，第1775页。

④ 《元史》卷一〇五《刑法四》，北京：中华书局，1976年，第2671页。

⑤ 怀效锋点校：《大明律》卷二二《刑律五·诉讼》"官吏词讼家人诉"条，北京：法律出版社，2008年，第180—181页；万历《大明会典》卷七八《学规》，台北：文海出版社，1988年影印本，第1241页；万历《大明会典》卷七八《风宪官提督》，第1247页。

⑥ 怀效锋点校：《大明律》《附录·问刑条例·刑律五·诉讼》，北京：法律出版社，2008年，第425页。

⑦ 张荣铮等点校：《大清律例》卷三〇《刑律·诉讼》"官吏词讼家人诉"条，天津：天津古籍出版社，1993年，第528页。

⑧ 《清会典事例》卷三八九《礼部·学校》，北京：中华书局，1991年影印本，第5册，第318页。

以上文本中并未明确使用“抱告”一词，而是以“代告”等称之，据《大清律例集解》称：“代告即今之抱告也。”[①]实际上“抱告”通行于各种文本，清代基层司法档案中附于状纸之后的“状式条例”便对绅衿抱告有明确的规定。以南部县档案为例，笔者所见最早的“状式条例”出现于乾隆十三年（1748），其中已有“绅衿……无抱告者不准”[②]的规定。后来“状式条例”多有变化，但“绅衿”始终在要求使用抱告的群体范围中。

除此之外，其他地方档案中的“状式条例”均有明确条文涉及绅衿抱告，兹摘要如下：

> 黄岩档案：凡有职及生监……无抱告者不准。
>
> 淡新档案：绅衿……无抱告者不准。
>
> 徽州档案：绅衿……无抱告及虽有抱告年未成丁者不准。[③]
>
> 巴县档案：有职人员及贡、监生……无抱告者不准。[④]
>
> 举、贡、生、监……无抱告者不准。[⑤]

有清一代，绅衿抱告均通行不辍，至清末民初时的《调查川省诉讼习惯报告书》仍有“士绅则具禀状遣人代质”[⑥]等语。江兆涛在《清代抱告制度探析》中统计了清末时期各地的诉讼习惯调查报告，亦指出这一情况当时依然存在于

---

① （清）薛允升著，胡星桥、邓又天主编：《读例存疑点注》，北京：中国人民公安大学出版社，1994年，第702页。

② 南部档案，2-61-1，乾隆十三年九月十四日，四川省南充市档案馆藏。

③ 以上引自田涛、王宏治主编：《黄岩诉讼档案及调查报告——传统与现实之间：寻法下乡》上卷，北京：法律出版社，2004年，第17页。

④ 巴县档案，6-1-1906，乾隆五十六年，四川省档案馆藏。

⑤ 巴县档案，6-3-17030，道光三年，四川省档案馆藏。

⑥ 中国社会科学院法学研究所图书馆藏，无具体时间，仅署有“法制科第一股股员李光珠编辑”。据张松考证，四川调查局于光绪三十四年（1908）八月开局办事，则该报告书当完成于1908—1911年间，见张松：《关于清末诉讼习惯资料的初步整理与研究》，《法律文献信息与研究》2012年第1期。

全国各地。①

至清末司法改革时，抱告便面临消失的命运。光绪三十二年（1906）四月初二日草拟的《刑事民事诉讼法》② 中，取消了绅衿抱告的规定，但引起了大臣的反对。次年草拟的《各级审判厅试办章程》便重新出现了"职官、妇女、老幼、废疾为原告时，得委任他人代诉" ③ 的规定。而宣统二年（1910）修订的《大清民事诉讼律草案》中，关于抱告的规定全部消失，取而代之的是出现在该法律中第二编"当事人"的第三章"诉讼代理人"以及第四章"诉讼辅佐人"的相关规定，抱告从此不复存在。④

（二）适用范围

在《大清律例》和《大清会典事例》中，使用抱告的绅衿范围包括了官吏与生员。而各地"状式条例"中对绅衿的具体表述略有差异，如前引南部县档案、淡新档案和徽州档案表述为"绅衿"，黄岩档案则表述为"有职及生监"，巴县档案则详细列举为"举、贡、生、监"。这些概念实际上是一致的，指的都是地方上包括举人、贡生、生员、监生等在内的有功名而未为官者。

但在地方司法实践中是否严格按照这一范围来执行？刘盈皎在《清代生员告呈资格新探》考察了黄岩档案中 10 宗有功名者参与的案件，其中 2 宗为未用抱告之童生，8 宗为使用抱告之监生，并无生员呈控案例。另外其所见冕宁档案有县官受理无抱告之生员告状的案例。故刘盈皎认为：在司法实践中，生员告呈资格不受限制，不需要使用抱告；那些包括退职官僚以及有功名的士绅阶层需要使用抱告。⑤

然而，从笔者考察南部档案的情况来看并非如此。笔者所见牵涉童生的案

① 江兆涛：《清代抱告制度探析》，《西部法学评论》2009 年第 1 期。

② 《刑事民事诉讼法》第二章《刑事规则》第五节《审讯》，怀效锋主编，李俊等点校：《清末法制变革史料》上卷，北京：中国政法大学出版社，2010 年，第 440 页。

③ 《各级审判厅试办章程》，上海商务印书馆编译所编纂，李秀清等点校：《大清新法令（1901—1911）》（点校本）第 1 卷，北京：商务印书馆，2010 年，第 397 页。

④ 《大清民事诉讼律草案》，同上书，第 570—576 页。

⑤ 刘盈皎：《清代生员告呈资格新探》，《政法论坛》2014 年第 2 期。

件内同时存在不用抱告和使用抱告的情况，可见对于童生规定并不严格。笔者统计了清初至道光朝这一时期中涉及生员及以上功名的绅衿案件共38例，除其中5例系绅衿因公事告呈而无需使用抱告外[①]，其余33例案件共46名绅衿无一例外均使用了抱告，其中生员占了多数。情况如下表：

表1 南部档案中道光朝及以前绅衿抱告情况统计表

身份	文生员	武生员	监生	贡生	举人	职员	总计
人数	20	14	7	2	2	1	46

注：文生员包括文生、增生与廪生，举人包括文举与武举。

另外，对于曾经有过生员身份而现已被革者，在告呈时亦无需使用抱告。道光九年（1829），"革生"李端品在状纸中不按民众的一般称呼自称"蚁"，而自称为"生"，自陈曾为生员而因"误课被革"，但其状纸并未使用抱告。对此做法，知县批以"明系捏控图赖。尔为革生，于此可见矣！不准"，驳回其状。[②]其后虽李端品再度递交禀状，勉强立案，但李端品不再以"生"自称，而是恢复到"蚁"的自称。

以上可见，由于基层社会缺乏进士及以上的"上层绅士"，且官员本身即具有与地方官抗礼的资格，"不在当地司法管辖权之下，也不受常规司法程序的约束"，[③]故使用抱告也就无从谈起。在基层社会中真正需要使用抱告的绅衿中则包括了举人、贡生、监生及生员（童生除外），尤以下层绅衿为主，而一旦功名革除则不在此限。

对于代绅衿告呈的抱告人身份要求则较为宽松，相比于对老人和妇女严格限制为"同居亲属通知所告事理的实之人"，[④]仅要求绅衿"听令家人告官对理"

① 南部档案，4-253-1，道光二年十一月二十二日；4-307-1，道光三年二月初五日；4-351-3，道光二十五年十一月三十日；4-202-14，道光三十年七月十四日；4-366-1，道光三十年十二月十六日，四川省南充市档案馆藏。以上5例均系绅衿担任书院领袖而奏事。

② 南部档案，4-265-1，道光九年九月二十五日，四川省南充市档案馆藏。

③ 瞿同祖著，范忠信、何鹏、晏锋译：《清代地方政府》，北京：法律出版社，2011年，第278页。

④ 张荣铮等点校：《大清律例》卷三〇《刑律·诉讼》"现禁囚不得告举他事"条，天津：天津古籍出版社，1993年，第525页。

及“止许家人代告”。“家人”即随绅衿在家的男性亲属或奴仆。[①] 在南部档案中便可看到许多担任绅衿抱告者自称是该绅衿的雇工。而在司法实践中，州县官并不重视，甚至不少抱告在状纸上并未写明与当事人的关系而并不妨碍州县官接收状纸。

（三）制度考量

如前所述，学界最早即认识到抱告体现了国家优遇绅衿的一面，所谓“国家优待衿士，虽已事许用抱告”，[②] 绅衿不亲身到庭而由抱告代之，即是绅衿特权的表现。直至清末，张之洞仍称“职官……生员例得遣抱，所以全体面而示优异”。[③] 瞿同祖亦称：“士大夫原以涉足公庭为耻，与平民涉讼因而对簿公庭，尤其有辱官体，所以有些法律在这方面予以特殊的便利和优待，以存其体。法律上根本否认士庶在诉讼上平等的地位。”[④]

这种特权是由绅衿在中国传统社会所处的地位决定的。在官方话语体系中，“为士者乃四民之首，一方之望，凡属编氓，皆尊之奉之，以为读圣贤之书、列胶庠之选。其所言所行，俱可以为乡人法则也”。[⑤] 即绅衿作为四民之首，有教化地方、参与地方事务、为地方表率之责，故享有特权是理所应当。绅衿一方面不同于普通百姓，“读书人与种田汉跪堂，即使讼胜，所失多矣”，[⑥] 若因告状而屈膝公堂实为辱没斯文、轻蔑礼义，安排抱告代为赴官，使绅衿若确有

---

① 经君健认为“家人”有两种用法，一种指现任官员随在任所的男性亲属及奴仆，另一种则专指奴仆，且以后者为主；郭润涛则认为“家人”应为“官之仆隶”。参见经君健：《清代社会的贱民等级》第四章《官衙中的奴仆》，北京：中国人民大学出版社，2009 年，第 86 页；郭润涛：《清代的“家人”》，朱诚如、王天有编：《明清论丛》（第一辑），北京：紫禁城出版社，1999 年，第 376 页。

② （清）汪辉祖：《学治臆说》卷下《治士子干讼之法》，北京：中华书局，1985 年，第 24 页。

③ 《张之洞奏遵旨核议新编刑事民事诉讼法折》，怀效锋主编，李俊等点校：《清末法制变革史料》上卷，北京：中国政法大学出版社，2010 年，第 403 页。

④ 瞿同祖：《中国法律与中国社会》，北京：中华书局，1981 年，第 216 页。

⑤ 《清世宗实录》卷四八，雍正四年九月丁巳，《清实录》第 7 册，北京：中华书局，1985 年影印本，第 732 页上。

⑥ 樊增祥：《樊山批判》卷八《批赵景廉呈词》，沈云龙主编：《近代中国史料丛刊续编》第六十一辑，台北：文海出版社，1976 年影印本，第 3309 页。

事告呈亦可得全体面。另一方面，绅衿既为四民之首、地方表率，若亲呈状纸，不啻给百姓以“健讼”的示范，这与国家的“无讼”期望正相抵牾。而以抱告代为告呈，绅衿无需到庭，则有效规避了这个问题。所谓“均系衣冠士族，何忍构讼公庭”，实际上并不是绅衿“不忍”构讼，而是国家通过设置抱告使其远离公庭，从而构造出一个符合官方话语的绅衿“不忍”构讼的形象。从这个角度而言，设置抱告即是国家尊崇绅衿的展示。

但除优遇之外，设置抱告还有限制绅衿的考量。实际上，“抱告”的做法最早出现于《元典章》时即有“多有得替闲居官员与百姓争讼……使小民生受不便”，故要求“子孙弟侄或家人陈诉”，[①] 显系对闲居官员进行限制。《大清律例根原》于“官吏词讼家人诉”条下“雍正三年”之解释亦称：“官兼内外文武，言吏系见役之吏典，与人争论婚姻、钱债、田土等项事情，而用印信公文行移追问，未免恃势凌人，故禁之。”[②] 可见该规定带有明显的限制考量。

至清代，“各省绅衿渐有恃势欺凌乡里、干豫词讼之习”，[③] 绅衿“健讼”成为社会问题。故清代于官学刊立卧碑，警示生员“当爱身忍性，凡有司官衙门，不可轻入，即有切己之事，止许家人代告，不许干与他人词讼，他人亦不许牵连生员作证”。[④] 即希望以抱告牵制享有特权的绅衿，使其不能轻易告呈，且无法到庭而直接向官员施加影响，为州县官提供方便。由于绅衿拥有种种特权，倘使包括绅衿在内的两造亲身到庭接受庭讯，则如何处理绅衿、民众与州县官之间的礼仪就成了问题，势必影响州县官的正常庭讯。即使庭讯结束，由于绅衿享有特权，州县官不得擅责，[⑤] 如何处理绅衿又是一大难题。且将四民之首当

① 陈高华等点校：《元典章》卷五三“闲居官与百姓争讼子侄代诉”条，北京：中华书局，2011年，第1775页。

② （清）吴坤修编撰：《大清律例根原》卷九三《刑律·诉讼》，上海：上海辞书出版社，2012年，第3册，第1503页。

③ 《清高宗实录》卷二九七，乾隆十二年八月乙酉，《清实录》第12册，北京：中华书局，1985年影印本，第890页下。

④ 《清会典事例》卷三八九《礼部·学校》，北京：中华书局，1991年影印本，第5册，第318页。

⑤ 《清史稿·选举志一》：“凡优恤诸生……违犯禁令，小者府、州、县行教官责惩，大者申学政黜革后治罪，地方官不得擅责。”见赵尔巽等撰：《清史稿》卷一〇六，北京：中华书局，1977年，第12册，第3118页。

众责罚，于情于理都无法自圆其说。而使用抱告后，由抱告人接受庭讯或是接受责罚，一切麻烦迎刃而解，既可径行责罚，也保全了绅衿“无讼”的形象。姚志伟甚至认为，抱告就是一个司法控制制度。①

二、如何构讼——绅衿抱告制度的应用

（一）绅衿的使用

如前所述，制度中对绅衿抱告的约束较为宽松，且在司法实践中州县官也并不重视。在绅衿主动告呈的所有案件里，抱告人的作用非常有限，可有可无，几乎只有令状纸满足格式要求的作用。但饶是如此，由于使用抱告是绅衿告呈的唯一形式，因而绅衿仍需要使用抱告。

以道光二十六年（1846）南部县文增生刘芳诉排年谢锡洪案为例。刘芳系文增生，其功名较低，但仍享有豁免杂役的特权。而当年任排年的谢锡洪则故意将刘芳计入杂役名单中，并前来索要“夫马钱”，收取后又“不许令投讯”。刘芳可谓走投无路，最后只得以胞侄刘德福作抱而递交禀状。② 该案中可见下层绅衿之苦，抱告对其而言确系维护自身权益而告呈的唯一途径。

另外，绅衿有教化地方、参与地方事务之责，当绅衿欲以地方事务而非私事告呈时，亦需使用抱告。如道光十七年（1837）南部县永兴庵场市经营人员僧普宽及何清扬等，因地方恶霸殷怀先、李太然及武生莫应元等强行霸占场市，故具禀在案。案件牵涉人员众多，之前已历两任知县仍未定论。时地方武生韩邦平、武生贾凤翔等生员六人遂联名具禀向知县说明此事，以何清文为抱，指出了殷怀先等霸占场市的行径，促成了事情的解决。③ 该案本与韩邦平等生员无关，而是出于维护地方秩序，知县令他们前来禀明，故抱告是联系绅衿与知县的途径。

虽然官方话语为绅衿构造出远离公庭的“无讼”形象，但地方司法档案中仍然存在相当数量绅衿参与的案件，其中固然有下层绅衿不得已维护自身利益

① 姚志伟：《控制与反抗：清代抱告制度的实践》，《北方法学》2015 年第 2 期。
② 南部档案，4-19-1，道光二十六年十一月二十三日，四川省南充市档案馆藏。
③ 南部档案，4-212-4，道光十七年七月十八日，四川省南充市档案馆藏。

及参与地方事务的案件，而绅衿利用特权与优遇“仗衿恶揸”[①]的现象同样存在，这与官方话语对绅衿的形象相悖。当他们试图利用“刁讼”的手段时，同样必须使用抱告以满足“状式条例”的要求。[②]如道光二十九年（1849），南部县文生李端颐将田地卖与何天镜父子后不断勒索找价，又派出地痞流氓几乎将何天镜逼迫自尽，而另一方面李端颐又以子李作楷为抱告，称何天镜“夺当掯买”“延不找价”，并自称“债迫无奈”之“寒生”，试图“示弱”以蒙混知县。知县识破其计，批以“饰词朦渎，实属刁诈”，予以严饬。[③]此案中文生李端颐显系“恶衿”，以抱告告呈只是其健讼的手段。

需要指出的是，在审理过程中，绅衿的影响其实非常有限。笔者所见，以绅衿名义告呈的案件基本都未得到特别照顾，州县官亦明确表示“当以事之有理无理为断，不论绅士与否也”，[④]还动辄将绅衿斥以“仗衿恶揸”。这显然是涉案绅衿中以下层绅衿为主的缘故。

（二）民众的利用

普通民众在诉讼过程中，往往会利用制度规定或采用一定的诉讼策略，以赢得诉讼的优势。[⑤]借助绅衿的身份特权、发挥其对地方官员的影响力也是民众的一种诉讼策略。而实现这一策略的有效方式便是利用绅衿抱告的形式，使绅衿被动涉入案件中。这些案件与绅衿并无过多关联，只是民众希望利用绅衿身份而已。

在多数情况下，作为原告的绅衿只是一个幌子，其并不知情或知情亦未到场，真正的原告是化身抱告人的民众。如道光九年（1829），南部县民何凤翔与监生马援发生纠纷，或因担心对方拥有监生身份而使自己在官司中吃亏，何

① 南部档案，4-262-2，道光六年六月二十七日，四川省南充市档案馆藏。

② 除利用抱告、自身出头告呈而干预地方司法外，绅衿还以教唆词讼、扛帮作证等间接方式“健讼”，被地方官员视为地方大害，在律例中亦有相应措施。参见霍存福：《宋明清“告不干己事法”及其对生员助讼的影响》，《华东政法大学学报》2008年第1期。

③ 南部档案，4-198-1，道光二十九年十一月初三日，四川省南充市档案馆藏。

④ 南部档案，4-127-6，道光九年三月初五日，四川省南充市档案馆藏。

⑤ 徐忠明：《情感、循吏与明清时期司法实践》，上海：上海三联书店，2013年，第40、45页。

凤翔遂以其族弟、武举何钟价的名义提交诉状，自己作为抱告人。该案实与何钟价无关，故庭审时仅何凤翔赴案，何钟价并未赴案。对方则是监生马援亲身赴案，其抱告未赴案。如此，何凤翔冒名之举一目了然，知县斥其：“独用案外之武举出名呈诉，而该武举又不亲身到案，仍由抱告具禀，岂以为虚借武举出名即可抵塞控案耶？”[①]该案生动反映了民众利用绅衿身份“抵塞控案”的心理。

其实不惟民众欲冒名具禀，由于下层绅衿个体对于州县官几乎没有影响力，他们往往会采取集体行动如联名请愿等方式，[②]故告呈时绅衿也会以多名绅衿同禀的手段，其中经常出现窃名的现象。如道光六年（1826）十一月，南部县文生任光国与一干生员联名将霸占书院田地的佃户具禀在案，但一个月后，联名生员之一的廪生熊文柄便向知县告称上个月自己是被任光国“窃名”在卷，自己实不知情，并请求知县查究此事，知县表示如果确实是“窃名具禀”，一定会追查到底。从本案后续的记录来看，熊文柄的名字确实从任光国等联名生员的名单中消失，但无人受到惩罚。[③]究其原因，显然是任光国等人认为告呈时联合多名绅衿能给州县官施加更多压力罢了，而对知县而言，联名绅衿众多，亦无从查勘何人窃名，索性不了了之。

相比冒名，民众将一名或数名绅衿列入原告之一更为稳妥。如道光四年（1824）民众冉茂荣与文生冉复元联名具禀雍怀举一案，作为文生冉复元抱告人的是其子冉宗孔，确实符合规定，但实际上该案与冉复元父子关系并不大。进入庭讯阶段后，冉复元在供状中除表示冉茂荣是自己堂兄，案件发生在冉茂荣家便别无他供，抱告人冉宗孔则根本没有到案。[④]双方具结时，知县亦判令雍氏母女由冉茂荣而非冉复元领回，结状人亦仅由冉茂荣与雍怀举分别具结。如此看来，冉茂荣显然意图利用冉复元的文生身份，故以将其列入原告。

上文已述，绅衿为参与地方事务告呈时亦需使用抱告，而民众有时也利用这一点，告呈时列入绅衿之名，从而将本属户婚田土之争的案件冠以维护地方

---

① 南部档案，4-127-6，道光九年三月初五日，四川省南充市档案馆藏。

② 参见瞿同祖著，范忠信、何鹏、晏锋译：《清代地方政府》，北京：法律出版社，2011年，第283页。

③ 南部档案，4-310-1，道光六年十二月初十日，四川省南充市档案馆藏。

④ 南部档案，4-258-1，道光四年四月二十三日，四川省南充市档案馆藏。

风化之名，声称告呈实为“为民请命”。[①] 例如道光五年（1825），杜作才胞妹四姑被夫家商议改嫁，未通报杜家知晓，杜作才遂欲告呈。杜作才告呈时，除自己外，还将堂兄弟、文生杜伯棠一同列入告状人名单中，以杜廷奇为抱告人。文生身份的杜伯棠作为原告之一后，杜氏夫家所为顺理成章地上升到有伤风化、玷污宗族的高度，称其“伙卖生妻有乖风化”，且“婚姻人伦首重，一女两嫁，大玷家族”云云。当然，杜伯棠的意义也仅限于此，其供状和其他告状人同供，结状则彻底没有出现。经审判，杜氏（四姑）丈夫被责惩，由杜作才领回杜氏择户另嫁，双方具结状。[②]

吴佩林《清代县域民事纠纷与法律秩序考察》以妇女抱告为例，指出妇女抱告由于“制度上的疏漏、执行者的不力、民风不正”，造成妇女或他人利用抱告反其道而行之，形成恶性循环。[③] 绅衿抱告同样存在绅衿与民众“反利用”的问题，这也是制度设置者不愿意看到的。但由于绅衿抱告作为下层绅衿告呈的有效途径，在基层社会又有其必要性，故该制度亦无法通行取消。

（三）州县官的处理

如前所述，绅衿抱告兼具优遇与限制两重考量。然而，州县官在执行绅衿抱告的有关规定时要受到现实的影响，其实践与制度考量亦有所差异，“条文的规定是一回事，法律的实施又是一回事”。[④] 绅衿固然享有特权，但其群体内部也存在等级高下之分，绅衿所享有的诸多特权其实多数属于上层绅衿，下层绅衿并不能真正享有。[⑤] 关于划分标准，张仲礼将绅衿分为包括“官吏、进士、举人和正途贡生”的上层绅士和包括“生员、监生和例贡生”的下层绅士，瞿

---

① 吴欣将其概括为“‘为民请命’而形成的案件”，见吴欣：《清代民事诉讼与社会秩序》，北京：中华书局，2007 年，第 68—76 页。但实际上其中相当一部分并非真正“为民请命”，只是民众借用绅衿有责任参与地方事务的名义而已。

② 南部档案，4-260-1，道光五年三月初三日，四川省南充市档案馆藏。

③ 吴佩林：《清代县域民事纠纷与法律秩序考察》，北京：中华书局，2013 年，第 347 页。

④ 瞿同祖：《中国法律与中国社会·导论》，北京：中华书局，1981 年，第 2 页。

⑤ 张仲礼：《中国绅士——关于其在 19 世纪中国社会中作用的研究》，上海：上海社会科学院出版社，1991 年，第 6—7 页。

同祖与经君健则将绅衿按是否入仕分开。虽然标准不一，但从司法实践中看，在地方上需要使用抱告的绅衿基本都属于下层绅衿之列，他们在面对官员时并不能真正得享优遇。而出任州县官者，出身为进士、举人的则占了多数，属于上层绅衿。① 正因为州县官与绅衿之间的等级与出身差异，作为个体的绅衿，尤其是基层社会广大下层绅衿，其特权往往为州县官所无视，体现优遇与特权的绅衿抱告制度并未得到严格执行。

从南部县具体案例来看，州县官庭审时基本都提审绅衿而非抱告人，且绅衿均亲身到庭、录有口供在案。本应代替绅衿接受庭审及告呈的抱告人反而无需到庭，或不录口供，或根本不在点名单中。如道光四年民众冉茂荣与文生冉复元联名具禀雍怀举案，冉宗孔为抱告人，提讯单在“抱告冉宗孔”名下注明“系冉复元子，不到”。② 道光九年文生宋绍微告呈一案，点名单甚至未列抱告人宋绍明在内，供状自然亦无其供词。③ 道光二十年（1840）文生曾文泗告呈案中，抱告曾文洙虽然到案，但并无供词。④ 而同年监生黄大昌等状告梁希周一案则更为典型，监生黄大昌的抱告人黄学昌患病无法赴案，差役以该情具禀，知县直接批以“抱告原可不必到案”。⑤ 即使后来抱告人黄学昌抱病到案，其供词却非常简略，仅称“词列小的作抱，余供与黄道昌们供同。”⑥ 足见抱告人对案情了解有限，知县也认为抱告人不必到案，即使审理也未受到重视，其在诉讼中并不具有实际意义。而且如果一味纠结形式，反而不利于案件解决，造成两造纠缠，如此州县官往往选择姑且接受状纸，再行严究的情况。⑦

① 以南部县为例，里赞根据南部县志所载历任知县情况，统计出进士出身者占 29.26%，举人出身者占 37.33%。见里赞：《晚清州县诉讼中的审断问题——侧重四川南部县的实践》，北京：法律出版社，2010 年，第 37 页。

② 南部档案，4-258-5，道光四年五月二十一日，四川省南充市档案馆藏。

③ 南部档案，4-71-3，道光九年九月二十日，四川省南充市档案馆藏。

④ 南部档案，4-92-3，道光二十年六月二十八日，四川省南充市档案馆藏。

⑤ 南部档案，4-157-8，道光二十年三月十三日，四川省南充市档案馆藏。

⑥ 南部档案，4-157-5，道光二十年八月二十七日，四川省南充市档案馆藏。

⑦ 如樊增祥《樊山判牍》中《批陈有贵呈词》：“本应批驳，惟潘七著名恶劣，其中必有欺害情事，姑准唤案严究。”见何铭句读、校印：《樊山判牍正编》，上海：新文化书社，1934 年，第 139 页。

同时，抱告在问责过程中也未能代替绅衿。一方面固然是由于多数情况下抱告人并不到案，另一方面，州县官对绅衿的责罚也不是抱告人所能承担的。吴欣指出，州县官对绅衿的责罚，使用频率最高的词汇就是“斥革”，即革除功名。但实际上真正斥革的情况并不多，樊增祥主政渭南时，澄城县欲斥革两名生员，樊增祥回复：“一案而斥革两衿，事有重于此乎？”[①] 汪辉祖在宁远则“终四年未扑一衿”。[②] 故“斥革”其实只是用以恐吓绅衿的方式罢了。事实上，虽然律例规定绅衿享有优遇和豁免，[③] 但仍然有绅衿受到州县官责罚，最常见的处理方式有训斥、笞责、罚金和罚作诗文。[④] 如樊增祥对咸宁县生员胡登瀛的处理，便是“重责五十手心，罚作‘君子思不出其位’经义一篇”。[⑤] 黄六鸿也提到他处理士子干讼的方式是“点名之后，概不问供，给予纸笔，令在堂右席地作文”。[⑥] 而无论恐吓“斥革”抑或罚作时文等方式，抱告人都无法替绅衿完成。从南部县的案例中看，大多数情况下州县官仅对绅衿进行口头训诫了事，偶有责罚也直接责罚绅衿本人。如道光二十年（1840）武生任松寿告呈案内，任松寿以“被控原告”身份被传唤。[⑦] 据任松寿供状，他承认自己“不应从旁扛讼”，因而“蒙把武生戒责”。[⑧] 任松寿的抱告人未赴公堂，也未代他受责。另道光三十年（1850）文生李嘉与监生邹殿钟互控，庭审时，文生李嘉的抱告人虽见于提讯单，却未到场，监生邹殿钟的抱告人则完全不见于提讯单，自然也没有到场。[⑨] 庭审后的两人结状中显示，他们“均各戒斥”，[⑩] 由本人接受了责罚。

① 樊增祥：《樊山政书》卷八《批澄城县高令禀》，北京：中华书局，2007 年，第 220 页。
② （清）汪辉祖：《学治臆说》卷下《治士子干讼之法》，北京：中华书局，1985 年，第 24 页。
③ 如“凡进士、举人、贡监生员，及一切有顶带官，有犯笞、杖轻罪，照例纳赎”。见张荣铮等点校：《大清律例》卷四《名例律上》“五刑”条附例，天津：天津古籍出版社，1993 年，第 92 页。
④ 吴欣：《清代民事诉讼与社会秩序》，北京：中华书局，2007 年，第 77—79 页。
⑤ 樊增祥：《樊山政书》卷二《批咸宁县生员胡登瀛禀》，北京：中华书局，2007 年，第 51 页。
⑥ （清）汪辉祖：《学治臆说》卷下《治士子干讼之法》，北京：中华书局，1985 年，第 24 页。
⑦ 南部档案，4-68-4，道光二十年五月十七日，四川省南充市档案馆藏。
⑧ 南部档案，4-68-5，道光二十年五月十八日，四川省南充市档案馆藏。
⑨ 南部档案，4-304-6，道光三十年二月十七日，四川省南充市档案馆藏。
⑩ 南部档案，4-304-1，道光三十年二月十七日，四川省南充市档案馆藏。

三、总结

钩考清代绅衿抱告可见，在国家制度层面，设置绅衿抱告综合体现了国家优待绅衿、限制恶衿、方便州县官判案的考量。作为四民之首，肩负教化地方、维护秩序之责，绅衿群体因其功名而被赋予特权与优遇。令绅衿以抱告为己身替代，得免涉入公堂，便是优遇的表现，使绅衿不会出现“健讼”的形象。而为防止绅衿滥用其特权，以抱告作为限制，也能避免尴尬，方便了州县官的执法。因此，国家制度中始终存在绅衿抱告的条文以体现这一考量，甚至在清末变法时大臣仍然认为需要对其进行保留。

就基层社会的绅衿与民众而言，由于面对州县官时自身地位低下、影响有限，他们在诉讼中需要采取一些对自身有利的策略。绅衿抱告虽有限制绅衿的作用，但作为绅衿特权的体现，其优遇的一面正是基层社会的下层绅衿与民众所看重的。因此他们在被动接受相关规定的同时，也对其加以利用。绅衿需要使用抱告参与诉讼，民众则希望利用抱告而牵涉绅衿以享受优遇、发挥其影响。虽然要冒着被斥为“仗衿恶搕”的风险，但这也是基层社会的绅衿与民众所能使用的仅有策略了。故在基层社会的司法实践中，绅衿抱告虽未能严格依律执行，但基层社会却仍然需要这种变异后的制度。

州县官在处理绅衿抱告时又受到当时基层社会现实的限制。面对清代“民情好讼”的环境，州县官为保证地方平靖，必须“以速审速结为要”，[①] 直接提审绅衿显然比提审抱告人更易解决案件，但也不纠结于抱告人是否真实到案等问题。由于基层社会多为下层绅衿，在地方上的影响有限，州县官也有灵活处理的可能。基于以上考虑，出于治理的现实需求，州县官在面对绅衿抱告时便会适当变通，采用灵活的态度与处理方式维护地方秩序，而不是拘泥于具体条文。

绅衿抱告在基层社会的实践出现了与国家制度相异的面相，但这并不意味着二者的矛盾或背离，反而是清代具体历史背景下的常态，其根本在于不同的

① （清）程炎评定：《州县须知》卷一，杨一凡、刘笃才编：《中国古代地方法律文献（丙编）》第1册，北京：社会科学文献出版社，2012年，第32—33页。

面相对应着不同的需求与考量。黄宗智指出："清代法律制度，一方面具有高度道德化的理想和话语，另一方面它在操作之中比较实际，能够适应社会实际和民间习俗。"[①] 绅衿抱告的意义并不止于单方面的司法控制，也展示了国家构造绅衿"不忍"构讼形象的考量，同时基层社会的实践也体现了基层社会官、绅、民不同群体对这一制度的利用。绅衿抱告的不同面相，实际上统一于具体历史背景下地方社会的秩序中，反映的正是基层社会的复杂多样，不同群体均在能动地影响着基层社会秩序。

① 黄宗智：《清代的法律、社会与文化：民法的表达与实践》，上海：上海书店出版社，2001 年，第 10 页。

明清徽州地区盗葬问题研究

——以歙县程元谭墓纠纷为中心

陈雪明*

徽人向来聚族而居，素有尊祖敬宗的传统。坟墓在当地被视为祖先“体魄之所藏”，是宗族的根本所在，所谓“盖根本固则枝叶茂；而枝叶之茂者，亦足以庇其本根”，[①] 故徽州宗族非常重视保护祖先坟墓。另外，由于徽州地处皖南，境内高山纵横，峰峦重叠，“山峭水厉，燹火弗惊”，[②] 较少受到战乱惊扰，这也为徽州宗族保护祖墓提供了有利的自然环境。由于祖先坟墓能给后人提供直接的崇拜实物，“子孙思祖宗不可见，见所藏之处，如见祖宗一般”。[③] 因此，各大宗族遵循《朱子家礼》，非常重视对祖墓的保护和维修。故而，在徽州地区，保护祖先坟墓是每一个宗族致力所为之事，也是每一个后裔子孙应尽的义务和责任，所以有“千年之家，不动一抔”的民俗现象。但是，让所有祖墓都不受侵扰，这也只是一种理想化的想法，现实并非如此。尽管徽州宗族为保护祖墓付出了种种努力，采取了种种措施，但是，由于岁远年渊，人心不古，徽州地区仍会出现各类盗葬问题。徽州各个宗族在族谱中对保护祖墓作了种种规定，但现今我们无法从中得知他们面临盗葬问题时的具体举措，而徽人也无法根据族规家法解决每一个具体的现实问题，因此，他们因时、因地制宜地针对此问

---

* 陈雪明，徐州医科大学马克思主义学院讲师。

① （明）程敏政辑：《新安文献志》卷十四《晋新安太守程公墓志》，《景印文渊阁四库全书》第1375册，台北：台湾商务印书馆，1986年，第224页。

② （明）戴廷明、程尚宽等撰，朱万曙、王平等点校：《新安名族志》卷首《胡晓序》，合肥：黄山书社，2004年，第4页。

③ 道光《何氏族谱》卷七《家训八则》，清道光十四年（1834）续刊本。

题订立了各种合同文约，并遗留了大量的相关诉讼文书。本文拟从这类合同和诉讼文书的角度出发，以康熙年间程元谭祖墓纠纷案为中心，考察明清时期徽州地区的盗葬现象，勾勒出中国传统社会晚期地方宗族面对盗葬问题的具体应对情况，以丰富徽学研究内涵。

尽管学界对盗葬现象有了一定的研究成果，[①] 但是对于盗葬的具体含义却未能形成一个统一的概念。《青乌鬼律》有云："葬不买地，不立券，谓之盗葬。"[②] 意为在没有买地，没有土地券书的情况下安葬死者，便是盗葬。这里强调的便是土地的所有权问题。笔者认为，盗葬现象指的是古人因为贪图吉壤或地业不明，在未经地业主人同意的情况下，窃用或冒用他人土地或墓穴埋葬死者的一种违法现象。而在徽州地区，则主要集中表现为在他人祖先坟茔禁步内的盗葬。而程氏作为徽州第一大姓，其祖墓元谭公墓地纠纷案[③] 则从明朝延续至清朝，成为徽州盗葬案件中十分典型的代表。

一、程元谭其人与其墓

明清时期，新安程氏宗族已为地方大族，但该族并非徽州本土原住民，而

---

① 目前学界对于盗葬问题的研究成果较少，刘冰雪在其博士学位论文《清代丧葬法律与习俗——以〈大清律例〉的规定为主要依据》中对清代各地的盗葬之风及相关法律纠纷的解决进行了解读和阐释。美国学者韩森在《传统中国日常生活中的协商：中古契约研究》一书中对中国的盗葬现象进行了简要介绍。魏顺光在其博士学位论文《清代中期坟产争讼问题研究——基于巴县档案为中心的考察》中对巴县的盗葬问题进行了解读，还有陈聪的博士学位论文《清代"发冢"律例与司法的文化研究》以及李哲的博士学位论文《中国传统社会坟山的法律考察——以清代为中心》中也涉及盗葬问题。但尚未有学者针对徽州地区盗葬问题撰写过相关专门的学术文章。许骥在其所著的《徽州传统村落社会——许村》一书中在研究许村的丧葬习俗时，曾提到当地所存在的盗葬现象，但也仅仅是针对许村个别盗葬情况简单介绍，并未深入研究。徐彬、祝虻在《徽州家谱中的清代涉墓诉讼论略》一文中通过对徽州家谱中记载的涉墓诉讼文书进行研究，作了归类和分析。阿风在《明代徽州宗族墓地、祠庙诉讼探析》中对其所见的明代徽州墓地、祠庙的相关诉讼进行了分析。但这几篇文章主要围绕徽州的墓地相关诉讼进行讨论，涉及明清徽州盗葬问题，但并未对此问题进行深入和专门的研究。

② 转引自张传玺：《契约史买地券研究》，北京：中华书局，2008 年，第 174 页。

③ 卜永坚在其《明清徽州程元谭墓地的纠纷：以〈新安程氏家乘〉为中心》（《徽学》第 5 卷，2008 年）一文中对此案进行了详细探讨，然其主要着眼点在于探讨徽州宗族谱系的合法性问题。

是由中原地区迁居而来。程氏始祖为伯符，为西周成王时期的功臣，后“以国为姓”，“程氏自黄唐三代迄于汉魏，世有名人，蕃衍硕大，而居于洺水者最盛。故天下之程，皆出于广平。歙之程氏号黄墩程，自洺水徙。东晋而后，歙程氏又独最盛于天下”。[①] 新安程氏也以伯符为始祖，并认同本姓起源地为广平地区，后居洺水地区最为兴盛，而新安程氏便是自洺水迁徙而来，之后发展为天下大姓。

程元谭何许人也？根据程氏族谱和相关文献记载可知：“元谭公，东晋时为镇东军谋。”[②] 元帝平定东阳、信安等六郡之后，“以镇东军为襄州刺史”。太兴二年（319），[③] 由于程元谭军功显赫、平定一方，“为假持节新安太守，大兴二年己卯也。良二千石”，[④] 在其任太守期间，“绥辑流民，疏通畎浍，教民孝悌，举俊造于朝，歙民大悦”，[⑤] 因为施行仁政、整顿吏治、悯农爱民，政绩斐然，使得百姓安居乐业，以至于其任期已满，被调任升迁时，“民爱怀之，受代请留，竟不得去”，[⑥] 晋元帝听闻此事，十分欣慰，“诏褒嘉之”。后于永昌元年（322）“卒于郡”，“帝闻之，为之震悼，赐子孙田宅于新安歙县之黄墩，而公是为新安程氏始祖”。[⑦] 其后裔中名闻于世者也很多，萧梁时，其十三世孙程灵洗“以武勋显，《南史》有传”，谥号“忠壮公”；至唐朝时，有检校祭酒程严[⑧]

---

① （明）程敏政辑：《新安文献志》卷四五《晋新安太守程公墓碑》，《景印文渊阁四库全书》第1375册，台北：台湾商务印书馆，1986年，第576页。

② （清）程有高等修：康熙《新安程氏世忠原录琼公支谱》卷二《忠佑公纪实》，清康熙四十九年（1710）刻本。

③ 按：一说太兴三年（320）。康熙《徽州府志》仅记载为“太兴初，以镇东军谋襄州刺史，为假持节新安太守”。

④ （明）程敏政辑：《新安文献志》卷四五《晋新安太守程公墓碑》，《景印文渊阁四库全书》第1375册，台北：台湾商务印书馆，1986年，第575页。

⑤ （清）程有高等修：康熙《新安程氏世忠原录琼公支谱》卷二《忠佑公纪实》，清康熙四十九年（1710）刻本。

⑥ （明）程敏政辑：《新安文献志》卷四五《晋新安太守程公墓碑》，《景印文渊阁四库全书》第1375册，台北：台湾商务印书馆，1986年，第575页。

⑦ （清）程有高等修：康熙《新安程氏世忠原录琼公支谱》卷二《忠佑公纪实》，清康熙四十九年（1710）刻本。

⑧ 按：程严，忠壮公十三世孙，后任检校工部尚书兼御史大夫、上柱国，封安定县开国伯。见《新安文献志·先贤事略上·本郡·唐》。

和检校御史中丞都使公程澐、[①]公程洵；[②]之后传至宋朝，有端明殿学士公赠少师程珌，[③]“为嘉定、宝庆名词臣，有《洺水集》行于世”，[④]确实可谓“新安望族，蕃衍盛大，家有诗书，世传簪笏”[⑤]。

元谭公“墓在今郡城之西十里驿路之旁”，“墓前有双石人，至今无恙，土人因名其地曰双石”。[⑥]其后裔有名程逢午者，为元代徽州紫阳书院山长，曾撰文称其墓地“有地广袤，可容数万人”，[⑦]此言虽有夸大之嫌，但程元谭作为新安程氏始迁祖，其墓地范围，也必定不在小数。对此，程氏后裔婺源程质所言，看似更为可信：“程氏始迁新安祖，晋太守讳元谭府君，墓在今徽州郡西十里，歙县之向杲驿路之旁，平地之中，坐北而向南，与元待制郑子美先生师山书院对焉。”[⑧]而程氏族谱中对此记载则更为详尽：“(元谭公)墓在徽州府歙县□绣乡善福里二十三都四保十里碑，土名双石人前。洪武经理表字九百四十七号，[⑨]税一亩，东至汪仲和田，西至闵瑞卿田，南至闵相保田，北至鲍昌田业，程世忠庙输粮。万历九年清丈□字二百四十六号，税照旧，土名元谭公墓，二十三都

① 按：程敏政在《新安文献志·先贤事略上·本郡·唐》记载程洵文中称程澐与程洵为兄弟，同为忠壮公十四世孙。而《新安文献志》卷七一《故海盐州教授程君（逢午）墓志铭》一文作者邓文原则称程澐为忠壮公十三世孙，仕唐为检校御史中丞。此处有讹误，笔者查阅清代程子享所编《休宁程氏北山派续编本派源流谱》，得程澐、程洵同为元谭公二十六世孙珍公之子，即为忠壮公十四世孙。

② 按：程洵，忠壮公十四世孙，乾符中与兄程澐起乡兵拒黄巢，保全州县。后任检校国子祭酒兼侍御史、上柱国。见《新安文献志·先贤事略上·本郡·唐》。

③ 按：程珌（1164—1242），休宁汊口人，绍熙四年（1193）进士，官至端明殿学士，封新安郡侯，为名词臣，赠特进少师。《宋史》有传。

④ （明）程敏政辑：《新安文献志》卷四五《晋新安太守程公墓碑》，同上书，第576页。

⑤ （明）程敏政辑：《新安文献志》卷十四《晋新安太守程公墓志》，同上书，第224页。

⑥ （明）程敏政辑：《新安文献志》卷四五《晋新安太守程公墓碑》，同上书，第575页。

⑦ （明）程敏政辑：《新安文献志》卷十四《晋新安太守程公墓志》，《景印文渊阁四库全书》第1375册，台北：台湾商务印书馆，1986年，第224页。

⑧ （清）程有高等修：康熙《新安程氏世忠原录琼公支谱》卷二《复新安太守程府君墓记》，清康熙四十九年（1710）刻本。

⑨ 《新安程氏家乘》中《东晋新安太守元谭公墓图》记载为“洪武经理表字四百九十七号”，但税业均登记由世忠庙缴纳。参考卜永坚：《明清徽州程元谭墓地的纠纷：以〈新安程氏家乘〉为中心》，《徽学》第5卷，2008年，第90页。

四图公正凌瀚业佥，二十五都六图二甲世忠庙。康熙六年清丈伤字二百四十四号地，二百四十步，税八分五厘七毫，土名双石人前，公正二十三都四图吴十朋□郑汝念业佥，二十五都六图二甲世忠庙输粮。”① 这里将程元谭墓地的具体地址、地名、土地清丈字号、四至、范围、税收和输粮等问题交代得十分具体和清楚，这些信息也和之前程氏族人的记载大致吻合。

尽管新安程氏宗族族人众多，“祖墓、祖祠，人之所重也。然保之亦不易哉”。② 由于年代过于久远，后裔迁徙各地，散居四方，即便是“富贵利达者”，“一代若干人，能存心于尊祖保墓者”也寥寥无几，致使祖墓“几近湮没”，自晋至清康熙年之前这一千多年之间，元谭公墓地曾四失又四复得。

元代诗人、建德路总管兼府尹方虚谷 ③ 撰文称宋代程珌“尝按古迹得太守双石之墓，护视之四世矣”，④ 可见，在南宋之前，元谭祖墓便曾遗失过一次，后被程珌按古迹寻得，并维护四世。这在程逢午 ⑤ 所撰《复晋新安太守墓志》中也有同样的记载。此为第一失与第一复得。

元代大德之前“因兵燹而墓地侵于耕牧”⑥ 又遗失了一次，程严十三世孙程自得（深甫）⑦ 于大德元年（1297）九月“归自北方，汛扫汉口先茔”，拜扫忠壮公墓之后，却不见元谭公墓地，认为祖墓可能被不孝子孙所卖，“访求久之，风雨不辍”，后于十二月十七日寻得元谭墓地，但未找到墓道，二十七日在邻

① （清）程有高等修：康熙《新安程氏世忠原录琼公支谱》卷十《东晋新安太守元谭公及夫人徐氏墓图》，清康熙四十九年（1710）刻本。

② （清）程子享：《休宁程氏北山派续编本派源流谱》卷二《墓祠感》，清钞本。

③ 按：方虚谷（1227—1305），又名方回，歙人，宋景定三年（1262）进士，历官知建德府，元初改授建德路总管兼府尹。见《新安文献志·先贤事略上·本郡·元》。程珌去世时，方回已15岁，若《晋新安太守程公墓碑》确为方回所撰，其撰写程珌收回祖墓一事，应为当代人写当代事，当无误。

④ （明）程敏政辑：《新安文献志》卷四五《晋新安太守程公墓碑》，《景印文渊阁四库全书》第1375册，台北：台湾商务印书馆，1986年，第1375—576页。

⑤ 按：程逢午（1236—1303），休宁人，徽庵若庸的侄儿，元贞二年（1296）任紫阳书院山长，仕终海盐州教授。

⑥ （清）程子享：《休宁程氏北山派续编本派源流谱》卷六《源流谱词案》，清钞本。

⑦ 按：程自得，字深甫，汉川程氏十三世祖，曾任江浙太医提举。见程声通：《汉川往事越千年》，合肥：合肥工业大学出版社，2018年，第96页。

地父老的指引下，方才“于深雪中微得其处。又十日过其处，见浮土覆双石上，麦苗芃芃然”。[①] 询问一番，才知已经属于别姓地业，程自得不禁哀叹，感慨万分。乃“访逢午精舍，语以其故”，并动用自身作为朝官的身份进行运作，“白之府公”，同时，召集支下子孙，“不惮冲寒，集里社父老指画疆界，复还旧物”，这才将元谭墓地赎回，并议定由最为靠近墓地的族人程嵷看管守护，“收地所入，岁时展省，世世无替”。[②] 而任职提举的程嵷本人对祖墓一事也甚是热心，他“锐意树表作祠，且给守冢者食，极其心力用成深甫之志”。[③] 程逢午为其所感，撰文将此事前后记载下来，以传后世，让子孙铭记。此为第二失与第二复得。[④]

其后八十二年之间，由于国朝变更，元谭祖墓再次遗失。明洪武十三年（1380）十月，婺源高安派程敬之同其侄“按谱牒，历考先茔”，并自备钱币五百贯，同歙县东关人程仲宁、程士贞、程朝宗等一起将墓地赎回，共一亩，为二百四十步（第一次在文献中明确祖墓禁步，并一直延续至清朝），由世忠庙的守祠庙户（即方氏，后来的荷池派）负责纳粮。之后“遍告槐塘、会里、汊口、祁、黟、绩溪及乐平诸族”，各地子孙“慨然以孝诚相感”，并为此树碑撰文，“自时厥后，休宁裔孙孟翼归自宦途，立石以置于前；河南裔孙璥，以监察御史按部本郡立坊，以表其域”，后裔中有官职、财力者在祖墓前立石树碑，以垂永久。此事由婺源高安后裔程质在一百年后的成化十六年（1480）记载下

---

① （明）程敏政辑：《新安文献志》卷四五《晋新安太守程公墓碑》，《景印文渊阁四库全书》第1375册，台北：台湾商务印书馆，1986年，第576页。

② （明）程敏政辑：《新安文献志》卷十四《晋新安太守程公墓志》，同上书，第224页。

③ （明）程敏政辑：《新安文献志》卷四五《晋新安太守程公墓碑》，同上书，第576页。

④ 按：根据文献记载，元谭祖墓第一失由南宋后期的裔孙程珌寻回，并护视四世，程珌于1242年去世，而第二失又由元初裔孙程自得（程珌侄儿）于1297年寻回，其间仅五十余年，且有程珌子孙维护，按理不应遗失，即便元谭墓再次遗失，也不应有文中描述那般荒凉，草木蓬长，仅见二石人出土半体。故笔者推测文中记载的第一失的时间和人物恐有错讹，或者根本就没有程珌后人对元谭祖墓进行维护。然记载此二失的材料仅见程敏政《新安文献志》所收录的方虚谷所撰《晋新安太守程公墓碑》、程逢午所撰《晋新安太守程公墓志》以及程质《复新安太守程府君墓记》，然而也未见此三篇文章出现在三人其他传世的文献之中。后期编纂的程氏族谱中的相关记载，大多也是因仍《新安文献志》，故无处考证之。

来，并附于族谱中。[①] 此为第三失与第三复得。

第四次便发生于一百年之后的成化年间。据明代程敏政传世文献资料记载，方氏自明洪武初年始为世忠庙庙祝，[②] “依神之居，食神之食，衣神之衣”，[③] 起初并不起眼，只是小族细民，后因长期管理世忠庙产业，占有地理优势，“获专其利”，并可能还积累了一定社会经济基础，为此便希冀名正言顺地霸占程氏产业，同时借此洗脱原本卑贱的身份，跻身大族之列。另外，再加上程氏本族子孙“所居与庙相远，管业不便”[④] 所提供的现实可能，于是，方氏便起了私心，“乃毁庙钟、庙碑，灭其中所纪本末，报丁庙户，冒姓曰程，侵葬盗卖，肆仇于德”，[⑤] 冒充程姓，乘机侵占世忠庙产业田地并盗葬元谭公墓地。然而这一行径很快被程氏族人发觉，成化年间，以程廷章为首的程氏族人将以神祝方文旺为首的方氏族人告到府衙，后因“恐世远人亡，无凭查究”，方、程二姓于成化十九年（1483）四月订立《复世忠庙田地盟书》，方氏虽承认对世忠庙产业并无所有权，然而却可以“照旧在庙，崇奉香火，见存田地租息及各处香钱等项”，[⑥] 程氏并未另召僧道进行管理，对祖先庙产也仅“复其庙田之半”，[⑦] 显然，最后这令人不甚满意的结果透露着有心无力的无奈。

元谭祖墓在一千多年间不断复失又复得，可见，即便是世家大族的祖墓，其维护过程也十分不易。而元谭祖墓在不断被后世子孙寻回的过程中，也不断

---

① （清）程有高等修：康熙《新安程氏世忠原录琼公支谱》卷二《复新安太守程府君墓记》，清康熙四十九年（1710）刻本。

② 按：这在《休宁程氏北山派续编本派源流谱》收录的康熙八年（1669）程氏驳斥荷池派冒用程姓的《保祖书一十二条》中也得到验证，荷池派自称“生家聚族而居，历年已三百矣”，据此推算，时间正为明洪武初年。程氏族人愤愤不平地讽刺道：“其冒姓以来，果是三百年，果止得三百年，此句话不为谎也。”

③ （明）程敏政：《篁墩文集》卷五三《与太守河汾王公文明论世忠庙产书》，《景印文渊阁四库全书》第1253册，台北：台湾商务印书馆，1986年，第1253页。

④ （清）程有高等修：康熙《新安程氏世忠原录琼公支谱》卷二《复世忠庙田地盟书》，清康熙四十九年（1710）刻本。

⑤ （清）程子享：《休宁程氏北山派续编本派源流谱》卷二《墓祠感》，清钞本。

⑥ （清）程有高等修：康熙《新安程氏世忠原录琼公支谱》卷二《复世忠庙田地盟书》，清康熙四十九年（1710）刻本。

⑦ （清）程子享：《休宁程氏北山派续编本派源流谱》卷二《墓祠感》，清钞本。

得到程氏宗族的认同和重视。而明朝方氏对世忠庙业的侵占和元谭祖墓的盗葬依然持续，更是在清康熙七年（1668）至十一年（1672）间，由于盗葬等问题引发了大型宗族诉讼案件。

二、康熙年间元谭祖墓纠纷案具体过程

前文提到负责守墓的庙祝方氏于明季便开始霸占程氏世忠庙业和元谭祖墓产业，方、程二姓因此事，于成化年间发生诉讼官司，但此事并未得到妥善解决，依然存在方氏对元谭墓地进行冒占和盗葬的事实。明嘉靖三年（1524）也曾出现“元谭太守墓被守墓者侵葬，槐塘、长翰山各告理”[①]的情况，据后来情况所显示，本次诉讼也并未扭转局面，更没有取得任何效果。直至清代康熙年间，程氏宗族又整合全族四十四派的所有力量，对方氏进行了新一轮的全面攻击，他们“忿击呈控府、厅、县亲勘，奔号督抚、盐台、藩臬列宪”，[②]希望能夺回祖业。

此案的导火线是康熙八年二月末，新安程氏支派荷池派后裔（实为方氏后裔，冒用程姓）程立贤、程人麟等盗葬元谭祖墓，并以修坟为名，擅自拆毁旧坊，改易墓向，填注私名。此事被新坊派长翰山子孙程士奎、程象文等人发觉，三月初，他们“奔告各派，会集临勘”，众人发现“旧冢尽甃新石，双石古迹、子昂书碑尽已灭毁，将原丙午向改为乾巽向矣。又细踏祖墓禁步之内，则见新冢累累，几无隙壤，皆为荷池立贤、人麟家盗扦矣”。[③]然而，起初面对此事，尽管“群情震骇，众议沸腾”，但槐派父老却为了避免过于兴师动众，只“婉转相闻”，仅仅希望“就事论事而排解之，不过欲其自悟改正原向，窜易僭称并去二名，寓暂安于混同之中而已”。[④]但荷池派并未顾忌槐派等八大派息事宁

---

① （清）程子享:《休宁程氏北山派续编本派源流谱》卷六《保祖书一十二条》，清钞本。

② （清）程有高等修：康熙《新安程氏世忠原录琼公支谱》卷十《东晋新安太守元谭公及夫人徐氏墓图》，清康熙四十九年（1710）刻本。

③ （清）程子享:《休宁程氏北山派续编本派源流谱》卷六《康熙八年程正揆等公启》，清钞本。

④ （清）程子享:《休宁程氏北山派续编本派源流谱》卷六《寓扬州槐塘岑山新屋下派传启》，清钞本。

人的好意，面对他们的绥靖退缩，乃“反出一启而曰公启”，宣称元谭墓地为其“独业”，并“遍送程门”，这一行径彻底激怒了程氏族人。于是，“众推首事长翰山士奎、汊口涛、富溪兆胤、临溪光禋、槐塘锦、塘尾士谦、率口觉先、槐塘有镕、洪田可积、槐塘符台、长翰山士亮各专所司”，[①] 于五月初七至初十日商议四日，讨论如何解决此事，他们汇集所有宗谱，明确世系，寻找荷池派“非我族类”的有力证据。[②] 程氏南北两宗合族连名撰写公启，连列荷池派十条罪状，称立贤、人麟二人乃“无水之源”，却横行霸占名宦之墓，冒宗盗葬，私毁先朝双石名器，擅毁前朝所立旧有墓前牌坊，而从他处强拆旌表节妇坊立于墓前，毁弃名贤手笔碑石，可谓大逆不道，“辱我共祖”。并告之宪台，宣称“总之，无论族非族，冒非冒，而生等之祖墓断断不容奸人侵葬”，希望经此一举，将本族产业如数收回，达到“禁地二百四十步，断断尽要弓丈清还，其所侵葬之坟，无分新堆旧堆，断断尽要起举，追复古迹，毁废私坊，正其罪而诛其奸，断断毋使不共戴天之贼得以漏网而徼免者”[③] 的目的。而当中的其他问题都属皮毛，关键问题则在于“冒宗”与“盗葬”，盗葬更是所有问题的核心，即“冒宗之事小，盗葬之事大”。因为“立贤、人麟虽冒程氏，谱不与通，无辱于我四十四派，故曰冒宗之事小”，而“立贤、人麟之冒宗也，固为盗葬也”。[④] 如果荷池派（即方氏）顺利成为元谭后裔，其好处十分明显且优厚：在社会地位上，他们可以摆脱小姓身份，跻身“有功桑梓”的大族之列；而更直接的便是“程姓”所附带的经济利益，世忠庙和元谭墓地产业中的所有森林、土地资源，方氏都能够以主人的身份分割享受，而非以仆人的身份进行管理，[⑤] 更重要的是，从风水观的角度来说，将族人葬于元谭墓地的吉壤，亦可荫庇后世，福延子孙。

但是荷池派（即方氏）早已今非昔比，虽然今天我们无法得知当时的荷池

---

① （清）程有高等修：康熙《新安程氏世忠原录琼公支谱》卷十《东晋新安太守元谭公及夫人徐氏墓图》，清康熙四十九年（1710）刻本。

② （清）程子享：《休宁程氏北山派续编本派源流谱》卷三《源流谱记事》，清钞本。

③ （清）程子享：《休宁程氏北山派续编本派源流谱》卷六《康熙八年程正揆等公启》，清钞本。

④ （清）程子享：《休宁程氏北山派续编本派源流谱》卷六《保祖书一十二条》，清钞本。

⑤ 参考卜永坚：《休宁程氏明清徽州程元谭墓地的纠纷：以〈新安程氏家乘〉为中心》，《徽学》第5卷，2008年，第90页。

派具体何等兴盛，但是从程氏贬低“立贤不过一访蠹，人麟不过一盐枭”，[①]评论荷池派为“一时之盛”[②]这酸溜溜的口气中可知，荷池派在明清时期，同程氏族人一样，以盐业发家，并培养子弟考取功名。他们早就开始了冒姓的准备，制作了以程元谭为始祖的家谱和世系，而程人麟与族人程立贤几番书信联络商议，凭借三百年来掌控程氏祖产、祭祀程氏祖先的事实，这才于康熙年间，以修坟为名，企图冒姓霸占程氏产业。

由于前期的私下调解未能成功，程氏族人因此走上了诉讼的道路。程氏以程涛等族人为代表，于康熙八年七月十六日，一纸状书将荷池派告到安徽按察使司佟国祯处，佟国祯则将此案件交由军廉高晫会同歙县、休宁县两县勘察，经调查究审，歙县县廉孙继佳于九月向上司军廉高晫报告，全文如下：

程象文告，蒙臬宪佟批送歙县究审，蒙县廉孙审得徽郡程姓皆东晋新安太守元谭公之后裔也。其墓道在土名双石人前，曾葬乙千三百余年，有故明景（泰）年间河南程氏裔孙，名璥者，巡按徽郡，建立墓道之坊，年久倾圮。程立贤以荷花池之支派，今年修坟及坊，亦似不忘其祖者，乃不通商程氏同族，擅于改题署名，又改丙午原向为乾山巽向，则视公众之事为己事耳。好名之过，此实祸基也。是以程象文有急，嚎□宪讨之，控至词称篡宗冒族，其支派源流真伪已久，无从确辩。若毁旧坊，填注私名，擅改原向，卑职亲勘坟坊，果系新修，改向俱实，篡冢则属疑词。但立贤修坟建坊，木本水源之思，未为不善。独不当改丙午原向为乾巽向，又辄改题署名，假公济私之罪，不能为立贤讳也。拟杖，不枉查会审之时，已经军厅拟杖，详在案，法无重科，应否免议。其坟坊原向仍去照旧式更正，将新改名字一切罢去。墓基一亩，计二百四十步，现有世忠庙户历纳税粮，自不应容人扦葬，但荷花池所葬古冢，历年已久，未便更张。嗣后不许再葬，永远遵守，可也。余应免议。缘奉批事理，卑职未敢

① （清）程子享：《休宁程氏北山派续编本派源流谱》卷六《康熙八年程正揆等公启》，清钞本。
② （清）程子享：《休宁程氏北山派续编本派源流谱》卷六《保祖书一十二条》，清钞本。

擅便，伏候宪裁。

康熙八年九月日审[1]

歙县县丞的调查结果显示，荷池派确有新修坟茔、改向易坊、填注私名的犯罪事实，但其言辞之中却透露着对荷池派为程元谭后裔的肯定，他认为“篡冢则属疑词”，认为荷池派不过“好名”而已，且其修坟之举措，实乃“木本水源之思，未为不善”，只是不应以公众之事为一己之事，不应改向篡名。最后，拟判程立贤等人需将墓向改正，私名罢去，仍题旧字，对程立贤拟以杖刑处罚，而荷池派所葬之古冢，则考虑其年久，不宜起迁，规定后世不得再葬而已。军廉高晫递交给按察使司的呈文内容则与歙县县丞所呈拟文大体一致，对程立贤拟以杖刑，而程人麟则称其只知修坟一事，而其他概不知晓，判其免责。安徽省按察使司佟国祯则根据军廉高晫的呈文，于九月二十八日裁定，“依拟发落”。[2]

大约在程氏状告至安徽按察使司的同一时间，他们还状告至徽州府知府处。程氏以程兆胤为首，将《新安统宗世谱》呈上，指出本族派系分明，并无荷池派一脉；而荷池派却也将自己的家谱呈上，并从《新安名族志》中找到证据，称本派“由河西迁东关”，[3]确系程氏后裔，造成真假难辨的局面。这时，地邻郑瑞和则提供了对荷池派有利的证词，指出“每年清明系荷池祀事”。据此，徽州知府曹鼎望在康熙八年十月作出了与按察使司基本一致的审理结果，更倾向于认同荷池派为元谭后裔一事，并反问程氏，荷池派葬祖于元谭墓地四十余冢，“三百余年之久，此何以未有过而问焉者？”但是，他也承认程立贤等人改向易坊、题名等举措，“斯诚不学无术举动”，命荷池派“其向则仍改为丙午向，坊则仍照旧额改题，立贤、人麟二名并速镌去”，而“众冢附葬已久，朽骨宜安，相应免其起举”，“揆之理法，庶几两得其平矣”。并以“事关众墓”

① （清）程子享：《休宁程氏北山派续编本派源流谱》卷六《康熙八年歙县县廉审批文》，清钞本。

② （清）程子享：《休宁程氏北山派续编本派源流谱》卷六《康熙八年程涛等连名具呈》，清钞本。

③ （明）戴廷明、程尚宽等撰，朱万曙、王平等点校：《新安名族志》，合肥：黄山书社，2004年，第37页。

为由，免于立案。[①]

此外，程氏还于康熙八年九月初二日，由族内行盐浙江的盐商程淇、程敏等与生员程美捷等连名上奏至管理两淮盐务、设在扬州的盐漕察院，盐院则议定派遣盐法道石姓官员去往徽州府了解情况，并将此案发至松江分司究审，批文如下：

> 盐法道蒙批：据详，程立贤等冒认千百年来晋守程元谭墓为始祖，犹郭崇韬之泣拜汾阳，无耻已堪破笑。况又从之占地盗葬，是非保祖，乃戕祖也。念经年远，姑免起举，但院案不便具由率复，既在赦前，仰该分司查明犯事月日，另招具详结案，缴。[②]

松江分司“仰体宪台恤商保课，惟是慎重，详加讯质”。直至程氏族人在十月接到徽州知府的裁定结果，他们自然不会满意，但也深知继续控诉，此案怕是也得不到本族想要的完满结果，便退却了一步，不再要求将荷池派所葬坟冢全部起迁，而以荷池派所葬之墓损坏风水为由，向松江分司提出了将荷池派所葬之冢的顶端削平的请求。这实际上也是无奈地承认了荷池派对元谭祖墓盗葬的事实。

而松江分司为了息讼，也允诺了这一请求，在康熙九年（1670）正月二十日拟定“仍改原向，照旧额改题，铲去立贤、人麟二名，是矣其侵葬之冢，念年远，免其起举，特为严禁后侵，而众商公愬以圆堂内凸出多冢，有伤形势，祖灵不安，即不起举，着令少平其堆尖，亦古人墓而不坟之意。庶存殁两宁，相应行歙、休两县取具遵依，而纷纷之讼亦可以息矣。至立贤等毁禁侵葬，本当按律究拟，今奉恩赦，应否。伏候宪裁。其程人麟、郑瑞和未到，照提。另结可也。”[③] 可见，相对于前一年歙县县廉和按察使司所做出的审断结果，本案

① （清）程有高等修：康熙《新安程氏世忠原录琼公支谱》卷十《康熙八年江南徽州府正堂曹审断荷池程立贤等谳语》，清康熙四十九年（1710）刻本。

② （清）程子享：《休宁程氏北山派续编本派源流谱》卷六《盐漕察院批文》，清钞本。

③ （清）程子享：《休宁程氏北山派续编本派源流谱》卷六《两浙盐运司松江分司批文》，清钞本。

至此对程氏宗族来说，也仅仅是再往前推进了一小步，即将荷池派之冢削平。而对于荷池派是否冒宗一事，则依然无法断定。另一方面，程立贤却赶上了好时机，由于“事犯康熙八年十一月二十六日以前”，恰逢国朝恩赦，免于杖刑。

而盐法道石姓官员亲自前往徽州府勘察，得出了以下结论：

蒙盐法道石覆勘，得程立贤等与商人程淇等同徽同姓，据立贤冒称与淇同属一族，然立贤不入氏谱，已涉荒唐，淇等行盐浙地，其祖墓在徽歙邑，墓有石坊、碑表、禁地，历朝年久，子孙世守祭扫，无敢妄动一抔土，不啻柳下季垄，守护特严也。何程立贤、程人麟等乘淇等在外，辄将墓堂墙内侵葬多冢，毁坊改向，无论立贤等非新（按：安太）守程元谭之后，即使果系一本，焉有为人后者，而戕伐其先人衣冠封葬之地？显系贪攘秀穴，不耻冒宗认祖，合应断着起举，加等治罪。姑念年远，且业经江宁本省臬司、该府厅县审结在案，仍照断行，令平去立贤等盗葬堆尖，改仍旧向旧额，铲去立贤、人麟二名，取□歙休两邑，遵依匪第，解纷息讼。而死者有知，亦不致怨恫于九原也。程人麟惧罪，未经到官，立贤法当杖惩。据查，本犯事在赦前，开恩原宥，则出自宪台，非本司所敢擅端也。伏候宪裁。①

据此，盐漕察院于康熙九年正月做出如下批语：

蒙盐漕察院詹、张批，程立贤既冒晋守元谭为祖，何得毁碑灭表，改向易坊？其冒宗盗葬明矣。杖惩不枉，该司即行县改复坊向，清还禁步，嗣后不许侵葬，取遵依库收缴。②

---

① （清）程子享：《休宁程氏北山派续编本派源流谱》卷六《盐法道批文》，清钞本。
② （清）程有高等修：康熙《新安程氏世忠原录琼公支谱》卷十《巡按两浙盐漕察院允详批语》，清康熙四十九年（1710）刻本。

盐法道则于闰二月发文：

蒙盐法道，将程立贤赎银着差追纳外，仍抄招发落。牌仰徽州府经历司呈堂，即将发来抄招一本，查明内开事理，即便遵行歙、休二县。铲名，改复坊向，清还禁步，原题碑记，嗣后不许葬复，并平冢堆，各具遵依，二套并提，照提犯人程人麟、郑瑞和，一并解道，以凭转解盐院施行。速速。康熙九年闰二月日行。①

很明显，盐法道石姓官员和盐漕察院詹姓、张姓二御史并未像之前其他所有审理此案的官员一样，无法辨别荷池派到底是否为程元谭后裔，或更加倾向于认同其为程氏族人，而是断定程立贤既然敢毁碑易坊、盗葬禁地，那他必然不是程氏后裔，其冒宗盗葬的罪名确立无疑。这是本案在性质上发生的一大重要跃进，但是在事实上依旧姑念旧冢远久，免于起迁。可见，即便是在护墓意识十分浓厚的徽州地区，已经安葬入土却系盗葬的坟冢，从朝廷官员至民间群众也并没有认为其必须强行起迁，而是有着厚重的安土重迁的观念。程氏族人深知祖墓被盗葬四十余冢，然而也并没有采取私自起举的激烈行为，而是首先通过民间调解来解决，调解不成，这才通过官府诉讼的途径以解决问题，这说明当时徽州民众已经有了比较明晰的法治意识，这与徽州地区自古文风昌盛也不无关系。

然而，此案并没有随着盐法道和盐院所审理的结果而顺利解决，直至康熙十年（1671）正月，仍见安徽巡抚一件批文：

程立贤改标墓坊，肇□于始。程象文因不附己名，发难于后。分派攻击，构讼不已。徽俗险健，殊可痛恨。本应重究，姑依拟示儆，即将墓坊铲去，奕世为光，及程立贤、程人麟之名并干巽向，字样仍书“东晋新安太守程公墓”。嗣后如有违抗不遵，再启讼端者，定行

① （清）程子享：《休宁程氏北山派续编本派源流谱》卷六《康熙九年闰二月盐法道审断文》，清钞本。

题参，从重究治。[①]

可能是荷池派又举出了一些力证，使得本案局面又发生了逆转，安徽巡抚的这件文案中已不再提及程立贤冒宗盗葬和将荷池派冢堆削平之事，对荷池派的惩处又回到了康熙八年歙县县丞断案的起点处。

因此，程氏族人动用全族的人脉，并将时任京官的族人程万里请回，希望能借助其政治身份扭转局面，使得此案达到高潮。康熙十年十一月二十一日，程氏以程万里为首，一直将本案告至时任两江总督麻勒吉处，这件涉及面甚广的大型祖墓纠纷案才基本落下了帷幕。程万里惟恐其回京之后，荷池派依旧我行我素，于是请求树立碑石，以杜后患。麻勒吉应其请求，于康熙十一年十一月二十六日树立禁碑，全文如下：

江南总督部院碑

总督部院麻为遵宪，改正祖墓向坊，恳祈存案，永□先茔事。康熙十年十一月二十一日，据正白旗□□□阿思哈哈番管法衣丹尼大事，加一级程万里呈前事，内称家始祖东晋新安太守程元谭之墓，历祀千有余禩。于康熙八年，祸遭冒族奸豪程立贤、程人麟等凭陵凶逞，擅于谕葬禁步之内侵葬四十三冢，又将墓门丙午原向改干巽之方，拆毁古坊，僭名私建，无非以伪□真，□顾弁，髦法纪。屡经告理，院司列宪□残案存先□幸□县已定，照旧严参。奈职守所羁弗获，躬行改正，幸蒙恩假归祀，旋赴抚宪呈明，复同本府勘明原向坊址，即将卢墓亲行改正，其于盗葬诸冢，悉体泽枯仁政，寸土未锄。乡论舆情，莫不允宜称快。诚恐职回京邸，□恶怙终。伏乞垂慈，保祖深情，金批发府存案，庶孽流知儆，永固先茔。激切具呈等因到部院，据此合行查明立案。为此仰该府官吏照牌事理，即将本官所呈该府勘明，情

① （清）程有高等修：康熙《新安程氏世忠原录琼公支谱》卷十《安徽巡抚部院张大老爷批详》，清康熙四十九年（1710）刻本。

节具报，以凭查核，立案施行，须至牌者。

康熙十一年十一月二十六日[①]

从碑文来看，即便是由任朝廷大臣的程万里上告总督部院，最后的审断结果也仅仅是改复墓向，恢复旧坊而已。而对于削平冢堆等事，则一概未提。虽确认了程立贤等人“冒宗盗葬”，然而对其盗葬的四十三冢，则“寸土未锄”，程氏自我安慰道，本族这一“宽容”态度，赢得了四乡八邻的普遍好评，在舆论上略胜一筹。试问，赢得舆论与负了祖宗，孰轻孰重乎？尽管此案仍有一些后续发展，荷池派刊行自己的族谱，造成“伪谱混同，纷纷遍市”的局面，而程氏又告至徽州知府处，并于康熙二十七年（1688）七月树立“禁伪谱碑”，[②]等等。但是关于盗葬元谭祖墓的纠纷问题则在这里基本走向尾声。

纵观本案，虽然控诉时间仅四年，然而波及面极广。对程氏宗族来说，横向则动员了本族四十四派与各地后裔，纵向则有本族各界人士参与，如行盐浙江的盐商、徽州本土缙绅以及任职京城的朝臣等；而对于审理机构来说，本案确如《程氏世忠原录琼公支谱》中所言一般，不仅有府、厅、县各级官员亲勘，还上告至督抚、盐台、藩臬各级府衙，场面甚是壮观。尽管今天我们无法看到荷池派方面的相关文书，但是最后他们能保住安葬于元谭墓地的四十余冢岿然不动，可见他们必然也动用了全部的人力和物力。徽商在其中推波助澜的作用也使得本案更加复杂化。

表面上，程氏宗族面临的是保护祖墓与维护宗族血缘纯洁性的双重问题，并为此付出了种种努力；而荷池派冒充程氏、盗葬的目的则更为明显，即为了摆脱“细民”的卑贱身份，且觊觎程氏产业，贪图吉壤。他们不惜冒着违犯国法的风险进行盗葬，也反映了堪舆的盛行以及徽人对于家族祖墓风水的重视。而在这背后所呈现出来的则是明清时期，特别是进入清代以后宗法关系的松弛

① （清）程有高等修：康熙《新安程氏世忠原录琼公支谱》卷十《江南总督部院碑》，清康熙四十九年（1710）刻本。

② （清）程有高等修：康熙《新安程氏世忠原录琼公支谱》卷十《禁伪谱碑文》，清康熙四十九年（1710）刻本。

和新一轮的重组，程氏宗族在此过程中，以维护祖墓为旗帜，以清理谱系为契机，将原本松散的宗族组织重新整合，并以此加强宗族的凝聚力和向心力，而纠纷案本身则只是古代社会晚期地方宗族组织进行自我修复和调整的一种外在表达方式。也正是由于宗族统合的强化，使得本案的影响力日益扩大。另外，由于清代人口的扩张，使得徽州地区集约山地型地域开发达到了极限，各个宗族组织之间围绕有限的土地资源展开了激烈的竞争。

三、明清时期徽州地区盗葬纠纷的基本解决程序

明清时期，徽州地区的民众发生纠纷时，民间调解是首要的解决途径，调解不成则告至官府。一般来说，明代徽州发生“民间细故”时，首先于宗族内部进行调息或以里老人以及后来的乡约、保甲为处理纠纷的主要负责人进行第三方调处，如若在这一阶段不能解决问题，当事人则会向知县或知府起诉，诉状由里长等或原告本人向县衙呈送。县衙受理诉讼之后，即作出明确批示，拘传被告和人证，并下帖里老人等进行勘实。如果诉讼一方对县衙最后的裁定不满意，还可以向府衙申诉。其中，若是案件涉及两县或两县以上的管辖权，则可径直由府衙处理。对府衙判决不服者，可上诉至省级受理机构，如若省级审理单位依旧不能解决问题，案件则可能诉至京城。直至清代，由于地方基层审理制度的衰落，纠纷中少有里老和约保等地方人员的参与，地方官直接审理的诉讼案件日渐增多。基本程序还是在地方官受理案件之后，发给各种差役令状，让他们在当地乡役的协助下，进行事实调查和实地取证，并传唤诉讼当事人和相关人员，或执行逮捕等事宜。[①]（如图 1）明清两朝，在整个诉讼过程中，解决纠纷的主要原则还是以调解为主、判决为

① 参考卞利：《明代徽州的民事纠纷与民事诉讼》，《历史研究》2000 年第 1 期。[日] 中岛乐章：《明代乡村纠纷与秩序》，南京：江苏人民出版社，2010 年，第 191 页。金仙憓：《从祁门县“谢氏诉讼”看明代中期徽州的诉讼处理和里老》，《上海师范大学学报》（哲学社会科学版）2005 年第 4 期。郑小春：《里老人与明代乡里纷争的解决：以徽州为中心》，《中国农史》2009 年第 4 期。郑小春：《清代的基层司法审判实践：苏氏诉讼案所见》，《清史研究》2012 年第 2 期。阿风：《明清徽州诉讼文书研究》，上海：上海古籍出版社，2016 年。

辅，可见地方调解人员在解决纠纷案中的重要性，这也有着其现实的合理性。正如袁守定所言："乡党耳目之下，必得其情；州县案牍之间，未必尽得其情。是以在民所处，较在官所断为更允矣。"[①] 政府官员往往对地方民情不甚了解，更多地需要借助地方调解人员的力量以促进案件的审断和积极发展。

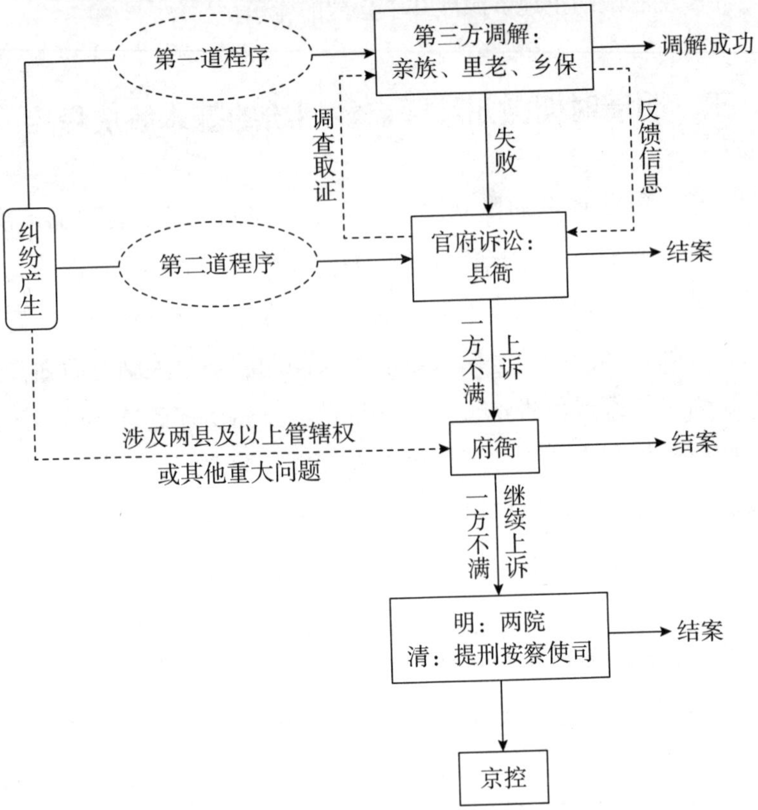

图 1

而盗葬问题，按律应当属于民事诉讼，一般来说，首先应由处理民间纠纷的第一道司法程序，即由亲族或里老、里甲、乡保等基层组织进行调停。明清时期，地方官府对此类民事诉讼一般也都极力倡导诉讼双方庭外息讼和解。一

① （清）袁守定：《听讼》，（清）徐栋辑：《牧令书》卷十七，清道光二十八年（1848）刊本，第 19 页 a。

方面，可以避免由于官府诉讼而对诉讼双方所造成的经济压力，有利于建立良好的基层社会环境；另一方面，对国家来说，可以减少官府的社会治理成本，减少不必要的法律执行成本，降低社会和人力等各种资源的浪费，甚至对基层官员来说，更少的诉讼案对其任职考评也大为有利。在今天我们所能见到的徽州地区关于处理盗葬问题的文书中也能看到这种第三方调停的案例，如明万历三十二年（1604），祁门方氏后裔将方家墓林卖与叶氏，其后仍有方氏族人扦葬于此地，叶氏知晓，预备告官，后方氏“身知理亏，托凭亲邻劝谕，叶贤等念此地是身祖卖出，情义为重，如免起夆外，自愿谢醮以谢贤等气忿”，① 最后在第三方（即亲邻）调停的情况下，以方氏立文谢醮收尾。清乾隆年间，祁门王氏祖墓禁地被不法之辈私卖与黄孟三，导致族外盗葬，原本“合众公议，闻官治罪”，但最后“蒙中劝谕，孟三自知理亏”，② 双方订立文约，问题得以解决。清光绪十八年（1892）祁门磻溪陈氏祖墓附近山业被倪氏私葬一穴，陈氏因此邀同倪氏登山查看理论，然而倪氏态度较为强硬，陈氏“情不得已，特托中曹礼三、郑殿邦、倪正南等地保，倪敦德复行向理，伊依然执拗不遵”，陈氏“三祠人等不得不情迫，公议立约派列出身之人眼同书押，鸣官究治，伸雪祖冤”。③ 由于民间第三方调处失败，迫于无奈，受损一方这才诉讼至官府。

如果受害方认为事态较为严重，非一般民间调停可以解决，极有可能直接诉讼至官府，特别是在第三方调停制度陷入低靡的清代。很多民间合同文约显示，有清一代，属于前文所提及的恶意盗葬，则大多直接在官府诉讼。如康熙二十二年（1683）祁门程氏祖墓被族恶“持势盗葬，占山惊冢”，因此“二大房立文齐心，鸣官理法，所有盘费饭食，照股均出”，④ 并据此订立合约，誓要讨回公道。又如乾隆十六年（1751），歙县江氏宗族考虑风水因素，将祖墓迁葬吉地，而族内有支丁竟敢伴祖盗葬，因此“本家大小深为切齿，痛恨无休。若不严行，非被占此，各业难存，以此本家廿一房公议鸣公……斩关伐祖之

① 刘伯山主编：《徽州文书》第二辑第2册，桂林：广西师范大学出版社，2006年，第294页。
② 刘伯山主编：《徽州文书》第二辑第1册，桂林：广西师范大学出版社，2006年，第40页。
③ 刘伯山主编：《徽州文书》第五辑第2册，桂林：广西师范大学出版社，2015年，第373页。
④ 刘伯山主编：《徽州文书》第一辑第6册，桂林：广西师范大学出版社，2004年，第409页。

仇，不共戴天，冤不能伸，万不依息”，[①] 此等不共戴天之仇，并未经由族内调息，而直接告至官府。而盗葬者是族外者，则毫无例外需要将祖墓所在山业取回，让祖宗得以安宁；盗葬者若是族内支丁者，则不仅要鸣官处治，本族还要对盗葬者以不孝罪论处，逐出祠外，不再保障其在族内的利益。更有甚者，安庆枞阳麻溪姚氏在其家法中的第一条便明确规定：“盗葬祖茔者，是与子孙殴祖父同罪矣。鸣官押扦并请治以死罪。”[②] 可见民间对于此事愤恨之态度。一般诉讼审理程序，具体可以前文中康熙年间的程元谭墓地盗葬案为例，程氏宗族解决纠纷的第一步即是选择民间调解，调解失败后，这才走上了诉讼之路。由于本案涉及的程氏宗族族人遍布各地，而且元谭公祖墓乃千年太守之墓，事关重大，因此，程氏族人直接将荷池派告至省级的提刑按察使司处，并同时告至徽州知府处，安徽按察使司将此案交由军廉和歙、休两县联合调查，最后由歙县县丞拟文上奏至军廉处，军廉再据此上奏至提刑按察使司处。由于程氏宗族对歙县县丞所作出的判断不满，于是又凭借族人盐商的身份，将荷池派告至盐漕察院，盐院又将此案下派至盐法道调查，并由松江分司审理，最后盐院根据盐法道的调查结果作出判文。然而，这一审断并未让双方满意，此案又被呈送至安徽巡抚处，程氏对巡抚作出的审断依旧不满，最终，双方将此案打到两江总督处（如图 2）。可见，除了一般审理案件的司法机构之外，根据案件的特殊性，还有盐漕察院等其他相关的部门参与审理纠纷案。

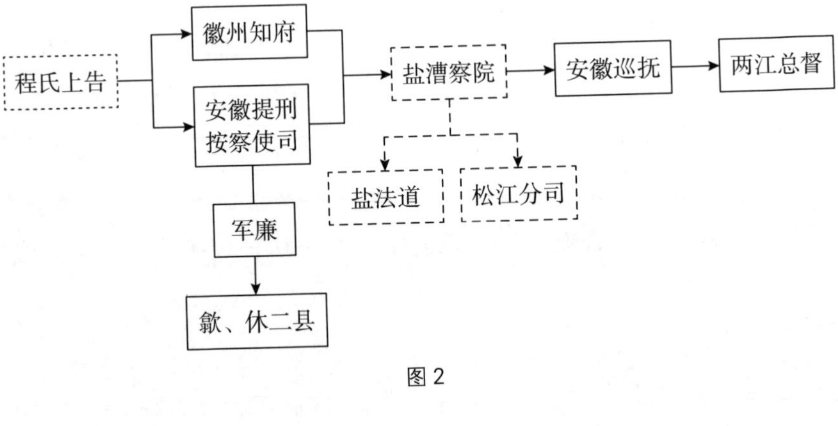

图 2

① 刘伯山主编：《徽州文书》第三辑第 3 册，桂林：广西师范大学出版社，2009 年，第 515 页。

② 《安徽桐城麻溪姚氏宗谱 · 序目》，民国十年（1921）木活字本。

总之，明清时期徽州地区的盗葬现象虽有违国法和民俗，但却因为各种因素而普遍存在。它既因为盗葬问题本身的特殊性而呈现着自身独有的特点，又和其他各种民间问题交叉相连，使得盗葬问题尤为复杂。而今，我们可以从各类徽州文书中略知一二，探讨这一问题，将有助于进一步深化我们对徽州地方民俗的了解。

新见清代滦州孟氏契约文书整理

赵士第*

2018年1月初，河北省唐山市滦南县大孟庄村村民孟繁开在拆祖屋时，从旧瓷瓶中发现祖上所留契约文书。经笔者整理，这批文书共有68份，时间断限自清嘉庆五年（1800）到公元1980年，其中清代51份、民国11份、新中国成立后6份，形式上分为官契（又称红契）、白契、收帖三类，内容上包括土地买卖、土地抵押、家产分配等。文书为竖行自右而左书写，用字繁简混杂，因书写者知识水平有限，还有不少错别字，文书纸张规格不一，材质为棉纸。除手写白契外，尚有清代至民国官方执照8张，盖有官方大印，新中国成立后土地房产所有证2张，印有滦南县人民政府印章，还有一定数量的当时私人堂号的收帖（具体内容详见附表）。滦南县清代属直隶省永平府滦州，位于京东地区。这批契约文书数量较多，出自一家且大部分保存完整，对研究当地历史、农村财产交易、地价变动等有一定的参考价值，现笔者试图整理清代部分保存完整契约，以备日后研究。

滦州孟氏契约主要是由土地契约、房屋契约、分家契约及其他四部分构成。以下进行分类整理。

一、土地契约

土地契约包括土地买卖契、租契、当契、押契等。

* 赵士第，东北师范大学历史文化学院硕士生。

（一）土地买卖契

土地买卖契是指土地交易中，交易双方订立的土地所有权或使用权转移的一种凭证。孟氏契约共有土地买卖契 19 张。

契约一：

立过契人王廷芸，因乏用，今将本身所种之地一段贰亩半，坐落龙道口，情愿过与孟登进名下承种，言明过价钱壹百捌拾贰吊整，其钱笔下交完。自过之后，地主讲明原有借租拾九年，年分共钱十吊，一并过与孟姓，租价由孟姓封纳，与王姓无干，恐后无凭，立过契存照。

每亩租钱二百

嘉庆二十三年十一月初五日立契

中人：张锡立

书契人：王廷董

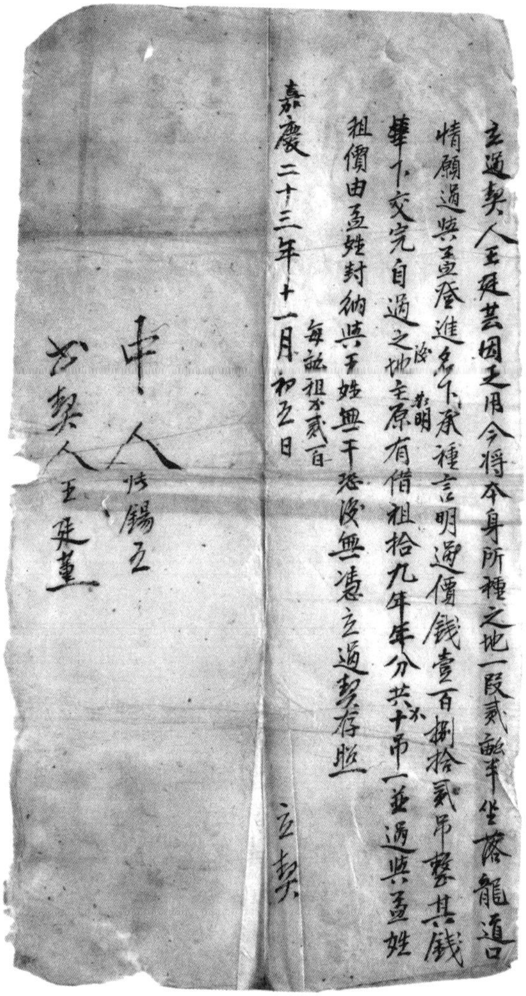
立過契人王廷芸因乏用今將本身所種之地一段貳畝半坐落龍道口
情願過與孟登進名下承種言明過價錢壹百捌拾貳吊整其錢
筆下交完自過之後地主講明原有借租拾九年年分共錢十吊一並過與孟姓
租價由孟姓封納與王姓無干恐後無憑立過契存照
每畝租錢貳百
嘉慶二十三年十一月初五日
立契
中人 張錫立
書契人 王廷董

契约二：

立过契人王廷献，因正用，今将本身白地一段壹亩，坐落孟家庄南，情愿过与孟登进名下永远□种，言明过价钱陆拾贰吊整，其钱笔交足，自□之后，孟姓出租种地与王姓无干，恐后无凭，立过契存照。

四至特列于后：

东至道，西至道，南□□廷献，北至孟登进

道光元年十二月十日立过契

此地笼［垄］八个

中见代笔人：王□芝

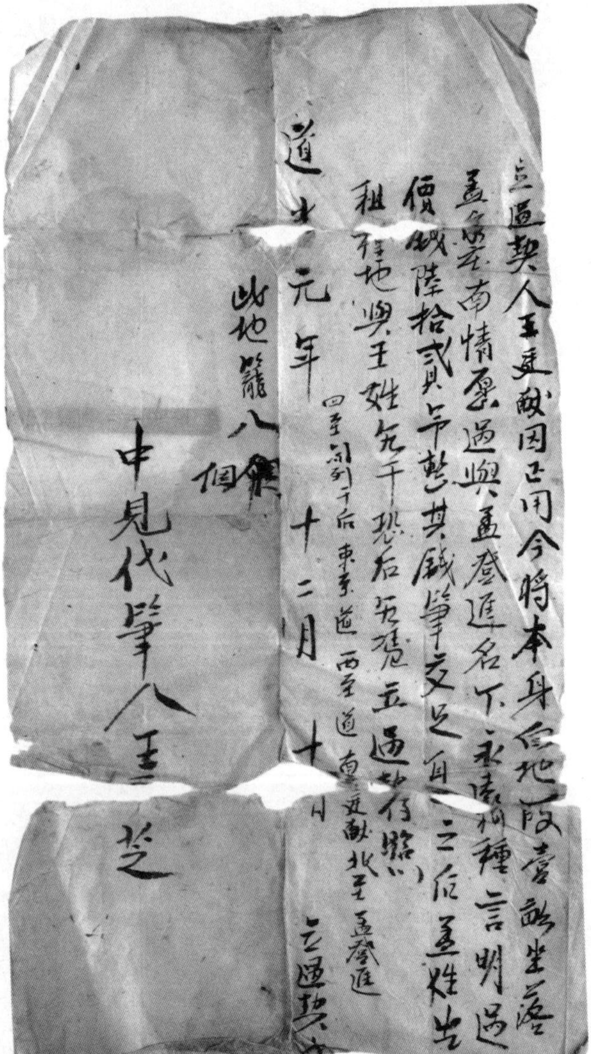

契约三：

立过契人张国安，因正用，今将自种本身之地壹亩半，情愿过与孟之焕名下永远承种，言明过价钱壹佰吊零拾式吊整，其钱笔下交完。自过地之后，孟姓出租种地〔不〕与张姓无干，二家情愿，并不反悔，恐后无凭，立过契存照。

北至张照太，南至张立成，东至清河沿，西至道

大清道光十四年十一月十六日立过契

张国安立过契字

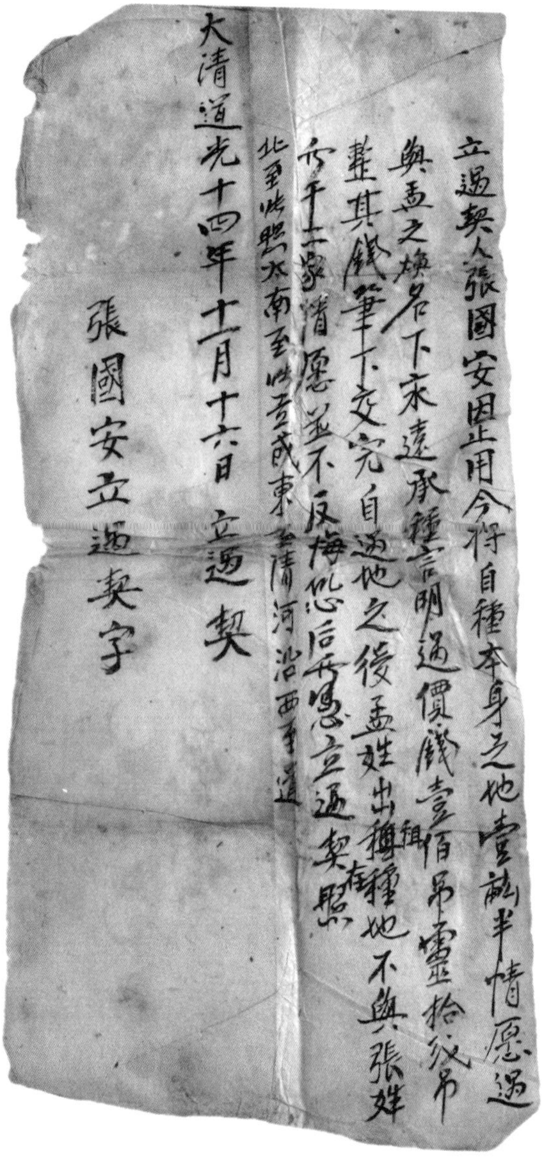
立過契人張國安因正用今將自種本身之地壹畝半情願過
與孟之煥名下永遠承種言明過價錢壹佰吊零拾弍吊
整其錢筆下交完自過地之後孟姓出租種地不與張姓
無干二家情願並不反悔恐后無憑立過契存照
北至張照太南至張立成東至清河沿西至道
大清道光十四年十一月十六日立過契
張國安立過契字

契约四：

立过契人张立成，因正用，□将本身白地一段亩半，情愿过与孟际印名下荆［耕］种，言明过价钱壹百叁拾吊整，其钱笔下交完。从过之后，与孟姓自变［便］，不与张姓相干，恐口无凭，立过契存照。

道光□五年九月十五□

代笔人：王祥

中人：张禄

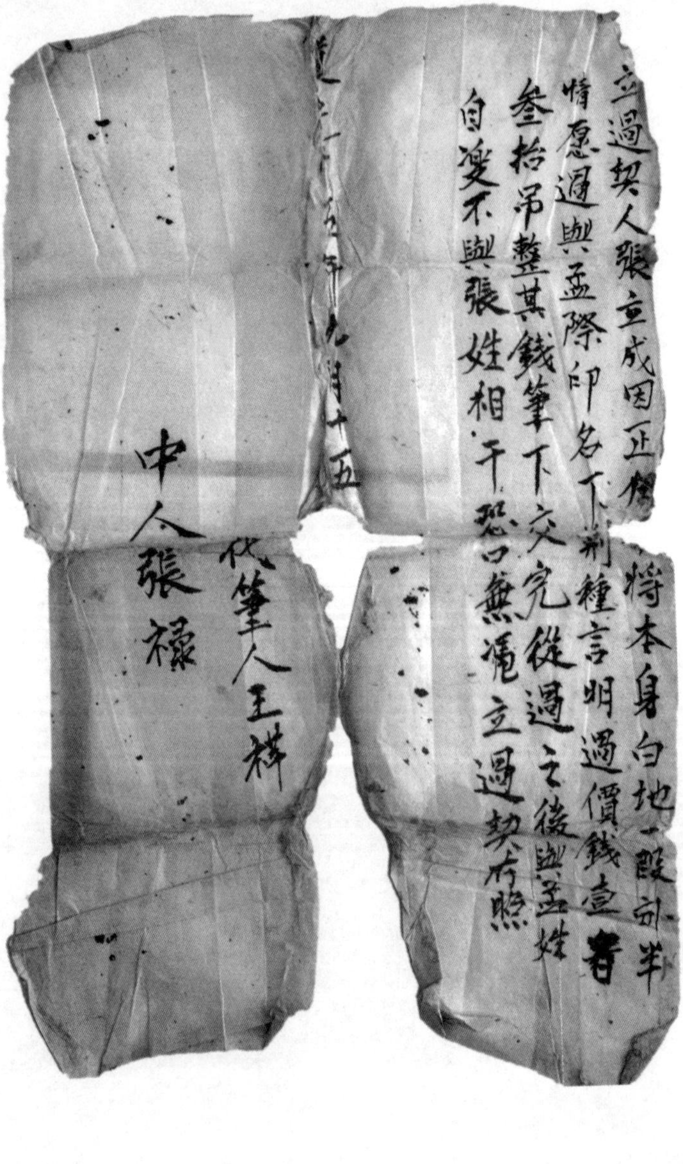

契约五：

立过契人李永清，因正用，今将本身白地一段贰亩叁分整，言明过价钱贰佰陆拾陆吊整，情愿过与孟际印名下永远为业。自过之后，与李姓无干，由孟姓自辨［便］，恐后无凭，立过契存照。

北至孟际元，南至高姓，东西至道

道光十六年十一月初二日立

中人：张法、孟之宝、孟典

书契人：孟之德

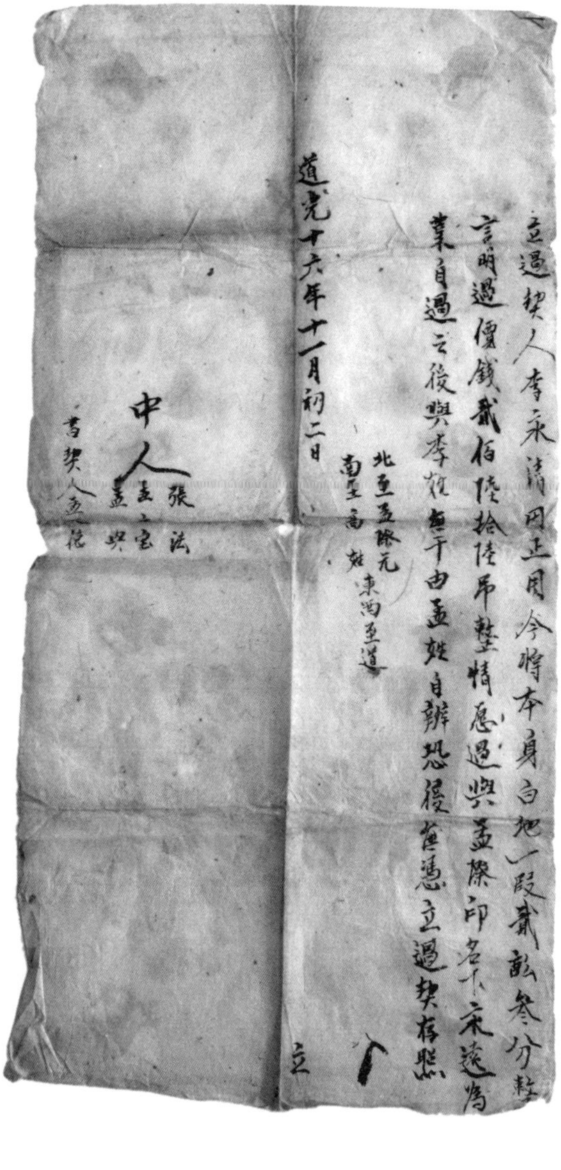
立過契人李永清因正用今將本身白地一段貳畝叁分整
言明過價錢貳佰陸拾陸吊整情愿過與孟際印名下永遠爲
業自過之後與李姓無干由孟姓自辦恐後無憑立過契存照
北至孟際元
南至高姓 東西至道
道光十六年十一月初二日 立
中人 張法 孟之宝 孟典
書契人孟之德

契约六：

立过契人王文彩，因正用，今将自种地一段壹亩肆分，情愿过于［与］孟际印名下，言明过价钱壹佰贰拾伍吊整，其钱笔下交完。自过之后，于［与］王姓无干，由孟际印自便，恐后无凭，立过契存照。

四至坐落孟家庄东清河岸，东至河，南至张姓，西至道，北至张姓

道光廿三年十贰月初三日立过契

中人：孟玿、张法

代笔人：贾□印

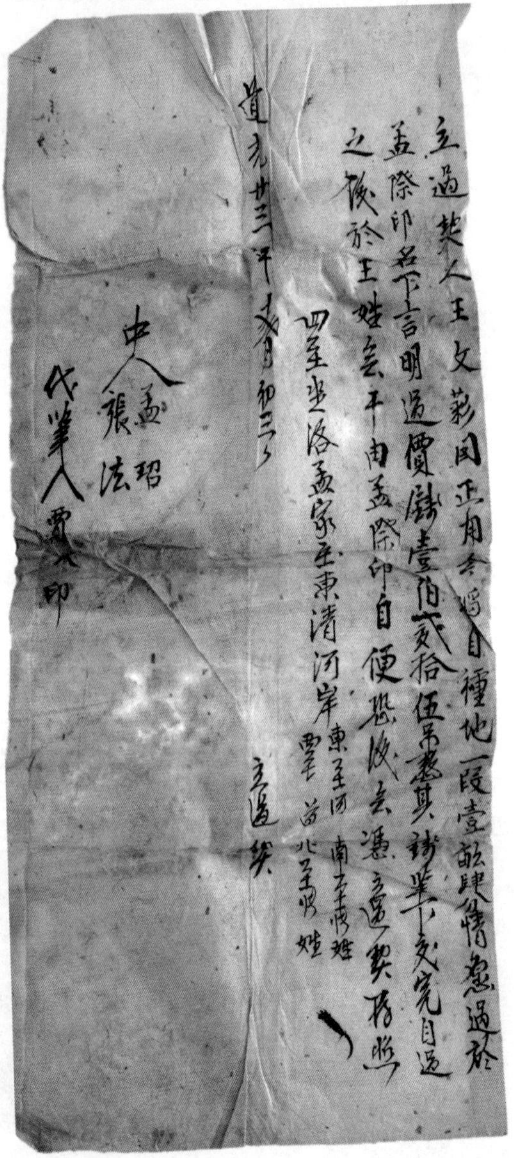

立過契人王文彩因正用今將自種地一段壹畝肆分情愿過於
孟際印名下言明過價錢壹佰貳拾伍吊整其錢筆下交完自過
之後於王姓無干由孟際印自便恐後無憑立過契存照
四至坐落孟家庄東清河岸 東至河 南至張姓 西至道 北至張姓
道光廿三年十貳月初三日 立過契
中人 孟玿 張法
代筆人 賈□印

契约七：

立过契人高玉君，因正用，今将本身承种白地一段壹分零五厘，同中说合，情愿过与孟际印名下永远为业。言明过价滦钱贰拾叁吊壹佰整，钱笔下交完，自过之后，由孟姓自便，不与高姓相干，恐后无凭，立过契存照。

道光式拾肆年式月式拾捌日立过契

四至：东孟家坟，西李姓，南高姓，北孟家坟

中保人：李杰、张禄、孟珠

书契人：邱云步

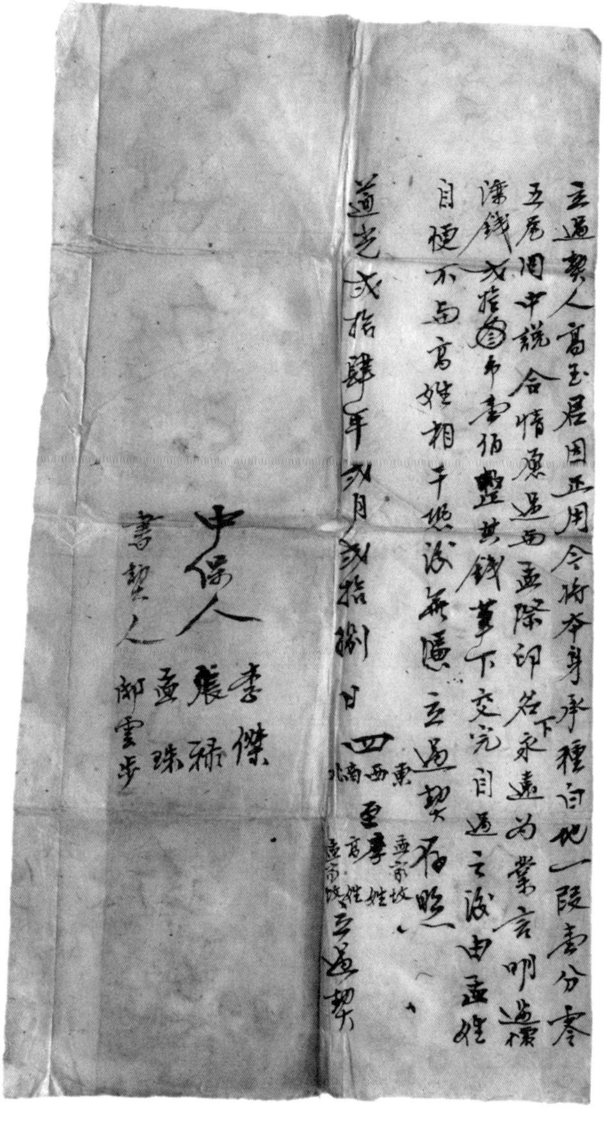

契约八：

立过契人孟克己，因正用，今将□□自种白地壹段壹亩壹分三整，同中人说合，情愿过与孟际印名下承□。言明过价钱伍拾伍吊整，其钱笔下交完，自过之后，有孟际印出租种地，不与孟克己相干。二家情愿，永不反悔，恐口无凭，立过契存照。

咸丰元年拾壹月廿五日

坐落庄北陈家坟

中人：王淑正、王泰

四至：东道，西道，南孟姓，北孟姓

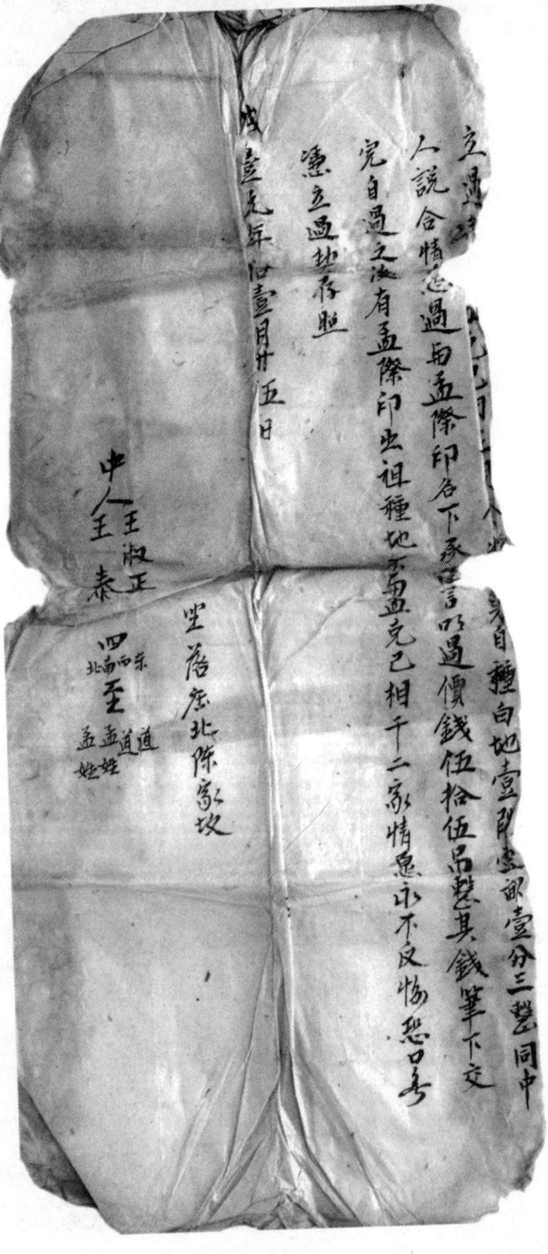

契约九：

立过契人孟克念，因正用，今将本身自种之地壹段壹亩壹分叁，坐落孟家北陈家坟，同中说合，情愿过与孟际印名下耕种永远为业。言明过价滦钱伍拾柒吊整，其钱笔下交完，自过之后，地租有之主所出，与去主无干，式家情愿，各无反悔，恐后无凭，立过契存照。

咸丰四年拾月廿式日立过契

计开四至：南至孟姓，东道，西至道，北本主

中人：孟际顺，代笔人：孟克实

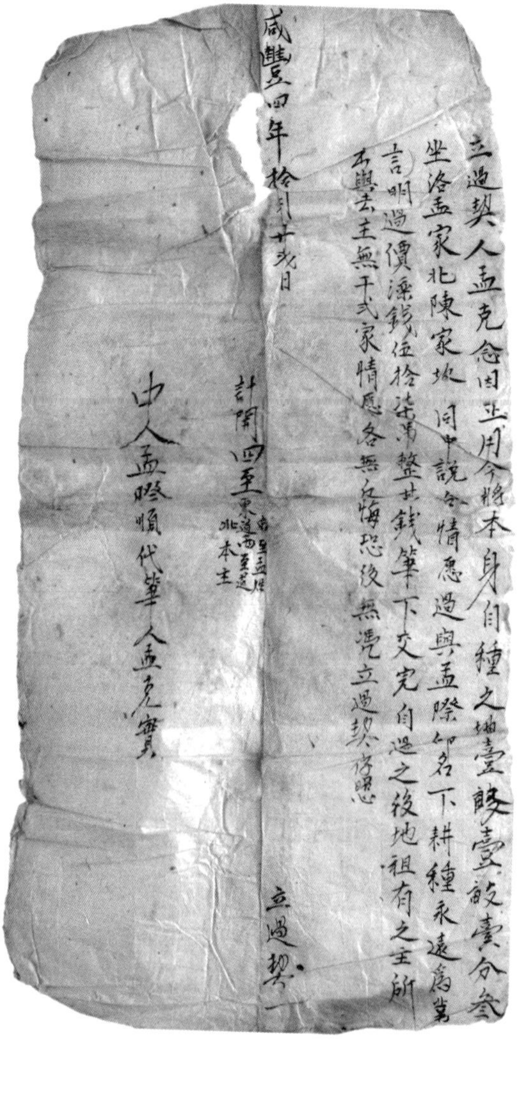
立過契人孟克念因正用今將本身自種之地壹段壹畝壹分叁
坐洛孟家北陳家坟同中說合情愿過與孟際印名下耕種永遠爲業
言明過價灤錢伍拾柒吊整其錢筆下交完自過之後地租有之主所
出與去主無干式家情愿各無反悔恐後無憑立過契存照
咸豐四年拾月廿式日
立過契
計開四至 南至孟姓 東道 西至道 北本主
中人孟際順 代筆人孟克實

契约十：

立过契人邱君用，因正用，今将本白地壹段四亩，坐落庄西，同中说合，情愿过于［与］孟际印名下耕种永远为业。言明过价滦钱叁佰弍拾吊整，其钱笔下交完。自过之后，由孟姓出租种地，不于［与］邱姓相干。恐后无凭，立过契存照。

咸丰八年十月十七日立过契

四至：东至孟姓，西至河，南至河，北至道

中人：孟克实、孟克恭（代笔）

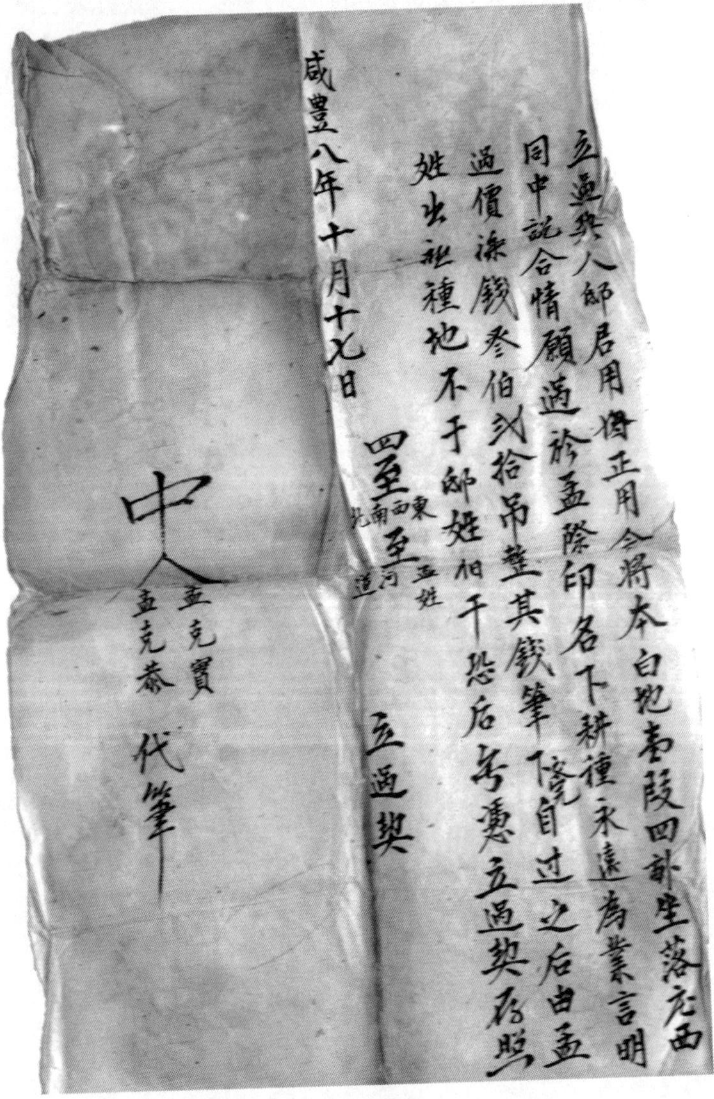
立過契人邱君用因正用今將本白地壹段四畝坐落庄西
同中說合情願過於孟際印名下耕種永遠為業言明
過價滦錢叁伯弍拾吊整其錢筆下交完自过之后由孟
姓出租種地不于邱姓相干恐后無憑立過契存照
咸豐八年十月十七日
四至 東至孟姓 西至河 南至河 北至道
立過契
中人 孟克實 孟克恭 代筆

契约十一：

立过契人孟之聪，因正□，今将本身自种之地一段五亩，又一段弍亩半，坐落孟家坟东西，同中言明，情愿过与孟际印名下承种。言明过价钱伍佰壹拾壹吊整，其钱笔下交完，并不短少。自过之后，并无反悔。如有反悔者，有中人一面承管，恐后无凭，立过契为证。

咸丰十年九月廿八日立过契

孟家坟西弍亩半四至：北至王姓，南至贾姓，西至道，东至道

孟家坟东五亩：北至道，南至本主，东至刘姓，西至刘姓

中保人：孟际坤

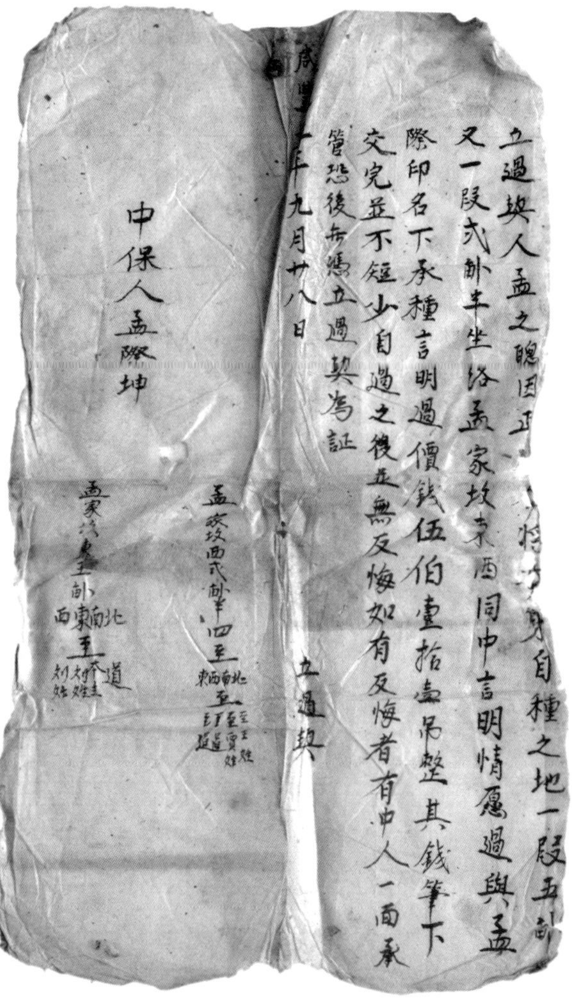
立過契人孟之聰因正□今將本身自種之地一段五畝又一段弍畝半坐落孟家坟東西同中言明情願過與孟際印名下承種言明過價錢伍佰壹拾壹吊整其錢筆下交完並不短少自過之後並無反悔如有反悔者有中人一面承管恐後無憑立過契為証

咸豐十年九月廿八日 立過契

孟家坟西弍畝半四至 北至王姓 南至賈姓 西至道 東至道

孟家坟東五畝 北至道 南至本主 東至刘姓 西至刘姓

中保人孟際坤

契约十二：

立过契人张云庆，因正用，今将本身自种白地一段壹亩半，坐落庄北，四至开后，同中说合，情愿过与孟际印名下耕种，永远为业。言明过价滦钱弍佰肆拾吊整，其钱笔下交完，并不短少。自过之后，有孟姓封租自便，与张姓无干，此系二家情愿，恐后无凭，立过存照。

同治弍年拾壹月拾七日立契

四至：东至桩［庄］头，西至兑［对］地，南至张姓，北至孟姓

中人：孟际平

张开第书契

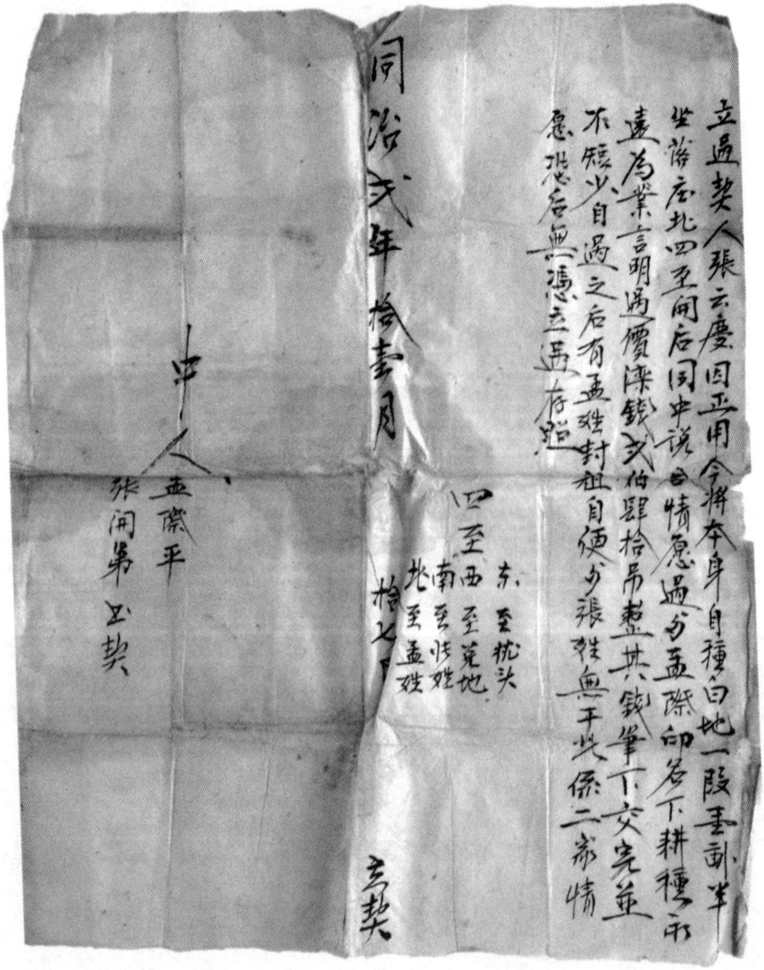
立過契人張云慶因正用今將本身自種白地一段壹畝半
坐落庄北四至開後同中說合情愿過与孟際印名下耕種永
遠為業言明過價滦錢弍佰肆拾吊整其錢筆下交完並
不短少自過之後有孟姓封租自便与張姓無干此係二家情
愿恐後無凭立過存照
同治弍年拾壹月拾七日 立契
四至 東至桩头 西至兑地 南至張姓 北至孟姓
中人 孟際平
張開第书契

契约十三：

立过契人张兆栢，□□□□□□□□□。落庄南，仝［同］中情愿过于［与］孟际印名下耕种。言明过价□壹佰四十吊整，其钱笔下交完。自过之后，并无反悔，恐口无凭，立过契存照。

四至：东至对地，西至道，南至孟姓，北至顺地

同治弍年十月十八日立过契

中人：张禄

代笔：王祥

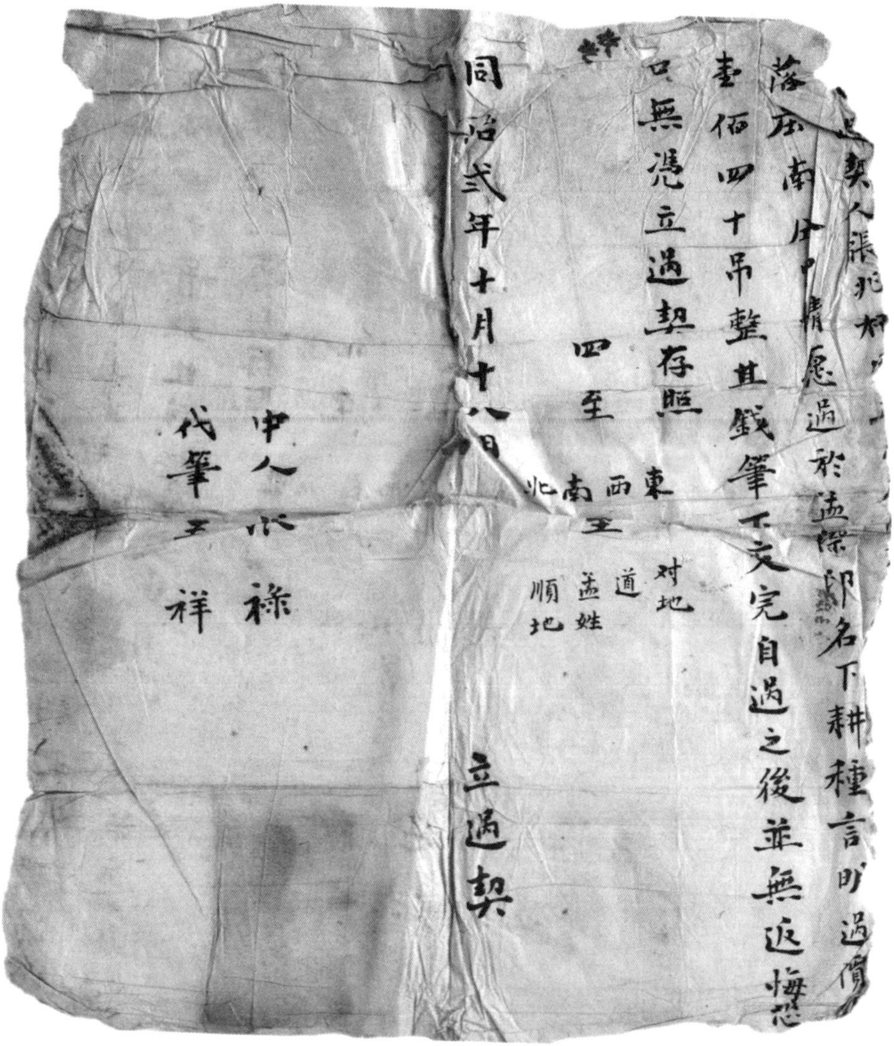
契人張兆栢
落庄南仝中情愿過於孟際印名下耕種言明過價
壹佰四十吊整其錢筆下交完自過之後並無返悔恐
口無凭立過契存照
四至 東至对地 西至道 南至孟姓 北至順地
同治弍年十月十八日 立過契
中人張祿
代筆王祥

契约十四：

立过契人张兆栢，因正用，今将本身白地一段捌分地整坐落庄南，同中人情愿过于［与］孟际印名下耕种。言明过价钱柒拾吊整，其钱笔下交完。自过之后，并无反悔，恐口无凭，立过契存照。

同治贰年十月十八日立过契

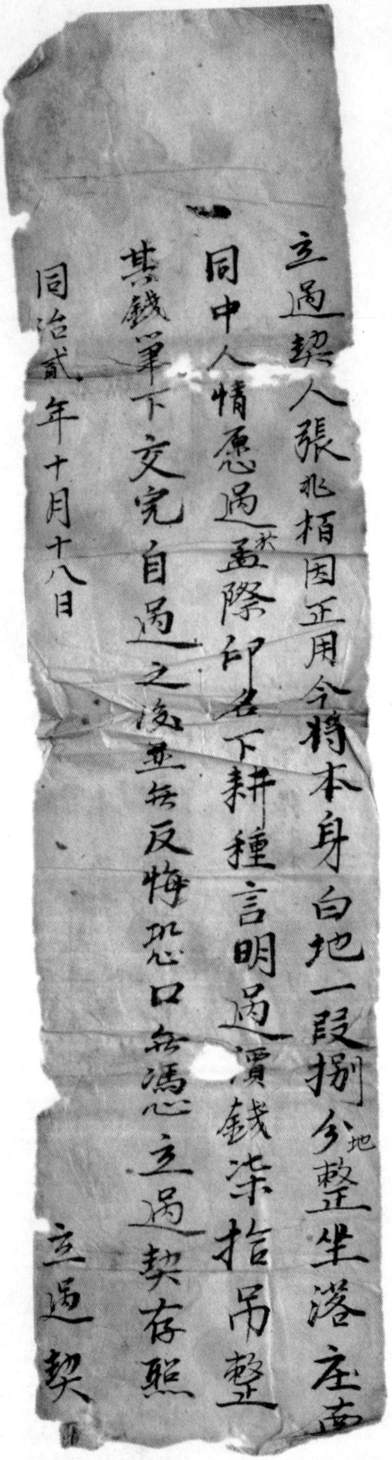
立過契人張兆栢因正用今將本身白地一段捌分地整坐落庄南
同中人情愿過於孟際印名下耕種言明過價錢柒拾吊整
其錢筆下交完自過之後並無反悔恐口無憑立過契存照
同治貳年十月十八日 立過契

契约十五：

立过契人孟际芳，因正用，今将本身白地一段壹亩坐落庄南孟家坟，情愿过与孟际印名下永远为业。言明过价滦钱壹佰壹拾吊整，其钱笔下交完，并不短少，贰家情愿，永无反悔，出租种地，恐后无凭，立过契存照。

同治捌年拾月贰拾伍日立过契

孟际芳亲笔无中

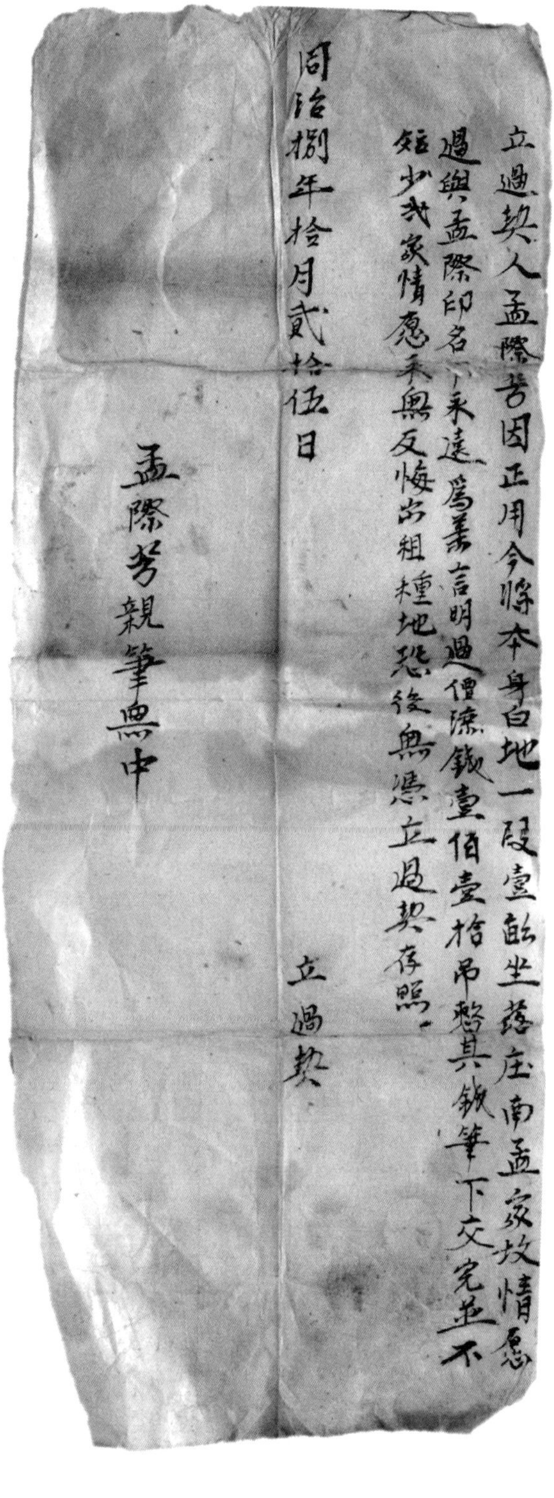
立過契人孟際芳因正用今將本身白地一段壹畝坐落庄南孟家坟情愿
過與孟際印名下永遠爲業言明過價灤錢壹佰壹拾吊整其錢筆下交完並不
短少弍家情愿永無反悔出租種地恐後無憑立過契存照
同治捌年拾月貳拾伍日 立過契
孟際芳親筆無中

契约十六：

立过契人孟际全，因正用，今将本身白地一段壹亩半坐落窑西，同中说合，情愿过与孟际印名下耕种，永远为业。言明过价滦钱式百肆拾吊整，其钱笔下交完，并不短少。自过之后，永不反悔，如有反悔者有中人一面承管。孟际印出租种地与孟际全无干，恐后无凭，立过契存照。

四至：东至窑炕，西至顺地，南至高姓，北至贾姓

同治拾贰年九月初一日立过契

中人孟际芳代笔

立過契人孟際全因正用今將本身白地一段壹畝半坐落
窑西同中說合情愿過與孟際印名下耕種永遠為業言明
過價滦錢貳百肆拾吊整其錢筆下交完並不短少自過之後
永不反悔如有反悔者有中人一面承管孟際印出租種地與孟際
全無干恐後無憑立過契存照
四至 東至窑炕 西至順地 南至高姓 北至賈姓
同治拾貳年九月初一日 立過契
中人孟際芳代筆

契约十七：

立过契人贾殿有，因正用，今将本身白地壹□□□□坐落瑶［窑］西，四至开后，同中说合，情愿过与孟际印名下耕种，言明过价滦钱玖拾吊整，其钱交完无欠，恐口无凭，立过契存照。

四至：东至对头，西至到［道］，北至高姓，南至主

光绪伍年十一月廿八日　立过契人贾殿有

中人：刘君正、贾殿文、宁炳文（代笔）（后皆有押）

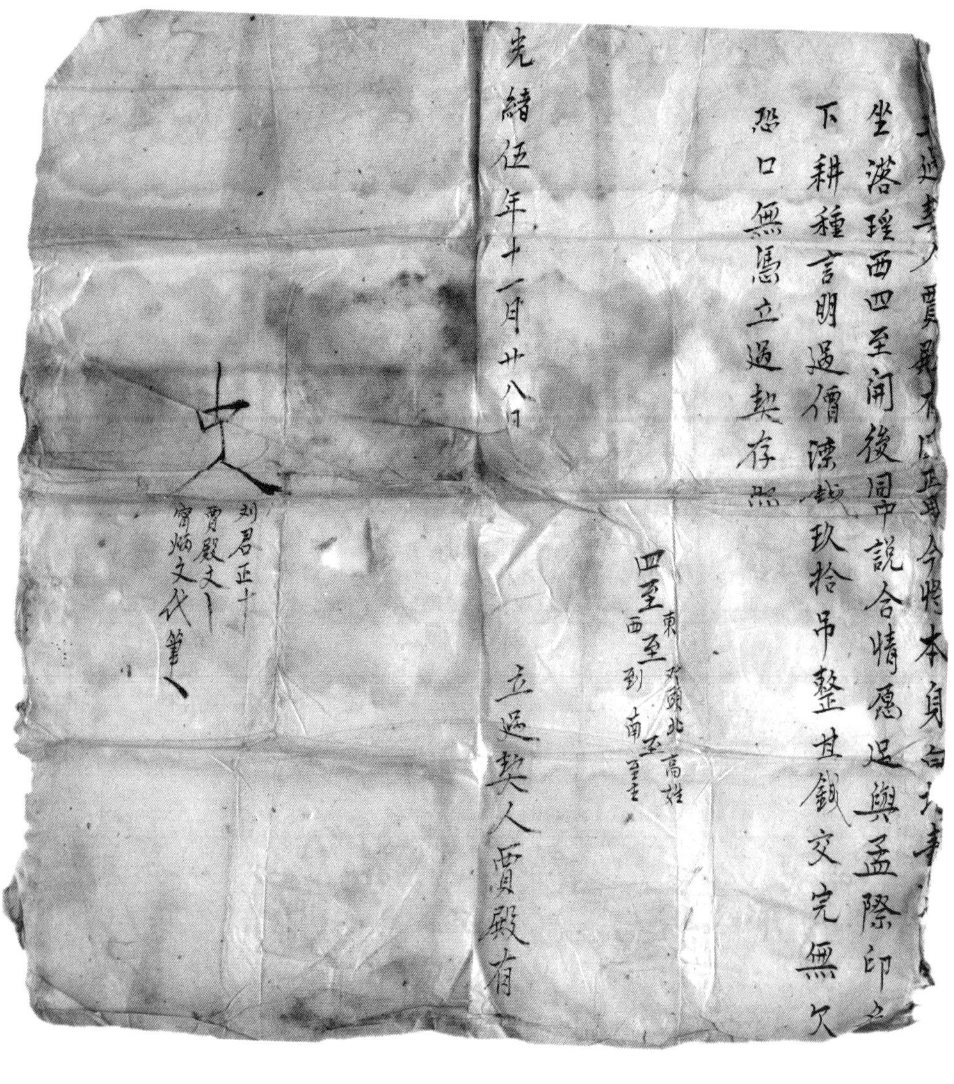

契约十八：

立过契人孟增、孟瑛、孟琮、孟琴，因正用，今将本身白地一段贰亩柒分六厘，长四拾六丈、宽叁丈六尺，东头又地一段半亩，坐落庄西北龙道口，同中情愿过与孟克均名下耕种为业。言明过价滦钱壹佰贰拾五吊整，其钱笔下交完不欠。自过之后，由□□□便，不与去主相干，此系二家情愿，各无反悔，恐后无凭，立契存照。

四至：北至高姓，南至孟姓，西至对地，东至香火地

光绪卅二年十一月廿□日　立契：孟增、孟瑛、孟琮、孟琴

□□：孟克礼、邸立人、张苍、孟克荣、孟攻玉（代笔）

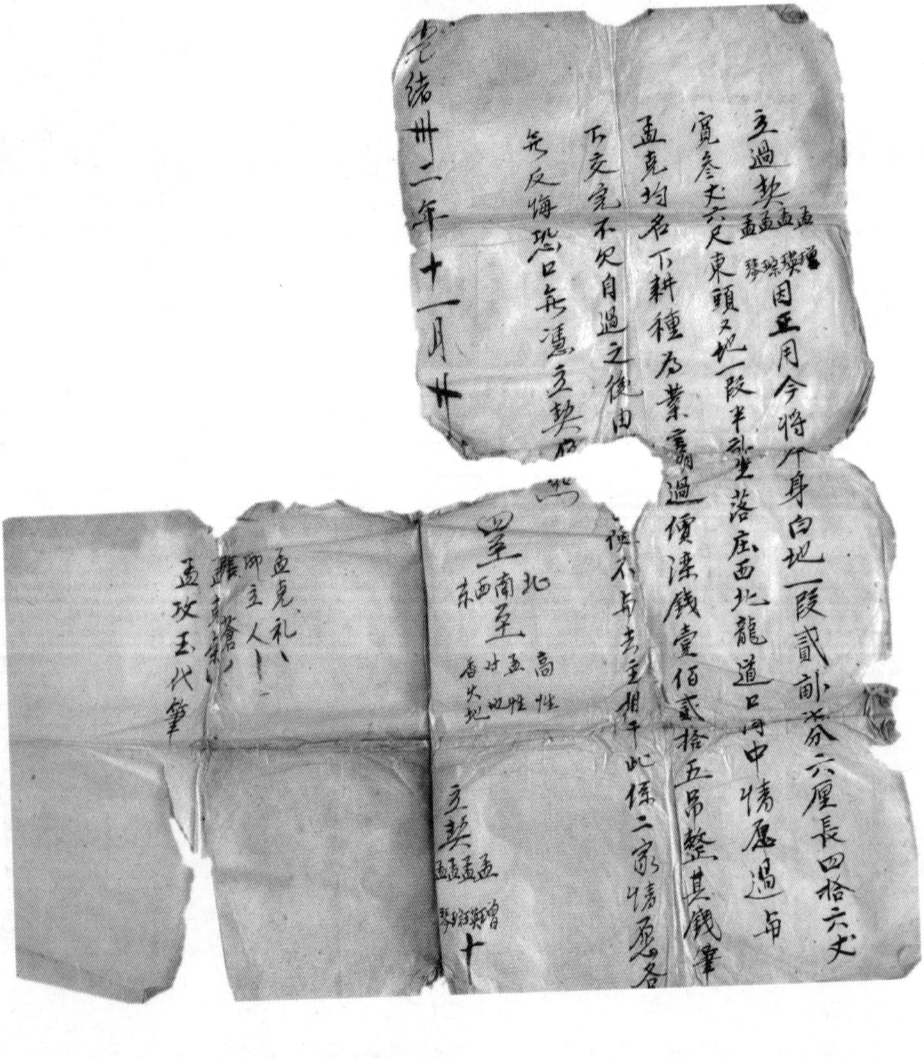

契约十九：

红契

二区三所大孟庄孟克均

立过契人孟增、孟瑛、孟琮、孟琴，因正用，今将本身白地一段一亩叁分，长叁拾柒丈五寸、宽壹丈捌尺五寸，同中人说合，情愿过与孟克均名下耕种，永远为业。言明过价滦钱壹佰叁拾吊整，其钱笔下交清不欠，自过之后，由置主自便，不与去主相干，二家情愿，并不反悔，恐口无凭，立契存照。

坐落庄南，四至：北至道，南至横地，西至孟琴，东至孟瑛

光绪卅二年十一月廿八日　立契：孟增、孟瑛、孟琮、孟琴

中人：孟克礼、邸立人、张苍、孟克荣、孟攻玉（代笔）

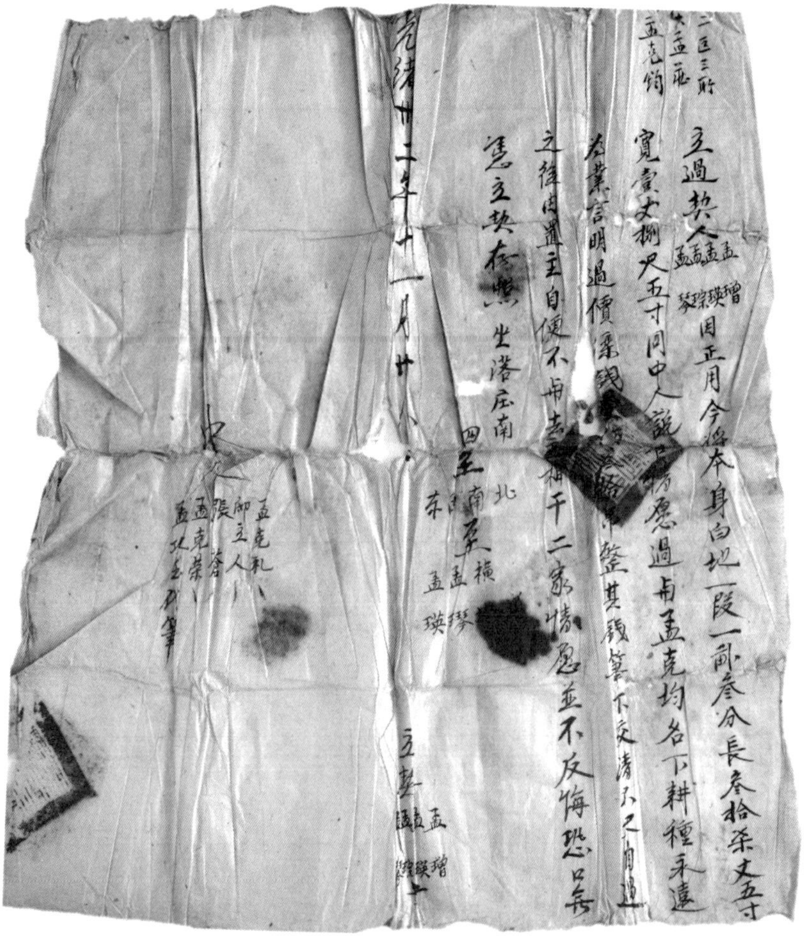

（二）其他地契

在孟氏地契中，除了买卖契，还有租契、当契、押契和借契，这些契约多数与旗地有关，共有七张。

租契：

立押租契人正蓝旗恒康佐领下圣保，今指地三亩押借到郎玉现名下，钱二拾六千六百七十文整。言明□押拾年不动，按年仍交现租钱二吊四百七十文整。自成契之后，永不许地主增租转佃，如若收地自种，地户即将押租钱按年拨算种地，押租完结方许收地，若地户抗租不交，地主亦将押租钱退还，另行转佃。□系二家情愿，并无反悔，恐后无凭，立字为证。

嘉庆五年三月初三日立字

嘉庆十五年十一月初五日找押租一年钱弍吊四百文

天理执照

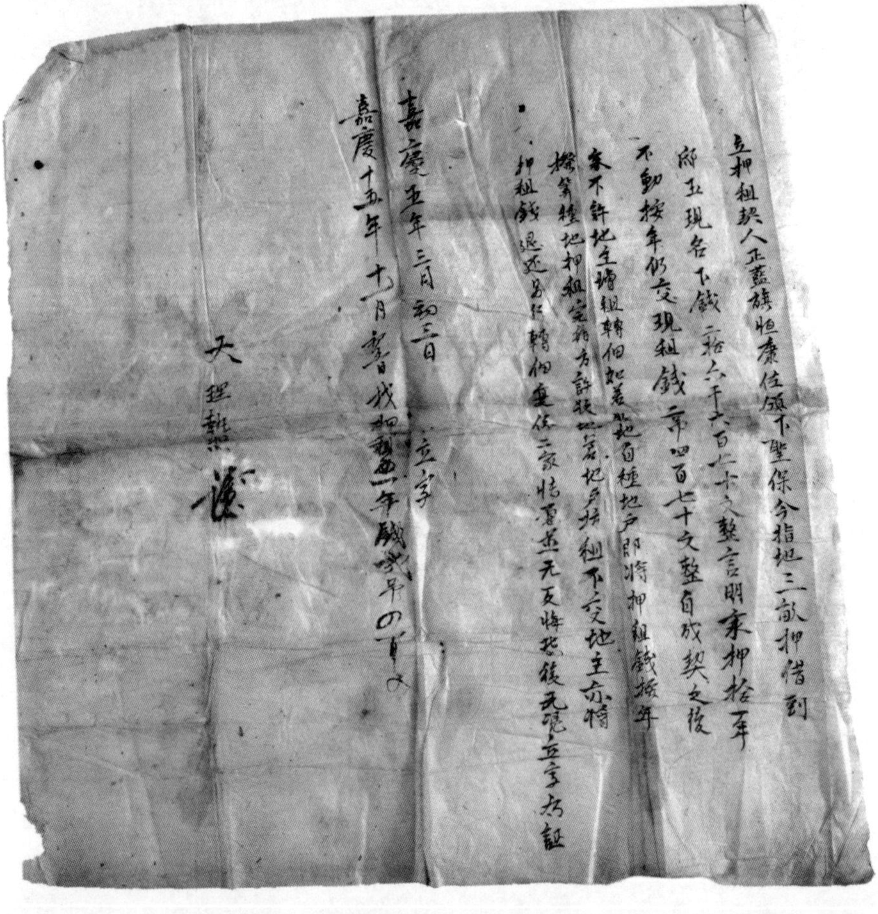

押契三：

红契

立押契人正蓝旗满洲富谦佐领下庆禄，因有养家地壹段叁亩，坐落孟家庄东，向系老佃户孟际印名下承种，今奉慈命下屯，同中人押到孟际印名下，滦钱柒吊贰佰文，此钱作为老押不动，言明按年出现租钱壹吊捌佰文，两家议定，永不许增租转佃，亦不许拖欠不交，言明盖房、使士、栽树、安茔，由佃户自便，恐后无凭，立押契存照。

咸丰八年十一月初六日　立契人庆禄（后有满文签名）

中人：刘德成、刘永孚

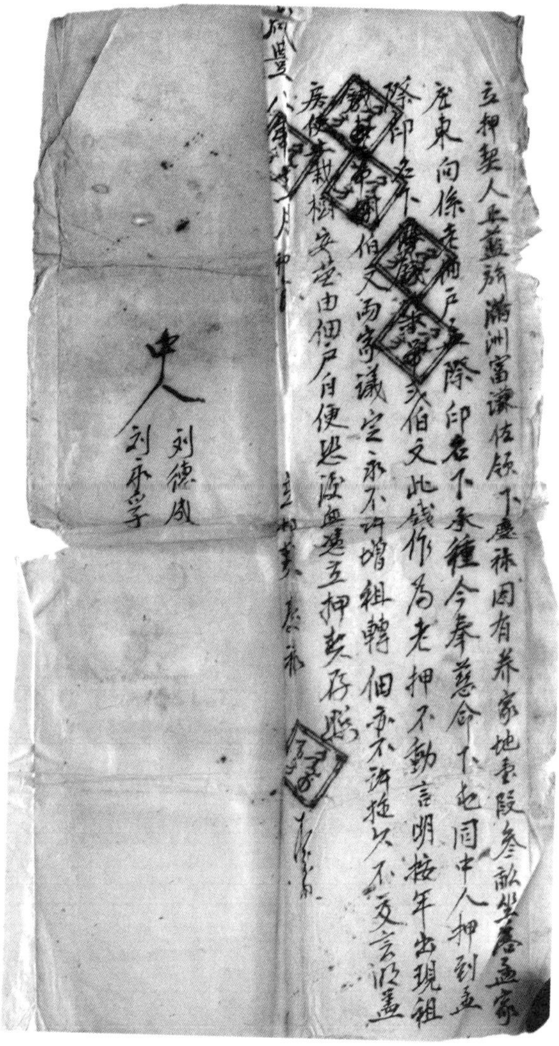

借契：

立借契人鲁廷梅，因有□，置旗地壹段柒亩陆分五厘，坐落孟家庄东，向系佃户孟际印承种，□年通共出现钱贰拾壹吊叁百八十文，今同中借到孟际印名下，滦钱玖□肆拾五吊陆百文，笔下交完不欠，自借之后，言明以此地租钱丁补利息，日后将借钱归还佃户，仍照旧出租种地。恐后无凭，立契存照。

四至：东至清河，西至大道，南至孟，北至高姓

同治十二年十一月初六日　立契人鲁廷梅

中人：王奉琛、孟泰菴、鲁棠、鲁宗周、张顺、张浩、王荫堂（代笔）（后皆有押）

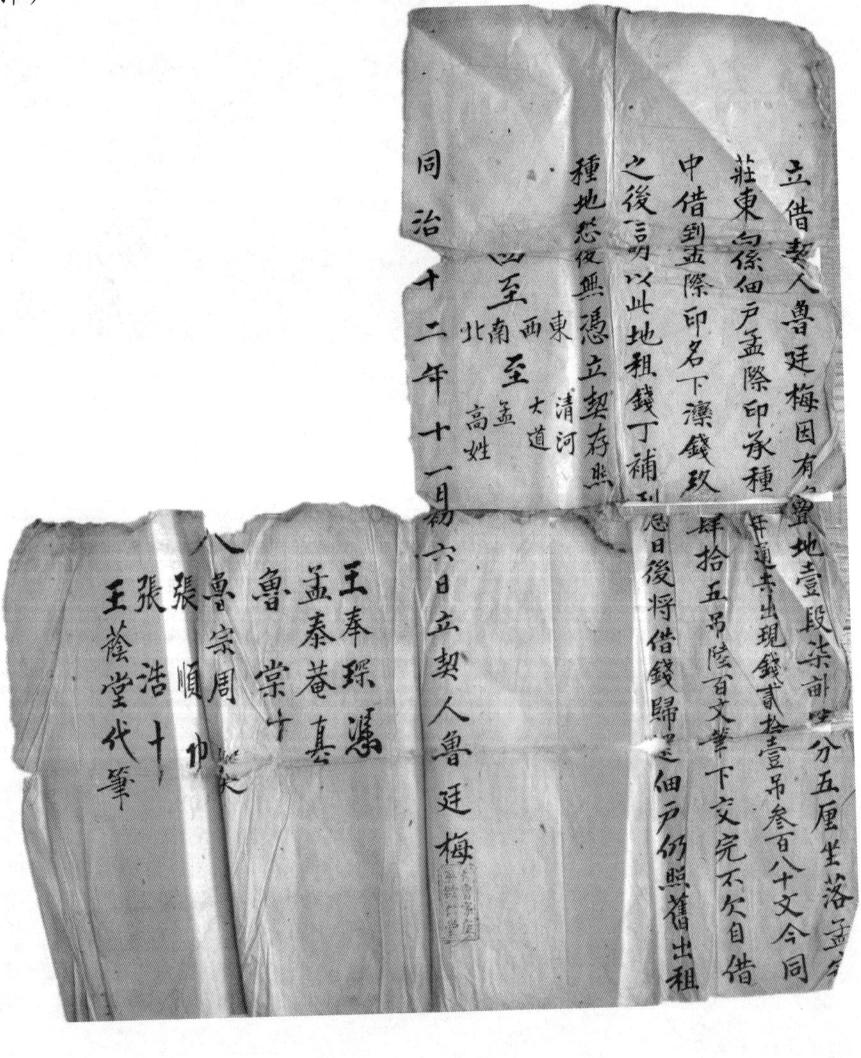
立借契人魯廷梅因有□置地壹段柒畝陸分五厘坐落孟家
莊東向係佃戶孟際印承種□年通共出現錢貳拾壹吊叁百八十文今同
中借到孟際印名下灤錢玖□肆拾五吊陸百文筆下交完不欠自借
之後言明以此地租錢丁補利息日後將借錢歸還佃戶仍照舊出租
種地恐後無憑立契存照
四至 東至清河 西至大道 南至孟 北至高姓
同治十二年十一月初六日立契人魯廷梅
中人 王奉琛 孟泰菴 魯棠 魯宗周 張順 張浩 王蔭堂代筆

二、房屋契约

房屋买卖契约文书是一种广为流传的私文书，同时又是房地产权力转移的法律文书，它体现的是封建法典、国家政令对实际生活中的法权关系的概括和规范。[①]孟氏契约中房契数量较少，只有四张。从格式上来看，与清代流行的房契书写格式并无差距，与土地契约一样，包括立契人、出卖的原因、房屋情况介绍（四至、面积、数量等）、房屋（房地）价格、支付方式、担保及违约事项、代笔人（书契人）、中人、年份日期等。

契约一：

立永远卖契人孟之聪，因正用，今将祖遗庄窠北壹段，北宽壹□零五寸，南宽壹丈零□寸，长五丈叁□五寸，又有南头中节庄窠□段长贰丈贰尺五寸、宽贰丈捌尺。同中言明，情愿卖与胞侄孟际印，永远为业。言明卖家肆佰叁拾吊整，其钱笔下交完。自卖之后，由孟际印盖房居住自便，日后盖房均□地节九寸，立为伙山，永无反悔，如有反悔者罚银五十两，恐后无凭，立卖契存照。

计开四至：北壹段：东至本主，西至孟之才，南至孟之至，北至迎面墙

道光□玖年拾贰月拾陆日

书契□□

中人：孟之本、孟之定、孟之正、王淑泽、张连铎、张焯、贾玉玺、孟际然、张法、孟际宇

① 张小林：《清代北京城区房契研究》，北京：中国社会科学出版社，2000年，第11页。

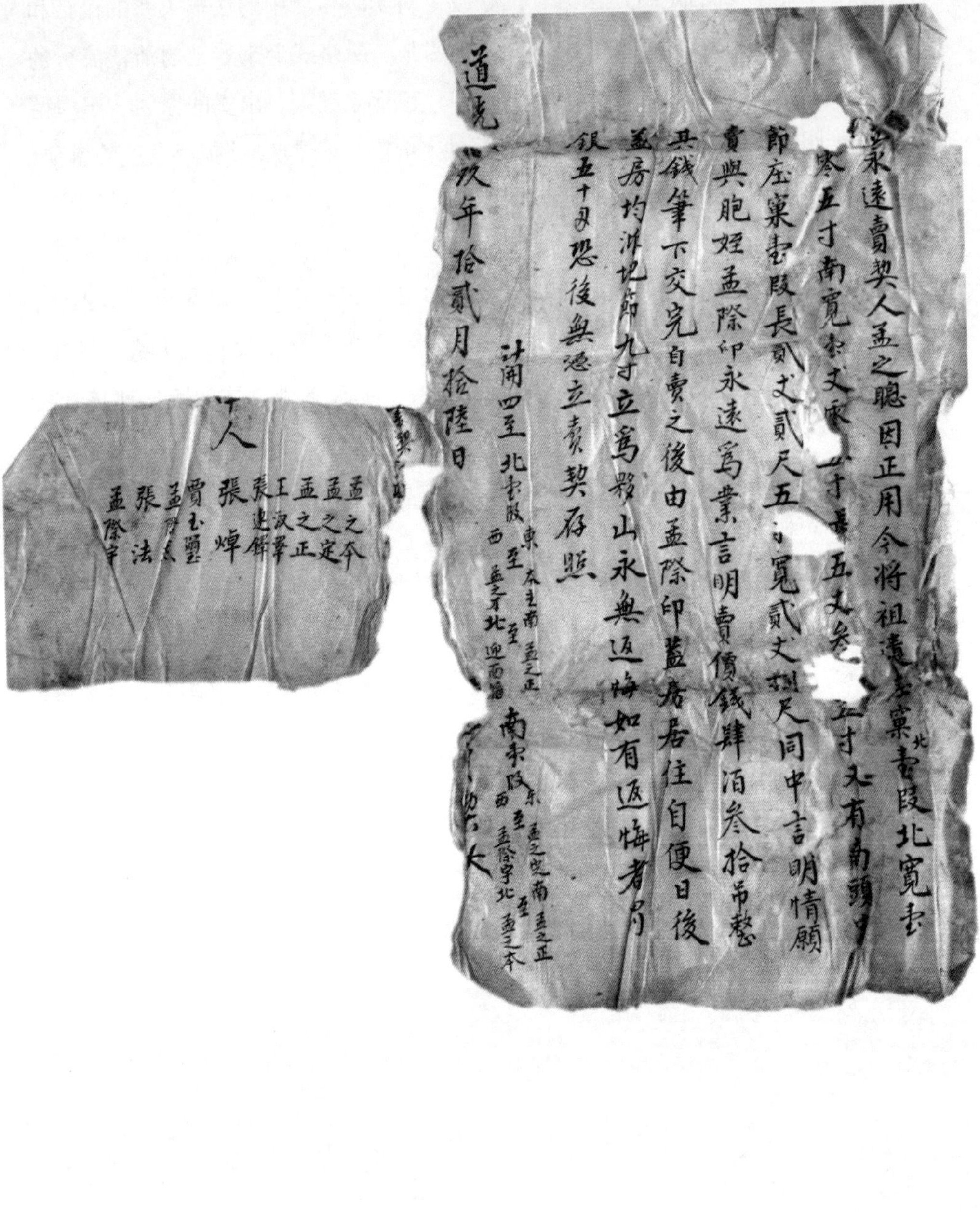
立永遠賣契人孟之聰因正用今將祖遺老窠壹段北寬壹
丈五寸南寬壹丈零[illegible]寸長五丈叁[illegible]五寸又有南頭中
節庄窠壹段長貳丈貳尺五寸寬貳丈捌尺同中言明情願
賣與胞姪孟際印永遠為業言明賣價錢肆佰叁拾吊整
其錢筆下交完自賣之後由孟際印蓋房居住自便日後
蓋房均淮地節九寸立為毀山永無返悔如有返悔者罰
銀五十兩恐後無憑立賣契存照
計開四至 北壹段 東至本主 南至孟之正 西至孟之才 北至過道
南壹段 東至孟之忠 南至孟之正 西至孟際宇 北至孟之本
道光[illegible]玖年拾貳月拾陸日 立賣契人
中人 孟之本 孟之定 孟之正 王汲舉 袁建鐸 張焯 賈玉璽 孟際[illegible] 張法 孟際宇

契约二：

红契

立卖契人孟及［际］庆，同亲友族中人等，今将祖遗庄窠地基三段皆有作［坐］落，同中人情愿卖与堂兄孟及［际］印名下，永远为业。前一段长两丈、宽一丈零七寸，以孟及［际］庆前正房东房山，原是伙山，以正房山子南有墙一道共长四丈五尺，原是孟及［际］庆各立山，同中人说合，如堂兄孟及［际］印盖房之日，堂弟孟及［际］庆应□将墙折毁，以前正房山子为中□□□孟及令界石为中□□□□□，愿□为伙山中段，长五尺、宽一丈零五寸，后段长十□丈、宽三丈一尺，用中言明，卖价钱贰百吊整，其钱笔下交完。自卖过之后，由堂兄孟及［际］印任凭自便，二家情愿并无反悔，如有反悔者有中人一面承管，恐后无凭，立字存照。

后段两边具［俱］有墙在，不与前段相干。

咸丰十一年七月廿三日　孟及［际］庆立卖契存照

中人：田庆云、王太、张兆柱、张发、张云腾、王蜜、王克顺、王文明、孟及［际］咏、孟及［际］余、孟及［际］方、孟及［际］平、孟及［际］全、孟及［际］坤、孟及［际］有（后皆有押）

代笔人：王祥

四至：

前段：东至买主，西至卖主伙山，南至□□，北至买主

中段：东至孟及［际］咏，西至孟及［际］全，南北皆是买主

后段：东至孟及［际］咏，孟及［际］有，西至孟及［际］庆、孟及［际］平、孟及［际］庆，南至道，北至买主

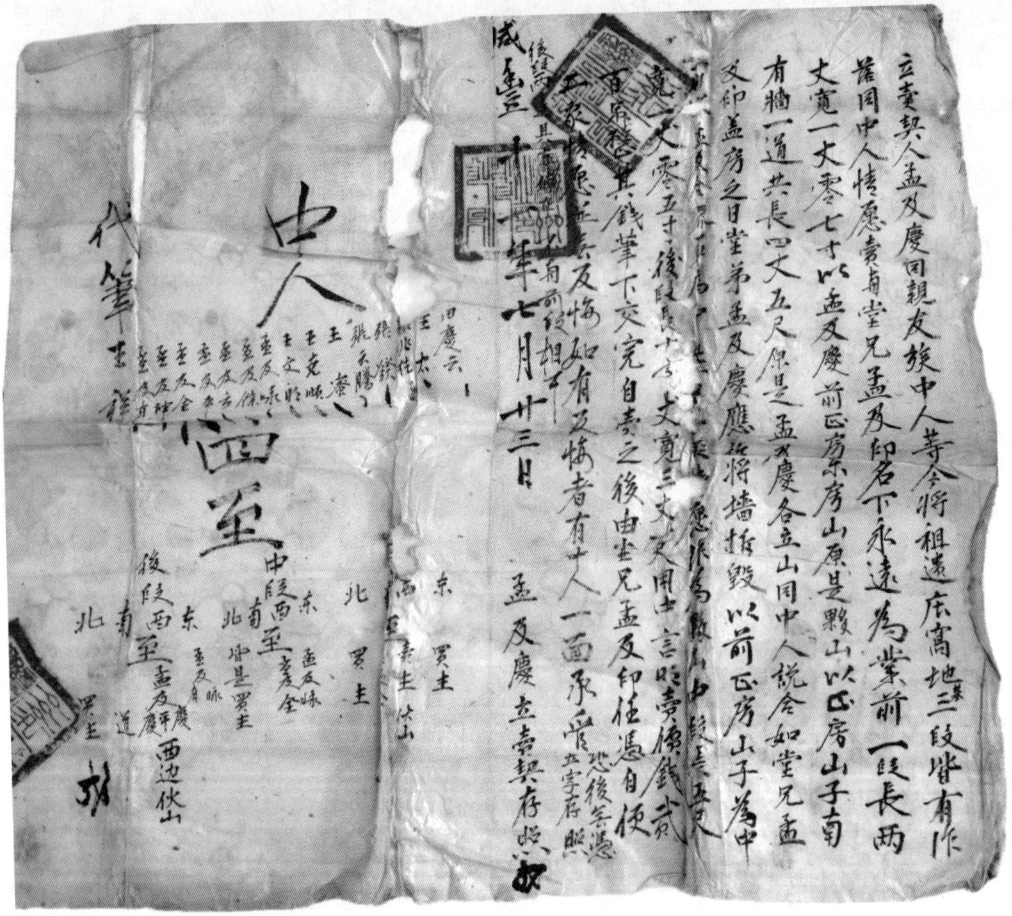
立賣契人孟及慶同親友族中人等今將祖遺庄窩地三段皆有作
價同中人情愿賣與堂兄孟及印名下永遠為業前一段長兩
丈寬一丈零七寸以孟及慶前正房東房山原是夥山以正房山子南
有牆一道共長四丈五尺原是孟及慶各立山同中人說合如堂兄孟
及印蓋房之日堂弟孟及慶應將牆拆毀以前正房山子為中
[illegible]
寬一丈零五寸後段長十丈 丈寬三丈 [illegible] 言明賣價錢貳
百京錢 其錢筆下交完自賣之後由堂兄孟及印任憑自便
五家情愿並無反悔如有反悔者有中人一面承管 恐後無憑 立字存照
孟及慶 立賣契存照
咸豐十[illegible]年七月廿三日
中人
代筆
四至

契约三：

立卖契人孟际相，因正用，今将□身应分后二门猪圈南地基壹段，南北长贰丈叁尺、宽壹丈五尺，同中情愿卖与胞兄孟际印名下为业。言明卖价钱贰百吊整，笔□交不欠，自卖之后，由胞兄自便，不与本身相干，二家情愿，各无反悔。如有反悔者有中人一面承管，恐后无凭，立卖契存照。

□□□至孟秀，□至置主，□至卖主，□至成主

同治十贰年十二月十三日　立卖契人孟际相

（中人、代笔人处残缺）

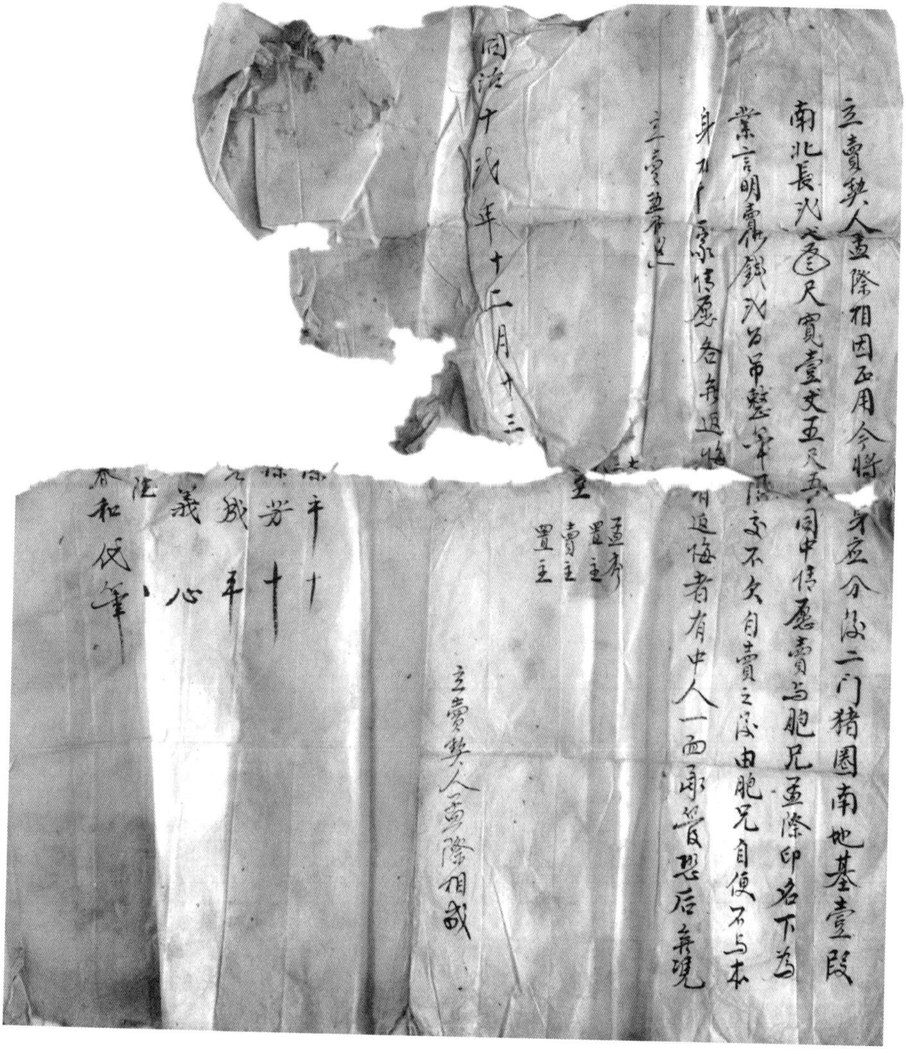

契约四：

立卖契人孟璔、孟瑛、孟琮、孟琴，因正用，今将祖遗庄窠一段，二门外有置主地基一段，长两丈六尺，之外有地基一段长叁丈贰尺四寸、宽一丈五尺五寸整，同中情愿卖与孟克均明［名］下永远为业。言明卖价滦钱贰佰柒拾伍吊整，其钱笔下交青［清］，并不短少。自卖之后，由置主自便，不与卖主相干，此系二家情愿，各无反悔，恐后无凭，立契为证。

四至：北至置主，南至去主，西至置主，东至孟性［姓］

光绪卅二年十一月廿八日　立契：孟璔、孟瑛、孟琮、孟琴

中人：孟克礼、邸立人、张苍、孟克荣、孟攻玉（代笔）

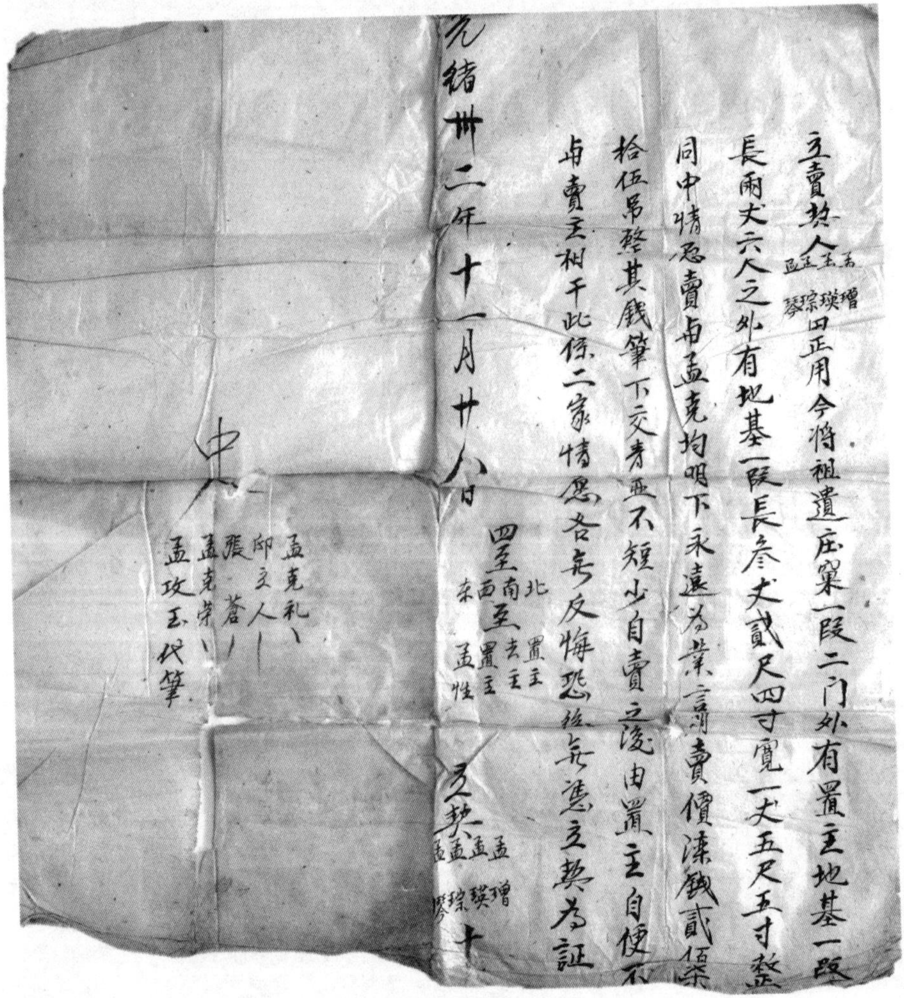
立賣契人孟璔 孟瑛 孟琮 孟琴 因正用今將祖遺庄窠一段二门外有置主地基一段
長兩丈六尺之外有地基一段長叁丈貳尺四寸寬一丈五尺五寸整
同中情愿賣與孟克均明下永遠為業言明賣價滦錢貳佰柒
拾伍吊整其錢筆下交青並不短少自賣之後由置主自便不
與賣主相干此係二家情愿各無反悔恐後無憑立契為証
四至 北至置主 南至去主 西至置主 东至孟性
光緒卅二年十一月廿八日 立契 孟璔 孟瑛 孟琮 孟琴 十
中人 孟克礼 邸立人 張蒼 孟克榮 孟攻玉代筆

三、分家契约

当家族中出现家长年老无力料理或诸子成家立业的情况后，家长需要对家庭结构重新调整，对家族财产重新分配，分家契约应运而生。关于分家，《大清律例》载："其分析家财、田产不问妻妾婢生，止以子数均分"，① 家产分配公平才可维护家庭团结。孟氏契约中分家契约有5张，现以三张为例：

契约一：

立分授文书□照人父孟良凯宗，所生二子长：孟登位、次孟登进，俱已长成，因年老力衰，难以照滕［料］诸务，请同亲族议定，将祖遗并续置田产、家伙什物等项，二股均分，拈阄品搭，并无偏向。庄窠宽阔间半自大门坎至堂侄孟登敖，共长八丈，每股均分四丈；瓦房二层、猪圈一个、小草房壹间、在内前半截头层正房、猪圈一个分与次子孟登进；后截二层正方［房］、小草方［房］一间分与长子孟登位；后有庄窠一段，长四丈五，每股均分两丈二尺五，长南次北；东边另有庄窠三间，长七丈六，每股分三丈捌；此系至公无私，不许后悔，若有反悔，仍许执契鸣官，照契可凭，立此存照。

嘉庆七年七月初九日立契

孟登敖

说合人：高绳武、孟登敖、孟德新（系亲族）、任有功（系伯丈）、王杞（系亲婿）、荆岐山

书契人：王廷董

① 田涛、郑秦点校：《大清律例》卷八《户律·户役·卑幼私擅用财》，北京：法律出版社，1998年，第187页。

立分授文書人父孟良凱系一□生二子長孟登位次孟登進俱已長成因年老力衰難以
照滌諸務請同親族議定將祖遺並續置田產家伙什物等項二股均分指閣為
撥並屋偏向庄窠寬潤間半自大門坎至堂侄孟登敖共長八丈每股均分四丈屋
房二層豬圈一個小草房一間在內前半截頭層正房豬圈一個分與次子孟登進後
截二層正房小草房一間分與長子孟登位後有庄窠一段長一丈五每股均分兩丈
二尺五長南從東邊另有庄窠三間長七丈六每股分三丈捌此係至公無私不
許後悔如有反悔仍許執契鳴官照契可憑立此存照
嘉慶七年□月初九日 立

說合人 高紹武 孟登敖 孟德新 親族 任有中 王杞 荆岐山
出契人 王廷璽